통세계사

1

외우지 않고 통째로 이해하는 통 세계사

김상훈 지음

인류의 탄생에서 중세까지 1

다산
초당

"광개토대왕과 알렉산드로스 대왕 가운데 누가 먼저 태어났어요?"

지금은 다 커서 어른이 된 첫째 아들이 16년 전 제게 던진 질문입니다. 초롱초롱한 눈을 크게 뜨면서 말이죠. 어린아이 특유의 호기심이 잘 드러납니다. 갑자기 이 질문이 꽤 흥미롭다는 생각이 들었습니다. '혹시 다른 사람들은 알까?'

주변 지인들에게 똑같은 질문을 해보았습니다. 놀랍게도, 의외로 많은 이들이 오답을 내놓았습니다. 정답을 말하자면, 알렉산드로스 대왕입니다. 광개토대왕보다 600년 이상 앞서 지중해 일대의 유럽과 북아프리카, 서아시아를 정복했던 인물이죠.

분명 학교 다닐 때 세계사를 공부했을 겁니다. 그런데 왜 이런 사소한 문제 하나를 풀지 못하는 걸까요? 이유가 있을 겁니다. 혹시 학창시절에 국사와 세계사를 따로따로 공부했고, 세계사마저도 동양사와 서양사를 구분해서 공부했기 때문이 아닐까요? 그 결과 한 지역의 역사를 다른 지역의 역사와 연결하지 못하는 겁니다. 무턱대고 역사를 암기만 하다 보니 동시대에 동서양에 각각 어떤 일이 일어났는지는 짐작조차 하지 못하죠.

문제의식이라 할까요? 혹은 오기나 도전 정신이라고 할 수도 있을 것 같습니다. 저는 동양사, 서양사, 한국사를 구분하지 않고 한꺼번에 이해할 수 있는 책, 외우지 않아도 쏙쏙 정리되는 책을 집필해 보자고 마음먹었습니다. 수십 종의 책을 탐독하고 자료를 정리했죠. 그렇게 해서 2009년 나온 책이 바로 『통세계사』입니다.

역사를 따로따로 암기하지 않고 통通으로 바라보면 세계사가 유기적으로 이해됩니다. 가령 로마가 이탈리아반도를 통일한 시기와 진시황제가 중국을 통일한 시기가 거의 일치한다는 사실을 자연스레 알게 됩니다. 또 기원전 5세기~기원전 2세기 무렵에 동양철학과 서양철학이 동시에 활짝 피었다는 사실도 알 수 있죠.

초판이 나온 후 14년 정도가 흘렀습니다. 그동안 독자 여러분에게 과분한 사랑을 받았습니다. 덕분에 『통세계사』는 스테디셀러가 되었습니다. 청소년을 겨냥한 역사책이 적지 않음에도 불구하고 『통세계사』를 찾는 독자들이 아직도 많습니다.

이런 점 때문에 책임감은 더 무거워졌습니다. 이미 『통세계사』는 개정 작업을 벌였습니다. 하지만 개정판이 출간된 2015년 이후로 8년 가까운 시간이 흘렀습니다. 그동안 미디어 환경, 독서 환경, 청소년들의 공부 환경이 모두 많이 바뀌었습니다.

요즘에는 유튜브와 같은 소셜미디어가 큰 인기를 끌고 있습니다. 책을 읽는 청소년은 줄어들고 소셜미디어에서 정보를 구하는 이들이 늘어나고 있지요. 시대적 흐름이라고는 하지만, 역사 분야에서 이런 현상은 좀 걱정이 됩니다. 역사 공부에는 상상력이 필요하기 때문입니다. 소셜미디어에서 역사 정보를 얻기는 쉽겠지만, 그 결과 '주어진 정보'만 섭렵하는 형태로 변질이 될 수 있습니다. 책을 읽으면서 머리와 가슴으로 상상하는 그런 기쁨은 느낄 수 없죠. 이 또한 무턱대고 암기하는 역사 공부의 변형일 뿐입니다.

다만 이런 환경 변화를 무시할 수는 없습니다. 이 때문에 『통세계사』의 이번 개정 작업은 독서와 소셜미디어 모두의 장점을 살리는 쪽으로 방향을 잡았습니다. 무엇보다 시각적 효과를 크게 높였습니다. 서체부터 청소년들의 눈높이에 맞는 것으로 바꿨습니다. 연표와 지도 등 다양한 정보를 곳곳에 배치해 역사 이해도를 더 높였습니다.

물론 외우지 않고 통으로 이해하는 이 책의 장점은 그대로 살렸습니다. 초판 및 전 개정판과 마찬가지로 동양과 서양, 한국을 구분하지 않고 역사를 서술했습니다. 역사적 사건이 발생한 순서대로 이야기를 풀어나가되, 시대마다 가장 중요해서 꼭 알아두어야 하는 사건은 각 장의 맨 앞에 '커버스토리'로 다루었습니다. 커버스토리만 이해해도 세계사의 흐름을 놓치지 않을 것입니다.

역사를 바라보는 관점을 사관史觀이라고 합니다. 어떤 사관을 갖느냐에 따라 역사를 바라보는 시선이 크게 달라지죠. 가령 똑같은 역사적 사건을 놓고도 정반대의 해석을 하면서 갈등을 빚기도 합니다. 이런 오류를 범하지 않기 위해 『통세계사』는 특정한 사관을 내세우지 않았습니다. 이번 개정판에서도 이런 편집 방향은 고수했습니다.

사관이 불분명하니 어정쩡한 것 아니냐고 반문할 수도 있습니다. 하지만 제가 『통세계사』를 집필한 것은, 청소년들에게 내 과거 경험에 비추어 보았을 때 역사의 흐름을 가장 쉽게 이해할 수 있는 법을 제시하고 싶어서입니다. 특정 사관을 강요하면서 청소년의 역사적 상상력을 꺾고 싶지는 않습니다. 그래서 가능하면 객관적으로 역사를 펼쳐서 이야기하는 방식을 택한 겁니다.

좋은 대학에 가기 위해서는 국어, 영어, 수학 공부를 잘하는 게 중요하다고 합니다. 틀린 말은 아닙니다. 하지만 좋은 대학에 들어갔다고 해서 성공한 삶을 사는 건 아닐 겁니다. 명문대를 다닌다는 학생인데도 최소한의 역사 상식조차 모르는 이들을 숱하도록 봐 왔습니다. 그들이 미래의 주인이 될지는, 솔직히 모르겠습니다.

역사는 인류가 살아온 발자취이자 미래에 대한 예언입니다. 역사를 아는 사람이 미래를 예측할 수 있지요. 그러니 저는 여러분에게 역사 공부를 하라고 말해 주고 싶습니다. 여러분이 역사 공부를 하는데 『통세계사』 개정판이 도움이 되기를 바랍니다.

김상훈 드림

차례

머리말 4
시작하기에 앞서 17

인류, 문명을 건설하다
인류 탄생~기원전 1300년 전후

커버스토리 **인류 4대 문명의 탄생** 23

메소포타미아문명의 발달 · 최초의 제국, 이집트의 흥망 · 인더스문명과 아리아인의 침략 · 요순의 나라, 중국 열리다

대륙별스토리 **인류의 탄생과 신석기혁명** 41

사람이 탄생하다 · 신석기혁명, 인류의 삶을 바꾸다 · 도시가 발달하다 · 세계 전역에 인류 세상 열리다

다른 문명에도 주목하라 50

고대 민족의 이동 · 그리스문명 시작되다 · 한반도와 일본의 문명 · 그 밖의 문명

고대 세계의 혼란과 발전

기원전 1300~기원전 600년 전후

커버스토리 **고대 세계의 강자들** 67

그리스, 번영에서 암흑까지 · 중국에는 주나라 들어서다 · 아시리아의 통일과 몰락 · 히타이트와 페니키아

대륙별스토리 **중국, 춘추전국시대 맞다** 83

춘추시대 시작되다 · 초나라의 성장, 중국의 확대 · 고조선, 제국의 꿈 키우다

그리스의 팽창 90

폴리스의 발전 · 군국주의 국가 스파르타 · 민주주의로 달리는 아테네 · 로마, 걸음마 시작하다

동양과 서양, 충돌하다

기원전 600~기원전 300년 전후

커버스토리 **페르시아전쟁, 동방원정, 헬레니즘** 105

페르시아, 대제국 건설하다 · 동서양의 첫 대결, 페르시아전쟁 · 마케도니아, 우뚝 서다 · 동방원정 단행하다 · 헬레니즘 문화 탄생하다

대륙별스토리 **그리스의 흥망과 로마의 성장** 121

아테네, 민주정치의 기틀 만들다 · 아테네 우뚝 서다 · 그리스 내전, 모두가 패배자 · 로마의 성장

중국, 전국시대에 돌입하다 134

오와 월의 한판 승부 · 전국시대 시작되다 · 진, 강력한 중앙집권 추진

불교의 나라 인도, 통일왕조 서다 140

브라만과 카스트 제도 · 불교의 탄생 · 인도, 첫 통일제국 탄생

모든 대륙에서 철학이 꽃 피다 146

종교의 어머니, 조로아스터교 · 고대 서양철학의 발전 · 고대 동양철학의 발전

아프리카와 아메리카도 발달하다 154

제4장 **동서양, 대제국이 탄생하다**
기원전 300~서기 1년 전후

커버스토리 **로마와 진나라의 활약** 163

로마, 이탈리아 정복하다 · 로마, 지중해까지 장악하다 · 진, 중국 통일하다 · 15년 만에 제국 무너지다 · 로마와 중국 통일의 역사적 의의

대륙별스토리 **실크로드 열리다** 179

중국, 한나라 건국 · 무제, 한나라의 전성기 맞다 · 비단길의 역사적 의의 · 흉노족의 흥망 · 인도, 마우리아 왕조 멸망

고조선 무너지고 고구려 서다 195

고조선의 멸망 · 고구려 탄생하다
일본, 철기 문화 시작되다

로마, 강국으로 성장하다 202

로마, 적수가 없다 · 로마의 번영과 갈등
카이사르의 집권 · 로마, 제정시대로 들어서다

제5장 로마의 전성시대
서기 1~300년 전후

커버스토리 **팍스로마나** 219

폭군들, 로마 지배하다 · 기독교 박해 · 팍스 로마나 · 팍스 로마나, 아시아까지 뻗었다

대륙별스토리 **중국, 후한에서 삼국시대로** 231

후한, 다시 번영하다 · 황건적의 난, 후한 삼키다 · 세 영웅 천하를 다투다 · 한반도, 삼국 기틀 확립 · 일본, 연합국가 탄생

페르시아 제국, 재건되다 244

인도차이나의 변화 · 인도 쿠샨 왕조와 간다라 미술 · 사산조 페르시아 탄생

로마, 화려한 시절 끝나다 251

팍스 로마나 끝나다 · 로마의 군인황제시대

아메리카에도 문명시대 열리다 257

제6장 중세시대의 태동
300~600년 전후

커버스토리 **민족의 대이동** 265

중앙아시아 민족이 움직이다 · 중국, 이민족에게 점령당하다 · 극도의 혼란시대 · 게르만족의 대이동 · 서로마 제국의 멸망 · 민족 대이동의 역사적 의의

대륙별스토리 **기독교 공인과 프랑크 왕국 건설** **279**

기독교의 인정 · 로마, 콘스탄티노플 시대 열리다 · 프랑크 왕국의 탄생 · 동로마 제국, 마지막 부활

사산, 굽타, 돌궐 부흥하다 **292**

사산조 페르시아의 번영 · 돌궐, 세계를 호령하다 · 굽타 왕조, 인도 통일하다 · 힌두교의 번성

중국의 혼란과 고구려의 대약진 **302**

남북조시대, 혼란 계속되다 · 남북조에서 수나라로 · 한반도, 삼국 기틀 갖추다 · 동아시아의 대제국 고구려! · 한반도 주도권, 고구려에서 신라로 · 일본, 통일국가 등장

아메리카에 마야문명이 뜨다 **317**

제7장 # 이슬람 제국, 세계를 호령하다
600~800년 전후

커버스토리 **이슬람 제국의 변천사** 325

이슬람교의 탄생 · 정통 칼리프시대 · 우마이야 왕조, 유럽 진출 · 이슬람 제국의 분열 · 이슬람교 탄생의 역사적 의의

대륙별스토리 **카롤링거 르네상스** 343

카롤링거 왕조 건설 · 서로마 제국 부활과 카롤링거 르네상스 · 동로마 제국 소외되다

당나라의 번영과 몰락 354

당나라 서다 · 태종과 측천무후 · 번영과 동시에 쇠퇴하다

한반도, 삼국시대에서 남북국시대로 364

신라, 삼국 통일하다 · 남북국시대 · 일본, 당을 모방해 개혁하다

제8장 정체와 분열의 시대
800~1000년 전후

커버스토리 **신성로마 제국의 탄생** 377

서로마 제국, 부활하다 · 프랑크 왕국, 분열하다 · 신성로마 제국의 탄생

대륙별스토리 **이슬람 세계의 분열** 389

아바스 왕조의 쇠퇴 · 시아파 독립하다 · 투르크족, 또 이동하다

송과 고려, 건설되다 397

당나라의 몰락 · 5대10국시대와 요나라의 건국 · 송의 건국 · 한반도의
후삼국시대 · 고려 건국 · 일본, 셋칸 정치 시작되다

바이킹의 활약 417

바이킹의 나라 · 러시아 탄생하다 · 이민족의 침입

아메리카의 문명들 425

제9장 기독교, 이슬람교 충돌하다
1000~1200년 전후

커버스토리 **십자군전쟁** 433

예루살렘에서 종교가 충돌하다 · 십자군전쟁 터지다 · 이슬람, 대 반격
시작하다 · 십자군전쟁의 역사적 의의

대륙별스토리 **이슬람 셀주크 왕조의 흥망** 445

셀주크, 바그다드 입성 · 아프리카 이슬람의 변화 · 인도도 이슬람 되다

유럽, 황제와 교황이 힘을 겨루다 454

동서 기독교, 완전히 갈라서다 · 황제-교황 한판 대결 붙다 · 프랑스,
영국 정복하다

동아시아, 세 나라가 다투다 460

송, 혼란에 시달리다 · 금, 요, 송 각축 벌이다 · 남송, 중국판 상업혁명
열다 · 고려, 거란 격파하다 · 고려, 무신정권시대 열리다 · 일본도 사
무라이시대 열리다

아스텍 제국과 가나 제국 478

제10장 **몽골, 세계 제패하다**
1200~1400년 전후

커버스토리 **몽골의 세계 정복** 485

영웅 칭기즈칸! · 유럽과 이슬람 모두 삼키다 · 원나라 건국 · 원의 몰
락, 명의 건국

대륙별스토리 **한반도와 일본의 왕조 교체** 499

고려, 몽골에 무너지다 · 일본은 버텼다 · 조선의 건국 · 일본도 무로마
치 바쿠후 출범

오스만 제국 출범 509

맘루크 왕조, 몽골 막다 · 오스만 제국 탄생 · 인도에도 이슬람 왕조 서
다 · 티무르 제국 건설

십자군전쟁 끝나다 518

전쟁은 끝났지만… · 교황, 추락하다 · 영국, 귀족이 왕을 무릎 꿇리다 · 합
스부르크 왕조 탄생 · 흑사병, 유럽 삼키다 · 영국-프랑스, 백년을 싸우다

통세계사 ❷권
차례

제11장 – 동서양 바다 열리다 1400~1500년 전후

제12장 – 중세의 종말 1500~1600년 전후

제13장 – 시민사회의 출범 1600~1700년 전후

제14장 – 근대 혁명이 터지다 1700~1800년 전후

제15장 – 자유와 혁명의 시대 1800~1850년 전후

제16장 – 팽창하는 제국주의 1850~1900년 전후

제17장 – 전쟁, 세계 파괴하다 1900~1950년 전후

제18장 – 냉전과 화합 1950~2010년 전후

시작하기에 앞서

이 책은 동시대에 일어난 여러 가지 사건을 일목요연하게 보여주며, 서양사에
만 치우치지 않고 골고루 세계 역사의 맛을 볼 수 있게 구성돼 있습니다. 그래
서 일반 역사책과는 조금 다른 구성을 하고 있습니다. 책을 읽기 전 아래의 설
명을 꼭 읽어 주시기 바랍니다.

❶

전체적으로는 시대순으로 장을 나누어서 정리했습니다. 그리고 장마다 그 시대
에서 꼭 알아야 할 중요한 역사적인 사건들을 먼저 정리한 커버스토리가 나옵니
다. 총 두 권인 이 책에서 커버스토리만 읽어도 5000년 역사를 꿰어찰 수 있을
것입니다.

❷

대륙별스토리에서는 대륙별로 어떻게 발전했고, 어떤 사건이 있었는지를 다뤘
습니다. 이를 통해 역사가 대륙마다 어떤 유기성을 갖고 발전했는지를 이해할
수 있습니다. 세계는 유럽과 중국만 있는 것이 아니기 때문입니다.

❸

〈통박사의 역사읽기〉라는 코너를 통해 역사상 재미있었던 일, 역사에 이름을 남
긴 사람들의 이야기를 들려줍니다. 본문에 미처 설명하지 못했거나 역사에 대한
흥미를 돋우는 데 도움이 될 내용이니 흥미롭게 읽어 주시기 바랍니다.

❹

내용과 함께 다양한 지도와 생생한 이미지를 첨부했습니다. 책 내용과 같이 보
면 훨씬 이해하기 쉬울 것입니다. 단, 지도와 이미지를 굳이 외우려고 하지 말고
내용을 읽으며 함께 보기 바랍니다. 그러면 두 가지가 자연스럽게 연결돼 머릿
속으로 쏙 들어갈 것입니다.

제1장

인류의 탄생에서 중세까지

인류,
문명을
건설하다

인류 탄생~기원전 1300년 전후

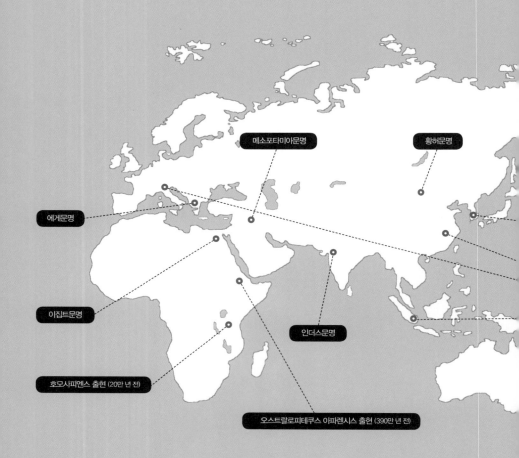

메소포타미아문명

황허문명

에게문명

이집트문명

인더스문명

호모사피엔스 출현 (20만 년 전)

오스트랄로피테쿠스 아파렌시스 출현 (390만 년 전)

390만 년 전 오스트랄로피테쿠스 아파렌시스라는 첫 인류가 아프리카에 나타났어. 그 후 인류는 꾸준히 진화해 마침내 호모사피엔스사피엔스에 이르렀지. 호모사피엔스사피엔스는 현대인들의 직접 조상이란다.

오랜 구석기시대를 끝낸 후 인류는 신석기시대를 맞았어. 그리고 위대한 신석기혁명이 일어났지!

이 혁명으로 인류는 큰 도약을 했어. 신석기시대에 이어 청동기시대를 거치면서 메소포타미아를 비롯한 4개 지역에서 최초의 고대문명이 발생한 거야. 이 4대 문명

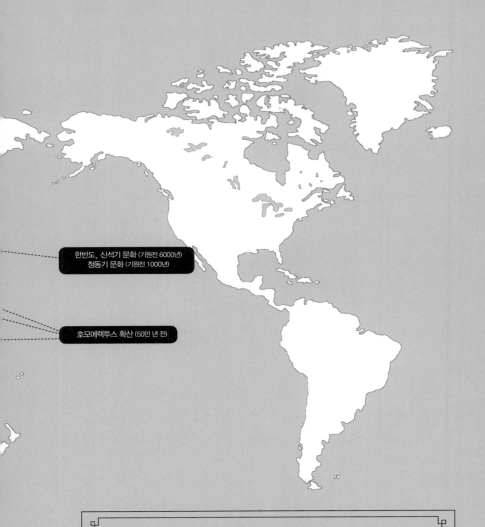

한반도, 신석기 문화 (기원전 6000년)
청동기 문화 (기원전 1000년)

호모에렉투스 확산 (50만 년 전)

외에도 그리스에서 에게문명이 일어나는 등 전 세계에서 크고 작은 문명이 발생했
단다. 그래, 모두의 짐작대로야. 세계가 동시에 발전하고 있던 거지.
1장에서는 인류의 탄생에서부터 시작해 세계 여러 지역에서 문명이 발생한 기원전
1300년경까지를 살펴볼 거야.
모두 중요한 역사이겠지만 4대 문명부터 보고, 그다음에 인류의 탄생과 또 다른 문
명의 역사에 대해 살펴볼게.
자, 기원전 8000년경의 메소포타미아로 떠나 볼까?

"인류 문명은 강을 끼고 발생했다!"

이 말만큼 간결하면서도 정확한 표현은 없을 거야. 여러분이 알고 있는 4대 문명을 떠올려 봐. 메소포타미아문명, 이집트문명, 황허문명, 인더스문명이 맞지? 그 문명들은 공통점이 있단다. 모두가 큰 강 하류에 만들어진 비옥한 땅에서 출발했다는 거야. 메소포타미아문명은 티그리스 강과 유프라테스 강을, 이집트문명은 나일 강을, 인더스문명은 인더스 강을, 황허문명은 황허를 끼고 탄생했지.

고대 사람들은 강이 범람하면 "신이 저주를 내렸다"라며 벌벌 떨었어. 그런데 시간이 흐르자 강물이 넘쳤던 그 땅에서 농작물이 잘 자라는 게 아니겠어? 강물이 농작물이 자라는 데 필요한 영양분을 그 땅에 듬뿍 뿌렸기 때문이야.

메소포타미아문명과 인더스문명의 발생지는 오늘날 매우 건조한 땅이지만 옛날에는 안 그랬단다. 오랜 세월이 흐르면서 사막으로 바뀐 거지. 당시에는 기후도 따뜻했고 강수량도 풍부했어. 농사짓기에 정말 좋은 환경이었던 거야. 당연히 사람들이 몰려들어 도시를 만들었어.

기원전 2000년경이 되면 4대 문명권은 모두 청동기시대로 접어들었어. 강력한 청동 무기를 사용하는 부족은 약한 부족을 공격해 노예로 삼고 식량을 빼앗았지. 원시공산 사회를 넘어 약육강식의 역사가 시작된 거야. 강한 부족은 덩치를 키우면서 고대국가로 발전했단다.

인류 4대 문명의 탄생

메소포타미아문명의 발달

문명이 처음 발생한 장소를 두고 이집트라고 하는 학자도 있고, 메소포타미아라고 하는 학자도 있어. 양쪽 다 맞기도 하고, 틀리기도 해. 옛날에는 이 지역을 하나로 여겼거든. 오리엔트라는 말 들어 봤지? 오리엔트는 오늘날 이집트와 중동, 즉 서아시아를 한꺼번에 가리키는 말이란다.

다만 농사를 가장 먼저 지은 곳은 티그리스 강과 유프라테스 강이 흐르는 메소포타미아 평원 일대라는 데 대부분의 학자들이 동의하고 있어. 그래서 메소포타미아문명을 모든 문명의 어머니라고 부르지.

기원전 8000년경 메소포타미아 평원의 수메르라는 곳에서 가장

인류 4대 문명의 발생 · 4대 문명이 모두 큰 강을 끼고 발달했다는 공통점이 있다.

먼저 농사를 짓기 시작했어. 수메르인들은 강줄기를 따라 여러 개의 촌락을 건설했고, 농사지을 땅에 물을 대기 위한 관개시설도 정비했어. 어때? 농작물이 많이 재배됐겠지? 이럴 때 "농업생산량이 크게 늘어났다"라고 말한단다.

기원전 4000년경에는 청동기시대로 접어들었지. 가장 먼저 청동 무기로 무장한 부족들이 주변에 있는 약한 부족들을 정복하며 점점 도시국가로 발전했어. 기원전 3500년경이 되면 이런 도시국가들마다 왕이 나타났고, 힘이 센 왕은 군대를 일으켜 주변의 약한 도시국가들을 집어삼켰어. 약한 도시국가는 힘센 도시국가에 흡수됐고, 그 도시국가는 더 힘센 도시국가에 잡아먹혔단다. 솔잎은 송충이에게, 송충이는 참새에게, 참새는 독사에게 먹히는 먹이사슬처럼 말이야.

정말 어수선한 시대였지? 그러던 중 기원전 2350년경 새로운 강자가 나타났어. 그가 바로 아카드 왕국의 사르곤 1세란다. 모든 도시국가들이 그의 용맹 앞에 무릎을 꿇었지. 사르곤 1세는 메소포타미아 일대를 정복해 최초의 지배자로 등극했어. 아카드 왕국은 4대 왕인 나람신 때 페르시아 만까지 진출할 정도로 전성기를 이뤘지.

하지만 나람신 왕이 소아시아^{오늘날의 터키} 일대를 정복하기 위해 군대를 이끌고 나간 사이에 반란이 일어났어. 부랴부랴 돌아와 반란을 진압했지만 안타깝게도 이후 아카드 왕국은 약해지기 시작했어. 힘이 약해지니까 주변에 있던 다른 민족, 즉 이민족의 침략도 늘었지.

아카드 왕국은 이민족의 침략에 무너졌어. 이후 약 100년간 식민지 생활을 해야 했지. 다행히 기원전 2100년경 수메르 토박이인, 도시국가 우르 왕국의 제3왕조가 나라를 되찾았어. 이 나라를 세운 우르남무는 최초로 법전을 만들기도 했단다.

그동안 문명의 중심지가 수메르 → 아카드 → 우르로 바뀌었지. 그러나 이 지역은 서로 가까이 있었기 때문에 문화에는 큰 차이가 없었어. 대체로 수메르인과 아카드인, 특히 수메르인이 중심이 돼서 문명이 발달했단다. 이때의 문명을 조금 살펴볼까?

그들은 수백만 개의 벽돌을 쌓아 제단을 만들었어. 지구라트라고 부르는 이 제단에서 하늘에 제사를 지냈지. 그들은 60진법도 개발했어. 60진법이란 1~60을 기본 단위로 하는 셈법이야. 시계를 생각해 봐. 60분 이후에 61분으로 가는 게 아니라 다시 1분으로 돌아가지? 그게 바로 60진법이란다. 눈치챘어? 그래, 이들이 만든 60진법은 오늘날 시간의 단위와 원의 각도를 측정하는 데 사용되고 있단다.

수메르인들의 업적은 또 있어. 인류 최초로 문자를 발명한 거야. 그들은 쐐기처럼 생긴 설형문자^{쐐기문자}를 점토판에 기록했어. 그다음 그 판을 불에 구워 보관했지. 오늘날까지 남아 있는 이 점토판들 덕분에 그들의 생활을 알 수 있는 거란다. 수메르인들은 바퀴를 발명한 민족으로도 알려져 있어. 바퀴를 이용해 수확물을 한 번에 많이 옮길 수 있게 되니까 상업도 활발해졌지.

수메르인이 중심이 된 이 문명은, 그러나 곧 무너졌단다. 또다시 이민족의 침략이 시작됐거든. 먼저 동쪽에 살던 엘람인이 침략해 왔어. 이때 우르 왕조는 무너지고 말았지. 그 후로 한동안 혼란이 계속됐어. 여러 민족이 이곳에서 각축을 벌인 거야. 그중에는 서쪽에서 온 셈족 계열의 아모리인들도 있었지.

기원전 1800년경 그 아모리인들이 나라를 세웠어. 이 나라가 바빌로니아, 즉 바빌론 제1왕조야. 비로소 수메르인의 메소포타미아문명은 끝나고, 메소포타미아문명의 2탄 격인 바빌론문명이 시작됐지.

우르의 지구라트 · 수메르인들이 하늘에 제사를 지내는 제단이다.

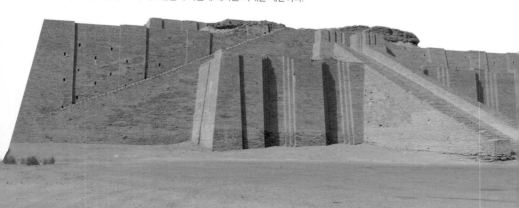

바빌로니아 왕 가운데 최고는 단연 6대 함무라비 왕이야. 기원전 1750년경 그가 높이 2.5미터의 돌 비석에 법령을 새겼는데, 이것을 함무라비 법전이라고 해. 얼마 전까지만 해도 이 법전은 인류 역사상 첫 성문법전글로 기록된 법전이라고 여겨졌어. 그런데 함무라비 이전에 우르남무 왕이 만든 법전이 있었다는 사실이 최근에 밝혀졌지. 함무라비 법전은 현재 프랑스 루브르박물관에 보관돼 있어.

함무라비 법전 · 법전이 새겨진 비석의 상단에는 태양신이 함무라비 왕에게 권력을 상징하는 지팡이를 전달하는 모습이 묘사돼 있다.

함무라비 왕은 아주 강력한 왕이었어. 그는 주변 민족들을 모두 정복했을 뿐 아니라 지중해 근처에 있는 시리아까지 영토를 넓혔단다. 그러나 그가 죽자 바빌로니아는 곧 약해졌고, 메소포타미아 일대도 다시 혼란스러워졌어.

최초의 제국, 이집트의 흥망

메소포타미아 일대에 청동기 문화가 시작된 기원전 4000년경, 이집트에서도 나일 강 유역을 중심으로 농사를 짓기 시작했어. 당연히 도시국가들도 생겨났겠지? 메소포타미아의 발전 상황과 다르지 않아.

그러다가 기원전 3000년경 이집트 남쪽의 강력한 도시국가가 나일 강을 따라 하류, 즉 지중해 유역으로 내려가면서 나머지 국가들을 모두 정복했어. 이 위업을 달성한 인물은 메네스 왕이었지. 메네스 왕은 나일 강 하류의 삼각주 지역에 수도 멤피스를 건설했어. 이 왕조가 통일 이집트 왕국의 첫 번째 왕조야. 그래서 제1 왕조라 부른단다. 왕조는 왕의 자리를 차지한 가문과 함께, 그 가문이 지배하는 시대를 뜻하는 말이야. 우리 역사를 보면 왕씨 가문이 고려의 왕을, 이씨 가문이 조선의 왕을 독차지했어. 그렇기 때문에 고려 왕조와 조선 왕조라고 부르는 거란다.

다시 이집트로 돌아가서…. 이집트 사람들은 왕을 신과 같은 존재로 여겼단다. 신이 지상으로 내려와 파라오가 됐다는 거야. 파라오의 권력이 상당히 강했겠지?

농경생활은 메소포타미아 일대에서 먼저 시작됐지만 강력한 왕국은 이집트에서 먼저 건설했어. 다만 이집트 왕조는 수시로 바뀌었단다. 사실 이집트의 고대 역사만 다뤄도 책 한 권이 모자랄 거야. 그래서 여기에서는 간단하게 짚어 보는 걸로 마무리할게. 앞으로 갈 길이 너무 멀거든.

보통 제1 왕조와 제2왕조를 초기왕조라 불러. 제3왕조부터 제6왕조까지는 고왕국시대, 제11왕조와 제12왕조는 중왕국시대, 제18왕조부터 제20왕조까지는 신왕국시대라 부르지. 여기에 덧붙여 제26왕조부터 제31 왕조까지는 말기왕조시대라고 한단다. 각 시대의 사이에는 중간기가 있어.

복잡하지? 그렇다면 이것만 기억해 둬. 기원전 3000여 년 무렵부터 이집트 제국이 멸망하는 기원전 332년까지 총 31개의 왕조가 등장했다는 점!

고왕국을 대표하는 유물은 미라와 피라미드야. 기원전 2650년경 제3왕조 2대 왕 조세르의 피라미드가 멤피스 서쪽 사막지대에 만들어졌는데, 이것이 최초야. 높이는 62미터 정도였고, 계단식으로 돼 있었지.

가장 큰 피라미드는 제4왕조 2대 왕 쿠푸의 피라미드야. 처음 만들어질 당시 높이는 147미터였어. 10만 명의 인부가 동원돼 최대 20년간 공사를 했다는구나. 들어간 바위만 2.5톤짜리로 230만 개. 정말 어마어마하지?

이처럼 피라미드를 만드는 데는 엄청나게 많은 인부와 돈이 투입됐어. 당연히 나라 살림이 궁핍해졌지. 돈이 떨어지니까 더불어 왕의 권력도 약해졌어. 그 때문에 제7왕조 때부터 제10왕조까지 무려 30명 이상의 왕이 바뀔 정도로 이집트는 혼란에 빠졌단다. 첫 중간기가 온 거지.

이때 테베 지역에 살던 한 귀족이 혼란을 끝내고 다시 이집트를 통일했어. 제11왕조가 건설되면서 중왕국시대로 접어든 거야.

중왕국도 한때 북으로는 시리아, 남으로는 아프리카 중부까지 영토를 확장할 만큼 강했어. 그러나 기원전 1700년경 아시아에서 건너온 셈족 계열의 힉소스인에게 정복되고 말았지. 중왕국시대가 끝난 거야.

이집트인들은 힉소스인의 통치에 강력히 저항했고, 그 결과 제18왕조가 들어섰어. 이제 신왕국시대를 맞은 거야. 신왕국은 고대 이집트 역사에서 가장 찬란했던 시대로 여겨지고 있어. 제18왕조의 투트모세 3세 때에는 이집트 주변에 남아 있던 힉소스인들을 모두 몰아내고 아시아까지 진출했어. 북쪽으로는 유프라테스 강, 남쪽으로는 누비아, 동쪽으로는 시리아, 서쪽으로는 리비아에 이르는 드넓은 지역을 모두 차지한 거야!

신왕국시대 때는 아주 비밀스러운 장소에 파라오를 묻었어. 도굴범들이 무덤에 넣어 둔 파라오의 보물을 훔쳐 가지 못하도록 하기 위해서였어. 일곱 살에 파라오에 올랐다가 열여덟 살에 세상을 떠난 비운의 파라오 투탕카멘도 암벽을 파서 만든 동굴에 안치됐지.

1922년 영국 탐험대가 투탕카멘의 무덤을 발견했어. 무덤의 입구에는 '왕을 방해하지 마라'는 경고문이 쓰여 있었대. 이상하게도 그 후로 무덤 발굴에 관여했던 사람들이 차례차례 목숨을 잃었어. 살아남은 사람들은 왕의 저주라고 생각하며 공포에 떨었지. 이때

가자지구 피라미드 · 고대 7대 불가사의 중 유일하게 남아 있는 건축물이다.

룩소르 신전의 람세스 2세 좌상 · 신왕국시대 전성기를 이끈 왕이다.

투탕카멘의 황금가면 · 투탕카멘의 무덤은 거의 온전한 형태로 발굴돼 많은 유물이 나왔다.

생긴 말이 바로 파라오의 저주야. 정말 저주였는지, 우연이었는지는 물론 알 수 없지.

사실 투탕카멘은 귀족들의 힘에 눌려 고생을 많이 한 파라오였어. 그러나 그를 빼면 대체로 신왕국의 파라오는 그 어느 때보다 막강한 권력을 누렸단다. 특히 제19왕조 때 파라오의 권력은 절정에 이르렀어. 룩소르 신전에는 람세스 대왕람세스 2세을 기리는 좌상을 비롯해 많은 기념비와 건축물이 만들어졌단다. 그러나 신왕국도 람세스 대왕을 끝으로 국력이 약해지기 시작했어.

그러다가 기원전 525년, 이집트 신왕국은 페르시아 캄비세스 왕의 공격을 막지 못하고 역사에서 사라지게 돼. 페르시아의 활약은 뒤에서 다시 설명할게.

인더스문명과 아리아인의 침략

메소포타미아문명을 모든 문명의 어머니라고 한다는 거 기억하니? 이 말 그대로야. 메소포타미아문명은 사방으로 확산됐어. 아마도 여러 지역에서 이 문명의 영향을 받아 작은 문명이 발생했을 거야.

인도에도 이 무렵 고대문명이 태동했어. 어쩌면 메소포타미아문명의 직접적인 영향을 받았을지도 모르지. 이 문명이 바로 인더스문명이야.

인더스 강은 인도 대륙의 서쪽을 흐르는 강이야. 기원전 3000년경 바로 그 인더스 강 일대에 청동기 문화가 시작됐어. 여러 곳에서 도시가 발달했지. 1920년경 모헨조다로와 하라파 등 인더스문

모헨조다로 유적 인더스문명이 세운 도시로 1920년경 발굴됐다.

명의 도시 유적이 발견됐는데 학자들은 깜짝 놀랐어. 넓게 포장된 도로와 수백 명이 동시에 들어갈 수 있는 대중목욕탕···. 오늘날 건설된 계획도시 못지않게 잘 짜인 도시였어. 이 도시들은 기원전 2500년을 전후로 만들어진 것으로 추정되고 있어.

이집트와 메소포타미아문명은 꾸준히 발달했지만 안타깝게도 인더스문명은 더는 발전하지 못했단다. 기원전 2000년경 인도의 북서부 지역으로부터 아리아인들이 침략했기 때문이야. 아리아인들은 인더스문명을 철저히 파괴했어.

아리아인들이 누군지 아니? 그들은 인도유럽어족에 속하는데, 서아시아에 많은 셈족, 아프리카에 많은 함족과 더불어 3대 유럽 인종으로 불린단다.

아리아인들은 오늘날 이란과 중앙아시아 일대에서 탄생한 민족으로 추정되고 있어. 이 지역은 인류가 최초로 철기를 사용한 곳이기도 해. 그들이 만든 강철 무기는 그 어떤 무기보다 강력했어. 게다가 아리아인들은 불을 잘 사용했어. 불화살은 아주 강력한 무기였지. 반면 인더스문명을 일으킨 토착 원주민인 드라비다인들은 농사만 짓던 유순한 민족이었어. 당연히 아리아인들을 물리칠 수 없었어. 아리아인들은 무자비하게 인더스문명을 파괴했고, 드라비다인들을 노예로 삼았단다.

다행히 드라비다인들의 일부가 아리아인들의 손아귀를 벗어났어. 그들은 인도 남부로 도망가, 그곳에서 새로운 나라를 만들었지. 이 때문에 인도는 아주 오랜 세월 동안 북부와 남부 지역의 문화가 크게 달랐고, 통일도 쉽게 이뤄지지 않았어.

어쨌든 아리아인들은 기원전 1500년경이 됐을 때 인도의 중심지인 펀자브 지방을 모두 차지했어. 그러나 아리아인들은 그것만으로 만족하지 않았어. 더 비옥한 땅을 찾아 동쪽으로 이동한 끝에 기원전 1000년경 갠지스 강 유역까지 진출하게 됐지. 펀자브 지방에서 갠지스 강에 이르는 땅은 인도에서 가장 비옥한 평원지대란다. 가장 좋은 땅을 모두 아리아인들이 차지했으니 이제 아리아인들이 인도의 주인이 된 셈이야.

아리아인들은 이윽고 부족별로 흩어져 정착생활을 시작했어. 그런데 문제가 생겨 버렸어. 아리아인들은 원래 가축을 방목해서 키웠는데, 인구와 가축이 늘어나다 보니 동물에게 먹일 풀이 있는 목초지가 부족해진 거야. 결국 아리아인들은 목초지를 빼앗기 위해 서로 전쟁을 벌였어. 그러나 이 전쟁이 아무런 의미가 없는 것은 아니었어. 이 혼란기를 거치면서 인도에서도 작지만 강한 국가들이 등장했거든. 훗날 인도의 통일제국은 이 국가들로부터 시작했단다.

요순의 나라, 중국 열리다

중국 황허문명은 나머지 3대 문명과 달리 아주 오랫동안 천천히 발달했다는 특징이 있어.

은허 부호묘 · 1976년 상나라의 수도 은허에서 발굴된 묘로 왕족의 무덤으로 추정된다. 순장자 16명의 유골과 유물이 함께 출토됐다.

기원전 8000년경 황허 일대에서도 농사를 짓기 시작했어. 메소포타미아 일대에서 농경을 시작한 시기와 거의 비슷하지? 당시 사람들은 남은 식량을 보관하기 위해 토기도 사용했어. 기원전 4000년경에는 색깔 있는 토기를 사용한 양사오 문화, 기원전 3000년경에는 검은 토기를 사용한 룽산 문화가 발달했단다.

황허 일대가 청동기 문화로 접어든 것은 기원전 2000년경이야. 그런데 이 무렵 역사는 알려진 게 별로 없어. 현재 남아 있는 기록이 거의 없기 때문이야. 황허문명에 신화적인 이야기가 많은 것도 이런 이유에서야.

중국 신화는 삼황오제로부터 시작하지. 삼황은 농사를 발명한 신농씨, 사냥 기술을 발명한 복희씨, 불을 발명한 수인씨 등 3명을 뜻한단다. 오제는 그 뒤를 이은 황제·전욱·제곡·요·순 등 5명을 가리켜.

요왕과 순왕이 통치할 때만 해도 황허 일대는 아직 신석기시대였어. 두 왕은 물을 다스리는 치수와 관개사업에 전념했지. 그래야 농사를 잘 지을 수 있거든. 두 왕의 노력 덕분에 농업생산량은 크게 늘었고 백성들은 태평성대를 맞았어. 최고의 평화시대를 이야기할 때 "요순시대가 따로 없다"라고 말하는 것은 이를 두고 하는 말이야. 순왕의 뒤를 이어 우가 왕에 올랐어. 당시에는 가장 덕이 높은 사람에게 왕의 자리를 넘겨줬단다. 이런 방식을 선양禪讓이라고 해.

우왕은 나라의 이름을 하로 지었는데, 이 시기는 청동기시대가 시작될 무렵인 기원전 2000년경이야. 하나라가 정말로 존재했는지에 대해서는 논란이 많아. 아직까지는 전설이라고 보는 학자들이 더 많아. 그러나 최근 들어 하나 라의 유물로 보이는 것들이 발견되고 있어서 결과는 좀 더 지켜봐야 할 것 같아.

어쨌든 하나라를 세운 우왕은 자신의 아들 계에게 왕위를 물려줬어. 뭐가 달라지지 않았니? 그래, 선양 방식이 무너진 거야. 이때부터 중국 왕^{황제}은 자식들에게 세습되기 시작했단다.

전해 오는 바에 따르면 하나라는 제17대 걸왕에 이르러 상나라^{은나라}에 의해 멸망하고 말았어. 걸왕은 상

갑골문 · 상나라는 왕실의 공식 기록을 갑골문으로 거북 배 껍질에 새겼다.

나라의 마지막 왕인 주왕과 함께 중국의 대표적 폭군으로 알려져 있지. 독재자 히틀러가 근대 이후 최고의 폭군이라면 중국 역사에서 최악의 폭군은 단연 이 두 명일 거야.

주지육림이란 말을 들어 봤을 거야. 술로 된 연못과 고기가 가득한 숲이란 뜻이지. 지나치게 퇴폐적인 상황을 비꼴 때 쓰는 말이야. 놀라운 점은 주지육림이 역사에 실존했다는 거야. 상나라의 주왕이 여인들과 놀이를 즐기기 위해 일부러 주지육림을 만들었어. 하나라의 걸왕도 같은 짓을 저질렀다고 하는데 실제로 그랬는지, 아니면 상나라의 역사에서 힌트를 얻어 비슷한 이야기를 만든 것인지는 분

명치 않아.

상나라는 실존했을까? 이에 대해서도 한때 논란이 많았어. 하나라뿐 아니라 상나라까지 신화에 불과하다고 주장하는 학자들이 훨씬 많았었지. 그런데 20세기에 들어서면서 상황이 달라졌어. 상나라의 마지막 수도로 추정되는 도시, 즉 은허가 발견된 거야. 바로 이 은허를 따서 상나라를 은나라라고 부르기도 한단다. 이제 역사학자들은 상나라의 존재를 믿고 있어. 상나라는 기원전 1600년에서 기원전 1046년 사이에 실존했던 국가로 추정돼.

메소포타미아문명의 수메르인들이 쐐기문자를 사용했다는 거 기억하지? 상나라의 사람들은 갑골문자를 사용했단다. 갑골문자란 거북이 배 껍질과 야생동물의 뼈에 새긴 글자를 말해. 이 갑골문자로 점을 치기도 했다는구나.

상나라도 시간이 흐르면서 어느덧 기울기 시작했어. 결국 상나라도 주나라에 의해 멸망했단다.

너무 닮은 수메르 홍수 신화와 노아의 방주 신화

이제 좀 다른 이야기를 해 볼까?

문명이 꿈틀대던 시대, 도시국가들은 다른 지역의 우수한 문명을 보고 배우며 발전했어. 동생이 형의 행동을 따라하면서 성장하는 것과 같은 이치였지.

오늘날 영어 알파벳의 기원은 어디일까? 로마? 그리스? 아니야. 알파벳은 훨씬 과거로 거슬러 올라가 메소포타미아문명, 더 정확히 말하면 수메르문명에서 탄생했어. 고대 수메르인들은 설형문자의 일종인 쐐기문자란 것을 발명했지. 지중해 근처에 있던 페니키아에서 이 문자를 빌려 새로운 문자를 만들었고, 이 문자는 다시 그리스로 넘어갔어. 그리스로 넘어간 문자는 로마와 중부 유럽, 영국을 거치면서 발전을 거듭해 오늘날의 알파벳이 됐다.

노아의 방주 신화는 구약성서 창세기편에 등장해. 오래전부터 전해져 내려오는 것을 기원전 1500년에서 기원전 400년 사이, 글로 기록했다고 알려져 있지. 많은 학자들은 "이 신화는 수메르의 홍수 신화와 아주 흡사하다. 수메르 홍수 신화의 영향을 받았을 가능성이 크다"라고 말한단다. 수메르의 홍수 신화를 한번 볼까?

신들은 인간들이 어느 때부턴가 오만해졌다고 생각했어. 그래서 인간을 멸종시키기로 결심하지. 그러나 인간을 불쌍히 여긴 한 신이 지우수드라라는 인간에게 이 사실을 몰래 알려 줬어. 미리 대비하라는 거였지. 지우수드라는 큰 배를 만들고 가족과 모든 생물의 암수 한 쌍을 태웠어. 그 후 7일간 홍수가 계속됐지. 비가 멈추고 물이 빠지자 그는 배에서 내려 새 세상을 만들었대.

노아의 방주 신화와 아주 흡사하지? 학자들은 유대인들이 기원전 6세기경 바빌론에서 포로생활을 할 때 들은 이야기를 새롭게 꾸며, 구약성서 창세기편에 넣은 게 아닐까 하고 추측하고 있어. 물론 기독교계에서는 이런 해석이 옳지 않다고 말하지. 어쨌든 이처럼 문화는 우리가 모르는 사이에 서로 영향을 주고받으며 성장해 온 거야. 놀랍지 않아?

대륙별스토리

커버스토리에서 인류의 4대 문명에 대해 충분히 살펴봤어. 그런데 생각해 봐. 어느 날 갑자기 '짠' 하고 4대 문명이 탄생했을까? 그건 아니야. 인류가 탄생한 후 문명을 발전시키기까지는 아주 오랜 시간이 걸렸단다.

이제 우린 문명이 탄생하기 이전으로 거슬러 올라가 인류가 어떻게 살았는지를 알아볼 거야. 우선 오스트랄로피테쿠스에서 호모사피엔스사피엔스로 진화한 과정을 살펴보고, 그다음에는 신석기혁명과 도시국가의 발달 과정을 살펴보도록 하자고. 맨 마지막으로는 커버스토리에서 미처 다루지 못한 나머지 대륙의 문명에 대해 하나씩 알아볼게.

이제 이 책의 구성을 알 수 있겠지? 먼저 각 장의 앞에서, 그 시대에 가장 중요한 사건을 커버스토리로 다룬단다. 그다음 나머지 사건들은 대륙별로 '통'으로 정리하는 방식이지. 기왕이면 역사의 전 과정을 꼼꼼히 알면 좋겠지만 그게 힘들다면 각 장의 커버스토리만 확실하게 이해해도 역사박사가 될 수 있을 거야.

인류의 탄생과 신석기혁명

약 390만 년 전 인류의 조상이 지구에 나타났어. 바로 오스트랄로피테쿠스 아파렌시스야. 이때만 해도 인간은 인간이라기보다 동물에 더 가까웠어. 그러나 인류는 진화를 거듭했고 마침내 '인간'이 되는 데 성공했지.

약 1만 년 전, 그러니까 기원전 8000년경부터 신석기시대가 시작됐어. 그전까지만 해도 인간들은 굶어 죽지 않고, 야생동물에 물려 죽지 않으면서 어떻게든 살아남는 게 유일한 목표였지. 그러나 신석기시대로 접어들면서 인류의 삶은 확 달라졌어. 농사를 짓게 된 거야! 이 농업혁명 덕분에 인류는 도시를 만들 수 있었고, 나아가 문명까지 발달시킬 수 있었어. 지금부터 그 역사를 살펴볼 거야.

사람이 탄생하다

인류는 아프리카에서 시작됐다!

이 말은 진리야. 20세기 초반 남아프리카공화국에서 인류 화석이 발견됐는데, 과학자들은 '타웅'이란 이름을 붙였어. 이 화석인류가 바로 오스트랄로피테쿠스야. 지금으로부터 약 300만 년 전, 아프리카에 살았던 것으로 추정돼. 하지만 타웅이 가장 오래된 인류는 아니야. 아프리카 동부 에티오피아에서 '루시'란 여자 화석이 발견됐는데 약 390만 년 전에 살았던 것으로 추정되고 있어. 이 화석 인류는 오스트랄로피테쿠스 아파렌시스라고 불러.

사실 오스트랄로피테쿠스는 인간보다는 원숭이에 더 가까웠어. 그래서 남방원숭이라는 별명을 갖고 있지. 그런데도 오스트랄로피테쿠스를 원숭이로 보지 않고 인류의 조상으로 여기는 것은 그들이 처음으로 도구를 사용했기 때문이야.

도구라고 해서 거창한 것을 기대하지는 마. 뾰족한 돌멩이에 불과했으니까 말이야. 그러나 다른 동물들은 손이 발달하지 못해 도구를 사용할 수 없었어. 그렇기 때문에 보잘것없는 도구라 해도 무시할 수 없는 거야. 무엇보다 손을 쓸 수 있었다는 것은 인간이 두 발로 걸어 다녔다는 것을 뜻해. 도구 사용이 왜 중요한지 알겠지?

오스트랄로피테쿠스는 두 발로 걸어 다니기는 했지만 완전하게 직립보행을 하지는 못했어. 두뇌의 크기도 원숭이와 별 차이가 없었지. 다 자란 키는 120센티미터 정도에 불과했어.

그로부터 250만 년간 인류는 서서히 진화했어. 그리고 180만 년 전 새로운 인류가 아프리카에 출현했어. 바로 호모에렉투스야. 구부정한 등이 펴져 비로소 완전하게 직립보행을 한 이들은 처음으로 불을 사용했단다. 호모에렉투스는 아프리카를 벗어나 세계로 이동했어. 중국 베이징, 독일 하이델베르크, 인도네시아 자바 등에서 이 호모에렉투스의 화석이 발견됐지. 그러나 호모에렉투스도 현대 인간과는 다소 거리가 있어. 뇌의 크기가 현대 인간의 절반밖에 되지 않았거든. 인류는 다시 진화의 속도를 올렸어. 40만 년 전에는 유럽에서 호모네안데르탈렌시스가 등장했고, 20만 년 전에는 현대 인간과 뇌의 크기가 거의 비슷한 호모사피엔스가 등장했지.

마침내 4만 년 전 인류는 진화의 최종 단계에 이르렀어. 비로소 현생 인류가 등장한 거야. 현생 인류의 출현으로 그전까지의 인류는 고인류라고 불려.

현대인과 뇌의 크기가 거의 비슷한 이 현생 인류를 호모사피엔스사피엔스라고 부르는데, 호모사피엔스는 순우리말로 슬기사람이라고 부른단다. 그렇다면 호모사피엔스사피엔스는? 슬기슬기사람이라고 하지. 유럽에서 발견된 크로마뇽인이 대표적이야.

호모사피엔스사피엔스는 다시 긴 시간 동안 진화했어. 빌딩에 비유해 볼까? 지금까지의 진화는 외부 골격 공사였다고 할 수 있어. 이제 모든 공사는 끝났지. 그러나 지금부터가 더 중요해. 내부 공사를 해야 하거든. 호모사피엔스사피엔스가 바로 그랬어. 동물에서 벗어나 인간으로 생존하고 생활하는 법을 배워야 하는 거야.

이때까지만 해도 인류는 생존하는 것만이 삶의 유일한 목표였어. 약한 야생동물이 보이면 사냥해 먹었고, 열매가 있으면 따 먹어 배를 채웠지. 먹을 것이 떨어지면 어떻게 했을까? 굶어 죽거나 다른 지역으로 이동했어. 돌덩이를 쪼개 만든 뗀석기를 사용한 이 시대를 구석기시대라고 부른단다.

연대	약 300만 년 전	약 180만 년 전	약 20만 년 전	약 4만 년 전
인류의 진화	오스트랄로피테쿠스 (뇌 용량: 400~700cc)	호모에렉투스 (뇌용량: 800~1400cc) 자바인, 베이징인, 하이델베르크인	호모사피엔스 (뇌 용량: 1300~1600cc)	호모사피엔스 사피엔스 (뇌 용량: 1400~1800cc) 크로마뇽인
사용한 도구	찍개	주먹도끼	양면석기	잔석기
특징	최초의 인류, 도구 사용	불 사용, 완전한 직립	시체 매장	동굴 벽화

구석기 인류의 변화

신석기혁명, 인류의 삶을 바꾸다

기원전 8000년경 인류는 농사를 시작했어. 식량을 저장하기 위해 토기를 사용했고, 가축을 키우기 시작했지. 농기구의 수준도 한 단계 높아졌어. 그전까지는 뗀석기를 사용했지만 이때부터 돌을 갈아 만든 간석기나 호미, 도끼 같은 농기구를 만들어 쓴 거야. 맷돌이나 절구 같은 것도 사용되기 시작했지.

　신석기혁명의 가장 큰 특징은 이처럼 농사를 짓기 시작했다는 거야. 뭐라고? 겨우 농사를 짓기 시작한 것 가지고 혁명이라고 부를 수 있냐고? 아니야, 그건 틀린 생각이야. 농사를 짓기 시작했다는 것은 정말로 엄청난 사건이었단다.

　식량, 즉 농업생산량이 늘어나자 굶주림에 대한 공포가 크게 줄어들었어. 먹을 것이 부족한 겨울에 대비하기 위해 토기를 만들어서 식량을 저장했지. 농사를 짓고 식량을 저장하기 시작했는데, 먹을 것을 찾아 굳이 다른 땅으로 이동할 필요가 있겠어? 그래, 신석기시대부터 인간은 정착생활을 하기 시작했단다.

정착생활을 하면서 인간은 또 하나의 식량을 발견했어. 바로 가축이야. 그전까지는 야생동물을 잡으면 곧바로 잡아먹었지만 이때부터 동물을 사육하기 시작한 거지. 소와 양, 돼지 등의 동물이 인간과 가까워진 것은 이때부터야.

먹을 게 넉넉해지면서 기원전 1만 년경 500만 명에 불과하던 세계 인구는 기원전 6000년경 2000만 명으로 늘어났어. 또 하나 놀라운 점이 있지. 정착생활을 하면서 사회가 만들어진 거야! 한 부모 밑에 있던 자식들은 각자 가정을 꾸린 후에도 같은 지역에 모여 살았어. 그 자식의 자식들, 다시 그 자식의 자식들도 같이 어울려 살았지. 이렇게 해서 같은 피붙이들로 이뤄진 사회, 즉 씨족 사회가

빗살무늬 토기(왼쪽)와 돌절구(오른쪽) · 신석기시대 식량을 저장하기 위해 만든 토기와 곡식을 빻는 용도로 사용한 돌절구이다.

생기게 됐어.

혁명은 혁명 전과 혁명 후의 사회가 비교할 수 없을 만큼 확 다를 때 사용하는 단어야. 정착생활을 하고 사회를 건설했다면 신석기혁명이란 단어를 사용하는 게 적절하다고 생각하지 않니? 그저 농사짓고 가축만 키운 게 아니야. 사회가 확 달라졌잖아! 신석기혁명은 지역별로 약간씩 다르지만 전 세계적으로 대부분 기원전 8000년을 전후로 시작됐어. 농업을 위주로 한 혁명이라는 뜻에서 농업혁명이라고도 부른다.

훗날 18세기 중반 이후 시작된 산업혁명을 잠시 떠올려 볼까? 상품이 대량으로 생산되고 자본가와 노동자가 등장했으며 산업도시가 발달했어. 이로써 현대 세계의 기본 골격이 갖춰졌지. 신석기혁명과 마찬가지로 인류의 생활이 송두리째 바뀐 거야. 그래서 혁명이란 단어를 쓰지. 오늘날 이 두 혁명에 버금가는 또 다른 혁명이 진행되고 있어. 바로 시간과 공간의 벽을 없애 버린 인터넷혁명이야. 앞으로도 제4, 제5의 혁명이 나타나지 않는다고 누가 장담할 수 있겠어?

도시가 발달하다

정착생활 초기에 사람들은 피붙이끼리 씨족사회를 구성해 살았어. 농사가 잘되는 지역에 더 많은 사람들이 모여들었지. 아무래도 인구가 밀집돼 있고 농사짓기 편한 곳이 살기 좋지 않겠어? 한산한

예리코 유적 · 요르단 강 유역에 위치한 세계에서 가장 오래된 신석기시대 도시 유적 중 하나이다.

곳에 가게를 열어 봐야 손님이 없는 것과 같은 이치지. 인구가 많은 지역은 여러 사람이 협력할 수 있기 때문에 더 많은 식량을 생산할 수 있었거든.

인구가 늘어나면서 예기치 못한 일이 생겨났어. 피붙이가 아닌 사람들과 어울려 살다 보니 씨족사회의 근본이 흔들린 거야. 이제 피붙이보다 촌락이 더 중요해졌어. 지연이란 말 들어 봤지? 같은 동네 출신인지를 따지는 게 지연이야. 이때부터 지연으로 엮인 부족사회로 진입한 거야.

부족사회가 발달하면서 도시들도 많이 건설됐지. 도시는 특히 거대한 농경지 주변에 많이 세워졌어. 아무래도 식량이 많이 생산되는 곳이 잘 살 테니까 당연한 일이겠지? 대표적인 지역들이 바로 문명의 탄생지인 메소포타미아, 인더스, 황허 일대였지. 앞에서 살펴본 대로 이 지역들은 인구가 넉넉하고 농업생산량이 많았기 때문에 국가의 기틀을 갖춘 도시들이 늘어났어. 이때부터의 역사는 커버스토리에서 다룬 대로야.

신석기혁명 이후 인류의 삶은 그전보다 넉넉해졌어. 하지만 평화는 오히려 위태해졌단다. 두 부족이 사이좋게 합쳐서 더 큰 도시를 세운 경우도 있어. 하지만 강자가 약자를 힘으로 정복해 도시를 키운 경우도 많았지.

그전까지 인류는 평화롭게 오순도순 살았지만 이때부터 지배자와 피지배자가 생겨나게 됐어. 싸움을 잘하고 정착생활에 익숙하지 않은 유목부족들은 식량이 많은 부족을 공격하고 땅을 빼앗았지. 유목부족들은 최신 무기로 무장했기 때문에 유순한 농경부족은 저항하지도 못하고 무너질 수밖에 없었어. 요즘으로 치면 대포로 무장한 군대에 칼을 들고 달려드는 꼴이었으니 당연한 결과겠지?

세계 전역에 인류 세상 열리다

이제 한반도를 살펴볼까? 한반도에는 약 70만 년 전부터 시베리아에서 내려온 구석기인들이 살기 시작했어. 평안남도에서 석회암 동굴검은모루 동굴이 발견됐는데 그곳이 바로 구석기인들의 주거지였지. 이들은 현생 인류는 아니야. 보통은 약 4만~1만 년 전에 한반도에 정착한 인류가 우리의 조상이라고 여겨지고 있지.

빙하기가 끝난 후 한반도에서도 신석기시대가 시작됐어. 제주 고산리에서 발견된 유적은 지금으로부터 약 1만~8000년 전 것으로 추정되고 있어. 약 6000년 전에는 서울에서도 신석기 사람들이 살았지. 서울 암사동에 가보면 움집을 지었던 흔적을 볼 수 있단다.

많은 역사책들이 4대 문명만 달랑 살펴보고 넘어가는 경우가 많기 때문에 세계의 다른 지역에서도 인류가 발전하고 있었다는 사실을 모를 수 있어. 그러나 어둡다고 해서 아무런 일이 일어나지 않았겠니? 조명을 비춰 보면 숨겨져 있는 많은 것을 발견할 수 있어. 아프리카를 봐. 최초의 인류가 탄생한 대륙인데도 많은 사람들이 미개한 땅이라며 별로 주목하지 않잖아? 그러나 이런 생각은 편견에 불과해.

20만 년 전 아프리카에서 호모사피엔스가 나타났단다. 그 후 니그로인을 포함해 많은 종족이 기나긴 석기시대를 거치면서 서서히 발전했어. 아프리카의 사하라 사막에 가까이 있는 니제르 강 유역

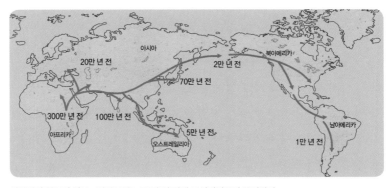

선사시대 인류의 이동 · 한반도에는 70만 년 전에 구석기인들이 들어왔다.

에서는 약 7000년 전부터 옥수수와 벼를 재배하기도 했지. 지금은 사막이지만 당시만 해도 사하라 지역은 풀밭이었단다. 그들은 이 풀밭에서 농사를 짓고 가축을 키우며 살았던 거야.

인류의 이동도 매우 활발하게 이뤄졌어. 학자들은 아프리카에서 시작된 인류가 유럽 전역과 아시아로 흩어졌고, 그들이 다시 2만 년 전 베링해협을 지나 북아메리카로 들어갔으며, 서서히 남쪽으로 내려가 아메리카 전역에 퍼진 것으로 추정하고 있단다. 대륙별로 시간차가 조금씩 있겠지만 세계가 문명을 향해 일제히 달려가고 있었던 셈이지.

다른 문명에도 주목하라

이번에는 4대 문명 이후의 세계를 살펴볼 거야. 혹시 4대 문명 외에 다른 문명에 대해 알고 있는 게 있니?

"다음 중 4대 문명 탄생지가 아닌 곳은 어디인가?"라는 식의 객관식 시험 문제가 많았던 탓에 다른 문명에 대해서는 모르는 친구가 의외로 많아. 정말 이 4개 지역을 빼면 나머지 세계는 문명이 없었던 것일까? 그렇지 않아. 다른 지역에서도 작아도 소중한 문명이 서서히 발달했거든.

역사에 좀 더 관심을 가진다면 동양과 서양이 비슷하게 발전했다는 사실을 알게 될 거야. 일부러 만나서 교류한 적도 없는데 말이야! 문명도 마찬가지라서, 약간씩 차이가 있기는 하지만 일부 대륙을 빼면 거의 비슷한 발전 과정을 밟았단다.

고대 민족의 이동

"든 자리는 몰라도 난 자리는 안다"라는 우리 속담이 있지? 친하게 지내던 사람이 멀리 떠나면 그 빈자리가 크게 느껴지지. 그럴 때 이 속담을 쓴단다. 그러나 고대 메소포타미아 일대의 역사는 정반대였어. 난 자리를 알아차릴 시간도 없이 금세 새 민족에 의해 채워졌거든.

지금까지 살펴본 대로 인류는 끊임없이 이동했어. 처음에는 아주 작은 단위의 씨족이, 나중에는 좀 더 큰 단위인 부족이, 그리고 그 뒤에는 더 큰 개념인 민족 단위로 새로운 땅을 찾아 이동했지. 고대의 여러 문명은 이런 민족 이동을 통해 탄생했다가 망하고, 새롭게 부활했다가 다시 망하는 과정을 반복했어.

인도유럽어족은 오늘날 유럽과 인도, 이란과 아프가니스탄 등 여러 국가의 기원이 된 민족이야. 이들은 원래 중앙아시아의 초원지대에 살고 있었는데, 기원전 2000년경부터 남쪽으로 이동하기 시작했지. 이 현상을 두고 고대 민족의 이동이라고 한단다.

인도유럽어족의 이동으로 세계 지도는 완전히 바뀌었어. 이들 중

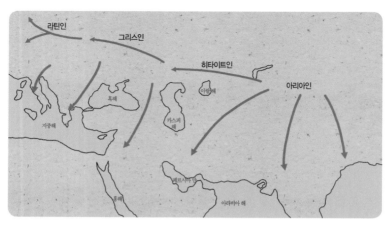

고대 인도유럽어족의 이동 · 아리아인의 이동으로 인더스문명이 파괴됐다. 아리아인은 오늘날 유럽인
의 직접적인 조상이다.

아리아인들은 인도 북서부로 침입해 인더스문명을 파괴한 뒤 눌
러앉았지. 기억나지? 인더스문명에서 이미 살펴본 대로야. 또 다른
아리아인들은 카스피 해와 페르시아 만 사이에 있는 고원지대로
내려갔어. 그들은 그 일대에 살던 메디아인들과 함께 이란 민족을
이루었어. 그리고 훗날 페르시아 제국을 건설했지. 이란이 바로 아
리안의 나라라는 뜻이란다.

　유럽 남동부 발칸반도로 퍼진 인도유럽어족은 그리스와 로마를
건국했어. 동유럽으로 간 종족은 훗날 슬라브족의 조상이 됐고, 그
보다 더 서쪽으로 간 종족은 켈트족과 게르만족으로 자리 잡았지.

　이제 민족이 이동할 때마다 여러 국가의 운명이 바뀌었다는 사
실을 알 수 있겠지? 수메르인의 메소포타미아문명이 망한 것도 아
모리인들이 시리아 사막에서부터 메소포타미아로 이동했기 때문

이었어. 이것도 앞에서 살펴봤어.

　민족 이동이 세계 지도를 바꾸는 경우는 이후로도 여러 차례 발생했어. 4세기에는 중국에서 쫓겨난 흉노족이 유럽을 공격하자 게르만족이 이들을 피해 로마 영토로 쳐들어갔지. 이 민족의 이동 또한 세계 역사를 새로 쓴 사건이야. 이에 대해서는 6장에서 살펴볼게.

그리스문명 시작되다

고대 민족의 이동으로 그리스에서 탄생한 문명이 바로 그리스문명이야. 인도유럽어족의 한 무리가 메소포타미아와 소아시아를 거쳐 그리스에 이르렀어. 그들은 메소포타미아문명과 이집트문명의 영향을 듬뿍 받아 새로운 문명을 그리스에 건설했지. 그리스 주변의 바다인 에게 해의 이름을 따서 에게문명이라고도 불러. 이제 이 문명에 대해 이야기할 참이야.

　기원전 2000년경 그리스 남단 크레타 섬에서 문명이 발달하기 시작했어. 이 크레타문명은 역사

크노소스 궁전 벽화 · 크레타인의 모습을 엿볼 수 있다.

적으로 매우 중요한 의미가 있단다. 서양 역사의 기원은 물론 메소포타미아문명이야. 그러나 서양 사람들에 의해 처음 시작된 문명은 크레타문명이라고 할 수 있지.

그리스문명은 남부 크레타 섬에서 발생한 크레타문명_{기원전 2000~기원전 1400년}과, 크레타문명에 이어 그리스 본토 미케네에서 시작된 미케네문명_{기원전 1600~기원전 1100년}으로 분류한단다.

크레타문명은 미노스 왕에 이르러 절정에 이르렀지. 크노소스 궁전을 보면 그 사실을 짐작할 수 있어. 이 유적은 발굴될 때부터 큰 화제가 됐는데, 상상을 초월할 정도로 거대했고 화려했기 때문이야. 크레타문명은 이 왕의 이름을 따서 미노아문명이라고도 부른단다. 이 문명은 지중해 동부 일대를 장악해 엄청난 부자가 됐고 기원전 1600~1400년경 최대의 전성기를 맞았다고 해. 그러나 곧 이은 미케네의 공격을 견디지 못하고 결국 멸망하고 말았어. 이제 그리스문명은 미케네가 주도하기 시작했지.

그리스 인근 이탈리아반도에서도 작은 문명이 탄생됐단다. 기원

크노소스 궁전 유적 · 크레타 섬에 있는 크레타문명의 유적이다.

전 3000년경부터 에트루리아인들이 아펜니노산맥을 따라 도시를 건설했는데, 이를 아펜니노문명이라고 불렀어. 에트루리아인들은 워낙 강했기 때문에 외부의 그 어떤 민족도 이탈리아를 넘보지 못했다고 해. 물론 이들이 훗날 로마의 조상은 아니야. 로마의 조상은 기원전 1000년경부터 이탈리아반도로 진출했거든.

한반도와 일본의 문명

한반도와 일본에도 문명이 발달하고 있었어. 조명을 한반도에 비춰 볼까?

삼국유사와 제왕운기에 따르면 우리 민족의 첫 통일국가인 고조선은 기원전 2333년 세워졌어. 단군은 아사달에 도읍을 정하고 나라 이름을 조선이라고 불렀지. 그러나 엄밀히 보면 이는 삼국유사에 나타난 기록일 뿐이야. 삼국유사를 지은 일연은 우리 민족의 기상을 드높이기 위해 고조선의 역사를 기원전 2333년부터 잡았을 가능성이 크다는 이야기지.

실제로 기원전 2333년의 고조선이 통일국가였을 가능성은 낮다는 의견이 적지 않아. 당시 여러 작은 국가들이 한반도 북부와 중국 만주 일대에 흩어져 있었고, 이들을 통틀어 고조선이라고 불렀을 것이란 추측이 많지. 어쩌면 이 분석이 이치에 더 맞을 수도 있어. 정말로 고조선이 기원전 2333년 탄생했다면 한반도 또한 일찍부

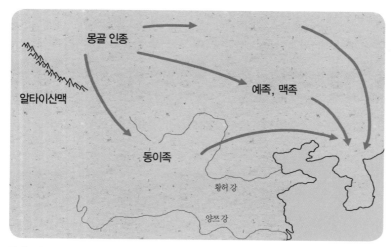

한민족의 이동 · 몽골 인종이 북쪽 지방에서 한반도로 들어왔음을 보여 주는 지도이다. 하지만 최근에는 중국 남부에 거주하던 인종 집단이 한반도로 유입됐다는 학설이 대두되고 있다.

터 거대 문명권으로 분류되지 않았을까? 이런 점들을 생각하면 강력한 통일국가로서의 고조선은 그보다 한참 후에 세워졌을 가능성이 높지.

그렇다고 해서 한반도가 문명이 전혀 없는 어둠의 땅이었다는 뜻은 아니야. 중국 기록에 따르면 고조선은 중국의 나라들조차 두려워할 정도로 성장했었단다. 한반도는 기원전 2000~기원전 1000년 무렵 청동기시대로 돌입했지.

가까운 일본은 어땠을까? 일본은 신석기시대를 맞아 조몬 문화를 발전시켰어. 여기까지는 한반도나 중국의 발전 상황과 크게 다르지 않아. 그러나 일본은 그 후 수천 년간 조몬 문화에서 더 이상 발전하지 않았어. 일본은 한반도와 중국으로부터 문화를 수입하는 기원전 3세기경에야 신석기시대에서 벗어나 금속을 사용하는 야요이 문화를 발전시켰지. 일본의 발전이 늦은 것은 무엇보다 섬나라라는 특성 때문이었어. 섬이기 때문에 외부로부터의 침입이 없었지만 그 대신 외부 문명도 들어오지 않아 발전이 늦어졌던 거야.

그 밖의 문명

동남아시아 지역을 볼까? 이 지역에서도 어김없이 여러 도시국가들이 생겨났어. 전 세계 어디를 봐도 고루 발전하고 있었다는 사실을 다시 한 번 알 수 있겠지?

이 일대에서 국가를 건설한 종족은 크게 두 부류였어. 첫째는 중국을 거쳐 남하한 몽골 계통 종족이었고, 둘째는 태평양 일대의 멜라네시아에 살던 종족이었지. 두 종족은 작은 배를 타고 동남아시아에 도착해 정착생활을 시작했어. 이들은 그전부터 살고 있던 부족인 니그리토인들을 몰아내고 광활한 평야를 모두 차지했어.

새롭게 동남아시아를 차지한 이들은 곧 농사를 지었어. 주요 곡식은 쌀이었지. 타이 일대는 세계 최초로 쌀농사를 한 지역으로 추정되고 있어. 오늘날 아시아 국가들이 쌀을 주식으로 하는 운명이 어쩌면 이때부터 정해졌을지도 몰라.

아프리카 북부도 상당히 발전했단다. 이 일대의 도시국가들은 이집트문명으로부터 선진문물을 받아들였어. 그 결과 철기를 사용하는 민족이 다른 대륙보다 더 빨리 나타났어. 이 철기 문화를 바탕으로 강력한 국가들도 생겨났지. 대표적인 나라가 이집트 남쪽의 쿠시 왕국과 오늘날 튀니지가 있는 지역에 건설된 카르타고야. 이들 나라의 활약상은 차차 살펴보기로 하자고.

아메리카 대륙도 암흑에만 머물러 있지 않았어. 물론 다른 대륙보다 늦기는 했지만 말이야. 2만~1만 5000년 전 아시아로부터 건너온 북아메리카 원주민은 남쪽으로 이동을 시작했어. 1만 3000~1만 년 전에는 중남미에까지 이르렀지. 그곳에서 아주 더디지만 문명을 키워 나갔어.

기원전 1500년경에는 중앙아메리카 멕시코 지역에 둥지를 틀었지. 그들은 점차 도시를 키워 기원전 800년경에는 문명을 싹 틔웠어. 이 문명이 바로 올메크문명이야. 올메크인은 재규어를 신으로

올메크족의 거대 두상·
높이 3미터, 무게 3톤에 이른다.

받들었다고 해. 오늘날 우리가 자주 먹는 옥수수와 감자, 토마토, 코코아를 맨 처음 재배한 인류도 올메크인으로 알려져 있어. 그들은 높이가 3미터, 무게가 3톤에 이르는 거대한 머리 석상을 유적으로 남겼어. 도대체 올메크인은 그 큰 석상들을 어떻게 만들었고, 왜 만들었을까? 불가사의야.

기원전 1000년경에는 남미의 안데스 고원 계곡까지 인류가 진출했지. 그들은 그곳에 도시를 만들고, 문명을 건설했어. 훗날 파라카스문명과 나스카문명이 이때부터 시작됐다고 볼 수 있지. 나스카문명에 대해서는 5장에서 살펴볼게.

머리는 소, 몸은 사람인 미노타우로스

본격적인 역사시대가 되면 신화는 사라져. 현대인들은 신화를 꾸며 낸 이야기로 생각하지. 물론 그럴 수도 있지만 신화는 생각의 폭을 키우는 데 더할 나위 없이 좋은 재료야. 그런 의미에서 그리스신화에도 나오는 테세우스와 미노타우로스 이야기를 좀 해 볼까?

기원전 3000년경, 크레타 섬의 미노스 왕은 "바다에서 아름다운 수소가 땅으로 올라올 것이다"라고 예언했어. 예언이 맞으면 백성들이 자신을 존경할 거라고 생각했던 거지. 왕은 바다의 신 포세이돈에게 수소를 올려보내면 곧 그 소를 죽여 제물로 바치겠다고 약속했어. 포세이돈은 그 약속을 믿고 아름다운 수소를 땅으로 올려보냈지.

그런데 그 수소가 너무 아름다웠나 봐. 미노스는 포세이돈을 배신하고 수소를 궁궐에서 키웠어. 포세이돈은 너무 화가 났어. 포세이돈은 미노스 왕의 부인이 그 수소를 사랑하도록 만들어 버렸고, 결국 왕비와 소 사이에서 머리는 소, 몸은 사람인 괴물 미노타우로스가 태어났어.

미노스 왕은 이 사실이 알려질까 봐 다이달로스를 시켜서, 일단 들어가면 빠져나올 수 없는 미궁을 만들게 했어. 미노스 왕은 미궁 안에 미노타우로스를 가두고는 비밀이 새어나갈까 봐 다이달로스와 그의 아들 이카로스마저 미궁에 가둬 버렸지.

미노스 왕은 미노타우로스의 먹이로 아테네의 소년소녀 인질 9명씩을 보내라고 명령했어. 아테네의 왕자인 테세우스는 참을 수 없었어. 그래서 자신이 직접 인질에 섞여 크레타 섬으로 향했단다.

미노스 왕의 딸 아리아드네는 테세우스를 보고 한눈에 반해 버렸어. 그녀는 테세우스가 미궁에서 탈출할 수 있도록 털실 뭉치를 줬지. 테세우스는 미궁 입구에 털실을 묶은 뒤 줄을 풀면서 미궁으로 들어갔어. 미노타우로스를 죽인 후에는 그 털을 되감으며 밖으로 나왔지. 결국 테세우스는 무사히 아테네로 귀환했단다.

한편 미궁에 갇힌 다이달로스와 이카로스도 탈출을 시도했어. 그들은 밀랍으로 새의 깃털들을 붙여 거대한 날개를 만들었어. 그리고 그 날개를 어깨에 달고 날아올라 미궁을 탈출하는 데 성공했지. 그러나 한껏 마음이 부푼 이카로스는 자신도 모르게 점점 더 높은 곳을 향해 날갯짓을 했어. 아버지 다이달로스가 "너무 높이 날면 태양의 열기에 날개가 타 버린단다"라고 충고했던 것도 기억나지 않았지. 태양에 가까워지자 깃털을 붙였던 밀랍이 녹았고, 이카로스의 날개는 공중분해 돼 버렸어. 아버지가 지켜보는 가운데 이카로스는 한없이 추락했지.

"날개 없는 추락"이란 말을 들어 봤니? 그 시작이 바로 이 이야기란다.

미노타우로스를 물리치는 테세우스
프랑스 파리 튈트리 궁 정원에 있는 동상이다.

제2장

인 류 의 탄 생 에 서
중 세 까 지

고대
세계의
혼란과 발전

기원전 1300~기원전 600년 전후

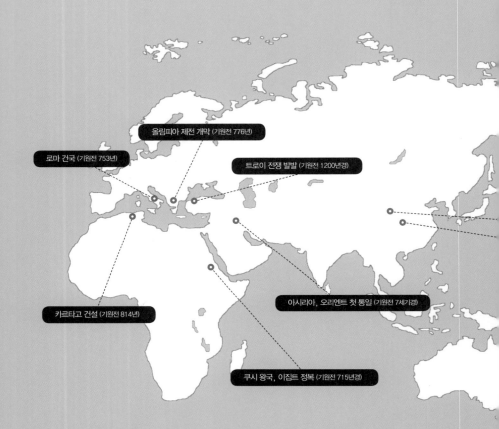

올림피아 제전 개막 (기원전 776년)

로마 건국 (기원전 753년)

트로이 전쟁 발발 (기원전 1200년경)

아시리아, 오리엔트 첫 통일 (기원전 7세기경)

카르타고 건설 (기원전 814년)

쿠시 왕국, 이집트 정복 (기원전 715년경)

이 시기에는 동서양 모두 혼란스러웠어. 왜 그런 줄 아니? 모두가 꼼짝할 수 없을 만큼 강력한 왕국이 아직은 만들어지지 않았기 때문이야. 어떤 나라는 생기자마자 망해 버렸고, 어떤 나라는 반짝하고 빛을 발했다가 사라졌단다. 힘의 공백 상태가 계속 이어진 셈이지. 그러나 강자가 전혀 없지는 않았어. 서양의 경우 기원전 1200년경 트로이 전쟁을 일으킨 그리스 아카이아인이 최고의 강자였어. 얼마 지나지 않아 중국에서는 주나라가 상나라를 무너뜨렸지. 이즈음 동양과 서양의 중간 지대인

주나라 건국 (기원전 1046년경)

춘추시대 시작 (기원전 770년)

중동서아시아은 아직도 혼란스러웠어.

얼마 후 그리스와 중국도 다시 혼란의 소용돌이에 빠졌단다. 그리스는 기원전 1000년경부터 암흑시대가 됐고, 중국은 기원전 770년 춘추시대가 시작됐어. 오리엔트 지역은 어떻게 됐느냐고? 여전히 혼란스러웠어.가장 먼저 혼란을 끝낸 곳은 오리엔트 지역이야. 아시리아라는 강력한 나라가 그 일대를 통일하는 데 성공했거든. 그러나 아시리아는 곧 망하고 말았단다. 왜 그랬을까? 한번 생각해 봐.

1장에서는 기원전 1300년경을 전후로 발전한 문명에 대해 살펴봤어.

2장에서는 그 후 고대국가들이 어떻게 발전했는지를 살펴볼 생각이야.

어떤 지역에서는 도시국가들이 주변 민족으로부터 큰 방해를 받지 않고 강한 왕국으로 성장하기도 했지. 그러나 대부분의 지역에서는 전쟁이 끊이질 않았어. 왜 그랬을까? 여러 가지 이유가 있을 테지만 모든 나라가 겁을 낼 만큼 뚜렷한 강자가 없었던 탓도 있어. 나라마다 힘이 비슷비슷하다 보니 전쟁이 계속된 거지. 오리엔트 지역이야말로 전쟁이 많은 곳이었어.

오늘날 프랑스의 루브르박물관이나 영국의 대영박물관에 가 보면 고대 오리엔트 유물을 볼 수 있단다. 그 유물들을 보고 있으면 이때 오리엔트 일대가 얼마나 발전했는지를 짐작할 수 있어. 왜 그 유물이 프랑스와 영국에 있냐고? 그거야 두 나라가 18세기 이후 오리엔트 일대를 점령하면서 유물들을 다 가져갔기 때문이야.

서양 문화의 기원이 오리엔트라고 했던 말 기억해? 그만큼 오리엔트 문화의 영향력은 막대했지. 이번 커버스토리에서는 동양과 서양에서 한때 강자였던 나라들만 추려서 시간 순서에 따라 살펴볼 거야. 그리스부터 시작해 중국 주 왕조의 탄생, 아시리아의 오리엔트 통일까지 말이야.

고대 세계의
강자들

그리스, 번영에서 암흑까지

1장에서 그리스의 도시국가 미케네가 기원전 1400년경 크레타를 공격해 멸망시켰다고 했었지? 미케네는 그다음에도 승승장구했단다. 마침내 기원전 1200년경 주변의 도시국가들을 모두 정복해 거대 왕국을 건설하고는 그리스의 큰형님이 됐지. 이들은 아카이아인이었어. 그래서 이들의 왕국을 아카이아 왕국이라고도 불러.

아카이아 왕국은 이윽고 사상 최대의 해외원정에 나섰어. 그게 바로 유명한 트로이 전쟁이야. 이 전쟁은 트로이의 왕자 파리스가 스파르타 왕비 헬레네를 납치하자 그리스인들이 보복하려고 벌인 거였어. 그러나 꼭 복수만이 목적이었을까? 어쩌면 경제적인 이유가 더 컸을 거야. 흑해와 지중해 일대를 그리스가 장악하려면 강력한 라이벌인 트로이를 없애야 했던 거지.

여러 도시국가의 왕을 겸하고 있던 미케네의 아가멤논은 그리스 연합군 함대를 이끌고 소아시아에 있는 트로이를 공격했어. 전쟁은 무려 10년이나 끌었기 때문에 양쪽 모두가 지칠 대로 지쳤어. 그때 그리스의 영웅 오디세우스가 절묘한 계략을 생각해 냈어. 그 계략이 바로 트로이 목마였지.

그리스는 거대한 목마를 해안에 남겨놓고 거짓으로 후퇴하는 척했어. 트로이 사람들은 승리의 기념물로 삼으려고 목마를 성안으

트로이 목마 · 전쟁에 사용된 목마를 재현한 것으로 터키에 있다.

에게 해

트로이
리디아
에게 해
이오니아
테르모필레
테베
프라타이아
마라톤
펠로폰네소스 반도
아테네
살라미스 만
델로스 섬
스파르타

고대 지중해 세계 · 트로이는 그리스가 아닌 소아시아 지역에 위치해 있다.

로 들여놓았어. 밤이 되자 목마 안에 숨어 있던 그리스 병사들이 나와 성문을 열었지. 성 밖에 숨어 있던 그리스 병사들이 일시에 성안으로 쳐들어갔어. 성은 초토화됐고, 트로이는 끝내 멸망하고 말았지. 이 이야기는 호메로스의 소설 『일리아드』의 기본 줄거리가 됐단다.

이후 그리스는 지중해와 흑해 일대의 최강자가 됐어. 그러나 운명은 그리스의 편이 아니었나 봐. 어느 날 갑자기 큰 화재가 지중해 일대를 휩쓸었어. 불길은 아프리카로까지 번져 갔지. 안타깝게도 이 화재로 미케네 문명의 유적들까지 모두 사라지고 말았단다.

비슷한 시기인 기원전 1000년경, 그리스 북쪽에서 도리스인들이 쳐들어왔어. 그들은 펠로폰네소스반도를 장악했고, 아카이아인들은 소아시아로 달아났지. 이때부터 그리스에서 지배하려는 도리스인들과 지배당하지 않으려는 민족들 사이에 전쟁이 끊이질 않았어. 어쩌면 미케네 문명이 대화재로 파괴된 것이 아니라 이 전쟁 때문에 파괴됐을지도 몰라. 이때부터 기원전 800년경까지의 그리스 역사는 전해지는 게 거의 없어. 모두 파괴됐기 때문이지. 그래서 이 시기를 그리스의 암흑시대라고 부른단다.

중국에는 주나라 들어서다

소아시아에서 트로이 전쟁이 한창일 때 중국은 상나라시대였어. 사실 상나라에 비하면 그리스는 왕국이라 부르기가 창피할 정도야. 상나라는 영토나 인구, 경제력 등 모든 분야에서 그리스가 감히 따라오지 못할 만큼 앞서 있었거든. 하지만 이 무렵의 상나라는 그렇지 못했어. 앞에서 이야기했던 주지육림을 기억하지? 바로 그 폭정의 장본인인 주왕이 다스리고 있었단다.

주왕의 폭정을 참다 못한 신하와 백성들이 반란을 일으켰어. 주나라의 제후이자 충신이었던 서백西쪽의 우두머리 창마저도 왕에게 목숨을 빼앗길까 봐 달아났다고 하니 얼마나 못된 폭군이었는지 알 수 있겠지? 서쪽으로 달아난 창은 새 나라 건설의 기초를 다지기 시작했어. 그는 다른 제후들은 물론 백성들로부터도 큰 존경을 받앉아. 모두가 그에게 거사를 일으켜 상 왕조를 무너뜨릴 것을 권했다는구나. 그러나 그는 끝내 거사를 일으키지 않았어. 거사는 그의 아들 무왕이 했지. 기원전 1046년 무왕은 군대를 이끌고 상나라를 정복한 뒤 주나라를 세웠어. 주나라의 수도는 호경^{오늘날의 산시성 시안 근처}으로 정했지.

사실 무왕이 상나라를 무너뜨린 것은 지방정부가 중앙정부를 뒤엎은 것이니까 반란이야. 오늘날로 치면 쿠데타나 다름없었지. 상나라 백성들도 상당히 반발했나 봐. 무왕은 쿠데타가 옳았다는 것을 증명해야 했어. 무왕은 고민하다 천명사상을 만들었어. 이 말은 '하늘의 명을 받았다'는 뜻이야. 황제 자리에 욕심이 있어서가 아니라 백성을 위해 폭군을 물리치라는 하늘의 명을 받들어 반란을 일으켰다는 거지. 이때부터 중국에서는 황제를 하늘의 아들이라는 뜻의 천자라고 불렀단다.

주나라는 각종 예법을 만들어 전국에 전파했어. 젊은이는 어른을 공경하고 지방정부의 제후는 황제를 깍듯이 받들어야 한다는 사회규범, 즉 예 사상이 이때 만들어졌지. 이런 여러 규범이 만들어진 덕분에 주나라는 훗날까지 중국인들에게 영원한 정신적 고향으로 여겨지고 있단다.

주 왕조의 또 다른 특징은 봉건제를 처음으로 시작했다는 거야. 봉건제가 중세유럽에서 나온 제도가 아니냐고? 아니야, 중국에서는 이미 기원전 12세기부터 봉건제가 시작됐단다. 유럽보다 최소한 1500년 정도는 앞선 셈이지.

봉건제를 생각해 낸 인물은 무왕과, 그의 동생 주공이야. 그들은 피자 자르듯이 전국의 영토를 뚝뚝 잘라 공신과 황족들에게 떼어 줬지. 공신과 황족들은 자신의 영토에서는 왕 행세를 할 수 있었어. 이런 사람들을 제후라고 불러. 제후들은 지방에서 왕의 지위를 보장받는 대신 중앙정부의 왕에게는 충성스러운 신하가 될 것을 맹세했지.

주의 봉건제를 뒷받침한 것은 정전제井田制란 토지제도였어. 다음 순서를 따라 생각해 보면 이 제도가 이해가 갈 거야.

첫째, 모든 땅은 중앙정부인 황실이 가져. 둘째, 각 땅덩어리는 모두 우물 정井자 모양으로 아홉 등분을 해. 셋째, 아홉 등분의 정 가운데 땅은 중앙정부가, 나머지 8개의 땅은 지방정부가 관리해. 넷째,

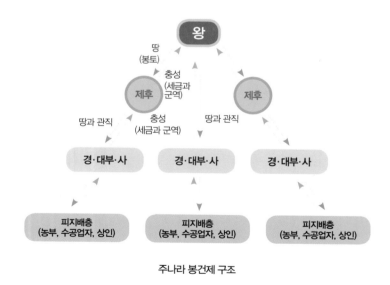

주나라 봉건제 구조

지방정부가 관리하는 8개의 땅도 각각 아홉 등분을 하고 같은 방식으로 제후와 지방관리가 나눠 관리해.

정말 특이한 토지제도지? 그러나 현실성은 없어 보여. 이 제도가 실제로 실시됐는지도 확인되고 있지 않아. 아 참. 훗날 모든 성인 장정에게 땅을 주고, 그 대가로 세금을 거둬들이는 정전제井田制와는 완전히 다른 제도야. 헷갈리지 마.

봉건제가 정착되면서 신분 구분도 확실해졌어. 왕 → 제후 → 가신 → 농민의 순으로 서열이 확정됐어. 왕과 귀족, 제후와 가신은 지배층이 됐고 평민은 피지배층이 된 거야. 피지배층은 다시 직업에 따라 농업, 수공업, 상업 종사자의 순으로, 즉 사농공상의 서열로 나눴어. 이 신분 구분은 이후 중국은 물론 한반도에까지 큰 영향을 미쳤단다.

아시리아의 통일과 몰락

유럽의 전부라 할 수 있는 지중해와 동아시아의 중심인 중국을 살펴봤으니, 이제 동서양의 중간지대인 오리엔트를 살펴볼 차례야.

이 무렵 메소포타미아 일대도 전쟁의 소용돌이에 휩싸였어. 아니, 어쩌면 이 지역이야말로 가장 전쟁이 잦았을 거야. 이 지역은 사방이 탁 트인 평원지대였기 때문에 아무 데서나 적들이 침략할 수 있었거든.

아시리아 샬마네세르 3세 · 9세기 말 아시리아의 왕 샬마네세르 3세가 주변국의 지도자에게서 절을 받고 있다.

1장에서 바빌로니아 함무라비 왕의 역사까지 살펴봤지? 그다음 바빌로니아는 어떻게 됐을까? 강력한 군주가 사라지면 종종 나라가 기울어. 바빌로니아가 그랬단다. 함무라비 왕이 사망하자 쇠퇴하기 시작한 거야. 바빌로니아는 기원전 1500년경부터 잇달아 이민족인 히타이트와 엘람의 지배를 받았단다. 이윽고 바빌로니아보다 훨씬 강력한 국가가 등장했지. 그 나라가 바로 아시리아야.

아시리아인들은 기원전 3000년경 메소포타미아 북동부에 아슈르를 건설했어. 민족 이름도 이 도시 이름에서 기원한 거야. 셈족 계열의 아시리아인들은 굉장히 호전적인 민족으로 손꼽히는데 원래부터 호전적인 민족은 아니었어. 메소포타미아 일대에 전쟁이 많다 보니 생존하기 위해 민족성이 바뀐 거지.

아시리아는 한때 바빌로니아의 지배를 받았고, 그다음에는 히타이트의 지배를 받았어. 두 나라가 차례대로 몰락하자 아시리아에 기회가 왔지. 기원전 1100년경부터 아시리아는 슬슬 정복사업에 나섰어. 이때 아시리아는 페르시아 만에서 지중해에 이르는 지역을 차지했지. 하지만 정복지 백성들의 반란으로 아시리아의 팽창 정책이 잠시 주춤하기도 했단다.

기원전 9세기 말부터 아시리아가 다시 팽창하기 시작했어. 팔레

고대 오리엔트 세계의 변화

스타인의 유대인을 공격해 12개 부족 가운데 10개 부족을 포로로 삼았지. 이어 메소포타미아 전역으로 영역을 확장했어. 얼마 후에는 껍데기만 남은 바빌로니아를 정복했어기원전 721년. 이로써 아시리아는 메소포타미아 일대를 평정했단다.

　아시리아는 내친김에 오리엔트 지역의 또 다른 강자인 이집트 제25왕조와 한판 붙었어. 이 전투에서 아시리아가 승리했고, 이집트는 자기 나라로 철수했어. 아시리아는 역사상 처음으로 오리엔트 전역을 통일하는 대업을 이뤘지기원전 670년경. 그러나 아시리아 제국은 오래가지 못했어. 통치 방식이 너무 잔혹했기 때문이야. 아시

이슈타르의 문 모형 · 신바빌로니아의 수도 바빌론에 있는 성문 중 하나이다. 두 겹으로 이루어진 이 성문은 바빌로니아의 여신 이슈타르에게 헌정한 문으로 높이가 14미터에 이른다.

리아 군인들은 전쟁에서 잡은 적을 모두 죽였을 뿐 아니라 도시까지 폐허로 만들어 버렸어. 그나마 살아남은 식민지 백성은 모두 노예로 부렸지.

아시리아의 통치는 종종 훗날 등장하는 로마의 통치와 비교된단다. 로마는 정복 지역에 총독과 군대를 파견하기는 했지만 대체로 식민지 백성들의 자유를 어느 정도 허용했어. 총독이 폭정을 일삼으면 로마로 소환되기도 했지. 로마는 또 정복 지역의 문화와 종교도 모두 흡수했어. 그리스신화가 로마신화로 흡수된 점만 봐도 이 사실을 알 수 있겠지? 이런 점 때문에 대부분의 정복지 백성들은 로마의 시민이 되기를 원했단다. 아시리아가 민심을 얻지 못한 반면 로마는 민심을 얻은 거야. 로마가 2000여 년의 역사를 이어 간 것도, 이런 부드러운 통치가 먹혀들어 갔기 때문이지 않을까?

다시 아시리아로 돌아가서…. 아시리아의 폭정에 시달리던 바빌로니아, 메디아, 이집트, 리디아 등 식민지 백성들이 일제히 반란을 일으켰어. 바빌로니아와 메디아는 연합군을 만들어 아시리아를 공격했지. 기원전 612년 연합군은 아시리아의 수도 니네베를 완전히 파괴해 버렸어. 아시리아가 오리엔트를 통일한 지 고작 60여 년 만에 무너지고 만 거야. 아시리아를 무너뜨린 바빌로니아의 후손 나보폴라사르 왕은 "나는 바빌로니아를 계승한다!"라고 선언했어. 이로써 신바빌로니아의 역사가 시작됐지.

나보폴라사르 왕은 전쟁을 일으켜 이집트로부터 시리아와 팔레스타인을 되찾았어. 그의 아들 네부카드네자르 2세는 유대 왕국을 공격해 예루살렘을 빼앗았지. 유대인들은 이후 2000년 넘게 떠돌이 민족으로 살아가는 운명을 맞게 됐어. 유대인의 상당수는 이때 신바빌로니아로 끌려가 노예 생활을 했지.

네부카드네자르 2세 때 신바빌로니아는 최대의 전성기를 누렸어. 수도 바빌론은 성벽의 둘레만 17킬로미터가 넘었고 약 20만 명이 성안에 살았다고 해. 도시의 가운데에는 높이 90미터의 지구라트가 있었다고 하지. 이 어마어마한 지구라트는 성서에 등장하는 바벨탑 이야기의 소재가 됐단다.

아시리아에 이어 번영을 누리던 신바빌로니아도 머지않아 쇠퇴

고대 히타이트의 수도 하투샤의 유적 • 히타이트의 성문 중 하나로, 사자가 새겨져 있어서 '사자의 문'으로 불린다.

하기 시작했어. 그러다가 이집트의 마지막 왕조를 무너뜨린 페르시아에 의해 멸망하고 말았지.

히타이트와 페니키아

이번에는 소아시아 일대에 흩어져 있던 다른 고대국가의 상황을 볼까? 먼저 소아시아 아나톨리아 고원에 기원전 2000년경 정착한 히타이트부터 살펴볼게.

히타이트인들은 일찍부터 철제 무기를 사용한 호전적인 민족이야. 약육강식의 시대에는 힘이 곧 질서 아니겠어? 히타이트인들은 주변의 작은 국가들을 모두 정복했고, 앞에서 이야기한 것처럼 기원전 1500년경에는 바빌로니아까지 대부분 점령했단다.

히타이트의 욕심엔 끝이 없었어. 이집트와 싸워 시리아를 빼앗기까지 했지. 그렇지만 칼로 흥한 자는 칼로 망하는 법인가 봐. 잔인한 정치를 펼쳤던 히타이트 제국은 기원전 1200년경 정체를 알 수 없는 민족의 공격을 받아 멸망하고 말았어.

다음은 페니키아를 볼까? 페니키아인도 히타이트인과 거의 비슷한 시기에 소아시아 이오니아 해 근처에 터전을 잡았어. 페니키아는 해상무역이 특히 발달했어. 많은 항구도시가 생겼고, 곧 부자가 됐지. 그러나 이들 또한 더 강한 민족의 침략을 막을 수는 없었어. 히타이트를 멸망시킨 민족은 페니키아까지 모두 파괴해 버렸지.

그러나 다행히 페니키아는 히타이트 제국처럼 멸망하지는 않았어. 페니키아인들은 전쟁의 상처를 딛고 새로운 항구 도시를 건설하는 데 온 힘을 쏟았어. 그 결과 기적을 이뤄 낼 수 있었지. 페니키아는 명성을 되찾았고 다시 지중해 무역을 주도했어. 기원전 860년경에는 오늘날의 튀니지 지역에 식민도시 카르타고를 건설하기도 했지. 카르타고는 로마에 의해 멸망하기 전까지 지중해의 최대 강국으로 우뚝 섰단다.

소아시아를 따라 쭉 내려가 볼까? 아마 팔레스타인이란 나라가 보일 거야. 이 무렵 팔레스타인에는 유대인의 나라가 건설됐단다. 물론 나중에는 모두 정복당해 뿔뿔이 흩어지고 말았지만 말이야. 유대인들은 이집트 신왕국 때 이집트에 끌려가 노예 생활을 했었

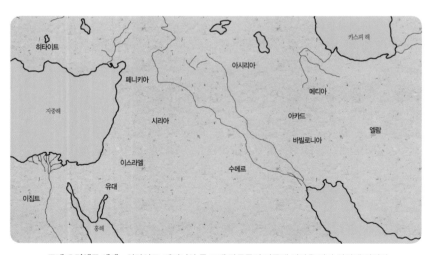

고대 오리엔트 세계 · 히타이트, 페키니아 등 고대 강국들이 지중해 연안을 따라 위치해 있었다.

어. 기원전 1300년경 강력한 지도자 모세가 유대인들을 이끌고 이 집트를 탈출해 팔레스타인으로 귀향했지. 영화 「십계」가 이 사건을 배경으로 만들어진 거야. 유대인들은 팔레스타인에 정착해 있는 가나안인들을 내쫓고, 그곳에 유일신 여호와아훼를 섬기는 유대 왕 국을 건설했어.

기원전 1030년경 사울이 유대 왕국의 첫 왕에 올랐지. 그러나 사울 왕은 길보아 산에서 벌어진 블레셋인들과의 전투에서 목숨을 잃었어. 이 전쟁에서 패하는 바람에 영토의 대부분을 빼앗겼지. 이 때 다시 영웅이 등장해. 그가 바로 다윗이야. 골리앗 장군과 싸워 이긴 바로 그 인물 말이야. 다윗은 유대인들을 다시 끌어 모아 블레 셋인과 싸웠어. 그는 이 싸움에서 이겨 잃어버린 땅을 되찾았단다.

다윗은 예루살렘에 수도를 정해 왕국을 튼튼히 다졌지. 그러나 왕국은 오래가지 못했어. 기원전 930년경 솔로몬의 뒤를 이어 왕이 된 르호보암의 강압통치에 일부 부족이 반발하며 독립을 선언한 거야. 왕에 반대하는 이들 북쪽 부족들은 별도로 이스라엘이란 국 가를 세웠지. 왕에 찬성하는 남부는 그대로 유대 왕국을 지켰어.

분열은 멸망으로 이어지나 봐. 이후 이스라엘은 아시리아 왕국에 게, 유대 왕국은 신바빌로니아에 멸망했거든. 결국 모든 유대인들 이 나라를 잃고 노예 생활을 하게 됐단다.

커버스토리에서 그리스와 중국, 오리엔트의 강자들을 한꺼번에 살펴봤어. 이제 대륙별로 나머지 역사도 알아봐야겠지?

그리스 역사는 기원전 800년경 이후부터 볼 거야. 트로이 전쟁 이후 기원전 800년경까지의 역사는 알려진 게 없어 암흑시대라고 부른다고 했어. 기억하고 있지? 여기서는 폴리스가 한창 발달하기 시작한 그 이후의 역사를 살펴볼게.

중국은 주나라가 탄생한 역사까지 살펴봤어. 중국은 기원전 770년 춘추시대가 시작되면서 매우 혼란스러워져. 그리스 폴리스들이 쑥쑥 자라는 것과 비교된단다.

오리엔트 지역은 여기서 따로 살펴보진 않을 거야. 폴리스가 발달하고 춘추시대가 시작한 때보다 한참 뒤에 아시리아가 오리엔트 지역 전체를 통일했지만 이 역사는 이미 살펴봤기 때문에 건너뛸 거야. 그렇다고 시간 순서까지 혼동하면 안 돼. 알았지?

아시리아는 오리엔트를 통일하고 100년도 되기 전에 멸망했어. 그다음 오리엔트는 어떻게 됐을까? 안타깝게도 다시 혼란 속으로 빠져들었단다. 자, 중국의 역사부터 시작해 볼까?

중국, 춘추전국시대 맞다

오리엔트가 아시리아에 의해 통일되기 전, 중국은 어떤 상황이었을까? 주나라가 여전히 잘 나가고 있었을까? 유감스럽게도 아니야. 아시리아가 오리엔트를 통일하기 150여 년 전, 중국 또한 혼란으로 빠져들었어.

기원전 9세기 말 주나라의 유왕은 포사라는 여자에게 푹 빠져 나라살림을 거들떠보지도 않았어. 주지육림을 방불케 하는 폭정이 시작됐지. 전국에서 농민들이 못 살겠다며 반란을 일으켰어. 엎친데 덮친 격으로 큰 지진까지 일어나 여러 곳에서 농민들이 굶주려 죽었지.

이때를 노려 서북방에 있던 유목민족 견융이 주나라의 수도인 호경을 점령했어. 힘이 없는 주 왕조는 그들을 피해 동쪽 지역의 낙양오늘날의 허난성 뤄양으로 옮겨 다시 왕조를 열었지.

춘추시대 시작되다

견융의 침략 때 주나라의 유왕은 피살되고 말았어. 주 왕조는 멸망의 위기에 놓였어. 꺼져 가는 주 왕조의 불빛을 가까스로 살린 사람들은 지방정부의 왕, 즉 제후들이었단다.

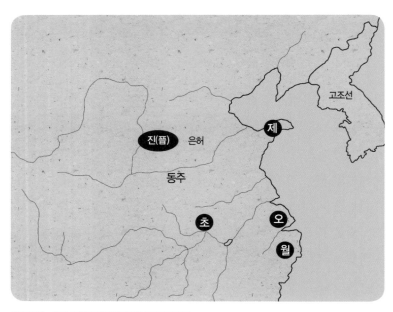

춘추오패 · 춘추시대에 막강했던 다섯 제후국이다.

아시리아가 힘을 키워 바빌로니아를 점령하기 50여 년 전이었어. 제후들은 제13대 평왕을 천자로 받들고 동쪽의 낙양에 수도를 건설했어. 수도를 옮기는 것을 천도라고 불러. 주 왕조가 동쪽으로 수도를 옮겼기 때문에 이 사건을 주의 동천이라고 하지^{기원전 770년}. 동천 이전의 주나라를 서주, 이때부터의 주나라를 동주라고 부른단다.

동주의 주 황제는 '말로만 황제요 무늬만 천자'였어. 지방제후들이 들고일어나 권력을 다퉜기 때문이야. 동주는 정말 힘이 없었어. 그래서 우리에게는 동주라는 말보다 춘추전국시대란 말이 더 친숙

하지. 그래, 주의 동천과 더불어 춘추전국시대가 시작된 거야.

춘추전국시대는 크게 춘추시대^{기원전 770~기원전 403년}와 전국시대^{기원}^{전 403~기원전 221년}로 구분해. 이 혼란은 훗날 진^秦나라가 통일하면서 마무리되지. 춘추시대는 공자의 책 『춘추』에서, 전국시대는 전한 말 유향이 쓴 『전국책』에서 따온 이름이란다.

춘추시대가 시작되면서 주나라의 봉건제는 사라졌어. 중앙정부가 있으나 마나 한데 누가 황제에게 충성을 맹세하겠어? 물론 모든 제후들이 말로는 "주의 황실을 되살리겠다!"라고 선포했어. 그러나 그 시커먼 속셈을 모르는 사람은 없었지. 그들은 황제가 되려는 야망을 드러내지 않았을 뿐이야.

춘추시대 때만 어림잡아도 500회 이상의 전쟁이 치러졌어. 약한 제후국은 곧 멸망했지. 봉건제가 처음 도입됐을 때 수백 개에 이르던 제후국은 곧 10여 개로 줄어들었어. 이 가운데 특히 국력이 막강했던 제, 진, 초, 오, 월 등 5개 나라를 춘추오패로 부른단다. 춘추시대를 이끈 다섯 패자란 뜻이지. 이때의 진晉은 훗날 춘추전국시대를 끝낸 진秦과는 다른 나라야.

당시 춘추오패 왕의 이름 뒤에는 공^公이란 칭호가 붙었어. 주 왕조를 받들겠다고 했으니 스스로를 왕이라 부르지 못한 거야. 만약 어떤 제후가 "내가 왕이다!"라고 했다가는 모든 제후들로부터 공격을 받아 멸망했겠지.

춘추오패 중 가장 먼저 강자로 우뚝 선 국가는 제나라였어. 제나라의 환공은 순식간에 주변의 작은 국가들을 정복했지. 기원전 651년 제나라 환공은 모든 제후국을 한자리에 불러 모았고, 다른 제후국들은 제나라를 큰형님으로 인정할 수밖에 없었어.

잠시 오리엔트 지역을 떠올려 볼까? 이 무렵 어떻게 돌아가고 있었지? 그래, 아시리아가 오리엔트를 통일했어. 만약 제나라도 계속 국력을 유지했다면 아시리아처럼 중국을 통일했을지도 몰라. 하지만 실제 중국의 역사는 그렇게 흐르지 않았어. 또 다른 강자가 치고 올라왔거든.

초나라의 성장, 중국의 확대

제나라의 국력이 약해진 것은 환공이 사망했기 때문이야. 함무라비 왕이 사망하면서 바빌로니아가 약해진 것처럼 강력한 왕이 사라진 제나라도 힘을 잃은 거지.

두 번째 패자로 떠오른 인물은 진나라의 문공이었어. 기원전 632년 문공은 초나라와의 전투에서 승리한 뒤 제나라 환공이 그랬던 것처럼 제후들을 불러 모아 "이제부터는 내가 큰형님이다"라고 선포했지.

세 번째 패자는 초나라의 장왕이었어. 초나라는 중국 남부에 있던 나라인데, 주나라가 지배하던 영토에 들어 있지 않았단다. 그러니 주의 제후국이 아니었지. 초나라는 다른 제후들과 달리 스스로를 왕이라 불렀어. 굳이 공이라는 신분으로 스스로를 낮출 필요가 없었던 거지.

초나라는 일찍부터 주변의 약한 나라들을 정복한 뒤 중국의 중심부, 즉 중원에 진출하려고 했어. 그러나 제나라 환공, 진나라 문공이 버티고 있어 꿈을 이루지 못했지. 마침내 진나라 문공이 죽자 그 소원을 이룰 기회가 찾아왔어. 초나라 장왕은 곧바로 중원 지방을 공격해 차지했단다.

초나라의 중원 점령은 중국 역사에서 큰 의미가 있어. 춘추시대가 시작되기 전까지만 해도 주나라의 영토는 황허 일대의 중원이 전부였어. 초나라 사람들은 중국인이 아니라 남방의 야만인으로 여겨졌단다. 그러나 초나라가 중원에 진출해 중국 역사에 속하게 되면서 중국의 영토가 크게 넓어졌어. 게다가 이때는 남방의 경제력이 더 우월했어. 당연히 중국 전체의 경제력까지 올라갔지.

초나라에 이어 훗날 패자를 겨룬 나라는 오나라와 월나라야. 두 나라도 초나라와 마찬가지로 남방 지역의 나라였어. 이 두 나라는 중국 남동부에 위치해 있었는데, 특히 철기 문화가 발달했어. 두 나라가 춘추오패로 기록될 정도로 강했던 것도 바로 이 철제 무기의 힘이 컸지.

물론 철기 문화가 무기를 만드는 데만 이용된 건 아니야. 금속으로 된 농기구가 중국 남동부에서 만들어지기 시작해 전국으로 전파됐어. 그 결과 농업생산량이 크게 증가하게 됐지. 전쟁의 혼란 속에서도 눈부신 경제 성장이 이뤄진 거야.

고조선, 제국의 꿈 키우다

중국에서 춘추전국시대가 시작될 무렵 한반도에는 고조선 제국이 서서히 만들어지고 있었어. 중국 역사서에도 이때부터 고조선이란 이름이 자주 등장하기 시작했지. 기원전 7세기 초반에 고조선이 춘추시대의 제나라와 교류했다는 기록이 아직 남아 있단다.

이즈음부터 고조선은 점차 강력한 통일국가로 발전하기 시작한 게 확실해. 이에 대한 뚜렷한 증거도 있어. 지금도 그 내용의 일부가 전해 내려오는 8조법이 그 증거야. 이 법을 보면, 고조선은 지배층과 피지배층이 확실히 나뉘어 있고, 개인의 재산권이 보장됐으며, 엄격한 법의 통치가 이뤄졌다는 걸 알 수 있지. 이를 통해 이 시기 고조선은 이미 부족사회의 수준을 넘어섰다고 추정할 수 있어.

철제 농기구 · 평안북도에서 출토된 철제 농기구로, 초기 철기시대에 해당하는 고조선의 유물로 추정된다.

야만인은 없다

고대 중국인들은 우리 민족을 '동이東夷', 즉 동쪽의 오랑캐라고 불렀어. 중국이 천하의 중심이라고 생각했으니, 우리 민족은 발톱의 때 정도밖에 안 된다고 여긴 거지. 그렇지만 이런 생각은 한 치 앞도 못 보는 어리석은 생각이야. 도대체 야만인으로 보는 기준이 뭘까?

중국의 상나라는 상족이 세웠어. 그들은 주나라를 세운 주족을 야만인이라 불렀지. 하지만 상나라는 바로 그 주족에게 무너졌어. 훗날 한족이 세운 송과 명 왕조도 야만족이라고 멸시하던 몽골족과 만주족에게 각각 무너졌지.

서양 역사도 크게 다르지 않아. 크레타인들은 그리스 본토인들을 야만인이라고 불렀고, 그리스 본토인들은 로마인을 야만인으로 불렀으며, 로마인은 게르만족과 이슬람인을 야만인이라고 불렀어. 그러나 역사는 어떻게 됐지? 크레타는 그리스에게, 그리스는 로마에게, 서로마는 게르만족에게, 동로마는 이슬람인에게 무너졌어.

아시아에서도 가장 야만인으로 분류됐던 왜인, 즉 지금의 일본인은 오늘날 세계 최고의 경제 대국을 건설했어. 결국 야만인이란 개념은 "우리 민족만이 최고의 민족이다"라는 잘못된 생각이 만들어 낸 환상일 뿐이야.

오늘날의 세계를 돌아볼까? 아직도 세계 곳곳에는 문명의 손길을 거부하며 자연의 상태로 살아가는 부족들이 많아. 혹시 그들을 바라보면서 미개인 또는 야만인이라고 생각하지는 않겠지? 역사가 앞으로 어떻게 전개될지 아무도 모르는 거야.

말라쿨라 섬 원주민 · 남태평양 바누아투 공화국에서 두 번째로 큰 섬, 말라쿨라 섬에 살고 있는 원주민이다.

그리스의 팽창

이번에는 그리스로 갈 거야. 트로이 전쟁 이후 대화재와 전쟁 때문에 그리스에 암흑시대가 시작됐다고 했었지? 그 후 그리스는 암흑을 탈출했을까, 아니면 중국과 오리엔트 지역처럼 전쟁의 소용돌이에 휩싸였을까?

정답은 '암흑을 탈출했다'야. 중국의 주 왕조가 무너지기 전인 기원전 9세기경이었어. 그리스의 일부 지역에 왕의 지배를 받지 않는 도시국가들이 들어서기 시작했지. 이런 도시국가를 폴리스라고 불러. 대부분의 폴리스는 지배층이 피지배층을 억압하지 않는 평등한 나라였어.

중국이 춘추시대로 막 접어들고 난 다음인 기원전 8세기 중반이었어. 그리스 폴리스들이 큰 고민에 빠졌단다. 인구는 빠르게 늘어나는데 그들에게 줄 땅덩어리가 부족해진 거야. 이때부터 그리스는 이탈리아 나폴리, 프랑스 마르세유 등에 식민도시를 건설하기 시작했지.

폴리스의 발전

고대 그리스의 폴리스들은 기원전 7세기경 에스파냐에서 흑해까지 약 3200킬로미터에 걸쳐 수백 개의 식민지를 건설했어. 왜 그들은 식민지가 필요했을까?

첫째, 도시국가들이 커지자 인구가 엄청나게 늘었어. 농지가 부족해졌지. 늘어난 인구를 모두 먹여 살리려면 더 많은 농지가 필요했어. 농지를 확보하기 위해 식민지를 늘린 거야.

둘째, 도시국가 간의 전쟁이 잦아지자 피난민도 증가했어. 그리스 시민이 아닌 이 피난민들을 따로 관리할 땅이 필요했어.

셋째, 그리스 본국의 시민들이 부자가 되기 위해서 식민지를 개척했어. 그리스 사람들이 잘 먹고 잘살려면 누군가 공물이나 세금을 내야겠지? 그리스 국가들은 식민지를 개척해 그곳의 사람들에게 무역 활동을 많이 하도록 했고, 그 수익을 챙겼던 거야.

식민지란 다른 국가의 지배를 받는 나라를 말해. 아무리 민주적인 지배를 한다고 해도 식민지 지배가 민주적일 수는 없어. 그리스 폴리스의 식민지 정책도 마찬가지였지. 그들은 식민지인들을 모두 열등한 민족으로 대했어. 다만 본국에서 넘어간 시민들은 그리스인과 똑같은 대우를 해 줬어. 그들도 모두 그리스 사람이란 의미로 헬레네스라 불렀단다.

기원전 776년 헬레네스들은 올림피아 제전을 시작했어. 올림피아 제전은 트로이 전쟁의 영웅 아킬레우스가 친구이자 동지인 파트로클로스의 죽음을 기리기 위해 만들었다는 전설이 전해지고 있지. 어쨌든 이 제전은 그리스인의 큰 축제 중 하나였어. 다만 외국인과 노예, 여자는 참가하지 못했단다.

군국주의 국가 스파르타

처음에 해외무역이 가장 활발했던 폴리스는 코린토스였어. 코린토스의 배들은 지중해를 오가며 오리엔트 지역에 도자기를 수출했고, 또 그곳의 문물을 수입했지. 그러나 코린토스는 곧 약해졌어. 그리스의 주도권은 스파르타와 아테네로 이동했단다.

스파르타는 군인들이 통치를 하는 군국주의 국가였어. 리쿠르고스라는 인물이 만들었다는 리쿠르고스 체제가 모든 생활을 좌우했단다.

이 체제에 따라 농사는 노예들이 담당했어. 시민들은 오로지 군사훈련과 전쟁에만 전념했어. 허약하고 장애가 있는 아이들은 모두 산속에 버려졌고, 나머지 아이들은 30세까지 집단생활을 했지. 귀족의 아들은 면제됐을까? 천만에! 예외는 없었어. 귀족의 자녀들도 모두 집단생활을 해야 했지. 아이들은 때로 음식을 배급받지 못해 훔쳐 먹어야 했어. 들키면 흠씬 매를 맞았고, 때로는 맞다가 죽기도 했지. 이런 과정을 통해 모든 남자들은 전사로 키워졌던 거야. 여자들도 남자와 똑같이 군사훈련을 받았단다.

투구 쓴 스파르타 군인 조각상

리쿠르고스 체제는 정말 엄격했나 봐.

왕들도 의무를 이행하지 않으면 벌금을 낼 정도였대. 백성들의 재물 욕심을 없애기 위해 아예 화폐를 없애 버리기도 했어. 정말 무시무시한 나라지? 누구라도 스파르타 같은 나라에서 살고 싶지 않을 거야. 그러나 그때에는 군사력이 곧 법이었어. 힘센 놈 마음대로였지. 스파르타는 힘이 셌기 때문에 멀리 있는 해외 식민지를 개척할 필요도 느끼지 않았어. 왜 그런 줄 알아? 바로 옆에 있는 폴리스를 정복하면 됐거든! 스파르타는 곧 주변 폴리스를 모두 누르고 펠로폰네소스반도의 지배자가 됐어.

민주주의로 달리는 아테네

아테네는 스파르타와 달라도 너무 달랐어. 단 한 번도 군국주의 통치가 이뤄지지 않았지. 기원전 8세기 이전까지는 아테네도 왕이 다스렸어. 그러나 전설적인 왕 테세우스가 나타나 아테네 전체를 통일한 뒤 왕정을 끝냈지. 왕정은 왕이 다스리는 정부 유형을 말해.

아테네의 권력은 행정관아르콘이라고 부르는 귀족들에게 넘어갔어. 임기를 끝내고 퇴임한 행정관은 국가의 정책을 결정하는 귀족회의아레오파고스 회의 구성원이 됐지. 평민들로 만들어진 민회가 있기는 했지만 힘은 없었어.

아테네도 다른 폴리스와 마찬가지로 활발하게 해외무역을 했어. 그 덕분에 많은 평민들이 부자가 됐지. 하나를 얻으니 둘을 가지고 싶은 게 사람의 마음일까? 부자가 된 평민들은 권력도 갖고 싶었나봐. 귀족이 권력을 독차지하는 것에 불만이 생긴 거야. 그러자 귀족들이 선수를 쳤어.

기원전 671년 아시리아는 이집트를 물리치고 오리엔트를 통일했어. 그로부터 40년 정도가 흘렀어. 아테네에서도 정복자가 되려는 인물이 나타났어. 기원전 632년 킬론이란 귀족이 아크로폴리스를 무력으로 점령한 거야.

아테네 시민들은 똘똘 뭉쳐 그를 물리쳤어. 시민들이 전투에서 승리했지. 시민의 기세가 하늘을 찔렀어. 귀족들은 혹시 복수를 당할 수도 있다고 생각하며 불안에 떨었어. 귀족들은 평민들이 좋아할 뭔가를 내놓아야 한다는 것을 알았지. 그렇게 해서 귀족들이 새로운 법을 만들었는데, 그게 바로 드라콘 법이야. 이 법은 아테네 역사상 처음으로 만들어진 법전이었어. 상당히 공정하긴 했는데 처벌이 너무 엄한 게 탈이었어. 후세 사람들은 이 법을 "피로 쓴 법"이라고 했다는구나. 어쨌든 이 법의 시행으로 시민의 위상이 한층

아테네의 아크로폴리스 · 아크로폴리스 중앙에는 아테네의 수호신인
아테나 여신을 위해 기원전 438년에 만든 파르테논 신전이 있다.

높아졌어.

그러나 오히려 빈부의 격차는 더 벌어졌어. 정치권력은 평민들이 귀족들로부터 어느 정도 나눠 가지기는 했지만 토지는 여전히 귀족들이 다 가지고 있었거든. 귀족에게 돈을 빌린 후 갚지 못하는 농민들도 늘어났어. 이들은 노예와 다름없는 삶을 살았지. 이런 시민들은 영웅이 나타나 자신을 구해 주기를 간절히 기원했어. 이 다음은 3장에서 이야기해 줄게. 이제 로마로 가 볼까?

로마, 걸음마 시작하다

그리스의 바로 옆에는 이탈리아반도가 있어. 기원전 1000년경 이탈리아반도에서도 라틴, 삼니움, 사비니 등 여러 종족이 뒤섞여 도시를 건설했어.

기원전 800년경 이탈리아 중서부 테베레 강변의 팔라티노, 카피톨리노 언덕에 작은 촌락이 생겨났어. 이곳에 정착한 사람들은 점차 영역을 넓혔어. 곧 7개의 언덕에 촌락들이 들어섰지. 이 촌락들은 번듯한 도시로 발전했고, 곧 도시국가의 형태를 띠기 시작했어. 이 촌락들이 바로 로마가 됐단다.

기원전 770년 중국에서는 주 왕조가 수도를 옮기면서 춘추전국시대가 시작됐어. 기억하지? 그로부터 20여 년이 지났을 때, 이탈리아반도에는 로마가 세워졌단다 ^{기원전 753년}. 중국에서 대혼란이 시작될 무렵 서양에서는 새로운 개척자가 나타난 셈이야.

로마신화에서는 로물루스라는 영웅이 나라를 세운 것으로 돼 있어. 하지만 실제로는 그때 이탈리아반도를 지배하고 있던 에트루리아의 한 종족인 루마족에서 로마라는 이름이 유래했을 것이란 주장이 더 설득력을 얻고 있지.

에트루리아는 이탈리아반도의 중부와 북부를 지배하고 있던 민족이었어. 아펜니노 문명을 일으켰던 바로 그 민족이란다. 그들은 이탈리아반도 남쪽에 있는 그리스 식민 도시들과 교역을 했지. 그 덕분에 일찍부터 그리스 본토의 도자기와 직물 외에도 우수한 사상과 문화까지 전수받을 수 있었어.

에트루리아의 여러 부족은 연합체를 만들어 외부의 침략에 대항했어. 그들이 매우 강했기에 그 어떤 민족도 그들을 이길 수 없었지. 그래서 에트루리아는 한동안 이탈리아의 주인 노릇을 할 수 있었어. 로마 또한 에트루리아의 지배를 받았단다. 로마는 에트루리

청동 늑대상 · 로마의 건국자인 로물루스와 그의 형제 레무스가 늑대의 젖을 먹고 크는 로마신화의 한 장면을 묘사한 작품이다.

아 사람들로부터 건축기법과 농사법 등 우수한 기술을 리트머스 용지처럼 쫙쫙 흡수했지. 에트루리아의 영향을 받으면서 로마는 기원전 7세기경 도시국가로서의 면모를 완전히 갖췄어.

로마는 훗날 에트루리아 왕들을 몰아내고 명실상부한 독립국 로마를 건설했단다. 한때 이탈리아를 호령하던 에트루리아인들은 곧 역사에서 사라져 버렸어. 오늘날까지 고대 에트루리아의 유물이 남아 있긴 하지만 그들이 어디에서 유래했으며 어떤 생활습관을 가지고 있는지는 많이 알려져 있지 않아. 역사학자들은 에트루리아가 연합체 수준에서 통일국가로 발전하지 못해 무너진 게 아닌가 하고 추정하고 있을 뿐이야.

자, 이제 2장을 대충 정리해 볼까? 동서양을 막론하고 여러 국가들이 탄생했다 사라지고, 다시 탄생하는 과정을 반복했다는 게 이 시대의 특징이야. 시간 순서대로 볼까? 기원전 1200년경 트로이를 물리친 그리스가 첫 번째 강자였어. 그 뒤를 이어 중국에 기원전 1046년 건설된 주나라가 두 번째 강자였지. 세 번째 강자는 기원전 671년 혼란에 빠진 오리엔트를 통일한 아시리아일 거야.

3장을 기대해. 3장에서는 지금까지 이야기했던 모든 나라보다 훨씬 강력한 제국을 만나게 될 거야. 가슴이 설레지 않니?

고대 세계의 7대 불가사의

고대 세계의 7대 불가사의는 기원전 331년 알렉산드로스의 동방원정 이후 그리스 영토가 넓어지면서 많은 탐험가들에 의해 서방 세계에 알려졌어. 지금은 남아 있는 게 거의 없어 더 이상 볼 수 없는 게 안타까울 따름이야.

- 이집트 쿠푸 왕의 피라미드 : 정사각형의 밑변 216미터에 높이가 143미터에 이르는, 초대형 피라미드야. 고대 세계의 7대 불가사의 중 유일하게 지금까지 남아 있는 건축물이지.

피라미드

- 바빌론의 공중정원 : 계단식으로 테라스를 만들고 강물을 끌어올려 테라스마다 나무를 심어 작은 산처럼 만든 정원이야. 훗날 페르시아의 침입으로 파괴된 것으로 알려져 있어.
- 그리스 올림피아의 제우스상 : 그리스 제우스 신전 안에 세워진 높이 12미터의 거대한 조각상으로, 만드는 데만 8년이 걸렸다고 해.

파로스 등대 상상화

5세기 초, 제우스 신전이 파괴되면서 제우스상도 파괴돼 버렸대.
- 로도스의 크로이소스 거상 : 야외에 세워진 높이 30미터의 동상이야. 12년에

걸쳐 만들었지만 기원전 3세기 초 발생한 지진에 동상이 넘어졌고, 7세기 중엽 아랍인의 공격을 받아 완전히 파괴됐어.

아르테미스 신전 터

- 이집트 알렉산드리아의 파로스 등대 : 이집트에 있지만 지중해 건너편 땅에서도 빛이 보일 정도로 거대한 등대였다고 해. 기원전 3세기 말에 만들었지만, 12세기에 완전히 파괴됐지.

- 에페소스의 아르테미스 신전 : 기원전 8세기경 만들어진 신전이야. 3세기 중엽 이후 게르만족의 침입 때 파괴돼 버렸고, 현재 신전 터에 기둥 하나만 남아 있어. 신전의 잔해들 중 일부는 현재 대영박물관에 전시돼 있지.

- 할리카르나소스의 마우솔레움 : 페르시아 카리아에 총독으로 파견된 마우솔로스란 인물을 위해 만든 사당인데, 그 둘레만 125미터나 됐다고 해. 그러나 이 건물 또한 11세기 이후 지진으로 파괴돼 버렸지.

제우스 신전

제3장

인류의 탄생에서 중세까지

동양과
서양,
충돌하다

기원전 600~기원전 300년 전후

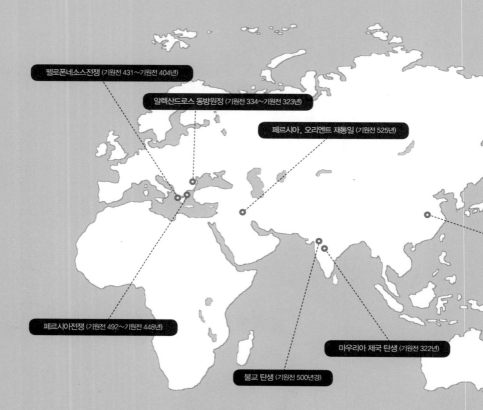

펠로폰네소스전쟁 (기원전 431~기원전 404년)

알렉산드로스 동방원정 (기원전 334~기원전 323년)

페르시아, 오리엔트 재통일 (기원전 525년)

페르시아전쟁 (기원전 492~기원전 448년)

마우리아 제국 탄생 (기원전 322년)

불교 탄생 (기원전 500년경)

바빌로니아, 아시리아, 신바빌로니아로 이어지는 시기 오리엔트 일대는 매우 혼란스러웠어. 이 혼란은 위대한 페르시아에 의해 끝난단다. 기원전 525년 아케메네스왕조 페르시아가 오리엔트를 통일한 거야. 페르시아는 무섭게 커 나갔어. 그리스까지 넘볼 정도로 말이야. 두 나라 사이에 결국 전쟁이 터졌단다. 이 페르시아전쟁에서 그리스가 이겼지만 전쟁의 후폭풍은 컸어. 아테네와 스파르타가 내전을 벌였거든. 그리스 내전이 끝나고 1년이 지난 후 중국에서 춘추시대가 막을 내리고 전국시대가 시작됐어. 전국시대는 춘추시대보다 더 혼란했단다. 중국의 혼란은 언제 끝나

전국시대 시작 (기원전 403년)

는 것일까?

중국과 달리 그리스는 곧 위대한 왕을 맞았어. 알렉산드로스 대왕이지. 알렉산드로스는 페르시아를 멸망시키기 위해 동방원정을 시작했어. 그 결과 헬레니즘 세계가 만들어졌고 인도에는 통일제국이 들어섰단다. 이 무렵은 공자와 맹자, 부처, 소크라테스 등 네가 알고 있는 위인들이 활동한 때야. 이 위인들이 같은 시간대에 살았다는 게 신기하지 않니?

커버스토리

커버스토리에서는 두 나라의 역사만 살펴볼 거야. 하나는 지금의 이란에서 탄생한 아케메네스 왕조 페르시아이고, 또 하나는 그리스 북부에서 탄생한 마케도니아 왕국이야. 물론 이 마케도니아는 오늘날의 마케도니아와는 상관이 없어. 이름만 같을 뿐이야. 페르시아는 인류 역사상 가장 먼저 탄생한 대제국이야. 이 무렵 중국에선 여러 나라들이 권력투쟁을 하고 있었고 그리스에선 폴리스들이 발전하고 있었어. 로마는 겨우 걸음마를 시작한 수준이었지. 그 어느 나라도 대제국의 토대를 갖추지는 못했어.

페르시아는 사상 처음으로 아시아에서 아프리카까지 모두 정복했고, 이어 그리스까지 쳐들어갔단다. 이 전쟁이 바로 페르시아전쟁이야. 페르시아전쟁은 그리스의 승리로 끝났어. 그러나 그리스인들은 페르시아가 얼마나 무서운 나라인지 실감해야 했단다. 마케도니아는 그리스 전체를 정복한 나라야. 마케도니아의 알렉산드로스 대왕은 페르시아를 철천지원수로 생각했어. 야만족이 감히 그리스 민족을 공격했다고 분노한 거야. 그는 대군을 이끌고 페르시아로 쳐들어갔어. 이게 바로 그 유명한 동방원정이란다.

동방원정은 페르시아전쟁이 끝나고 150년 정도가 흐른 뒤 생긴 사건이야. 그러나 이두 사건은 아주 밀접한 관계가 있기 때문에 커버스토리에서 한꺼번에 다루는 거란다. 자, 이제 시작해 볼까?

페르시아전쟁,
동방원정, 헬레니즘

페르시아, 대제국 건설하다

기원전 2000년경 고대 민족의 대이동이 있었을 때 유목민족의 한 무리가 페르시아 만 일대에 정착했어. 그들은 그 지역에서 살고 있던 메디아인들과 섞였지. 그들이 바로 오늘날 이란 민족의 조상이란다.

잠시 2장의 역사를 떠올려 봐. 기원전 7세기 후반 바빌로니아와 연합군을 구성해 아시리아를 공격했던 민족이 누구였지? 그래, 바로 메디아 왕국이야. 그러나 이 나라는 그리 강하지 않았어. 얼마지나지 않아 아케메네스 왕조의 키루스 2세키루스 대왕란 인물이 나타나 메디아뿐 아니라 다른 이란 부족까지 모두 통일한 뒤 제국을 건

키루스 대왕 · 헤브라이인들이 예루살렘에 돌아가 성을 짓고 살 수 있도록 해 달라고 청하는 장면으로 왕좌에 앉은 인물이 키루스 대왕이다.

설했지^{기원전 550년}. 이 제국이 바로 페르시아 제국이야. 아케메네스 왕조가 통치한 페르시아라고 해서, 아케메네스 왕조 페르시아라고도 하지. 아케메네스 왕조가 세운 페르시아 제국은 기원전 331년까지 약 220여 년간 존재했어. 아 참, 페르시아에서는 왕을 샤라 불렀어. 참고로 알아 두렴.

페르시아는 전 세계에서 가장 먼저 건설된 대제국이라고 볼 수 있어. 그 이유는 장 도입부에 이미 설명한 그대로야. 모든 시대를 통틀어 페르시아가 차지하는 중요성도 매우 크단다. 페르시아는 동양과 서양의 중간지대에 위치하고 있어. 그 때문에 많은 동서양의 문화가 페르시아를 통해 교류됐지. 무역이 발달했으니 당연히 도시들도 발달했겠지? 페르세폴리스나 수사 같은 페르시아의 도시들은 당시 세계 최고의 대도시였단다. 이 도시들에서는 일찍부터 수표가 사용됐다고 해. 얼마나 상업이 발달했는지 알 수 있겠지?

키루스 대왕은 타고난 정복자였어. 그는 페르시아 일대를 통일한

데 이어 바로 오리엔트 지역으로 진군했어. 기원전 539년 신바빌로니아를 단숨에 정복했지. 아시리아에 이어 또다시 서아시아를 평정한 거야. 만약 키루스 대왕이 중간에 사망하지 않았더라면 오리엔트까지 통일했을 거야. 하지만 얼마 후 키루스 대왕은 군사원정 도중 목숨을 잃는 바람에 이 위업을 달성하지 못했어. 오리엔트 재통일의 위업은 그의 아들 캄비세스 2세가 달성했단다. 이집트를 정복해 북아프리카까지 영역을 넓힌 거야기원전 525년.

4년 후 키루스 대왕에 버금가는 영웅이 등장했단다. 그가 바로 다리우스 대왕이야. 다리우스 대왕은 영토를 더 넓혀 동서로는 인더스 강에서 소아시아의 다르다넬스 해협까지, 남북으로는 아프리카 북부에서 러시아 남부까지 정복했어. 지도를 보면 얼마나 페르시아 땅이 넓었는지 알 수 있을 거야.

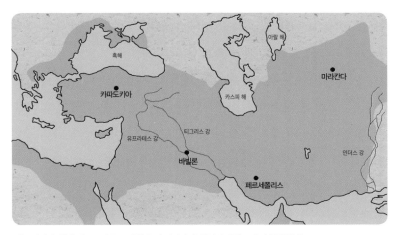

페르시아의 최대 영토 • 키루스 대왕은 아시리아에 이어 오리엔트까지 통일했다.

이제 페르시아가 정복해야 할 땅은 그리스밖에 안 남았어. 페르시아는 우선 소아시아 지역에 있는 그리스 식민도시들을 노렸지. 그 도시들은 대부분 부유했거든. 워낙 페르시아가 강했기 때문에 많은 그리스 식민도시들이 곧 페르시아의 지배를 받게 됐어. 그리스는 기분이 나빴지만 페르시아가 강했던 터라 어떻게 손을 쓸 수가 없었어. 두 나라 사이에 갈등이 커졌어. 결과는 뻔하지. 그래, 전쟁이 터진 거야!

동서양의 첫 대결, 페르시아전쟁

기원전 5세기 초반 그리스 식민도시들이 페르시아에 대항해 반란을 일으켰어. 물론 이 반란은 그리스 본토에서 배후 조종한 거야. 페르시아를 흔들어 놓으려는 심산이었지.

힘이 아무리 강해도 얼떨결에 공격을 당하면 주춤할 수밖에 없겠지? 페르시아도 마찬가지라서 대도시 사르디스가 초토화되고 말았어. 그러나 페르시아는 곧 기운을 되찾고 반란을 제압해 버렸지. 그런데 곰곰이 생각해 보니 아무래도 화가 나는 거야. 다리우스 대왕은 이참에 그리스 본토까지 손보기로 결심했어.

마침내 다리우스 대왕이 그리스 원정에 나섰어. 이로써 동서양 간의 첫 대결인 페르시아전쟁이 본격적으로 시작됐지^{기원전 492년}. 두 나라는 이후 수차례에 걸쳐 전쟁을 벌였어. 최종적으로 전쟁을 끝

내기까지는 40년 이
상이 필요했단다.

사실 첫 원정은 폭
풍우 때문에 시작하
기도 전에 좌절됐어.
이 때문에 이 원정을
몸풀기로 보고 페르
시아전쟁에 포함시키
지 않기도 하지.

본격적인 제1차 페

페르시아전쟁 · 1차전인 마라톤 전투, 2차전인 살라미스 해전에
서 그리스가 모두 승리했다.

르시아전쟁은 기원전 490년에 터졌단다. 다리우스 대왕의 군대는
아테네로 진군했어. 군사력은 페르시아가 훨씬 강했지. 아테네 군
대는 모두 죽기를 각오하고 마라톤 평원에서 페르시아 군대를 기
다렸어. 두 군대가 드디어 만났어. 목숨을 건 전투가 벌어졌지.

뜻밖에도 이 전투는 아테네의 명장 밀티아데스의 활약 덕택에
그리스의 승리로 끝났어. 밀티아데스가 1만 명의 병력으로 2만 명
의 페르시아 군대를 물리친 거야! 이때 한 병사가 승전 소식을 전하
기 위해 마라톤 평원에서 아테네까지 40여 킬로미터를 달린 데서
마라톤 경기가 유래했다는 이야기도 있단다. 사실이 아닐 가능성
도 있지만, 일단은 알아 두렴.

마라톤 전쟁이 끝난 후 두 나라는 평화조약을 맺고 더 이상 전쟁
을 벌이지 않기로 했어. 그러나 평화는 오래가지 않았어. 10년이 지

난 기원전 480년, 다리우스 대왕의 아들인 크세르크세스 왕이 30만 대군을 이끌고 그리스 동부 해안을 공격했지. 제2차 페르시아전쟁이 터진 거야. 그리스는 최대 위기를 맞았어. 모든 도시국가들이 한곳에 모여 대책회의를 가졌어. 이 회의 결과 스파르타는 육군을, 아테네는 해군을 지휘해 페르시아에 맞서기로 했어.

스파르타의 레오니다스 왕은 300명의 정예전사를 이끌고 테르모필레 계곡에서 페르시아 군대와 맞섰지. 그러나 적수가 되지는 않았어. 영화 「300」의 줄거리 그대로 스파르타 군대는 전멸했지. 페르시아는 아테네로 진격했어.

이때 등장한 그리스 영웅이 아테네의 테미스토클레스야. 그는 아

테르모필레 전투 · 레오니다스 왕과 스파르타군의 결사 항전을 묘사한 다비드의 작품이다.

테네 시민을 모두 대피시킨 후 해전을 준비했지. 마침내 페르시아 함대가 눈앞에 나타났어. 테미스토클레스는 조심스레 페르시아 함대를 살라미스 만으로 유인했어. 이 해안은 폭이 좁아 페르시아의 큰 함선이 잘 움직이지 못할 거라고 판단한 거지. 그 예상은 적중했단다. 후퇴하던 아테네 해군이 반격에 나서자 페르시아 함선들은 서로 부딪치며 우왕좌왕했어. 페르시아는 더 좋은 함선을 가지고 있으면서도 제2차 전쟁에서 패배하고 말았어.

제2차 전쟁이 끝난 바로 다음 해인 기원전 479년, 아테네 북동쪽의 플라타이아이 평원에서 제3차 페르시아전쟁이 터졌지. 그러나 두 번의 전쟁을 치르면서 그리스 연합군은 이미 강한 군대로 변해 있었어. 페르시아는 또다시 패했지. 그로부터 31년이 지난 후 두 나라는 칼리아스 화약을 체결함으로써 공식적으로 전쟁을 끝냈단다_{기원전 448년}.

마케도니아, 우뚝 서다

그리스는 페르시아전쟁에서 승리했지만 오히려 더 혼란스러워졌어. 아테네 진영과 스파르타 진영으로 갈려 내전을 벌였기 때문이야. 이 내전이 펠로폰네소스전쟁이지. 이 전쟁은 곧 살펴볼 거야. 조금만 기다려.

지금은 시간을 150년 후로 돌릴 거야. 또 한 번의 동서양 대 충돌 사건을 살펴보기 위해서지. 이 충돌이 일어난 원인이 바로 페르시아전쟁이었어. 왜 그런지 지금부터 살펴보자.

펠로폰네소스전쟁이 끝난 후 그리스의 주도권이 몇 차례 바뀌었어. 그러다가 최종적으로 북부 마케도니아 왕국으로 이동했지. 마케도니아의 왕 필리포스 2세가 군대를 양성하고, 나라의 힘을 키웠기 때문이야. 마케도니아가 무서운 속도로 커 가자 그리스 도시국가들은 연합군을 결성해 맞섰어.

필리포스 2세는 분노했어. 기원전 338년 그가 군대를 이끌고 남쪽으로 진군했지. 그리스 연합군은 마케도니아의 적수가 되지 못했어. 고작 1년 만에 연합군이 마케도니아에 무릎을 꿇은 거야. 필리포스 2세는 도시국가 대표들을 불러 모았어. 춘추시대의 제나라 환공이 그랬던 것처럼, 필리포스 2세는 "내가 그리스의 큰형님이다"라고 선포했어. 이어 페르시아를 정복하기 위한 그리스 연맹을 결성했지.

알렉산드로스 · 마케도니아의 왕으로 3개 대륙에 걸친 광대한 제국을 건설했다.

하지만 그는 페르시아 정복의 꿈을 이루지 못했어. 암살되고 말았거든. 그의 뒤를 이어 기원전 336년 스무 살의 아들이 왕에 올랐는데, 누군 줄 아니? 그 유명한 알렉산드로스 대왕알렉산드로스 3세이야.

마케도니아 왕이 바뀌면서 어수선한 기회를 노려 여러 도시국가에서 또 반란이 일어났어. 알렉산드로스는 아주 거칠었지. 그는 자신에게 저항하면 어떻게 되는지를 똑똑히 보여 주기로 결심했어. 반란이 가장 거셌던 테베를 폐허로 만든 후 살아남은 시민은 모두 노예로 팔아 버린 거야.

그리스를 완전히 정복한 알렉산드로스가 마침내 군대를 움직였어. 왜 그랬는지 알겠니? 그래, 철천지원수 페르시아를 정벌하기 위해서였어. 알렉산드로스는 150년 전 동방의 야만인이 그리스를 침략했다는 사실을 도저히 참을 수 없었던 거야. 이로써 그 유명한 알렉산드로스의 동방원정이 시작됐단다 기원전 334년.

동방원정 단행하다

알렉산드로스 대왕은 그리스 연합군을 이끌고 다르다넬스 해협을 건너 소아시아로 진군했어. 동쪽으로의 진격, 즉 동방원정이 시작된 거야.

최초의 전투는 동서양의 경계에 있는 그라니코스 강가에서 치러졌어. 그리스와 페르시아 군대가 격돌했어. 결과는 알렉산드로스 군대의 압도적 승리였지. 페르시아 군대는 달아날 수밖에 없었어.

양쪽의 군대가 다시 이수스 강가에서 만났어. 마케도니아 알렉산드로스 대왕 대 페르시아 다리우스 3세의 진검승부가 펼쳐졌지. 이번에도 알렉산드로스 대왕의 대승! 다리우스 3세는 간신히 목숨만 건지고 도망쳤단다.

이 무렵 알렉산드로스에 대적할 만한 군대는 아무래도 지구상에

이수스 전투 장면(위)**과 알렉산드로스 대왕의 확대 장면**(아래) · 위쪽 큰 그림에서 왼쪽이 알렉산드로스 대왕, 오른쪽이 다리우스 3세이다.

없었던 것 같아. 그의 군대는 전투 한 번 치르지 않고 소아시아, 페니키아, 시리아, 이집트를 차례로 정복해 나갔지. 그는 정복한 곳마다 자신의 이름을 따서 알렉산드리아라는 도시를 세웠단다. 그중 가장 유명한 것이 이집트의 알렉산드리아야.

이 원정에서 재미있는 에피소드가 하나 있어. 알렉산드로스 군대가 소아시아 프리기아의 수도인 고르디움에 도착했을 때야. 신전의 기둥에 복잡하게 매여 있는 매듭이 그의 눈에 들어왔어. 이 매듭이 신전이 아니라 전차에 묶여 있었다고 하는 사람들도 있단다.

어쨌든 알렉산드로스는 호기심이 발동했어. "신전의 기둥에 왜 매듭이 묶여 있는 것이냐"라고 물었지. 그러자 누군가 "그 매듭을

푸는 사람이 장차 아시아의 지배자가 될 것이라는 신탁^{신의 예언}이 있었는데, 아직 아무도 풀지 못했습니다"라고 대답했대.

갑자기 알렉산드로스가 칼을 꺼내 들고 매듭을 잘라 버렸어. 사람들이 깜짝 놀랐겠지? 그러나 알렉산드로스는 대수롭지 않다는 듯 "내가 매듭을 풀었으니, 내가 세계를 정복할 것이다"라고 말했다는구나. 그 후로 고르디움의 매듭은 해결하기 어려운 문제를 가리킬 때 쓰고, "고르디움의 매듭을 풀었다"라는 말은 그 문제를 주저하지 않고 명쾌하게 해결했다는 뜻으로 쓰이고 있지. 어렵게 생각하지 말고 쉽게 생각하라! 참으로 명쾌하지 않니?

알렉산드로스의 군대는 얼마 후 티그리스 강 유역의 가우가멜라에서 다시 페르시아 군대를 만났어. 이 전투에서 알렉산드로스는 페르시아가 다시 일어서지 못할 정도로 대승을 거뒀단다. 페르시아의 주요 도시들을 점령했고 페르세폴리스의 웅장한 궁전까지 불태워 버렸어. 다리우스 3세는 또 도망갔지만 부하의 배신으로 목숨을 잃고 말았지. 위대한 제국을 건설했던 페르시아의 첫 왕조 아케메네스가 역사 속으로 사라진 거야^{기원전 330년}.

앞으로 당분간 페르시아의 역사는 살필 게 별로 없을 거야. 이때부터 약 600여 년간 여러 민족이 뒤섞여 서로 치고받는 대혼란이 계속됐거든. 반쯤 이란 사람의 피가 섞여 있는 파르티아 왕조가 탄생하기는 했지만 완전한 이란 혈통의 왕조는 기원후 226년에 가서야 등장했단다.

페르시아를 멸망시켰으니 동방원정의 목표는 달성했어. 그러나

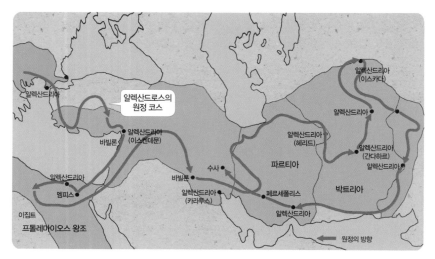

알렉산드로스 대왕의 동방원정과 헬레니즘 • 세계 정복한 지역마다 '알렉산드리아'라는 도시를 세웠다.

알렉산드로스의 욕심은 끝이 없었어. 동방의 끝까지 정복하고 싶었던 거야. 행진은 계속됐어.

3년 후 알렉산드로스는 오늘의 이란 전역을 정복하는 데 성공했어. 1년 후에는 인도의 인더스 강을 건넜지. 하지만 인도 펀자브 지방을 넘지 못하고 군대를 돌릴 수밖에 없었어. 오랜 행군과 전쟁에 시달려온 군인들의 저항이 워낙 강했기 때문이야.

알렉산드로스는 회군하던 도중 열병에 걸리고 말았어. 그는 당대의 영웅이었지만 이 병을 이기지는 못했단다. 결국 기원전 323년 알렉산드로스는 세상을 떠나고 말았어.

알렉산드로스의 동방원정은 12년 만에 끝났지. 그러나 그 파장은 엄청났단다. 동서로는 인더스 강에서 아드리아 해까지, 남북으로는 이집트에서 다뉴브 강까지 3개 대륙에 걸쳐 역사상 가장 광대한 제국이 만들어진 거야!

헬레니즘 문화 탄생하다

오리엔트는 해가 뜨는 곳이란 뜻이야. 서양 사람들이 지어낸 말이지. 서양인들은 오리엔트의 우수한 문화를 매우 부러워했단다. 알렉산드로스 대왕도 마찬가지였어. 그도 오리엔트 문화에 흠뻑 빠졌지. 알렉산드로스는 페르시아를 정복한 후 각 나라의 모든 문화를 융합시키기로 결심했어. 알렉산드로스 자신부터 페르시아의 왕 다리우스 3세의 딸과 결혼하는 모범을 보였단다. 이어 그리스 귀족들도 페르시아 여성들과 결혼하도록 지시했지. 나아가 많은 그리스인들을 오리엔트 지역에 이주시켰어.

이런 점을 놓고 보면 알렉산드로스의 동방원정은 단순히 영토만 넓힌 전쟁이 아니야. 이 전쟁을 통해 동서양의 문화가 어우러져 그 전까지와는 전혀 다른 새로운 문화가 탄생했잖아? 그 문화가 바로 헬레니즘 문화야.

서양인들은 헬레니즘을 그리스 문화가 동양으로 전파된 현상이라고 설명하려 하지. 19세기 초반 헬레니즘이란 용어를 만들어 낸 독일의 역사가 드로이젠은 "그리스의 언어와 생활방식이 다른 지역으로 전파된 문화현상"이라고 헬레니즘을 정의했대. 쉽게 말하면 그리스 문화가 퍼져 헬레니즘이 탄생했다는 거야. 그러나 이 정의는 옳지 않아. 그리스 문화가 큰 역할을 했지만 오리엔트 문화가 없었다면 헬레니즘은 탄생할 수 없었거든. "헬레니즘 문화 = 그리스 문화 + 오리엔트 문화"라고 해야 진실에 가깝단다.

헬레니즘 문화가 인도에 전파돼 새로 만들어진 미술 양식도 있어. 3세기 무렵 탄생한 간다라 미술이 바로 그거야. 이 미술 양식은 이후 중앙아시아를 거쳐 동아시아에까지 전달됐지.

전 세계에 막대한 영향을 미친 헬레니즘 제국은 알렉산드로스가 사망한 이후 분열되고 말았어. 그가 후계자를 지명하지 않고 죽었기 때문이지. 여러 장군들이 황제의 자리를 놓고 권력투쟁을 벌였어. 그 결과 헬레니즘 제국은 이란과 소아시아를 아우르는 셀레우코스 왕국, 이집트의 프톨레마이오스 왕국, 그리스 본국의 안티고노스 왕국^{마케도니아}으로 쪼개졌단다. 또 페르시아와 인도 주변에는 셀레우코스와 국경을 맞댄 박트리아와 파르티아가 세워졌어.

만약 병사들의 저항이 없었다면 알렉산드로스의 군대는 어디까지 진격했을까? 어쩌면 티베트나 베트남을 넘어 중국까지 진격했을지도 몰라. 이때 중국은 춘추전국시대였어. 그런 중국이 알렉산드로스의 공격을 물리칠 수 있었을 거라고 생각하니? 아마도 잘 훈련된 알렉산드로스의 군대를 이기기는 어려웠을 거야. 그랬다면 지금의 역사도 많이 바뀌었겠지?

제국이 되려면 도로부터 깔아라?

페르시아의 다리우스 대왕은 드넓은 정복 지역을 몇 개의 속주로 나눴어. 각 속주는 총독이 다스렸는데, 반드시 중앙정부와 지방정부를 잇는 도로를 건설했단다. 중앙정부 수도인 수사와 리디아 속주의 수도 사르디스를 연결한 길을 보통 왕의 길이라고 불러. 길이만 무려 2600킬로미터에 이르렀지. 이 길은 군대의 행군로이기도 했지만 무역 길이 되기도 했어. 바로 이 도로망을 따라 페르시아가 쭉쭉 커 나간 거지. 결국 도로망이 잘 발달되지 않으면 국가는 커지기 힘들다는 이야기가 돼. 로마도 마찬가지였어. 작은 도시에 불과했던 로마는 기원전 4세기 초반 아피아 가도를 만들면서 사방으로 뻗어 나갔어. 아피아 가도는 로마와 카푸아를 연결한 총 길이 260킬로미터의 도로였지. 로마의 최고 전성기 시절인 팍스 로마나 때에는 로마를 중심으로 사방팔방 도로를 냈어. "모든 길은 로마로 통한다!"라는 명언이 이때 생겼지.

다리우스 대왕

기원전 2세기 후반, 중국 한나라도 길을 개척하기 시작했어. 그 유명한 비단길이 바로 그것인데, 한나라는 비단길을 통해 서역까지 쭉쭉 뻗어 나갔어. 기원전 4세기 후반, 인도의 찬드라굽타 왕조도 통일제국을 이룬 후 가장 먼저 추진한 것이 도로망 건설이었지. 7세기 이후 이슬람 제국이 급격하게 팽창하면서 바그다드가 세계의 중심지로 떠올랐어. 이슬람 제국 또한 바그다드를 중심에 놓고 사방으로 길을 냈단다. 1940년대 초반 독일. 독재자 히틀러도 아우토반이란 속도 무제한의 고속도로를 건설했어. 제국이 팽창하려면 길부터 닦아야 한다는 법칙을 역사를 통해 알았던 거야.

대륙별스토리

커버스토리에서는 동양과 서양의 충돌을 집중적으로 살펴봤어. 이제 기원전 600년 부터 기원전 300년 사이에 있었던 나머지 사건들을 알아볼 차례야. 페르시아전쟁이 터지기 전의 세계는 어땠을까? 그리스에서는 아테네가 민주정치를 발전시키고 있었고, 중국에선 춘추시대의 혼란이 계속되고 있었단다.

이미 말했던 대로 페르시아전쟁과 동방원정 사이에는 약 150년이란 시간이 있어. 이 150년간 많은 사건이 벌어졌어. 그리스에서는 펠로폰네소스전쟁이 터졌고, 이 전쟁이 끝나고 1년 뒤 중국에서는 전국시대가 시작됐지.

이런 사건이 있은 뒤에 알렉산드로스가 동방원정을 시작했어. 동방원정 후에는 헬레니즘 세계가 만들어졌고, 인도에서는 처음으로 통일제국이 탄생했어. 이제 사건의 순서를 헷갈리지 않겠지?

아, 또 하나 중요한 이야기를 할 게 있어. 기원전 6세기부터 기원전 3세기 사이에 동양 철학과 서양철학의 뿌리가 만들어졌다는 거야. 그것도 동시에 말이야. 놀랍지 않니?

그리스의 흥망과 로마의 성장

우선 동서양 충돌의 당사자였던 그리스로 갈게. 이 무렵 그리스 역사는 페르시아전쟁, 알렉산드로스의 동방원정과 밀접한 관계가 있어.

페르시아전쟁 직후에는 아테네가 그리스의 큰형님 자리를 차지했어. 전쟁을 승리로 이끈 주역이니까 어쩌면 당연한 일이야. 그러나 스파르타가 곧 강하게 반발했어. 그 때문에 그리스 전역이 내전에 휩싸이게 됐지. 전쟁은 국력을 약화시키는 법! 그리스의 두 강자가 싸움에만 몰두하고 있을 때 북쪽에서 마케도니아가 힘을 키워 갔단다.

아테네의 몰락은 안타까운 대목이야. 한창 피어나던 민주정치의 꽃이 시들어 죽어 버렸잖아? 여기서는 페르시아전쟁이 터지기 전 민주주의가 한창 발달하던 아테네의 역사와, 페르시아전쟁 이후 터진 그리스 내전의 역사를 살펴볼게.

아테네, 민주정치의 기틀 만들다

우선 시계를 과거로 돌려 페르시아전쟁이 터지기 전의 그리스로 갈게.

기원전 594년경 아테네의 행정관에 솔론이 임명됐어. 아르콘이라고 부르는 행정관이 가장 높은 자리라는 사실은 앞에서 설명했지? 솔론은 강력한 리더십으로 개혁을 추진했어. 농민의 빚을 면제해 주고 악덕 사채업을 금지시켰지. 빚을 못 갚아 노예가 된 농민은 다시 농민의 신분으로 돌려놨고 농촌에서 살기 힘든 농민은 도시로 옮겨 수공업 일을 할 수 있도록 했어.

솔론은 정치 개혁도 추진했어. 재산에 따라 시민을 4등급으로 나눴어. 상위 1, 2등급에는 귀족이냐 평민이냐를 따지지 않고 고위직이 될 수 있는 자격을 줬고, 3등급까지는 민회 준비 모임에 해당하는 400인회에 참여할 자격을 줬지. 쉽게 말해 돈만 있으면 권력을 쥘 수 있게 된 거야. 이런 정치 형태를 금권정치라고 한단다.

아테네가 안정되는 것 같았어. 그러나 솔론이 물러나자 다시 혼란이 찾아왔어. 다행히 페이시스트라토스가 권력을 잡은 후에는 정치가 안정됐지. 그러나 그의 아들 히피아스는 시민들을 심하게 억압했대.

잠시 눈을 돌려 오리엔트를 볼까? 이 무렵 페르시아에서는 키루스 대왕이 나타나 아케메네스 왕조 페르시아를 세우고는 메소포타미아 일대를 정복했어. 그의 아들 캄비세스는 오리엔트 전체를 통일했지. 페르시아 제국이 위세를 떨치고 있는 동안 그리스 아테네는 독재정치에 신음하고 있었던 거야. 그러나 그리스 시민들은 곧 독재를 무너뜨렸단다. 이때 투쟁을 지휘했던 지도자 중 한 명이 클레이스테네스야. 하지만 그는 개혁을 진행하던 중 추방됐지.

기원전 502년 클레이스테네스가 아테네로 돌아왔어. 그는 본격적으로 개혁에 돌입했지. 클레이스테네스는 혈연 중심의 4개 부족을 해체하고, 사는 지역에 따라 10개의 시민공동체를 만들었어. 이 공동체를 데모스Demos라고 불렀는데, 이후 아테네 정치의 기본단위가 됐지. 민주주의Democracy와 단어 생김새가 비슷하지 않니?

클레이스테네스는 400인회를 확대해 500인 협의회라는 것을 만들었어. 이 협의회는 민회에 "이런 정책을 만들어 달라"라고 요청할 수 있는 권한이 있었단다. 국가의 정책을 결정하는 최고기관은 민회였지만 500인 협의회에서 먼저 정책 건의를 해야 논의할 수 있었던 거지. 500인 협의회의 힘이 꽤 셌다는 걸 알 수 있겠지? 협의회 회원은 추첨을 통해 뽑았기 때문에 아테네 시민이라면 누구나 회원이 될 수 있었단다.

이뿐이 아니야. 아테네에 해를 끼칠 것 같은 인물을 시민들이 매년 1명씩 골라 10년간 해외로 추방하는 도편추방제도도 이때 만들어졌어. 이 제도가 당장 시행되지는 않았어. 페르시아전쟁이 한창이던 기원전 487년 처음으로 도편추방제가 실시됐단다. 이 제도는 독재자가 생기지 않게 미리 막는 효과가 있었어. 그러나 나중에는 이 제도가 악용되면서 유능한 인물까지 음모에 휘말려 추방당하는 부작용도 생겼지. 그게 바로 우민정

도편 조각 · 도편추방제도에 활용됐다.

치어리석은 다수에 의해 정책이 결정되는 정치야.

어쨌든 아테네는 그 어느 때보다 활기가 넘쳤어. 아무래도 모든 시민이 주인 노릇을 할 수 있기 때문이 아니었을까?

아테네 우뚝 서다

아테네가 페르시아전쟁에서 그리스 전체를 대표한 이유를 이제 알 수 있겠지? 아테네에 민주정치가 자리 잡으면서 그 어느 폴리스보다 강력해졌기 때문이야.

페르시아전쟁을 승리로 이끈 아테네는 그 후로도 그리스의 큰형님 자리를 유지했어. 페르시아전쟁에 대해 이미 이야기했으니까 여기서는 전쟁 이후의 그리스를 살펴볼게. 사실상 대형 전투가 끝난 479년부터 그리스 내전인 펠로폰네소스전쟁이 시작되는 기원전 431년까지, 약 50여 년은 아테네의 전성기였어.

그리스 도시국가들은 페르시아가 또 침략해 올까 봐 전전긍긍하고 있었어. 혹시 터질지 모르는 전쟁에 대비하자는 의견이 많았지. 도시국가 대표들은 델로스 섬에 모여 동맹을 결성했어. 이를 델로스 동맹이라고 부르는데, 아테네가 중심이 됐기 때문에 아테네 동맹이라고도 불러기원전 477년. 모든 도시국가들은 전쟁 준비자금을 냈고, 그 돈은 델로스 섬의 금고에 보관됐어. 이 금고는 아테네가 관리했지. 어째 모양새가 이상하지 않니? 맞아. 이름만 동맹이었지, 실제로는 그리스의 여러 폴리스가 아테네에 조공을 한 셈이야.

아테네가 승승장구할 수 있었던 것은 페리클레스라는 인물이 있었기에 가능했어. 그는 행정관으로 있으면서 아테네를 그리스 최강의 도시국가로 키웠어. 또 시민의 권리를 강화하고 민주정치 체제를 더욱 단단하게 만들었지. 역사학자들은 페리클레스를 아테네 민주정치의 완성자로 여긴단다. 동시에 페리클레스가 지나친 애국주의자였다는 비판도 꽤 많아. 아테네가 잘 살기 위해 다른 도시국가들을 짓밟았기 때문이야.

기원전 448년 아테네와 페르시아가 칼리아스 화약을 맺었어. 앞에서 페르시아전쟁을 공식적으로 끝내는 평화조약이라고 했지? 자, 조약이 체결됐으니 이제 전쟁 확률이 상당히 줄어들었어. 하지

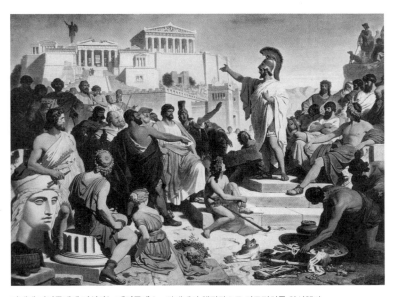

아테네 시민들에게 연설하는 페리클레스 · 아테네의 행정관으로 민주정치를 완성했다.

만 페리클레스는 동맹국에게 군비를 계속 내라고 윽박질렀단다. 델로스 섬에 있던 금고도 아예 아테네로 옮겨 버렸어.

그의 지나친 애국주의는 이걸로 끝나지 않았어. 다른 도시국가의 군대를 해체하고, 아테네 군대를 주둔시키기도 했어. 다른 나라의 정치에 지나치게 참견하는 것을 내정간섭이라고 한단다. 페리클레스가 그랬어. 심지어 어떤 국가에서는 화폐를 만드는 권한까지 빼앗아 버렸지.

아테네에 대한 그리스 도시국가들의 불만이 매우 커졌어. 그들은 아테네와 힘이 비슷한 스파르타를 꼬드겼지. 그렇잖아도 아테네가 큰형님 행세하는 게 마음에 들지 않았었던 스파르타는 마침내 아테네에 쳐들어갔어_{기원전446년}.

그리스 내전, 모두가 패배자

아테네의 페리클레스는 전면전을 피했어. 스파르타가 강하다는 사실을 너무 잘 알고 있었던 거야. 페리클레스는 현명하게 대처했고, 1년 후 전쟁을 끝낼 수 있었어. 스파르타와 아테네는 휴전협정을 체결하고, 이후 30년간 싸우지 않는 대신 두 나라가 공평하게 그리스를 지배하기로 합의했단다.

이 조약으로 스파르타는 아테네와 똑같은 큰형님의 반열에 올랐어. 그러나 아테네는 아직도 자기들만 큰형님이라고 생각했나 봐. 여전히 약한 도시국가들로부터 돈을 빼앗았던 거야. 스파르타의 동맹국들은 스파르타를 다시 꼬드겼어. 아테네의 횡포를 물리쳐 달라고 말이야. 마침내 스파르타가 아테네에게 "더 이상 그리스 도시국가들을 괴롭히지 말아라"라며 최후통첩을 보냈어. 아테네는 콧방귀를 뀌었지. 그러자 스파르타는 그리스 해방을 외치며 대대적인 전쟁을 일으켰어. 모든 도시국가들이 스파르타와 아테네 중 어느 한쪽을 지지하며 전쟁에 뛰어들었지. 그리스 전체가 내란에 휩싸인 거야! 이 내전이 바로 펠로폰네소스전쟁이란다^{기원전 431년}. 이 전쟁은 기원전 404년까지 30년 가까이 계속됐어.

군사력은 아무래도 스파르타가 한 수 위였어. 스파르타 육군은 또다시 아테네를 침략해 도시를 폐허로 만들어 버렸지. 아테네의 행정관 페리클레스는 시민들을 대피시키고 함대를 동원해 스파르타를 공격하며 맞섰어.

아테네의 운이 다한 걸까? 전염병이 돌기 시작했어. 페리클레스를 포함해 많은 아테네인들이 전염병에 목숨을 잃었어. 그래도 아테네인들은 단결해 싸웠어. 이렇게 전쟁은 무려 10년을 끌었단다. 마침내 두 나라가 평화조약을 체결했어. 이로써 1차전이 끝났지^{기원전 421년}.

이제 아테네와 스파르타는 철천지원수가 돼 버렸어. 그런데 흥미로운 점이 있어. 거의 비슷한 때 중국에서도 이 두 나라처럼 서로 으르렁거리는 두 나라가 있었던 거야. 바로 춘추시대의 오나라와 월나라야. 오나라와 월나라도 당시 중국에서 가장 힘이 센 나라였어. 이 두 나라의 역사는 조금 이따 살펴볼 거야. 어쨌든 오나라와 월나라처럼 아테네와 스파르타도 기어이 끝장을 보려고 했어. 결국 휴전 10년 만에 제2차 펠로폰네소스전쟁이 터졌단다기원전411년.

이때 스파르타는 페르시아와 비밀 협약을 맺어 뒀어. 페르시아가 스파르타를 도와주면 소아시아의 그리스 식민도시를 페르시아가 지배해도 상관하지 않겠다고 말이야. 펠로폰네소스전쟁의 애초 목표는 그리스 해방이었지? 스파르타는 그리스를 장악하기 위해 적대적이었던 페르시아마저 끌어들였어. 명분 없는 진흙탕 싸움이 돼 버린 거야.

페르시아의 지원이 큰 도움이 됐는지 스파르타가 기원전 404년 마침내 아테네로부터 무조건 항복을 받아 냈어. 이로써 1, 2차에 걸쳐 30년간 진행된 펠로폰네소스전쟁이 끝나게 돼.

그리스는 이제 스파르타의 세상이 됐어. 스파르타는 아테네의 진영에 있던 도시국가들에 군대를 주둔시켜 폭력적으로 통치하기 시작했지. 민주주의의 기운이 그 어느 폴리스보다 강했던 아테네는 저항했어. 스파르타의 세력이 더 커지면 어떻게 하나 걱정하던 페르시아가 아테네와 테베를 몰래 선동했지. 그 결과 그리스는 더욱 혼란스러워졌고, 그 후에도 몇 차례에 걸쳐 도시국가들의 전쟁이 이어졌어.

기원전 371년 스파르타 군대가 테베의 반란군에게 무너지면서 그리스의 주도권은 북쪽 마케도니아로 이동했어. 다음엔 어떻게 됐는지 이미 알지? 알렉산드로스 대왕의 세상이 된 거야. 동방원정의 역사는 이미 살펴봤으니 넘어갈게.

로마의 성장

바로 옆 나라가 페르시아와 전쟁을 벌이거나 말거나, 알렉산드로스 대왕이 대군을 이끌고 동방원정을 시작하거나 말거나…. 이 무렵 로마는 묵묵히 앞만 보고 달렸어.

페르시아가 오리엔트를 통일했고, 그리스에서 민주정치가 발달하던 때였어. 기원전 6세기 말 로마인들은 에트루리아 왕을 몰아내는 데 성공했어. 비로소 로마인의, 로마인에 의한, 로마인을 위한 로마가 된 거야.

로마인들은 왕정을 없애고 집정관과 원로원이 중심이 되는 공화정 체제를 도입했어. 아테네와 비교하면 집정관은 행정관과 비슷하고 원로원은 귀족회의와 비슷해. 초기 아테네와 마찬가지로 로마의 민회도 힘이 약했어. 이 정치체제는 훗날 아우구스투스에 의해 제정으로 바뀔 때까지 약 500여 년간 지속됐어. 제정은 황제가 다스리는 정치체제를 말한단다.

로마는 에트루리아인을 몰아낸 데 이어 라틴족의 연합체인 라틴연합에도 도전장을 던졌어. 로마는 전쟁에서 승리하지는 못했지만 대등한 조약을 체결함으로써 라틴연합과 대등한 국가로 발돋움할 수 있었단다. 하지만 갈등도 있었어. 특히 귀족과 평민 사이의 갈등이 심했지. 급기야 평민들이 일제히 로마를 벗어나 북동쪽에 신성한 도시를 건설하려 했어. 이 사건이 그 유명한 성산 사건이야 ^{기원전 494년.}

귀족들은 평민을 달래기 위해 묘안을 짜내야 했어. 해법이라고는 권력을 나누는 것밖에 없었지. 귀족들은 집정관에 맞먹는 권력을 가진 호민관이라는 관직을 만들었어. 호민관은 평민에서 뽑았고, 원로원의 결정에 대해 거부권도 행사할 수 있었단다. 상당한 권력자인 셈이지.

평민들은 여기에서 그치지 않고 귀족을 더욱 압박했어. 그 결과 12표법이 제정됐어. 그전에는 귀족들이 자기 입맛에 맞게 관습을 끌어다 법처럼 써먹었단다. 이제 법이 만들어졌으니 귀족의 횡포가 줄고, 평민의 권한은 강화되겠지? 실제 그 후로 귀족과 평민의 결혼이 허용되는 등 많은 변화가 생겼단다. 귀족들의 토지 소유 상한선을 제한하는 리키니우스 법도 만들어졌어^{기원전 376년}.

평민의 권리도 신장되고, 로마도 번영하고…. 이 무렵 로마는 외부 세력과 많은 전쟁을 벌였어. 로마의 군대는 강력하기로 유명했단다. 이 강한 군대가 로마 성장의 원동력이었지.

호민관 제도 (기원전 494년)	원로원 결정에 거부권을 행사할 수 있게 됨
평민회 설치 (기원전 472년)	평민들이 이익을 위해 단체를 설립할 수 있게 됨
12표법 (기원전 451년)	평민들의 요구로 관습법을 문서로 기록함
리키니우스 법 (기원전 367년)	집정관 1명을 평민 중에서 선출할 수 있게 됨
호르텐시우스 법 (기원전 287년)	평민회 결의가 법적으로 효력을 발휘할 수 있게 됨

로마 평민들의 지위 향상

로마 병사들은 무기를 스스로 준비했어. 무기를 준비하려면 돈이 있어야겠지? 병사가 되려면 어느 정도 경제력이 있어야 하는 거야. 이 무렵 로마의 농업생산량은 매우 높았어. 당연히 경제적으로 안정된 시민이 많았지. 그 때문에 병사들도 많아진 거야.

로마 군대는 규율도 매우 엄격했어. 전쟁 도중 도망치거나 제멋대로 약탈하는 병사들에 대해서는 열 명 중 한 명을 골라 죽이는 10분의 1형에 처했어. 주변 국가들과 많은 전쟁을 치르다 보니 자연스럽게 풍부한 전쟁 경험이 쌓이기도 했지. 이러한 모든 것들이 군대가 강해지는 데 도움이 됐겠지?

로마의 국력은 계속 신장됐어. 그러나 위기가 없지는 않았지. 기원전 390년, 북쪽에서 켈트인들이 로마를 침략한 거야. 그들은 싸움을 너무나도 잘했어. 로마는 어쩔 수 없이 항복할 수밖에 없었지. 또 중남부의 도시국가 삼니움도 넘어야 할 산이었어. 그들 또한 싸움을 너무 잘했지. 그러나 로마는 겁먹지 않았고, 두 차례의 큰 전쟁을 치렀어. 그 결과 기원전 4세기 말에는 삼니움을 꺾고 이탈리아반도의 거의 대부분을 차지하게 돼.

이 시기 바로 동쪽에 있던 헬레니즘 제국은 로마의 성장을 눈여겨보지 않았어. 덕분에 로마는 승승장구할 수 있었지. 로마의 이탈리아 통일에 대해서는 다음 장에서 다루도록 할게.

아테네 정치의 변천사

아테네는 시민이 직접 참여한, 직접민주정치의 모범 사례로 꼽혀. 물론 오늘날의 민주정치와는 좀 다르긴 하지. 그래도 아테네 정치사를 알면 민주주의를 이해하는 데 큰 도움이 된단다. 아테네 정치가 민주주의 발달사의 축소판이거든. 정치 형태를 그 순서대로 살펴볼까?

① 왕정시대 : 기원전 8세기 이전, 아테네는 왕이 통치하고 있었지만 전설적인 영웅 테세우스가 아테네 일대를 통일하고 왕정을 폐지했어. 이후 귀족들이 권력을 장악했단다.

② 귀족정치시대 : 귀족들은 아르콘이라는 행정관 9명을 선출해 국가의 운영을 맡겼어. 아르콘은 퇴임하면 국가정책을 결정하는 귀족회의^{아레오파고스 회의}의 멤버로 활동하며 여전히 권력의 핵심에 있었지. 민회는 존재했지만 권력은 거의 없었어.

③ 금권정치시대 : 상공업이 발달하면서 평민이 부유해졌고, 이들이 군대의 주요 세력이 되면서 평민의 권리도 커지기 시작했지. 기원전 6세기 초반 솔론의 개혁이 실시되면서 재산의 규모에 따라 참정권을 줬어. 돈이 정치를 좌우한 거지.

④ 참주정치시대 : 솔론이 물러난 이후 사회가 어수선해지자 기원전 6세기 중반 페이시스트라토스가 권력을 장악하고 참주^{일종의 독재자}에 올랐어. 페이시스트라토스는 평민을 위한 정치를 했지만 그의 아들은 포악한 통치로 민심을 잃었지.

⑤ 민주정치시대 : 기원전 6세기 말 클레이스테네스가 참주를 몰아내고 정권을 잡았어. 그는 공동체를 부족에서 지역 단위로 바꾸고 500인 평의회를 설치하는 등 개혁을 추진했으며, 도편추방제를 도입했지. 민주정치는 클레이스테네스의 뒤를 이은 페리클레스시대 때 전성기를 맞았다고 해.

⑥ 중우정치시대 : 기원전 5세기 말 그리스 내전인 펠로폰네소스전쟁이 끝난 후 아테네는 스파르타의 지배를 받게 됐어. 이때부터 아테네 정치는 이성보다는 감성에 호소하는 정치로 바뀌었어. 정의가 사라졌고, 정치인들은 권력을 얻기 위해서 야비한 짓도 서슴지 않았지. 소크라테스도 이 중우정치 때문에 희생된 인물이야.

중국, 전국시대에 돌입하다

그리스와 페르시아가 전쟁을 벌이고 있을 때 서양인들이 한 번도 가 보지 못한 히말라야 산맥 너머의 중국은 어떤 상황이었을까? 중국인들은 아직도 춘추시대의 혼란 속에서 벗어나지 못했을까?

펠로폰네소스전쟁이 스파르타의 승리로 끝난 이듬해 중국에서도 춘추시대가 끝났단다. 비슷한 시기에 동서양의 내란이 끝난 거야. 그다음은 어떻게 됐을까? 그리스는 큰 혼란에 빠졌다가 마케도니아가 권력을 잡았지? 중국은 달랐어. 더 큰 혼란이 찾아왔거든. 바로 전국시대가 시작된 거야. 춘추시대 때는 주 왕조에 겉으로나마 충성을 맹세했었지만 전국시대 때는 이런 체면치레가 모두 사라졌어.

이 혼란 속에서도 진나라는 법가 철학을 바탕으로 중앙정부의 힘이 지방 구석구석에까지 미치는 중앙집권 체제를 세우기 시작했어. 이 진나라가 훗날 중국을 통일한 것도 이때 체제를 잘 다듬었기 때문에 가능했던 거야. 춘추시대에서 전국시대 말기까지의 중국을 살펴볼까?

오와 월의 한판 승부

2장에서 춘추시대 중반부, 초나라가 중원을 차지한 부분까지 이야기했었지? 그 후 초나라의 상황은 어떻게 됐을까?

초나라는 중국 전역을 통일하려고 했어. 그러나 혼란의 시대, 절
대강자가 된다는 게 그리 쉬운 일은 아니야. 중국 서부 지역에 있다
가 신흥강국으로 떠오른 진秦나라가 초나라를 막아섰지. 두 나라는
전쟁을 치렀지만 결판을 내지 못했고, 기원전 546년 정전협정을 맺
었어. 이때부터 중국은 남쪽 초, 북쪽 진晉, 동쪽 제, 서쪽 진秦이 떡
하니 버티고 있는 4강시대로 접어들었단다. 이 무렵 중동 지역에서
는 페르시아 제국이 절대강국으로 부상했어. 많이 대조적이지?

전쟁이 그치고 잠시 동안의 평화가 찾아왔어. 그러나 전쟁 중의
평화는 오래가지 않는 법이야. 이번에는 양쯔 강 하류, 그러니까 중
국 남동부 지역에서 두 나라가 힘을 키웠어. 바로 오와 월이야. 춘
추시대의 막바지에 펼쳐진 두 나라의 패권 다툼은 매우 흥미진진
하단다.

오나라의 왕 합려에게는 뛰어난 지략가들이 많았어. 손자병법을
지은 손무를 비롯해 오자서, 백비 등 최고의 지략가들이 모두 그의
밑에 있었지. 합려는 이들의 도움을 받아 초와 진晉, 제를 모두 제압

월왕구천검(위), **오왕부차모**(아래) · 각각
1965년 1983년에 발굴된 청동제 무기
로, 무기에 새겨진 명문을 분석했을 때
월왕 구천의 칼, 오왕 부차의 창으로 추
정된다.

했어. 그러나 합려는 월나라의 왕 구천과 전투를 치를 때 입은 상처가 악화돼 세상을 떠나고 말았지. 합려의 아들 부차가 왕위에 올라 월나라를 공격했어. 월의 구천은 군사력에 밀려 어쩔 수 없이 부차에게 항복해야 했지. 이제 오나라가 강대국의 반열에 올랐어. 그러나 최후에 웃는 자가 진정한 승자겠지? 이번엔 월의 구천이 이를 갈면서 국력을 키웠어. 그리고 마침내 오의 부차를 물리치고 패자에 올랐지.

이 과정에서 탄생한 고사성어가 바로 '와신상담'이야. 치욕스러운 과거를 잊지 않고 뼈를 깎는 고통을 이겨내면서 미래를 준비할 때 이 말을 쓴단다. 왜 이런 말이 생겼을까?

합려가 구천과 싸우던 중 사망했지? 아버지 합려를 잃은 부차는 복수를 잊지 않기 위해 편안한 잠자리를 버렸어. 섶_{짚단더미}에서 자면서 이를 갈았지. 이게 바로 섶에 눕는다는 뜻의 '와신_{臥薪}'이야. 결국 부차는 구천에게 항복을 받아 내 소원을 이뤘어. 그러자 이번에는 구천이 비슷한 고행을 하면서 복수심을 불태웠어. 쓸개를 옆에 두고 식사할 때마다 쓴맛을 참아 낸 거야. 이게 바로 쓸개를 핥는다는 뜻의 '상담_{嘗膽}'이란다. 구천 또한 부차를 제압함으로써 소원을 이뤘지.

두 나라의 왕처럼, 두 나라의 백성들도 만나기만 하면 으르렁댔어. 아테네와 스파르타 사람들처럼 말이야. 그 때문에 오와 월의 사람_{오월}이 같은 배를 탔다_{동주}는 뜻의 '오월동주'라는 고사성어가 생기기도 했어.

어느 날 오와 월의 백성이 같은 배를 타고 가다가 풍랑을 만났어. 철천지원수라 해도 당장은 살아남는 게 더 중요했겠지? 결국 그들은 생존을 위해 어쩔 수 없이 협력했고, 마침내 살아남았어. 이때부터 원수 사이라 할지라도 어떤 목적을 이루기 위해 어쩔 수 없이 협력할 때 우리는 오월동주라는 말을 썼어.

이렇듯 오와 월은 많은 일화를 남기면서 춘추시대 말기 50여 년을 풍미했어. 그러나 오나라를 멸망시킨 월나라도 곧 초나라에 의해 멸망함으로써 두 나라는 역사에서 사라졌지.

전국시대 시작되다

그리스 펠로폰네소스전쟁이 끝나고 1년이 지난 때였어. 기원전 453년 춘추오패 중 하나였던 진晉이 내분 끝에 한, 위, 조 등 세 나라로 분리됐어. 세 나라는 50년 후 중앙정부인 주 왕조로부터 정식 제후국으로 인정받았지. 바로 이때부터 중국의 혼란은 더 극심해졌어. 전국시대로 돌입한 거야기원전403년.

춘추시대와 전국시대가 가장 크게 다른 점은 주 왕조의 황제를 인정하느냐, 인정하지 않느냐 하는 걸 거야. 춘추시대까지만 해도 제후국들은 중앙정부인 주 왕조를 몰아내자고 주장하지 않았어. 왕조의 명예를 더럽히고 있는 나머지 제후국들을 물리친다는 게 전쟁의 명분이었지. 그 때문에 초나라를 뺀 나머지 제후국의 왕들

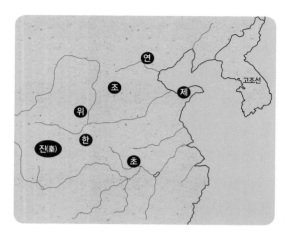

전국칠웅 · 전국시대 중국을 통일하기 위해 다퉜던 주요 일곱 제후국을 일컫는다.

이 스스로를 왕보다 지위가 낮은 공公이나 후侯로 낮춰 불렀다는 이야기는 이미 했지?

그러나 전국시대 때는 제후들이 더 이상 야심을 숨기지 않았어. 스스로를 왕이나 황제로 부르면서 전쟁을 벌인 거야. 중앙정부인 주 왕조는 초라한 군소국가로 전락했고, 중국은 완전한 무정부 상태가 됐단다.

춘추시대에 춘추오패가 있었다면 전국시대에는 전국칠웅이 있었어. 중원은 한, 위, 조가 나눠 가졌고 동쪽은 제, 서쪽은 진秦. 남쪽은 초, 북쪽은 연이 차지하고 있었지.

어느 나라가 가장 힘이 셌을까? 초기에는 위나라가, 그다음에는 제나라가 주도권을 잡았지. 그러나 머지않아 주도권은 진나라로 이동해. 비슷한 시기에 그리스에서 마케도니아가 주도권을 움켜쥔 것처럼 말이야.

진, 강력한 중앙집권 추진

진이 강대국으로 도약할 수 있었던 것은 모두 공손앙^{상앙}이란 재상이 대대적인 정치 개혁을 벌인 덕분이야. 그는 법을 최우선으로 했기 때문에 한비자와 함께 대표적인 법가 철학자로 손꼽히고 있단다.

공손앙은 기원전 4세기 중반 두 차례에 걸쳐 법을 최우선으로 하는 체제를 구축했어. 죄를 지은 사람은 지위에 상관없이 엄벌에 처했고, 잘한 사람은 반드시 상을 줬지. 이를 신상필벌이라고 해. 더 나아가 그는 화폐와 도량형을 통일했어. 도량형은 길이나 무게 같은 것을 잴 때 붙이는 단위를 말해. 이게 통일됐다는 것은 전국 어디에서든 똑같은 기준이 적용된다는 뜻이야. 생활이 무척 편리해졌겠지?

공손앙의 개혁으로 진나라는 순식간에 강대국이 됐어. 훗날 진시황제가 중국을 통일할 수 있었던 것도 이때 이루어진 공손앙의 개혁 덕분이었지. 공손앙의 사례를 보면 강한 나라를 만들기 위해서는 제도 정비와 정치 개혁이 정말 중요하다는 사실을 알 수 있겠지?

춘추전국시대에 정치는 혼란스러웠지만 중국의 농업은 빠르게 발달했어. 이때 철제 농기구와 소를 이용한 농사기법인 우경^{牛耕}이 중국 전역으로 확산됐지. 농업생산력도 비약적으로 늘었어. 농업 분야가 탄탄해지자 상업도 발달했지. 이때 몇몇 거상들은 왕이나 제후와 맞먹는 권력을 누렸단다. 이제 진나라는 천하 통일에 필요한 모든 조건을 갖췄어. 머지않아 전국시대도 끝날 것 같지? 나머지는 4장에서 살펴보기로 하고 한반도를 잠시 볼까?

　고조선이 군장국가 수준을 넘어 왕을 중심으로 한 왕국으로 발전한 게 이즈음일 거야. 고조선은 강력한 나라였어. 전국칠웅 중 하나인 연나라를 공격할 계획도 세웠었지. 중국 역사서에는 이때의 고조선을 "교만하고 잔인하며 무자비한 오랑캐다"라고 기록해 놓았단다. 고조선이 얼마나 무서웠으면 그런 표현을 썼겠니?

불교의 나라 인도, 통일왕조 서다

이제 인도로 갈 거야. 인더스문명 때 찾은 이후로 처음 방문하지? 아리아인들이 정착한 후 기원전 6세기 이전에는 큰 변화가 없었기 때문이야. 그러나 기원전 6세기에 들어선 후, 두 가지의 큰 사건이 일어났어. 세계가 온통 전쟁을 벌이고 있을 때 불교가 탄생한 게 하나고, 인도 대륙 최초의 통일제국이 등장한 게 또 하나야. 특히 불교는 그 후 동아시아까지 퍼져 나갔고, 오늘날 세계 종교가 됐지.

　알렉산드로스의 군대는 인도까지 진격했었어. 이민족의 침략을 당하면서 인도인들은 자신들에게도 민족국가가 필요하다는 점을 깨달았어. 인도의 첫 통일제국인 마우리아가 탄생한 거야. 이제 그 과정을 살펴볼까?

브라만과 카스트 제도

기원전 6세기 초반 인도 갠지스 강 주변에 도시국가들이 나타나기 시작했어. 여러 나라가 있었지만 마가다 왕국의 힘이 가장 셌지.

기원전 480년 페르시아는 그리스를 또다시 침략해 제2차 페르시아전쟁을 일으켰어. 바로 그 무렵이었어. 인도의 마가다 왕국도 갠지스 강 일대를 완전히 정복했지. 그런데 마가다의 왕은 폭군이었나 봐. 곳곳에서 저항운동이 일어났어. 지배층 사이에서도 권력 다툼이 심했지. 어느 나라의 역사에서든지 이런 나라는 오래가지 못하는 법이야. 마가다 왕국도 마찬가지라서 반란에 의해 무너졌고, 그 자리를 난다 왕조가 차지했어.

이즈음 인도에는 올망졸망한 나라들이 여러 개 있었는데, 대부분 브라만교를 국가의 정식 종교, 즉 국교로 삼고 있었지. 브라만교는 기원전 1500년경 아리아인들이 인도에 정착할 때부터 시작된 종교란다.

브라만교의 가장 큰 특징은 엄격하게 신분을 구분해 놓은 카스트 제도야. 이 제도에 따라 백

베다 · 인도의 고대언어 산스크리트어로 쓰여진 브라만교의 경전이다.

성들은 브라만^{사제}, 크샤트리아^{군인}, 바이샤^{상인}, 수드라^{농민} 등 네 계급으로 나뉘었지. 브라만 계급이 가장 지위가 높았어. 이밖에 카스트 제도에 아예 포함되지도 못하는 신분이 있었는데 그들을 아웃카스트, 즉 불가촉천민이라고 불렀단다. 그들은 거의 사람 취급을 받지 못했어.

이런 엄격한 신분 구분에 대해 불만이 많았을 것 같지? 물론 저항하는 사람들도 있었어. 하지만 의외로 많은 인도인들이 자신의 신분을 그대로 받아들였단다. 브라만교의 카르마라는 교리 때문이야. 혹시 업보라는 말을 들어본 적 있니? 이 말이 바로 카르마, 즉 업에서 나온 거란다. 현재의 삶인 현생은 지난 삶인 전생의 업에 의해 결정되고, 다음 생인 내생은 현생의 업에 의해 결정돼. 쉽게 말하자면 지금 아무리 노력해도 전생의 업 때문에 현생에서는 신분 상승이 불가능한 거야. 그러나 지금 열심히 살면 내생에서는 현생의 업 덕분에 신분이 상승하게 되는 거지. 이 카르마 교리는 불교와 힌두교에 고스란히 이어졌단다.

브라만교는 기원전 6세기까지만 해도 인도를 좌우한 종교였어. 그러나 곧 새로운 종교의 도전을 받게 됐어. 그 종교가 바로 불교야.

불교의 탄생

기원전 6세기 중반 인도 북부의 한 작은 왕국에서 싯다르타 고타마라는 왕자가 태어났어. 그는 인간의 삶에 대해 궁금한 게 너무 많았어. 아무리 봐도 브라만교가 인간의 불행을 없애지 못할 것 같다는 생각을 떨칠 수 없었지.

결국 그는 진리를 찾기 위해 고행을 시작했어. 그러다가 "인간의 불행은 외부에서가 아니라 내부에 있는 이기적인 욕심 때문에 시작된다"라는 결론을 얻었어. 욕망을 버리고 절제하는 삶을 산다면 누구나 행복과 평화를 얻을 수 있다는 생각에 다다른 거야.

브라만교는 종교 의식이 복잡하고, 신분 구분도 엄격했지? 그러나 이 새로운 이론은 너무 쉬웠어. 욕망만 버리면 행복을 얻을 수 있다고 말해줬거든! 많은 사람들이 싯다르타를 따르기 시작했어. 그에게는 깨달은 사람이란 뜻의 붓다^{부처}란 이름이 붙었지. 이렇게 해서 불교가 탄생한 거란다.

불교는 처음에 종교라기보다 철학에 가까웠어. 신을 섬기지 않았고, 진리를 찾기 위해 욕심을 버리고 고행을 했기 때문이야.

싯다르타의 잉태와 탄생을 설명한 조각 · 싯다르타가 어머니 마야 부인의 옆구리에서 태어나는 장면을 묘사하고 있다.

불교는 왕과 귀족들의 보호를 받으며 빠르게 퍼져 나갔어. 왜 그랬겠니? 카스트 제도를 떠올려 봐.

브라만교에서 왕과 귀족들은 크샤트리아, 즉 제2계급에 불과했어. 정치권력을 잡았다고 해도 제1계급인 사제 계급, 브라만을 능가할 수 없었던 거지. 그러나 불교는 계급을 구분하지 않았어. 불교에 따른다면 왕과 귀족들은 브라만을 능가한 신분도 될 수 있지. 바로 그 점 때문에 왕과 귀족들이 불교를 보호한 거야.

불교가 인기를 얻자 브라만 계급이 위기의식을 느꼈지. 그들은 종교개혁의 필요성을 절감했어. 그렇게 해서 만들어진 종교가 바로 힌두교란다. 이에 대해서는 4장에서 다시 살펴볼게.

인도, 첫 통일제국 탄생

불교가 탄생할 무렵 페르시아전쟁이 터졌어. 그 전쟁이 끝나자 그리스에서 펠로폰네소스전쟁이 이어졌어. 중국에서는 춘추시대가 끝나고 전국시대로 돌입했지. 이 무렵 인도는? 아직도 변변한 통일제국이 등장하지 않았단다.

그랬던 인도가 알렉산드로스의 동방원정 이후 달라지기 시작했어. 알렉산드로스의 군대가 페르시아 제국을 무너뜨린 후 인도까지 진출했다는 이야기는 이미 했지? 인도인들은 알렉산드로스의 군대를 보며 인도 민족에게도 강력한 제국이 필요하다는 사실을 깨달았어.

동방원정이 끝나고 얼마 지나지 않은 시점이었어. 찬드라굽타 마우리아란 인물이 마가다 왕국을 지배하고 있던 난다 왕조를 몰아내고 왕이 됐어. 이어 인도 북부 전역으로 영토를 확장해 거대 제국을 세웠지. 이 제국이 인도의 첫 통일제국인 마우리아 제국이야기원전 317년. 마우리아 제국은 기원전 180년까지 약 140년간 지속됐단다.

찬드라굽타 왕은 정복 지역마다 자신의 부하를 왕으로 앉혔어. 페르시아가 그랬고, 훗날 중국이나 로마에서 그랬던 것처럼 도로망을 구석구석까지 건설했지. 잘 닦인 도로망을 따라 무역과 상업도 활발하게 이뤄졌어. 그 결과 인도 북부에는 부유한 도시들이 늘어났지. "제국을 키우려면 도로망을 정비하라!"라는 제국의 발전 법칙이 어김없이 들어맞은 거야.

마우리아 제국은 점점 부유해졌어. 기원전 270년경 찬드라굽타 왕의 손자인 아소카 왕이 통치할 때 최대의 전성기를 누리지. 이에 대해서는 4장에서 살펴볼게.

산치 대탑 · 인도 최초의 통일제국인 마우리아 제국 시기 세워진, 불교 교리를 담은 세계 최초의 탑이다.

모든 대륙에서 철학이 꽃 피다

이 무렵 눈에 띄는 역사의 공통점이 있단다. 세계 전역에서 철학과 사상의 꽃이 활짝 핀 거야. 그것도 거의 비슷한 때에 말이야! 우연이 아니야. 이유를 말해 줄게.

인도에서는 브라만 사제의 횡포가 심했어. 중국은 춘추전국시대의 혼란기였고, 그리스는 전쟁의 소용돌이에 휩싸여 있었지. 페르시아는 제국의 확대를 위해 정신적 무장이 필요했어. 좀 더 뜯어볼까?

첫째, 동서양 모두 전쟁과 혼란에서 탈출할 수 있는 새로운 철학과 사상이 필요했어. 철학자들은 고민을 많이 했고, 그 결과를 세상에 내놓았지.

둘째, 철학과 사상이 발전하려면 언론의 자유가 보장되고 활발하게 토론할 수 있는 장소가 있어야 해. 아테네에서는 아고라, 중국에서는 직문이란 곳이 그 역할을 했어. 아고라라는 이름은 많이 알려져 있는데 직문은 그렇지 않은 것 같아. 직문은 제나라의 수도 임치성에 있는 여러 성문 중 하나야. 제나라가 학자를 우대하니까 전국에서 학자들이 이곳으로 몰려들었지. 맹자 또한 이곳을 거쳐 갔단다.

이들 철학은 다소 어렵더라도 개념 정도는 이해하는 게 좋아. 불교 철학은 이미 설명했으니 생략할게.

종교의 어머니, 조로아스터교

페르시아 제국은 군사력만 강한 나라가 아니었어. 종교에 있어서도 가장 먼저 눈을 뜬 나라였지. 현대 종교의 기원이 된 조로아스터교가 바로 페르시아에서 탄생했거든.

기원전 6세기 중반 페르시아의 예언자 조로아스터^{자라투스트라}는 아후라 마즈다라는 신을 숭배하는 조로아스터교를 만들었어. 이 종교는 세상을 선과 악이 투쟁하는 장소로 여겼어. 아후라마즈다는 선과 빛의 신으로서, 악과 어둠의 신 아리만을 물리치고 세상을 구원하는 최고의 신이지.

파라바하르 · 조로아스터교에서 숭배하는 선신 아후라마즈다의 상징이다.

조로아스터교의 교리에 따르면 인간은 죽은 다음 살아 있을 때의 행적에 따라 천국 또는 지옥으로 가게 돼. 세계의 종말이 오면 신의 심판을 받기도 하지. 이 최후의 심판이 있을 때 천국으로 들어가는 것이 이 종교의 최종 목적이야.

왠지 교리가 익숙하지 않니? 종말론, 최후의 심판, 선과 악의 투쟁, 천당과 지옥 같은 내용이 기독교의 교리와 많이 닮아 있다는 생각이 들어. 우연이 아니야. 기독교가 조로아스터교의 영향을 받았기 때문에 교리가 비슷한 거란다.

조로아스터교는 기독교뿐만 아니라 이슬람교에도 큰 영향을 끼쳤어. 중국으로 건너가 영향을 끼치기도 했지. 중국 신자들은 제사를 지낼 때 불을 피웠기 때문에 중국에서는 조로아스터교를 배화교라고 불렀단다. 불을 숭배하는 종교란 뜻이야.

이쯤 되면 서양 문명뿐 아니라 서양 정신까지도 동양에서 비롯됐다고 할 수 있겠지? 그런데도 서양인들이 페르시아를 야만의 나라로 여긴다면, 너무나 오만한 거야.

고대 서양철학의 발전

그리스 일대는 오늘날 서양철학의 기본 뼈대가 만들어진 곳이야. 특히 기원전 6세기부터 기원전 3세기경까지 그리스와 식민도시에서 많은 사상가들이 활동했지. 깊이 들어가면 책 한 권으로도 모자랄 거야. 기본적인 내용만 살피도록 할게. 보통 자연철학시대, 소피스트시대, 인간중심철학시대로 분류한단다.

첫째, 자연철학시대는 밀레투스학파, 엘레아학파, 자연철학파로 나눌 수 있어. 학파마다 약간씩 차이가 있지만 자연을 중요하게 여겼다는 점에서는 같아. 대표적인 인물로는 "만물의 근원은 불이다"라고 주장한 헤라클레이토스, "우주는 수많은 원자들로 만들어져 있다"라고 주장해 물리학의 시초로 평가받는 데모크리토스, "만물의 근원은 물이다"라고 주장한 탈레스, "무한한 것이 근원이다"라고 주장한 아낙시만드로스, "물질의 근본은 공기다"라고 주장한 아낙시메네스가 있어.

요즘 기준으로는 이런 주장이 터무니없을 수도 있어. 그러나 철학을 신의 영역에서 자연으로 끌어내린 업적은 매우 큰 거야. 그전까지는 만물의 근원을 신이라고 믿었었거든.

둘째, 소피스트시대를 살펴볼게. 소피

소크라테스(위), **플라톤**(중간), **아리스토텔레스**(아래)

스트는 현명한 사람, 즉 현인이란 뜻이야. 주로 그리스 본토에서 활동한 철학자나 지식인을 가리켜. 이들은 자연으로 내려온 철학의 영역을 한 걸음 발전시켜 인간에 이르게 한 주역들이야. 처음으로 인간에 관심을 가진 거지. "인간이 만물의 척도다"라고 주장한 프로타고라스가 대표적이야.

소피스트들은 사회문제에 비판적이어서 평민 권리를 신장해야 한다거나 노예제를 폐지해야 한다는 주장을 폈어. 그러나 어떤 소피스트들은 돈벌이에 혈안이 돼 부잣집 아들을 상대로 출세하는 기술을 가르쳤지. 소크라테스는 "소피스트들이 말로는 국가의 선을 위한다면서 실제로는 돈만 챙긴다"라고 비판했단다.

셋째, 인간중심철학시대는 소크라테스에서 시작됐어. 그의 철학 주제는 항상 인간이었단다. 그는 "인간의 영혼이 가장 중요한데 잘못된 제도와 풍습이 인간의 영혼을 망치고 있다"라고 비판했어. 그를 따르는 젊은이들이 늘어났고, 그는 스타가 됐지. 그러자 그를 시기하는 사람들이 "소크라테스가 그리스 신을 모독하고 청년들을 타락시키고 있다"라며 소크라테스를 법정에 고발했어.

재판에서 소크라테스는 "너 자신을 알라"라는 명언을 남겼어. 또 사형을 선고받은 뒤 감옥에서 탈출할 것을 권하는 주변 사람들의 권유를 물리치면서 남긴 "악법도 법이다"라는 말도 유명하지. 소크라테스의 철학은 그의 제자인 플라톤과, 플라톤의 제자인 아리스토텔레스가 더욱 발전시켰어. 그리스 철학은 앞으로 나올 모든 서양철학의 아버지가 됐단다.

고대 동양철학의 발전

동양철학도 기원전 6세기에서 기원전 3세기에 이르는 동안에 그 뿌리가 만들어졌어. 이 사상은 그 후 동아시아 전역으로 확산돼 오늘날까지 그 영향을 미치고 있지.

수많은 학자와 사상가들이 한꺼번에 나타나 사상의 꽃을 피웠던 이때의 상황을 백가쟁명이라고 한단다. 또 이때 활동했던 학파들은 제자백가라고 하지. 가장 대표적인 학파만 추려볼까? 아마도 유가, 도가, 법가, 묵가 정도가 될 거야. 내용이 어렵기 때문에 지루할 수도 있어. 그러나 중요한 부분이기 때문에 꼭 짚고 넘어가는 게 좋을 거야.

첫째, 유가는 오늘날까지 동아시아에 가장 큰 영향을 미치고 있는 학파야. 창시자인 춘추시대의 공자와 함께 전국시대의 맹자가 대표적인 학자로 꼽히지.

공자는 인을 최고의 미덕으로 삼았고 '수신제가치국평천하'를 강조했어.

공자(위), **맹자**(중간), **노자**(아래)

이 말은 천하를 다스리려면 먼저 자신의 몸가짐부터 바로 해야 한다는 뜻이야. 정말 맞는 말이지? 공자의 철학은 『시경』『서경』『역경』 등 3경과 주나라의 예법을 정리한 『주례』, 춘추시대의 역사책인 『춘추』, 음악과 관련된 『악기』 같은 책에 잘 정리돼 지금까지 전해져 내려오고 있어.

맹자는 '인간은 원래 선하다'는 성선설을 주장했지. 정치에 있어서는 '왕은 덕으로 나라를 다스려야 한다'는 왕도정치론을 펼쳤고, 실제 이를 실현하려고 노력했었어. 이와 달리 또 다른 유학자인 순자는 '인간은 본래 악하다'는 성악설을 주장했지.

둘째, 도가는 노자가 창시했어. 그러나 노자가 언제 태어나고 죽었는지, 어디에 살던 사람인지 등 구체적인 신상정보는 거의 알려진 게 없단다. 다만 노자의 도가 사상이 총정리된 책인 『도덕경』을 통해 그의 철학을 알 수 있을 뿐이야. 노자와 함께 장자도 대표적인 도가의 학자로 꼽히지.

도가는 아무리 애를 써 봐도 공자가 주장한 덕의 나라는 만들 수 없다고 주장했어. 억지로 뭘 하는 것은 인간의 본성과 안 맞는다는 거야. 그냥 내버려 두자는 이야기지. 도가는 자연에 순응하는 무위자연만이 인간의 본성과 일치한다고 봤거든.

셋째, 법가로는 전국시대 초기 진의 재상을 맡았던 공손앙과 전국시대 말기 한의 사상가인 한비자가 있어.

법가는 강력한 왕에 의한 강력한 통치를 주장했어. 왕의 권위는 누구도 침범할 수 없으며 왕이 만든 법은 그 어떤 경우에도 지켜져야 한다는 거야. 법을 어긴 사람은 무조건 처벌을 받아야 한다고 주장했지. 지나치게 엄격하다는 게 단점이지만 훗날 진시황제의 중국 통일은 이 법가 사상이 있었기에 가능했단다.

넷째, 묵가는 묵자에 의해 만들어졌어. 유가와 항상 대립 관계에 있었던 철학 유파지. 묵자는 유가 철학이 지나치게 형식주의로 흐른다고 비판했었거든.

정치와 관련해서 유가는 왕의 존재를 인정하고, 신하가 잘 보필하는 게 좋은 정치라고 봤어. 그러나 묵가는 요순시대의 황제 선양 제도를 최고로 쳤어. 황제 자리가 자식들에게 넘어가는 세습 제도를 반대한 거지. 묵가는 황제도 백성과 똑같이 부지런히 일하고 이익을 나눠 가져야 한다고 주장했어. 다소 이상적이지? 그래서였을까? 묵가는 전한 시대 이후 맥이 끊긴 것으로 전해지고 있어.

아프리카와 아메리카도 발달하다

3장도 어느덧 막바지에 이르렀어. 이번에는 소외됐던 다른 대륙에 조명을 비춰볼까?

아프리카의 북동쪽, 그러니까 나일 강 중류에 있는 누비아 지방에서 기원전 2500년 무렵 쿠시 왕국이 세워졌어. 이 왕국은 아프리카 최초의 흑인 왕국으로 여겨지고 있지. 쿠시 왕국은 기원전 8세기경 이집트를 정복했어. 고대 이집트의 제25대 왕조가 바로 이 쿠시 왕국의 왕조였단다. 이때가 쿠시 왕국으로서는 최고의 전성기였지. 이집트에서 에티오피아 북부에 이르는 드넓은 영토를 지배했었거든.

그러나 쿠시 왕국은 곧 이집트에서 쫓겨나게 됐단다. 반란 때문이었지. 그 후 쿠시 왕국은 이집트를 다시 빼앗기 위해 전쟁을 벌였지만 아시리아와 페르시아에 의해 번번이 좌절됐어. 그 후 쿠시 왕국은 다시 남쪽으로 밀려났고, 이집트와의 교류도 끊겨 버렸어. 이

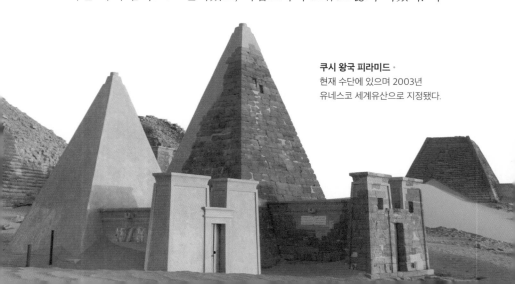

쿠시 왕국 피라미드
현재 수단에 있으며 2003년
유네스코 세계유산으로 지정됐다.

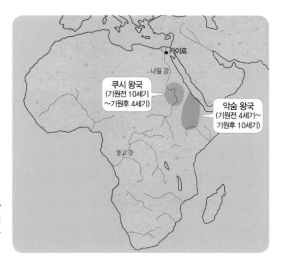

아프리카 대륙의 쿠시 왕국과 악숨 왕국 · 아프리카 고유의 문화권을 만들어 낸 쿠시 왕국은 악숨 왕국에 무너졌다.

집트로부터 우수한 문화를 배우고, 무역을 하면서 경제를 키웠는데 더 이상 이집트와 접촉할 수 없게 됐으니 쿠시 왕국으로서는 이만저만 큰 손해가 아니었지.

쿠시 왕국은 새로운 선택을 했어. 아프리카 고유의 문화권을 건설하기로 한 거지. 이후 쿠시 왕국은 더 이상 오리엔트 지역으로 진출하지 않았어. 그 대신 아프리카에 정착하려고 노력했지. 그 덕분에 쿠시 왕국은 아프리카의 가장 모범적인 국가가 됐단다.

그러나 아프리카에 새로운 강국이 나타났어. 알렉산드로스가 동방원정을 단행할 무렵인 기원전 4세기경, 인접해 있던 신생국가 악숨 왕국이 쿠시 왕국을 공격했어. 이때부터 쿠시 왕국의 세력은 급격히 약해졌고, 다시는 부활하지 못했지.

아메리카 지역도 살펴볼까?

북아메리카는 여전히 느리게 발전하고 있었어. 아시아의 일본이 그랬던 것처럼 말이야. 아시아에서 건너간 종족들은 부락을 이뤄 정착생활을 하고 있었지만 수천 년 전과 하나도 다를 바 없었어. 아메리카 인디언과 에스키모는 수렵생활을 했고, 나머지 부족들은 옥수수와 콩, 고구마를 재배하면서 살았단다.

중앙아메리카 또한 서서히 문명이 발전하고 있었지만 크게 달라진 것 같지는 않아. 다만 남아메리카 지역에서는 페루 남부 해안선을 중심으로 문명이 급속도로 발전하고 있었어. 기원전 6세기로 접어들면서 파라카스문명이 탄생한 거야. 이 문명은 훗날 나스카 문명과 잉카 문명으로 성장하게 된단다.

최고의 정복자 알렉산드로스 vs 칭기즈칸

기원전 326년 유럽, 북아프리카, 서아시아, 인도에 이르는 대제국을 건설한 마케도니아는 훗날 아시아, 서아시아, 동유럽에 걸친 대제국을 건설한 몽골과 많이 닮았어. 동서양의 전통적인 강국으로 꼽히는 로마와 중국이 수백 년간 서서히 영토를 넓힌 것과 달리 이 두 제국은 불과 100년도 안 돼 세계의 절반을 지배했단다. 물론 천 년에 한 번 나올까 말까 한 정복 영웅이 있었기에 가능했지. 바로 알렉산드로스와 칭기즈칸이야.

알렉산드로스는 그리스 북쪽의 변방 국가인 마케도니아에서 성장했어. 권력 투쟁을 거쳐 왕의 자리에 올랐고, 반항하는 폴리스 세력은 모조리 없애 버렸지. 칭기즈칸도 수차례 생명의 위기를 맞았어. 그 또한 권력 투쟁 끝에 대칸의 자리에 올랐고, 정적은 모두 제거했지.

두 영웅 모두 권력을 잡은 직후 바로 정복 전쟁을 개시했어. 그리고 순식간에 세계의 절반을 정복했지. 두 영웅이 사망한 뒤 대제국이 여러 개로 분할됐다는 점도 같아. 알렉산드로스가 죽자 헬레니즘 세계는 셀레우코스, 프톨레마이오스, 안티고노스로 분열됐지? 칭기즈칸이 죽은 뒤 몽골 제국은 킵차크, 차가타이, 오고타이, 일 칸국으로 분열됐단다.

두 제국의 동방원정과 서방원정이, 성공하기 직전 중단됐다는 점도 비슷해. 알렉산드로스는 병사들의 집단 항명 때문에 인도에서 군대를 돌렸고, 몽골 제국은 본국에서 황제가 죽었다는 통보를 받고 유럽에서 군대를 돌렸단다.

말 · 두 제국, 특히 몽골 제국의 정복 전쟁에 있어서 없어서는 안 될 존재였다.

제4장

인류의 탄생에서 중세까지

동서양, 대제국이 탄생하다

기원전 300~서기 1년 전후

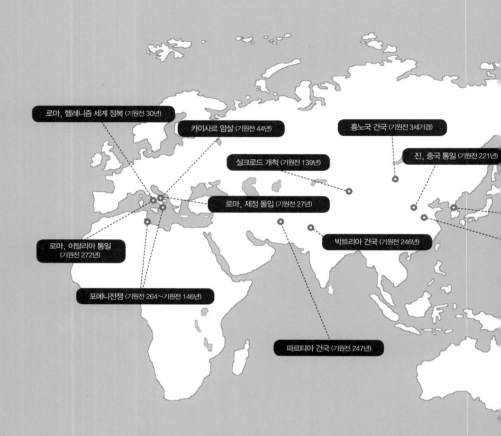

로마, 헬레니즘 세계 정복 (기원전 30년)

카이사르 암살 (기원전 44년)

흉노국 건국 (기원전 3세기경)

실크로드 개척 (기원전 139년)

진, 중국 통일 (기원전 221년)

로마, 제정 돌입 (기원전 27년)

로마, 이탈리아 통일 (기원전 272년)

박트리아 건국 (기원전 246년)

포에니전쟁 (기원전 264~기원전 146년)

파르티아 건국 (기원전 247년)

기원전 6세기부터 기원전 4세기 후반까지의 세계 역사는 정말 흥미진진했지? 페르시아와 그리스의 두 번에 걸친 충돌도 재미있었지만 철학과 사상의 꽃이 동시에 피었다는 점도 매우 놀라웠어. 기원전 3세기로 들어서면서 또다시 놀라운 역사가 이뤄졌어. 서양에서는 로마가 이탈리아반도를 모두 정복했고 동양에서는 진나라가 중국을 통일한 거야. 거의 같은 시기에 인도에서는 마우리아 왕조 최고의 왕인 아소카 왕이 등장해 제국을 더욱 강하게 만들었어. 로마는 그 후 카르타고와의 3차에 걸친 포에니전쟁에서 모두 승리했고, 알렉산드로스가 건설한 헬레니즘 제국도 모두 흡수해 버렸어.

고조선 멸망 (기원전 108년)
신라 건국 (기원전 57년)
고구려 건국 (기원전 37년)
백제 건국 (기원전 18년)

한, 중국 재통일 (기원전 202년)

로마는 점점 힘이 강해지고 있었지만 중국의 진나라는 곧 멸망하고 새로이 한나라가 들어섰지. 한나라의 가장 강력한 황제인 무제는 동서양을 잇는 실크로드를 건설했어. 그 길을 통해 중국은 더욱 넓어졌고, 한반도의 고조선까지 무너뜨렸지. 무제가 세상을 떠난 후 중국은 잠시 혼란에 빠졌어. 그사이 한반도에 고구려가 건국됐어. 로마에서는 카이사르라는 영웅이 등장했지. 그의 뒤를 이은 아우구스투스 때부터 로마는 황제의 나라, 즉 제정시대로 돌입한단다. 4장에서는 이 모든 역사를 살펴볼 거야.

로마 제국은 훗날 동로마 제국과 서로마 제국으로 분열된단다. 서로마 제국은 일찍 망했지만 동로마 제국은 15세기까지 계속됐어. 그 로마 제국의 기본 뼈대가 바로 기원전 3세기 후반에 만들어졌어. 이때 로마가 이탈리아반도 전체를 통일했거든.

로마의 경우 한 혈통왕조이 대대로 황제 자리를 차지하지 않았어. 새로 황제가 된 인물도 자신의 가문에서 황제 자리를 독차지하려고 하지는 않았지. 그러나 중국은 달라. 중국은 대대로 한 가문에서 황제를 차지했거든. 로마가 이탈리아반도를 통일하고 얼마 지나지 않아 진나라는 중국 전체를 통일했단다. 진나라는 비록 오래가지 않아 멸망했지만 중국 최초의 통일왕조이기 때문에 역사적 의미가 무척 커.

이 두 나라가 통일왕국 또는 제국을 건설함으로써 세계는 두 축으로 나뉘기 시작했어. 아시아의 중심은 중국, 유럽의 중심은 로마가 된 거지. 두 나라가 통일 위업을 달성한 시점은 거의 비슷해. 정확히 따지면 로마가 진나라보다 50여 년 앞섰지만, 수천 년의 역사를 감안하면 이 정도는 거의 동시대적인 사건이라고 볼 수 있겠지?

이 두 사건이 워낙 중요하기 때문에 커버스토리에서는 로마와 진나라의 통일 과정만 따로 떼어 내서 살펴볼 거야. 나머지 역사는 대륙별스토리에서 알아보기로 하자고.

로마와 진나라의 활약

로마, 이탈리아 정복하다

무럭무럭 자란 로마는 기원전 4세기로 접어들면서 켈트인, 삼니움인, 라틴연합 등과 수차례 전쟁을 벌였어. 패배한 전투도 있었지만 대부분의 전투에서 로마가 승리했지. 약골이었던 로마가 근육질로 바뀌자 주변 나라들은 모두 긴장하기 시작했어. 그들은 연합군을 결성해 로마를 공격했지. 그러나 로마는 더 이상 과거의 약소국이 아니었어. 로마는 기원전 4세기 말이 되자 연합군을 물리치고 이탈리아 중부 지역을 모두 차지했단다.

　로마가 점점 영토를 넓혀 가고 있을 때 마케도니아 같은 주변의 강대국은 왜 로마를 그냥 뒀을까? 하늘이 도왔는지 이 무렵 알렉산드로스 대왕은 병에 걸려 죽었어. 마케도니아 왕국도 분열돼 있었지. 그 덕분에 로마는 아무런 방해를 받지 않고 국력을 키울 수 있었어.

물론 로마가 순전히 운으로만 강대국이 된 건 아니야. 제도 정비, 도로망 구축 등 제국의 법칙을 로마 또한 충실히 지켰거든. 로마가 삼니움과 한창 전쟁을 하고 있을 때에 건설된 아피아 가도가 대표적이야. 로마에서 카푸아 지역까지 건설된 260킬로미터의 이 도로를 시작으로 로마는 사방으로 뻗어 나갔지.

어쨌든 중부 이탈리아를 정복한 로마의 다음 목적지는 남부 지역이었어. 이때 이탈리아 남부는 대부분 그리스 도시국가의 식민 도시였지. 식민도시들은 한결같이 부자였고, 문화 수준도 로마보다 훨씬 높았어. 그러나 군대만큼은 로마가 더 강력했단다. 로마가 그 도시들을 욕심낸 것은 당연한 일 아니겠어?

기원전 3세기 초반 그리스 식민도시 중 하나인 타렌툼이 겁을 집어먹고 그리스 본토의 에피루스 왕국에 도움을 요청했어. 에피루스 왕이 직접 대군을 이끌고 로마를 공격했지. 이때 그는 전투용 코

아피아 가도의 과거(왼쪽)**와 현재**(오른쪽) · 기원전 312년에 착공된 가장 오래된 로마의 도로이다.

끼리를 앞세웠어. 로마군은 그전까지 코끼리라는 동물을 한 번도 본 적이 없었어. 그래서 그 큰 덩치를 보고 도망가기에 바빴지. 전투는 불을 보듯 뻔했어. 로마가 크게 패한 거야.

그렇지만 로마의 숨겨진 힘이 나타나기 시작했어. 결국에는 에피루스 군대를 물리치고 남부 이탈리아를 차지하는 데 성공한 거야. 이로써 로마는 북쪽의 루비콘 강에서 남쪽의 메시나 해협에 이르는 이탈리아반도의 거의 모두를 정복하게 됐어. 일부 섬을 빼면 사실상 이탈리아를 통일한 거야_{기원전 272년}.

로마, 지중해까지 장악하다

이탈리아반도를 통일한 것만으로는 성에 차지 않았어. 로마는 이윽고 지중해 주변의 모든 땅과 바다를 정복하기로 마음먹었어.

이 무렵 지중해 일대 최고 부자 국가는 아프리카 북부의 카르타고였단다. 앞에서 설명했는데 기억나니? 카르타고는 페니키아 사람들이 지중해와 맞붙은 아프리카 북부에 건설한 식민도시였어. 이 카르타고는 오리엔트 지역과 서양 세계를 오가는 중개무역을 해서 큰 부자가 됐지. 강대국을 꿈꾸는 로마로서는 언젠가 정복해야 할 나라였던 거야. 이 무렵 카르타고는 이탈리아 남부 시칠리아까지 진출해 있었어. 로마가 이탈리아반도를 통일했으니 두 강자가 바다를 사이에 두고 대치하게 된 셈이야.

알프스를 넘는 한니발

시칠리아에도 여러 도시국가들이 있었는데 일부는 카르타고와 가까웠고 일부는 로마와 가까웠어. 그중 한 나라에서 카르타고의 용병들이 반란을 일으켰어. 카르타고가 그 반란을 진압하기 위해 군대를 투입했지. 이게 발단이 됐어. 로마 또한 지지 않으려고 군대를 파견한 거야. 결국 두 나라의 군대가 전투를 벌이게 됐어. 이렇게 해서 시작된 전쟁이 바로 포에니전쟁이란다기원전 264년. 이 전쟁은 기원전 146년까지 무려 80여 년간 계속됐어.

로마는 카르타고 군대를 단숨에 물리쳤어. 그러고는 곧바로 카르타고 본국까지 쳐들어갔지. 카르타고 본국은 도시 전체가 성벽에 둘러싸인 천연요새였단다. 로마는 강하게 밀어붙였지만 끝내 카르타고를 정복하지는 못했어. 물론 결과만 놓고 보면 로마의 승리였지. 기원전 241년 두 나라는 제1차 포에니전쟁을 끝내고 평화조약을 맺었어. 카르타고는 로마에게 시칠리아를 넘기고 10년간 전쟁 피해 보상금을 물기로 했단다.

제1차 포에니전쟁에서 많은 전리품과 영토를 얻자 로마는 카르타고를 통째로 차지하고 싶어졌어. 어떻게 하면 카르타고를 삼킬 수 있을까 호시탐탐 노렸지. 사실 카르타고도 1차전의 패배를 설욕할 기회를 노리고 있었어. 특히 카르타고의 한니발 장군은 어렸을 때부터 로마에 대한 적개심이 무척 강했지.

한니발은 성인이 된 후 에스파냐 지방에 총독으로 부임했어. 26세의 혈기왕성한 한니발은 5만 대군을 이끌고 에스파냐를 출발했지. 목적지는? 그래, 로마야. 제2차 포에니전쟁이 터진 거야^{기원전 218년}.

로마는 원래 카르타고가 바다에서 큰 나라이기 때문에 당연히 함선을 앞세워 공격할 줄 알았어. 그러나 한니발은 바다가 아니라 땅을 택했어. 그래, 로마의 허를 찌른 거야. 에스파냐에서 출발한 한니발은 갈리아의 저지대와 론 강을 건넜고, 알프스 산맥을 넘어 로마에 도착했어.

한니발의 용맹 앞에 로마군은 적수가 되지 못했어. 로마는 티키누스 강과 트레비아 강 전투에서 모두 참패하고 말았어. 그 후 한니발의 군대는 더욱 사기가 올라 이탈리아반도를 휩쓸고 다녔지. 이어 벌어진 트라시메노 호수 전투와 칸나에 전투에서도 한니발의 군대는 로마군대를 대파했어. 천하무적! 한니발은 이탈리아 전역을 돌며 로마군대를 만날 때마다 격파했단다.

그러나 한니발의 운명도 머지않아 끝나고 말았어. 이때 로마의 집정관이었던 대 스키피오의 계략에 걸려든 거야. 대 스키피오는 한니발을 이탈리아 본토에서 쫓아내기 위해서는 한니발의 고국인 카르타고를 공격하는 게 최선이라고 생각했어. 그의 전략은 정확

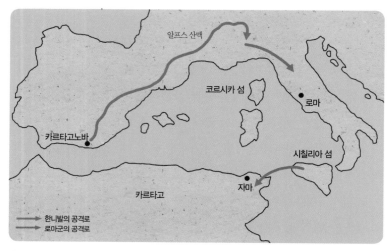

제2차 포에니전쟁에서의 나라별 공격로 • 한니발의 공격을 막아내기 위해 대 스키피오는 카르타고를 공격했다.

히 맞아떨어졌지. 대 스키피오가 카르타고를 공격하자마자 카르타고는 한니발에게 "빨리 와서 구해 줘!"라고 소환 명령을 내렸거든. 한니발이 부랴부랴 고국으로 돌아갔지만 카르타고는 자마 전투에서 로마에게 크게 패하고 말았어. 기원전 201년 카르타고는 에스파냐뿐 아니라 해외의 모든 영토를 로마에게 넘겨주고 50년간 거액의 전쟁 보상금을 주는 조건으로 강화조약을 체결했어. 제2차 포에니전쟁이 끝난 거야.

이제 로마는 지중해 일대를 완전히 장악했어. 그런데도 로마는 여전히 욕심이 많았어. 카르타고에는 아직도 엄청난 양의 재물이 있었거든. 게다가 카르타고가 로마에 대적했다는 생각만 하면 잠이 오지 않았나 봐. 결국 다시 전쟁이 터졌어. 카르타고의 운명은 바람 앞의 촛불이 되고 말았지. 이 제3차 포에니전쟁에 대해서는 조금 이따 살펴볼게. 중국에서도 큰 역사적 사건이 터졌거든. 그것부터 봐야 할 것 같아.

진, 중국 통일하다

로마가 이탈리아반도를 통일하고 약 50년이 흘렀어. 이때 중국에서도 첫 통일제국이 탄생했지. 거의 비슷한 시기에 동양과 서양의 중심 역할을 하는 국가가 등장했다는 사실이 신기하지 않니? 역사는 서로 비슷하게 발전하는 거 같지? 로마를 살펴봤으니 이번에는 중국으로 가 볼까?

전국칠웅 가운데 하나였던 진을 기억하지? 바로 그 진나라가 나머지 나라를 모두 제압하고 중국을 통일했어. 진나라는 기원전 770년 춘추전국시대에 돌입한 후 무려 550여 년에 걸쳐 계속됐던 대 혼란을 끝낸 거야.

진나라의 통일 과정을 살펴보기 전에 합종연횡이란 한자성어를 알려 줄게. 요즘 뉴스를 보다 보면 이 말을 종종 들을 수 있을 거야. 주로 정치인들이 자신의 이익을 위해 아무 때나 뭉쳤다가 흩어지는 상황을 빗댈 때 쓰이지.

합종연횡은 기원전 3세기 초반 등장한 정치 전략이었어. 진나라는 전국칠웅의 나머지 6개 나라를 모두 위협할 만큼 강했지. 이런

진시황제 · 중국을 처음으로 통일한 인물로, 스스로를 황제라 칭했다.

상황에서 배신이 되풀이되는 합종연횡이 나타난 거야. 먼저 소진이란 인물이 진나라를 뺀 여섯 나라를 돌며 "6개국이 연합해 진나라에 대항해야 살아남을 수 있다"라고 설득했는데, 이게 '합종合從'이야. 이에 장의란 인물은 진나라를 찾아가 "진나라가 6개국과 따로따로 평화조약을 맺어 그 나라들이 서로 동맹을 맺지 못하도록 해야 한다"라고 설득했는데, 바로 '연횡連衡'이지. 이 둘을 합쳐 합종연횡이라고 부르는 거야. 결과가 어떻게 됐냐고? 합종보다는 연횡이 조금 더 우세했을 거야.

자, 다시 처음으로 돌아가서…. 로마가 시칠리아 섬을 정복한 다음 카르타고 본토까지 공격하고 있을 때야. 제1차 포에니전쟁이 한창이었던 기원전 246년, 정이란 인물이 13세의 어린 나이에 진나라의 왕에 올랐어. 진나라는 100여 년 전 명재상 공손앙이 이뤄 놓은 개혁 덕분에 이미 강대국의 반열에 올라 있었단다. 그렇다 하더라도 13세의 이 어린 왕이 중국을 통일할 거라고 누가 생각이나 했겠어?

정은 어른이 되자 아주 강력한 통치자가 됐어. 전국칠웅을 하나씩 정복하기 시작했지. 기원전 230년, 가장 먼저 한나라가 진나라의 공격을 막지 못하고 무너졌어. 이어 2~3년 간격으로 조나라, 위나라, 초나라, 연나라가 차례차례 진의 공격에 멸망했지.

카르타고의 한니발 장군이 복수를 꿈꾸며 로마를 노리고 있을 때였어. 제2차 포에니전쟁이 터지기 얼마 전이었지. 진나라가 전국 칠웅 가운데 끝까지 남아 있던 제나라를 공격해 멸망시켰단다. 이로써 진나라

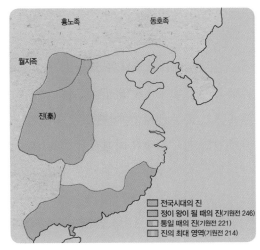

흉노족 동호족

월지족

진(秦)

☐ 전국시대의 진
☐ 정이 왕이 될 때의 진(기원전 246)
■ 통일 때의 진(기원전 221)
■ 진의 최대 영역(기원전 214)

진의 영토 확대 · 550년에 걸친 혼란의 막을 내린 진나라는 중국 전역을 통일했다.

는 사상 처음으로 광대한 중국을 통일하는 위업을 이뤘어. 이 통일로 중국의 영토는 황허 일대 지역에서 양쯔 강 이남까지로 크게 확장돼, 오늘날 중국 영토의 기본 뼈대를 갖췄단다기원전 221년.

정은 중국을 통일한 후 스스로를 진시황제라고 불렀어. 중국 고대 신화의 삼황오제를 기억하고 있니? 정은 자신이 그 삼황오제의 능력과 덕을 갖춘 첫 번째 사람이라며 스스로를 황제라 불렀던 거란다. 그는 또 일반 백성들이 자신을 가리킬 때 썼던 짐이란 용어를 황제가 스스로를 부를 때만 쓸 수 있도록 했고 황제의 도장도 옥새라 불렀어.

진시황은 이어 대대적으로 제도 개혁을 추진했어. 승상, 어사대부, 태위 등 3공을 포함해 고위관료 9경까지, 중요한 고위직은 모두 황제의 명을 직접 받는 직속 기구로 만들었어. 귀족들을 손안에 틀

어쥐었으니 황제의 권력이 엄청 강해졌겠지? 진시황은 또 함양^{오늘}날의 산시성 셴양에 도읍을 정하고 전국을 36개의 군으로 나눴어. 군 밑에는 현을 뒀지. 오늘날의 도—시—군—구가 연상되지? 비슷해. 지방 구석구석까지 중앙정부의 힘이 미치는 이런 체제를 중앙집권 체제라고 불러. 중국은 이때부터 20세기 초반 청나라가 멸망할 때까지 중앙집권 체제가 이어졌어.

15년 만에 제국 무너지다

중국 사람들은 오늘날까지도 진시황제를 최고의 영웅으로 생각하고 있단다. 중국을 처음으로 통일한 업적만으로도 그런 대접을 받을 자격은 충분히 있는 것 같아. 그러나 진시황은 영웅이 되는 것만으로는 성에 차지 않았나 봐. 어쩌면 자신을 신과 같은 존재라고 생각했을지도 모르지. 진시황은 그때까지 누구도 상상하지 못했던 대형 토목공사를 시작했어.

첫 번째가 만리장성이야. 이 성은 중국 북쪽의 골칫거리인 흉노족의 침입을 막기 위해 만들어진 건데, 이미 전국시대 때부터 공사를 벌이고 있었어. 진시황은 공사에 속도를 냈어. 인부를 강제로 동원해 대대적인 토목공사로 확대한 거지. 이 만리장성은 훗날 중국의 여러 왕조에 의해 보강돼 오늘날의 모습이 됐단다. 만리장성의 길이는 약 2700킬로미터. 인류 역사상 가장 긴 구조물이라고 해.

만리장성 · 총 길이 2700킬로미터로, 진시황이 세운 거대한 건축물 중 하나이다.

대공사는 만리장성으로 끝난 게 아니었어. 진시황은 자신이 살아 있을 때 머물 지상낙원과 죽은 후 머물 천상낙원도 만들었어. 지상 낙원은 궁궐, 천상낙원은 무덤을 뜻해.

천상낙원 공사는 진시황이 왕에 오른 13세 때부터 시작됐어. 이 무덤이 바로 진시황릉이야. 진시황릉은 높이만 116미터에 이른다고 하니, 얼마나 거대한 무덤인지 알 수 있겠지? 지상낙원은 아방궁이야. 오늘날 우리는 화려한 대저택을 보면 "아방궁 같다"라고 말하지. 그 아방궁이 바로 진시황이 지상낙원으로 지은 궁궐의 이름이었단다.

신의 흉내로 그쳤으면 다행일 것을···. 진시황은 자신을 반대하는 사람은 모두 탄압하기 시작했어. 그 대표적인 사례가 분서갱유야. 책을 불태우고 유학자를 파묻는다는 뜻이지. 이 말 그대로 진시황은 황제와 법가를 비판한 책을 모두 불태우고, 유학자들을 산 채로 구덩이에 파묻었단다. 황제의 권위를 높이려는 뜻이야 알겠지만

그래도 너무 심했지? 이 분서갱유는 세계 최초의 가혹한 언론 탄압
으로 인식되고 있단다.

진시황의 폭정이 계속되자 민심이 어수선해졌어. 전국에서 반란
이 일어날 조짐이 보이기 시작했지. 그러나 진시황이 살아 있을 때
는 큰 반란이 일어나지 않았어. 백성들이 폭발한 것은 진시황이 사
망한 다음 해인 기원전 209년부터였어. 진승과 오광이란 인물의 반
란을 시작으로 전국에서 제후국이 일제히 들고 일어선 거야.

이 반란을 진나라는 막지 못했어. 결국 기원전 206년 진나라는
통일 위업을 달성한 후 2명의 황제가 달랑 15년밖에 통치하지 못
한 채로 문을 닫고 말았어. 로마는 포에니전쟁을 이기면서 크게 성
장하고 있는데 진나라는 멸망한 거야. 그래도 오늘날 중국의 영어
국명이 진으로부터 비롯된 차이나^{China}인 걸 보면 진나라의 역사적
의미는 우리가 상상하는 이상인 것 같지?

로마와 중국 통일의 역사적 의의

거의 같은 시기에 중국과 로마가 통일됐다는 것은 흥미로운 부분
이야. 이 두 나라는 동양과 서양의 양대 산맥으로, 세계사에 엄청
큰 영향을 끼쳤다는 점도 똑같아. 중국은 서양 국가들의 반식민지
가 돼 버리는 20세기 초반까지, 로마는 신성로마 제국이 탄생하는
10세기 중반까지 각각 동양과 서양의 중심 역할을 했단다.

물론 두 나라의 다른 점도 있어. 중국의 경우 곧 진나라가 무너지고 한나라가 뒤를 이었어. 로마는 왕이 여러 번 바뀌었지만 나라 이름이 바뀌지는 않았어. 로마에서는 왕조의 개념이 강하지 않았거든.

중국에서는 강력한 중앙집권 체제가 진나라 때 어느 정도 정착됐어. 이 중앙집권 체제는 중국의 마지막 왕조인 청나라가 사라질 때까지 계속된단다. 고려와 조선도 중국의 영향을 받아 중앙집권 체제를 유지했지.

중국은 왕조가 바뀌면서도 아시아, 특히 동아시아의 큰형님 자리를 끝까지 내놓지 않았지만 로마는 그렇지 못했어. 로마는 신성로마 제국이 탄생한 10세기 중반에는 완전히 큰형님 자리를 내놓아야 했거든.

로마는 왜 그래야만 했을까? 지금까지의 역사를 떠올리면 그 이유를 맞출 수 있을 거야. 서양 세계의 중심은 처음에는 아테네와 스파르타였어. 중심은 곧 마케도니아로 이동했고, 이어 로마로 다시 옮겨 갔지. 훗날 이 중심은 프랑크 왕국으로 이동했다가 다시 신성로마 제국으로 이동했어.

서양에서 유독 중심 이동이 잦았던 까닭은 중앙집권 체제가 서양에는 정착되지 않았기 때문이야. 유럽은 고대 세계가 끝나면서 중세 봉건제로 이어졌어. 지방 제후들은 중앙정부를 위협하거나 새 나라를 세우기도 했지. 쉽게 말해 왕의 힘이 약했기 때문에 중심 이동이 일어났던 거야. 그래도 서양인들에게 로마는 영원한 이상 세계로 남아 있단다.

거대한 무덤은 왕권의 상징이다

중국의 진시황릉, 이집트의 피라미드, 인도의 타지마할. 세 유적의 공통점은? 맞아, 모두 무덤이라는 거야. 그것도 아주 어마어마한 크기의 무덤이지.

진시황제는 13세에 왕에 오른 뒤 자신의 무덤을 만들기 시작해 50세가 되던 해 공사를 끝냈어. 1970년대 진시황릉이 발굴됐을 때 모두 뒤로 나자빠졌지. 그것은 사람의 무덤이라고 할 수 없을 정도의 규모였거든. 높이 116미터, 둘레 600미터의 무덤을 만드느라 75만 명의 인부가 강제 노역에 동원됐다고 해.

이집트의 피라미드도 크기로 치자면 진시황릉에 뒤지지 않아. 오히려 높이 140미터가 넘는 쿠푸 왕의 피라미드가 진시황릉보다 더 크지. 피라미드 밑면 정사각형의 가로세로 오차가 고작 1.5센티미터밖에 되지 않는다고 하니 그 정교함에 또 한 번 놀랄 수밖에. 피라미드를 짓는 데는 10만 명의 인력이 동원됐고, 700만 톤의 바위가 사용됐대.

17세기 인도 무굴 제국의 샤 자한 황제는 왕비 뭄타즈마할을 추모해 타지마할 궁

진시황릉 병마용갱

전을 만들었어. 이 무덤은 최고급 대리석으로 바닥을 깔았고, 내부는 보석으로 장식했지. 2만 명의 전문기능공이 동원됐고, 완성하는 데 22년이 걸렸어.

이 세 무덤은 모두 황제의 권위를 드러내기 위해 만들어진 거야. 타지마할은 아내를 그리워하면서 만들었다고는 하지만 황제의 절대 권력이 없었다면 공사를 시작하지도 못 했겠지.

또 하나의 공통점이 있어. 이런 대공사의 끝은 항상 비참했다는 거야. 막대한 나랏돈을 쏟아붓고 백성을 강제로 동원했기 때문에 결국 반란으로 모두 무너진 거지. 우리 역사에도 비슷한 사례가 있어. 조선시대 말기 대원군이 외세의 압력에 굴복하지 않겠다며 조선 조정의 위신을 세우고자 경복궁을 다시 지었지. 진정 백성을 위했다면 경복궁을 새로 지을 게 아니라 실제 백성의 생활에 도움이 되는 일을 벌였어야 옳았어. 잘못된 역사의 결과는 정말 냉정해. 조선도 결국 망하고 말았잖아?

타지마할

로마는 쭉쭉 뻗어 나갔어. 세 번의 포에니전쟁에서 모두 승리했을 뿐 아니라 헬레니즘 제국까지 흡수해 버렸지. 비슷한 때 중국에서는 진나라가 반란으로 무너졌고 새로이 한나라가 들어섰어. 한나라의 강력한 황제 무제는 고조선을 멸망시켰어. 그 후 한반도에는 더 강력한 국가인 고구려가 탄생했지.

커버스토리에서는 로마와 카르타고의 제2차 포에니전쟁과 진나라의 멸망까지 살펴봤지? 이제 기원전 300년경부터 기원 전후까지의 나머지 역사를 볼 차례야.

우선 진나라가 멸망한 후의 중국을 찾아갈 거야. 한나라가 어떻게 성장했는지, 비단길은 어떻게 개척됐는지를 알게 돼. 더불어 고조선의 역사와 고구려의 탄생에 대해서도 짚고 넘어갈게.

중국과 인도, 한반도의 역사를 익힌 뒤에는 또다시 로마로 갈 거야. 아직 제3차 포에니전쟁의 결과를 살펴보지 않았잖니? 로마의 영웅이자 세계의 정복자인 카이사르를 만날 수 있을 거야. 시작해 볼까?

실크로드 열리다

로마와 카르타고의 제2차 포에니전쟁이 끝나기 직전, 중국에는 한나라가 들어섰어. 아마 한 왕조 때 가장 기억할 만한 업적은 비단길_{실크로드}을 개척한 게 아닌가 싶어. 중국에서 시작해 파르티아에까지 이르는 이 길은 동서 교류의 중요한 통로가 됐지. 인도의 불교가 중국으로 수입된 길도 바로 실크로드야.

실크로드가 열린 사실에서 짐작했겠지만 이 무렵은 동서양의 교류가 무척 활발했단다. 한나라는 중앙아시아와 서남아시아에까지 진출했고, 심지어 로마와 직접 교류를 추진하기도 했었지. 한나라가 강해지면서 중국 북쪽 국경 근처에서 살던 유목민족인 흉노족은 다시 중앙아시아의 고원지대로 쫓겨났어. 그러나 흉노족을 꼭 기억해 두렴. 그들은 훗날 세계 지도를 바꾸는 역할을 한단다.

중국과 중앙아시아, 인도의 이 무렵 역사를 살펴볼까? 아 참, 한반도와 일본의 역사는 따로 추려서 다루도록 할게.

중국, 한나라 건국

로마가 카르타고와 한창 제2차 포에니전쟁을 치르고 있을 때 중국

유방(왼쪽), **항우**(오른쪽) · 진나라 말 패권을 놓고 다투었으며, 전쟁에서 승리한 유방은 한나라를 세워 황제가 됐다.

에서는 진나라가 멸망했어. 중국은 또다시 황제를 꿈꾸는 군인들이 서로 싸우는 전쟁터로 바뀌었지.

이때 두 영웅이 나타났어. 한 명은 유방이란 인물이었고, 또 한 명은 항우란 인물이었지. 훗날 중국을 다시 통일한 인물은 유방이었어. 그는 지방의 작은 벼슬아치 출신이었단다. 처음에는 그를 따르는 병사도 얼마 되지 않았어. 반면 항우는 초나라 귀족 출신이었고 힘이 장사였으며 용맹했기 때문에 따르는 병사도 많았지. 누가 봐도 유방이 항우를 이길 수 없을 것 같았어.

그러나 자세히 뜯어보면 항우가 유방에게 패배한 이유를 알 수 있단다. 첫째로 유방은 성격이 온화했지만 항우는 무자비하고 포악했어. 항우를 따르는 사람들이 점점 줄어들 수밖에 없겠지?

둘째로 다른 사람의 조언을 듣는 태도도 달랐어. 유방에게는 방안에서도 천 리 밖의 승패를 맞힌다는 장량이라는 타고난 지략가가 있었어. 항우에게도 장량 못지않은 범증이란 지략가가 있었지. 유방은 장량의 조언을 충실히 따랐어. 그러나 항우는 범증의 조언을 자주 무시했다고 해. 범증은 항우에게 "유방이 훗날 큰 위협이 될 테니 목을 베어야 한다"라고 여러 번 조언했지만 항우는 피라미에 신경 쓸 필요 없다며 코웃음을 쳤다는구나. 실제로 유방을 제거할 기회가 있었지만 범증의 말을 따르지 않았던 거야. 그러니 이길 수가 있겠어?

유방과 항우의 군대는 해하란 곳에서 최후의 전투를 치렀어. 이 전투에서 항우는 유방의 오른팔로 불리는 장수 한신의 사면초가 전략에 무너지고 말았지. 사면초가는 사방에서 초나라의 노래가 들려온다는 뜻이야.

유방의 군대가 항우의 군대를 포위한 다음이었어. 한신은 자신의 병사들 가운데 초나라 출신을 선발해 고향 노래를 부르게 했어. 항우와 그의 병사들 거의 대부분이 초나라 출신이었거든. 그 장면을 상상해 봐. 적에게 포위돼 있는데 사방에서 고향 노래가 구슬프게 들려온다면 마음이 어떻겠니? 그래, 짐작한 대로야. 병사들은 모두 향수병에 젖어들었어. 항우마저 마음이 약해질 정도였대. 전투 의욕을 잃은 초나라 병사들이 하나둘씩 한신의 군대에 투항했어. 항우는 포위망을 뚫고 탈출하려다 사로잡혔지. 항우는 결국 스스로 목숨을 끊었어. 이때부터 사면초가는 궁지에 몰렸을 때 사용하는 말이 됐단다.

이때 지중해에서는 로마가 카르타고를 박살 내고 있었어. 이로부터 1년이 지나면 제2차 포에니전쟁도 끝나지. 거의 비슷한 때에 중국에서는 항우가, 카르타고에서는 한니발이 뜻을 이루지 못하고 목숨을 끊은 거야. 흥미로운 대목이지?

이로써 유방은 중국을 다시 통일했어. 이 나라가 한나라야^{기원전} ^{202년}. 원래 한나라는 이보다 4년 전에 세워졌는데, 중국 전체를 통일한 이때부터 정식 출범했다고 본단다. 이 한나라는 중간에 잠시 멸망했다가 되살아나. 이 기간을 포함해 한나라는 기원후 220년까지 약 420년간 유지됐지.

중국을 다시 통일한 유방은 장안^{시안}을 수도로 정하고, 한의 초대 황제인 고조에 등극했어. 고조는 행정구역 체제부터 뜯어고쳤어. 주의 봉건제와 진의 군현제에서 장점만을 딴 군국제를 도입했지. 군국제는 중앙정부와 가까운 지역은 황제가 직접 통치하고 멀리 있는 지역은 제후가 통치하는 방식이야. 그러나 멀리 있는 제후들도 황제가 부르면 즉각 달려와야 한다는 조건을 달았어. 고조는 이 제도가 잘 유지되도록 제후국의 왕을 대부분 유씨 황족으로 임명했어. 같은 황족이면 아무래도 배신을 덜 할 것이라고 생각한 거야.

고조는 한나라의 기틀을 확실하게 다진 뒤 기원전 195년 세상을 떠났어. 강력한 황제가 사라지면 자주 나타나는 현상이 있어. 권력 다툼이지. 한나라도 마찬가지였어. 곧 정치권력을 차지하기 위한 소용돌이에 휩싸였단다.

무제, 한나라의 전성기 맞다

고조가 죽자 권력투쟁을 벌인 사람들은 황후 가문의 사람들이었어. 왕비 또는 황후 가문 사람들을 외척이라고 불러. 외척은 중국뿐 아니라 한반도와 일본에서도 자주 권력투쟁을 벌였단다. 왕비나 황후의 힘을 믿고 지나치게 정치에 개입한 거지. 때로는 권력을 통째로 쥐고 흔들기도 했어.

5대 황제인 문제 시절, 외척의 권력투쟁이 많이 잠잠해졌어. 문제는 중국 역사를 통틀어 가장 검소한 황제라는 평가를 받고 있단다. 그는 궁궐에 밭을 만들어 직접 농사를 지었다는구나. 농민에게 씨앗과 식량을 빌려줬고, 가난한 백성에게는 세금을 면제하거나 깎아 줬어. 농사에 소홀해질까 봐 공사 현장이나 군대에 동원되는

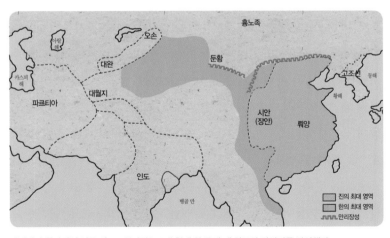

진나라와 한나라의 영토 비교 · 한나라는 6대 황제 한 무제 때 최고의 전성기를 맞이했다.

부역 의무도 줄여줬지.

문제의 뒤를 이어 기원전 157년 6대 황제가 된 경제 또한 백성의 편에서 정치를 했어. 그래서 두 황제가 통치한 기원전 179년부터 기원전 141년까지의 38년을 문경의 치라고 부른단다. 아주 평화로운 통치를 상징한다고 보면 돼.

하지만 혼란이 전혀 없었던 것은 아니야. 제후국의 반란이 일어나기도 했어.

저울의 추가 한쪽으로 기울면 다른 한쪽은 허공으로 뜨겠지? 중앙정부가 황제의 권력을 강화하려면 저울추의 원리처럼 제후국의 힘은 약해질 거야. 실제로 황실은 몇몇 제후국의 영토를 줄이는 등 제후들의 세력을 약화시키려 했단다. 그러자 불평을 늘어놓던 제후국 중 오나라와 초나라를 중심으로 7개의 제후국이 반란을 일으켰지. 이게 오초칠국의 난이야 기원전 154년.

이 반란은 곧 제압됐어. 조금 이따 살펴보겠지만 기원전 146년 지중해에서는 카르타고가 완전히 사라져 버렸어. 로마와의 제3차 포에니전쟁에서 패배했기 때문이야. 로마는 지중해를 완전히 차지하게 돼. 그로부터 5년이 지났어. 바로 이때 중국에서 또 한 명의 영웅이 등장한단다. 그는 형제들을 모두 제거한 뒤 황제에 올랐어. 바로 7대 황제 무제야.

무제는 한나라 역사에서 가장 위대하고 강력한 황제야. 중국 역사 전체를 통틀어도 진시황과 맞먹을 정도의 영웅으로 평가받고 있지. 그가 황제로 있을 때 한나라는 최고의 전성기를 맞이했단다.

무제는 먼저 북쪽의 골칫거리 흉노족을 공격했어. 기원전 139년 무제는 흉노족을 확실히 토벌하기 위해 장건을 서역으로 보냈어. 장건은 우여곡절 끝에 만으로 13년이 지나 돌아왔지. 이 과정에서 개척된 길이 바로 비단길이란다. 무제는 얼마 후 흉노족을 멀리 북쪽 몽골고원지대로 확실히 몰아내 버렸어. 한반도의 위만조선도 정복했지.

무제는 정치사상도 정비했어. 그전까지 황제들이 받아들였던 도가 사상을 모두 폐지하고 오로지 유가인 동중서의 사상만을 인정한 거야. 진시황제가 분서갱유를 한 뒤 사라질 위기에 놓였던 유가 사상이 다시 부활했단다.

무제는 화폐도 중앙정부에서만 제조하도록 했어. 또 소금과 철은 중앙정부만이 독점 판매할 수 있도록 법을 고쳤어. 이때 소금과 철은 국가 경제를 좌우하는 가장 중요한 상품이었거든. 정부가 독점해 버리자 돈을 벌 수 없게 된 상인들은 불만이 컸지만 막강한 황제의 명령을 누가 비판할 수 있었겠어?

무제는 황제의 통치 역

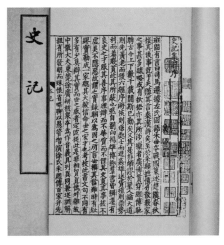

사마천의 『사기』 · 총 130권으로 가장 방대한 중국 역사 서적이다.

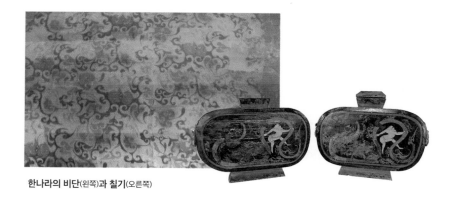

한나라의 비단(왼쪽)과 칠기(오른쪽)

사를 쉽게 알 수 있도록 연호라는 것을 처음으로 만들었어. 오늘날 서기 2010년이란 뜻은 예수 그리스도 탄생 후 2010년이란 뜻이야. 예수의 탄생을 기준으로 날짜를 세는 거지. 그러나 옛날에는 이런 기준이 없었는데, 무제가 만든 연호가 그 기준 역할을 했어. 예를 들어볼까? 무제는 건원이란 연호를 사용했어. 건원 20년이라고 하면 무제가 통치한 후 20년이란 뜻이 돼. 황제마다 다른 연호를 사용했기 때문에 오늘날 그때의 역사를 시간순으로 정확하게 알 수 있지.

초대형 역사 서적도 탄생했어. 천재 사학자 사마천이 만든 『사기』가 바로 그것이야. 이 역사서는 본기 12권, 표 10권, 서 8권, 세가 30권, 열전 70권 등 도합 130권의 대작인데, 가장 방대한 중국 역사 서적으로 평가받고 있단다.

수도인 장안은 40만~50만 명이 거주하는, 세계 어디에도 없는 거대도시로 성장했어. 해외의 상인과 사신들로 늘 도시는 북적였고 시장에는 서역에서 건너온 진귀한 상품들이 산더미처럼 쌓였어. 중국의 비단과 칠기는 비단길을 따라 서방 세계로 팔려 갔지. 무제의 업적을 다 열거하려면 너무 많으니, 이쯤 할게.

54년에 걸쳐 한나라를 부강한 제국으로 키운 무제는 기원전 87년 세상을 떠났어. 동시에 한나라의 전성기도 끝나고 말았어. 기원전 49년 원제가 황제로 즉위하자 황후의 가문인 왕씨 가문에서 권력을 빼앗아 버렸거든. 왕씨 가문은 60여 년 후 아주 짧은 기간이기는 했지만 한나라를 무너뜨리고 신이란 새로운 나라를 만들었단다.

비단길의 역사적 의의

다른 대륙의 역사로 건너가기 전에 비단길에 대해 조금 더 살펴보도록 할게. 비단길 개척은 정말 중요한 역사적 사건이었거든. 동서 문화가 교류된 통로가 어떤 게 있었는지부터 알아볼까?

동서 교류는 크게 초원길, 비단길, 바닷길 등 3대 통로를 통해 이뤄졌어. 가장 오래된 통로는 초원길이야. 중국 만리장성에서 시작해 몽골고원을 거쳐 러시아 남부로 이어지는, 스텝기후 지역의 초원지대를 말해. 기원전 8세기경 고대 스키타이인들이 이 길을 따라 내려오면서 청동기 문화를 동북아시아에 전했단다.

초원길은 말 그대로 초원이었기 때문에 이용하기가 쉬웠어. 그러나 워낙 용맹한 유목민족이 이 지역을 지배하고 있었기 때문에 다

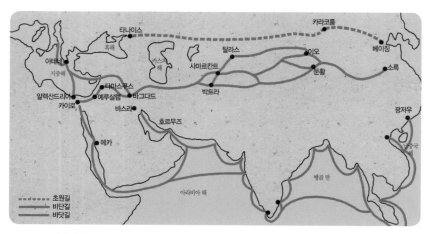

3대 동서양 교류 통로

른 민족들은 이용할 엄두를 못 냈지. 뒤에서 살펴보겠지만 4세기경
흉노족이 민족대이동을 한 통로가 바로 이 초원길이야. 돌궐이라 불
리던 투르크족, 거란족의 조상인 선비족도 이 길을 이용했고, 13세
기 몽골 군대가 유럽을 공격하던 길도 바로 이 초원길이었단다.

　비단길은 앞에서 설명한 대로 기원전 2세기 중반 무제의 지시를
받아 장건이 개척한 길이야. 전한이 무너지면서 한때 폐쇄됐지만
10년 정도가 지난 다음 후한의 반초가 다시 뚫었단다.

　비단길은 중국과 서양의 첫 접촉이 이뤄진 길이야. 비단길이란
이름도, 이 길을 통해 중국의 비단과 제지술이 전파됐기 때문에 붙
은 것이란다. 헬레니즘 문화와 이슬람교, 불교 등이 이 비단길을 통
해 중국으로 수입됐어. 그러나 한나라는 기원후 751년 이슬람 아바
스 왕조와 벌인 탈라스 전투에서 패하면서 비단길 지배권을 잃어

장건출사서역도 · 둔황 막고굴 323굴 북벽에 새겨진 그림으로, 한 무제의 명에 따라 서역으로 떠나는 장건 사절단의 모습이다.

버리게 돼.

바닷길은 기원전 2세기에 개척된 것으로, 중국 남부에서 동남아시아, 인도로 이어지는 동방항로와, 지중해에서 홍해, 인도로 이어지는 서방항로를 통틀어 부르는 말이야. 처음에는 인도 상인들이 주로 이용했지만 8세기 이후에는 이슬람 상인들이 더 많이 이용했지. 탈라스 전투에서 패해 비단길 지배권을 잃은 중국도 그때부터 바닷길을 통해 무역을 많이 했어. 명나라 때는 정화란 인물이 바닷길을 통해 서방 세계로 진출하기도 했지.

이 세 가지 길은 동서양의 문화와 무역이 교류되는 통로였어. 따라서 이 길을 장악한 민족이 크게 번영했지. 만약 비단길을 개척하지 못했다면 무제의 통치 시절 한나라가 절정기를 맞지 못했을 수도 있어. 훗날 몽골 제국은 비단길과 초원길을 모두 장악했기 때문에 그 짧은 시간에 세계를 정복할 수 있었던 거란다.

흉노족의 흥망

세계 역사를 크게 뒤바꾼 국가나 민족은 셀 수 없이 많아. 페르시아, 마케도니아, 로마, 중국, 아랍 민족 등이 대표적이지. 그러나 주목을 받지 못했을 뿐, 어쩌면 이들보다 더 강한 민족이 있어. 바로 기원전 3세기 후반 몽골 초원지대에 국가를 세운 유목민족, 흉노족이야.

흉노족은 왕을 선우라고 불렀어. 최초의 선우는 진시황제가 중국을 통일할 무렵의 두만이란 인물이었어. 그렇지만 부족의 힘을 더욱 키워 흉노 제국을 건설한 인물은 2대 선우인 묵특^{묵돌}이란 인물이었단다. 그는 남만주, 중국 북방지역, 러시아 키르기스, 베트남까지 진격했어. 흉노족의 성장은 진나라는 물론 한나라에도 큰 위협이었어. 만리장성도 이 흉노족의 침략을 막기 위해 쌓았던 거였단다.

한나라를 연 고조는 흉노족을 정복하려고 나섰다가 오히려 포로로 잡히는 수모를 겪기도 했어. 이처럼 흉노 제국은 승승장구하며 그 누구도 손을 대지 못하는 절대 강자가 됐어. 그러나 무제가 등장하면서 흉노족의 운명이 달라졌어. 무제의 정벌로 흉노족은 다시

흉노족의 허리띠 장식 · 용과 늑대
가 뒤엉켜 싸우는 모습을 장식적으
로 묘사했다.

몽골고원지대로 쫓겨나야 했지.

　그 후 흉노족은 분열돼 동흉노와 서흉노로 갈라섰어. 동흉노는
곧 중국으로 흡수됐지만 서흉노는 중앙아시아 초원지대에 정착했
지. 훗날 유럽 역사에 큰 영향을 끼친 게르만족의 대이동은, 서흉노
족이 서쪽으로 이동하면서 발생한 사건이라는 학설이 많아. 흉노
족은 서양 사람들에게 훈족으로 불렸는데, 훈족의 공격을 피하려
고 게르만족이 유럽으로 이동했다는 거지. 이에 대해서는 곧 살펴
볼 기회가 있을 거야.

인도, 마우리아 왕조 멸망

중앙아시아를 들른 김에 남쪽으로 발길을 돌려 인도까지 살펴보도
록 할게.

　시계를 거꾸로 돌려 로마가 이탈리아반도를 모두 정복하고 진나
라가 중국을 통일했을 무렵으로 가 볼 거야. 이때가 인도 마우리아
제국의 최대 전성기였거든. 진나라의 뒤를 이은 한나라가 크게 뻗

어 나갈 수 있었던 것은 무제라는 황제가 있었기 때문이지? 인도 마우리아 제국도 마찬가지였어. 강력한 아소카 왕이 있었지.

흉노의 왕국이 세워진 기원전 3세기 초반, 아소카 왕이 등극했어. 그는 왕에 오르자마자 정복 전쟁을 벌이기 시작했어. 얼마 후 타밀 지역을 뺀 인도 전역을 통일했지. 아소카 왕은 정말 냉혹한 정복왕이었다고 전해지고 있어. 그랬던 그가 갑자기 죄책감을 느끼기 시작했어. 수많은 정복 전쟁을 치르면서 너무나 많은 목숨이 사라졌다는 데 생각이 미친 거지.

아소카 왕은 모든 전쟁을 중단하겠다고 선언하고 불교에 빠져들었어. 그는 불법에 의해서만 통치할 것을 선서했어. 그전까지도 불교는 왕과 귀족들의 보호를 받았다고 했었지? 이제는 아예 불교의 나라를 선포한 셈이야. 아소카 왕의 노력 덕분에 불교는 인도 전역뿐 아니라 동아시아에까지 전파됐단다.

불교의 세력 확장에 브라만교는 심각한 위기를 느꼈어. 3장에서 말했던 대로 브라만교는 개혁을 추진했지. 그들은 전통 브라만교에 드라비다인, 즉 인더스문명을 일으켰던 토착 원주민들이 섬기던 신을 결합해 새로운 종교를

4사자 주두 · 마우리아 제국의 국왕을 상징한 사자 주두는 오늘날 인도의 상징이 됐다.

만들었단다. 기원전 3세기 중반, 이렇게 해서 탄생한 종교가 바로 힌두교야.

얼마 후 아소카 왕이 세상을 떠났어. 강력한 호랑이가 사라지니 눈치만 보던 여우들이 살맛이 났나 봐. 특히 브라만교 세력은 이때 다 싶어 곳곳에서 반란을 일으켰어. 이제 마우리아 왕조는 더 이상 중앙정부의 역할을 하지 못했지.

한나라의 고조가 세상을 떠나고 잠시 외척들의 권력투쟁이 있었지? 그 후 문경의 치가 이어졌어. 바로 그 문경의 치가 시작되기 1년 전이었어. 기원전 180년 브라만 군사령관이 마침내 마우리아 왕조를 전복시켰어. 그 사령관은 새로이 슝가 왕조를 세웠지만 혼란까지 끝내지는 못했어. 이때부터 인도 서북부 지역 대부분이 파르티아의 지배를 받게 된단다.

파르티아 제국은 기원전 247년 서아시아 지역에 만들어진 나라야. 이란 혈통이기는 했지만 헬레니즘 문화에 뿌리를 두고 있었기 때문에 정통 이란 민족의 지지를 얻지는 못했어. 정통 이란 민족은 파르티아에 강력히 반발했지. 파르티아는 기원전 120년경 서아시아는 물론 인도의 북서쪽까지 차지한 거대 제국이 됐단다.

문화의 전파자 아소카 vs 한 무제

인도 마우리아 제국의 아소카 왕과 중국 전한 제국의 무제 황제는 비슷한 구석이 많아.

두 왕 모두 강력한 정복자였어. 마우리아의 아소카 왕은 남부의 타밀 지역을 뺀 인도 전역을 통일했어. 주변 국가들이 감히 인도를 넘보지 못하게 강한 제국을 건설했지. 전한의 무제 황제도 타고난 정복자였어. 북쪽으로는 흉노족을 정벌했고, 동남쪽으로는 고조선을 멸망시켰지.

두 왕 모두 통치 기간이 길었다는 점도 같아. 아소카 왕은 기원전 270년에 왕이 된 후 40여 년 가까이 왕좌를 지켰고, 한 무제는 기원전 141년 왕위에 오른 후 약 55년간 중국을 통치했어. 그러나 이런 공통점 말고도 두 군주가 오늘날까지 막대한 영향을 끼친 공통점은 따로 있어. 문화를 세계로 퍼뜨렸다는 점이야.

아소카 왕은 기원전 260년경 인도 남동부의 칼링가 지방을 정복했어. 이 전쟁에서 수많은 사람들이 죽었어. 아소카 왕은 문득 전쟁의 참상을 깨달았고, 불교에 빠져들었어. 이후 아소카 왕은 불교의 열렬한 옹호자가 됐어. 아시아 전역으로 불교를 전파하기도 했지. 결국 아소카 왕에 의해 불교가 세계종교로 발돋움했다고 할 수 있겠지? 불교에서는 아소카 왕을 최고의 왕으로 손꼽는단다.

한 무제는 기원전 139년 장건이란 인물에게 지시해 서역 길을 개척하도록 했어. 이 길이 바로 실크로드지. 이 길을 통해 중국의 문화가 서방 세계에 전파됐고 서방 세계의 문화가 중국으로 수입됐어. 아소카 왕이 전파했던 불교가 따라 들어온 길도 바로 이 실크로드야.

마지막으로 두 왕의 공통점 하나 더. 두 왕이 너무 강력했던 탓일까? 두 왕이 세상을 떠난 후 마우리아 왕조와 전한 왕조가 동시에 쇠약해지기 시작했단다. 머지않아 두 나라는 모두 멸망했지.

고조선 무너지고 고구려 서다

이제 한반도의 역사를 살펴볼 거야. 한반도는 중국과 지리적으로 가까이 있고, 중국을 중심으로 한 동아시아 문화권에 포함돼 있어. 따라서 중국의 역사와 밀접한 관계가 있지. 중국의 역사를 잘 알게 되면 한반도의 역사도 훨씬 이해하기 쉽단다.

고조선 또한 중국의 진나라, 한나라 역사와 떼어 놓을 수 없어. 진이 중국을 통일하자 고조선은 움츠러들었지. 진이 멸망하자 다시 기운이 살아났지만 한나라가 들어서자 다시 약해졌어. 그리고 한의 무제 황제가 등장한 이후에는 멸망하고 말았단다.

한반도의 역사만 떼어 놓고 보면 이 무렵 세계사에 큰 획을 남긴 사건은 그리 많지 않아. 그러나 고조선과 고구려는 우리 민족의 뿌리이기 때문에 꼭 살펴봐야 해. 특히 고구려는 한때 동북아시아를 주름잡은 위대한 제국이었거든.

고조선의 멸망

춘추전국시대, 진나라, 한나라를 거치면서 중국에 살던 사람들이 전쟁 없는 한반도로 피난을 왔어. 기원전 195년 위만은 1000여 명을 이끌고 고조선에 도착했지. 고조선의 준왕은 위만에게 벼슬과

요령식 동검 · 비파형 동검이라고도 불리며 고조선의 특징적인 유물이다.

땅을 주고 정착할 수 있게 도와줬어. 그런데 위만은 은혜를 원수로 갚았단다.

기원전 194년 위만은 준왕을 공격해 고조선의 수도인 왕검성을 점령했어. 준왕은 남쪽으로 달아났고 위만은 왕에 올랐지. 이때부터의 고조선을 그전과 구분해서 위만조선이라 부른단다. 고조선 자체가 멸망한 것은 아니기 때문에 위만 집권기의 고조선이라고 부르는 학자들도 있어.

어쨌든 위만조선도 오래가지는 못했어. 한나라의 무제 황제가 북방의 흉노족을 몰아내고 1년이 지난 후였어. 기원전 109년 한나라의 대군이 한반도로 쳐들어왔어. 위만조선은 저항했지만 기원전 108년 왕검성이 함락되면서 무너지고 말았지. 한나라는 정복지에 군을 두는데, 고조선에도 낙랑, 임둔, 진번, 현도 등 4군을 설치했어.

고조선은 멸망했지만 우리 민족의 뿌리까지 사라진 것은 아니야. 부여, 옥저, 동예와 같은 나라들이 건재했거든. 일부는 군장국가 수준이었고, 일부는 부족연맹국가 수준이었어. 기원전 2세기를 전후로 부여는 북만주 일대에, 옥저는 함경남도 일대에, 동예는 강원도 동해안에 자리를 잡았단다.

청동 거울(왼쪽)**과 청동 방울**(오른쪽) · 한반도 초기 철기시대의 청동 유물. 주로 제천의식 때 사용됐다. 청동 거울은 낙랑, 청동 방울은 삼한의 유물인 것으로 추정된다.

부여는 훗날 고구려에 정복될 때까지 600여 년간 존재했는데, 사출도라는 네 구역으로 나뉘어 있었어. 사출도는 마가말, 우가소, 구가돼지, 저가개 등 가축의 이름을 딴 귀족들이 각각 다스렸지.

옥저는 왕이 없는 대신 촌락의 우두머리가 통치했어. 그래, 옥저가 바로 군장국가였단다. 옥저의 제도 중에 가장 특이한 게 민며느리 제도야. 여자들은 어린 나이에 약혼한 뒤 어른이 될 때까지 시댁에서 살다가 성인이 되면 일단 친정으로 돌아갔어. 그다음에는 계속해서 며느리를 할 것인지 아니면 친정에서 살 것인지를 흥정했단다. 흥정이 성사되면 비로소 완전한 며느리가 됐지. 옥저는 서기 56년 고구려에 통합됐고, 세 부족국가 중 가장 세력이 약했던 동예는 2세기 후반 고구려에 정복됐어.

고조선의 유민들은 한나라의 군대를 피해 마한, 진한, 변한 등 남쪽의 삼한으로 달아났어. 삼한 중 큰형님 노릇을 했던 마한은 훗날 백제로 발전했어. 경상도 지역에 있던 진한은 신라, 낙동강에서 전라도 동부 지역에 걸쳐 있던 변한은 가야로 성장했지.

초기의 삼한은 옥저와 마찬가지로 왕이 없었어. 그 대신 각 지방의 수령이 다스렸지. 특이한 점은 종교 지배자가 따로 있었다는 거야. 이 지배자를 천군이라 불렀는데, 천군이 다스리는 소도는 신성한 구역이라서 그 누구도 침범할 수 없었어. 범죄자라 해도 일단 소도로 피하면 천군의 허락 없이는 잡아갈 수 없었지.

이쯤에서 이들 국가의 제천의식을 알아볼까? 제천의식은 하늘에 제사를 지내는 종교의식을 말하는 거야.

부여에는 영고, 동예에는 무천, 고구려에는 동맹이란 제천의식이 있었어. 이날에는 모든 백성이 춤추고 노래 부르며 풍년을 축하했고 다음 해의 풍년을 기원했어. 삼한에도 제천의식은 있었어. 이 지역은 대표적인 곡창지대였기 때문에 부여, 동예보다 농사를 더 많이 지었지. 따라서 제천의식도 씨앗을 뿌리는 5월과 곡식을 거두는 10월, 두 번에 걸쳐 성대하게 치러졌어.

고대 부족국가의 제천의식은 훗날 고려에서 팔관회로 부활했어. 오늘날 강강술래, 쾌지나칭칭나네 등도 모두 이 제천의식에서 비롯된 거래.

고구려 탄생하다

한나라가 무제 사망 후 혼란에 빠져 있을 때 한반도에서는 새로운 국가들이 하나씩 탄생하기 시작했어. 우리가 삼국시대라고 부르는, 바로 그 시대 나라들이지.

가장 먼저 한반도의 동남쪽에서 기원전 57년 박혁거세란 인물이 신라를 세웠어. 이미 잘 알고 있겠지만 신라는 훗날 한반도를 최초로 통일한 나라야. 그렇지만 이 당시에는 아주 작은 나라에 불과했지.

신라가 건국되고 20년이 지난 기원전 37년, 압록강 유역의 졸본에서 부여의 귀족이었던 주몽이 고구려를 세웠어. 주몽에 대해서는 TV 드라마까지 만들어졌으니까 이미 잘 알고 있지? 드라마에 나온 대로 고구려는 국가가 탄생하는 과정에서부터 우리 민족의식을 고취시켰어. 신라는 한반도 남단4서 서서히 성장했지만 고구려는 한나라가 설치한 낙랑과 임둔군에 대항해 무장투쟁을 벌이면서 성장했던 거야. 고조선 유민들이 속속 합류하면서 고구려는 급속히 강해졌고, 훗날 만주 일대를 장악한 뒤 중국과 패권을 다투는 대제국으로 성장했단다.

고구려가 건국되고 20년이 지난 기원전 18년, 고구려 건국세력

장군총 · 고구려의 두 번째 수도인 국내성에 있는 적석총으로, 학자들은 장수왕의 능으로 추정한다.

몽촌토성 · 백제 초기 도성인 위례성의 일부로 추정되는 토성 유적이다.

에서 떨어져 나온 온조 일행이 위례성에 도읍을 정하고 백제를 건국했어. 이로써 한반도에는 삼국시대가 시작됐지. 이 역사는 차차 살펴볼게.

일본, 철기 문화 시작되다

한반도와 중국이 떼어 놓을 수 없는 관계라면 일본 또한 마찬가지야. 특히 이 무렵의 일본은 한반도가 없었다면 전혀 발전이 이뤄지지 않을 정도였어.

기원전 3세기에서 기원전 2세기 사이, 일본에서 철기 문화가 시작됐어. 우리와 비슷한 시기에 철기 문화가 시작됐지? 그러나 다른 점이 있어. 일본은 철기 문화가 시작된 후에야 기원전 3000년경부터 계속된 신석기 문화에서 벗어날 수 있었단다. 섬이라는 지리적 영향 때문에 일본은 외부문화의 유입이 늦어 청동기 문화를 거치지 않았고, 오랫동안 문명 발전이 정지돼 있었던 거야.

철기 문화와 함께 벼농사 기법도 이때 일본에 전파됐어. 일본의 문명 수준이 급속하게 발전하기 시작했지. 그런데 누가 이런 문화를 전수해 줬는지 아니? 한반도 남방 지역 사람, 즉 백제의 조상인 마한 사람들이었단다. 일본의 일부 학자들은 이 사실을 애써 부인하고 있지만 역사적 기록을 왜곡할 수는 없겠지?

일본에서는 한반도에서 건너온 사람들을 도래인渡來人이라고 불렀대. 건너 온 사람들이란 뜻이야. 이 도래인과 일본 원주민이 합심해 발전시킨 철기와 벼농사문화를 야요이 문화라고 한단다.

죠몬 토기(위)**와 야요이 토기**(아래) · 일본의 신석기시대 토기인 죠몬 토기와 철기와 벼농사가 유입된 야요이시대의 토기이다.

로마, 강국으로 성장하다

다시 로마로 돌아왔어. 이 장의 커버스토리에서 제2차 포에니전쟁까지 살펴봤지? 아직 제3차 전쟁이 남아 있지만 결과는 이미 예상하고 있을 거야.

이 무렵 중국에선 한나라가 쑥쑥 크고 있었어. 마찬가지로 로마도 승승장구하고 있었단다. 카르타고를 멸망시킴으로써 지중해에 더 이상 적수가 없었거든.

한나라는 무제 황제가 있어 더욱 강력해졌어. 무제보다 50년 정도 뒤에 태어났지만 로마에서도 강력한 영웅이 등장했단다. 그가 바로 카이사르야. 영어로 발음하면 시저가 돼. 이 카이사르가 있어 로마는 대제국으로 성장할 수 있었어. 한니발과 항우가 비슷한 시기에 패배를 맛봤다면 무제 황제와 카이사르는 비슷한 시기에 대제국을 건설했다고 할 수 있지.

제2차 포에니전쟁 직후부터, 카이사르의 뒤를 이은 아우구스투스가 로마 제국의 첫 황제가 될 때까지를 살펴볼게.

로마, 적수가 없다

제2차 포에니전쟁에서 패한 뒤 카르타고는 로마의 지배에서 벗어나기 위해 안간힘을 썼어. 전쟁의 피해를 복구하는 데 국민이 온 힘을 쏟았지. 그 덕분에 50년 동안 갚아야 할 전쟁 보상금을 10년 만에 다 갚아 버렸지. 로마는 깜짝 놀랐어. 카르타고의 저력을 다시 확인한 로마는 그대로 두면 안 되겠다고 생각했지.

그러나 로마는 카르타고를 침략할 수 없었어. 제2차 포에니전쟁 후 체결한 평화조약을 먼저 깨뜨릴 수는 없었거든. 어이없게도 로마의 이 고민은 카르타고가 해결해 줬어. 평화조약에는 카르타고가 로마의 허락 없이는 어떤 전쟁도 치를 수 없게 돼 있는데, 어쩌다 보니 이 규정을 어기게 된 거야. 로마가 침략할 구실을 만들어 준 거지.

카르타고의 서쪽에 누미디아라는 나라가 있었어. 이 나라는 툭하면 카르타고를 침략했어. 카르타고는 로마에 이 문제를 해결해 달라고 요청했지만 로마는 카르타고가 전쟁을 벌이기를 바라면서 모른 척했어. 답답해진 카르타고는 로마의 속셈도 모르고 누미디아와 전쟁을 시작했지. 로마는 속으로 만세를 불렀어. 카르타고를 침

카르타고 유적 · 튀니지에 있었던 고대 도시국가로, 소 스키피오에 의해 멸망했다.

략할 명분이 생겼잖아!

로마가 제2차 포에니전쟁의 주역 대 스키피오의 아들인 소 스키피오 장군의 지휘 하에 카르타고를 침략했어. 이게 제3차 포에니전쟁이야_{기원전 149년}. 이 무렵 중국에선 평화로운 '문경의 치'가 이어지고 있었어. 중국은 평화, 지중해는 전쟁….

전쟁은 4년간 계속됐어. 카르타고인들의 저항이 아주 거셌거든. 소 스키피오는 결국 도시 안의 모든 성과 마을을 불사르는 초토화 작전을 명령했어. 그 결과 기원전 146년, 카르타고는 불길에 휩싸여 역사 속으로 영원히 사라져 버렸어. 살아남은 카르타고 사람들은 모두 노예로 팔려 나갔단다. 포에니전쟁의 승리로 로마는 지중해 일대를 완전히 장악했어.

로마는 지중해 정복으로 성이 차지 않았어. 이 무렵 로마는 헬레니즘 왕국들과도 전쟁을 벌이고 있었는데, 이 전쟁에서도 모두 승리했단다. 제3차 포에니전쟁이 터지기 훨씬 전인 기원전 189년, 이미 시리아를 뺀 나머지 셀레우코스 왕국의 영토를 로마가 모두 차지했어. 프톨레마이오스 왕국은 보호령으로 삼았지. 카르타고가 불에 타 잿더미가 돼 버린 바로 그해, 위대한 알렉산드로스 대왕의 조국이었던 마케도니아도 속주로 만들었단다.

로마는 기원전 63년 시리아를 마저 흡수해 버렸고, 기원전 30년에는 보호령이었던 프톨레마이오스 왕국마저도 합병했어. 이로써 헬레니즘 왕국은 완전히 로마의 영토에 포함됐단다.

로마의 번영과 갈등

이제 로마에 저항할 나라는 없어. 지중해는 물론 서아시아, 소아시아, 아프리카 북부의 모든 지역이 로마의 수중에 들어갔으니 당연하지 않겠어? 로마는 모든 것을 얻었지. 그러나 과연 그럴까? 아니야, 로마는 가장 큰 것을 잃었단다. 바로 건전한 로마정신을 잃은 거지.

식민지에서 바친 조공과 전리품이 로마로 계속 들어왔어. 눈앞에 재물이 쌓여 있는데 흥청망청 쓰고 싶은 욕망이 꿈틀거리지 않겠어? 로마인들이 바로 그랬어. 로마의 미풍양속이었던 근검절약의 문화가 사라지기 시작했어. 귀족뿐 아니라 농민들도 흥청거렸지. 하지만 사치에서 얻는 즐거움은 잠깐뿐이었어. 물론 귀족들은 계속 재물을 얻을 수 있었으니까 돈을 흥청망청 써도 상관없었지만 농민들은 더욱 가난해진 거야.

돈이 없는 농민들은 땅을 귀족들에게 바쳐야 했어. 귀족들은 그 땅들을 긁어모아 대농장^{라티푼디움}을 만들었지. 몰락한 농민들은 라티푼디움에

그라쿠스 형제 · 로마 공화정시대에 활동한 정치가 티베리우스 그라쿠스와 가이우스 그라쿠스이다.

서 노예처럼 생활하기 시작했어. 부패가 커지자 개혁의 목소리가 높아졌어. 기원전 133년, 호민관 티베리우스 그라쿠스는 몇 명의 부자에게 토지가 집중되는 게 부패의 원인이라고 주장했어. 그는 토지를 농민에게 나눠주는 법을 만들었어.

귀족들이 이 법을 좋아할 리가 없지. 결국 그는 귀족들에 의해 무참히 살해당하고 말았어. 그러나 개혁이 끝난 건 아니야. 그의 동생 가이우스 그라쿠스가 바통을 넘겨받아 개혁을 추진했거든. 가이우스도 형처럼 호민관에 당선된 후 농지개혁 법안을 냈지. 그러나 가이우스도 죽음을 맞아야 했어. 두 개혁가의 죽음 앞에 농민들은 좌절했어.

카이사르의 집권

중국 한나라의 무제 황제가 흉노족을 저 멀리 쫓아 버리고 위만조선을 함락한 바로 다음 해야. 기원전 107년 마리우스란 인물이 로마 집정관에 당선됐어. 그는 군 제도를 개혁해 입대 자격을 평민뿐 아니라 빈곤층에게도 줬단다. 이 개혁으로 군인의 수는 늘었겠지만 평민들의 생활까지 좋아지지는 않았을 거야.

기원전 86년 평민파였던 마리우스의 경쟁자인 귀족파의 술라란 인물이 집정관이 됐어. 두 파벌은 피 튀기는 권력투쟁을 벌였어. 그러나 두 명 모두 비참한 최후를 맞이했단다. 새로 권력을 잡은 인물은 폼페이우스야. 그는 에스파냐의 반란과 스파르타쿠스의 반란을 모두 진압한 영웅이었어. 그는 크라수스란 인물과 함께 공동 집정관에 올랐어.

그러나 모든 정치인들이 두려워한 인물은 따로 있었어. 바로 율리우스 카이사르야. 평민파인 그는 많은 전쟁을 승리로 이끌어 로마의 영토를 크게 넓힌 덕택에 지지율이 매우 높았지. 두 명의 집정관은 카이사르와 함께 3인이 함께 통치하기로 합의했어. 이를 제1차 삼두정치라고 부른단다_{기원전 60년}.

카이사르는 그 후로도 승승장구했어. 삼두정치가 시작된 지 1년 만에 집정관이 됐고, 갈리아 총독으로 임명된 후에는 브리타니아_{오늘날의 영국}와 갈리아 지방_{오늘날의 프랑스}을 차례대로 정복했지. 고구려가 한반도에 탄생할 무렵 카이사르는 로마 최고의 영웅이 된 거야!

이때 크라수스는 이

카이사르 · 평민파로 로마의 종신 독재관에 오른 입지전적인 인물이다.

카이사르 기념 은화 · 카이사르가 개선식 때 나누어 준 은화로 그가 표방한 새 질서 '관용'을 뜻하는 '클레멘티아'가 쓰여 있다.

미 세상을 떠났기 때문에 폼페이우스는 카이사르만 제거하면 모든 권력을 쥘 수 있다고 생각했어. 폼페이우스는 원로원을 부추겨 갈리아에 머물고 있던 카이사르에게 "군대를 두고 혼자 로마로 돌아오라"라는 명령을 내리도록 했어. 카이사르가 바보가 아닌데, 그 속셈을 모를 리 없지.

카이사르는 원로원의 명령을 듣지 않기로 결정했어. 기원전 49년 카이사르는 군대를 이끌고 루비콘 강을 건너 로마로 진군했어. 이때 그가 남긴 "주사위는 던져졌다"라는 말은 아직도 중대 결정을 해야 할 상황에 자주 쓰인단다.

폼페이우스는 겁에 질려 도망갔어. 카이사르는 전투도 하지 않고 로마를 장악했지. 폼페이우스는 그리스를 거쳐 이집트로 달아났어. 이집트의 왕은 카이사르에게 잘 보이려고 폼페이우스를 죽여 버렸단다.

이제 로마에 카이사르에게 대적할 인물은 아무도 없었어. 원로원도 꼬리를 내렸지. 카이사르는 최고의 지위인 종신 독재관에 올랐고, 최고의 권위를 상징하는 임페라토르라고 불렸어기원전 44년.

카이사르는 개혁을 시작했어. 평민에게 토지와 식량을 나눠줬고,

대규모 공사를 벌여 일자리를 많이 만들었지. 식민지를 더욱 늘려 많은 물자가 로마로 들어오도록 했고, 지나친 사치와 청부업자가 함부로 평민들의 돈을 빼앗는 행위를 금지했어. 로마 시민들은 카이사르를 찬양했어. 그러나 카이사르는 국민의 지지만으로는 만족스럽지 않았나 봐. 이미 황제 못지않은 권력을 가지고 있으면서도 그는 실제 황제가 되고 싶었어. 비극이 시작된 거야.

로마, 제정시대로 들어서다

카이사르의 권력이 갈수록 커지자 그의 반대파들이 반란을 준비하기 시작했어. 그들은 카이사르가 황제가 되려는 사실을 알고 있었어. 반대파에는 카이사르의 양아들인 브루투스도 끼어 있었지. 반대파는 공화제를 지키기 위해서는 카이사르를 제거해야 한다고 결론 내렸어.

기원전 44년 3월 15일이었어. 카이사르가 원로원에 가려고 집을 나서려는데 이날따라 그의 아내가 평소와 달리 원로원에 나가지 말라며 옷깃을 잡았어. 꿈이 너무 불길했다는 거야. 카이사르는 꿈은 꿈일 뿐이라며 기어이 집을 나섰지. 그러자 웬 젊은이가 길을 막고 "원로원에 가지 마라"라고 하는 게 아니겠어? 그때 카이사르의 옆에 있던 반대파가 웬 미친 사람이냐며 그 젊은이를 쫓아 버렸지.

카이사르는 원로원에 도착했어. 그가 몇 마디나 했을까? 갑자기

수십 명의 사람들이 달려들어 카이사르를 칼로 찔렀어. 그 사람들 사이에서 측근이었던 브루투스를 발견한 카이사르는 "브루투스, 너마저…"라는 말을 남기고 숨을 거뒀다는 이야기도 전해지고 있지.

암살 소식이 전해지자 로마 전체가 발칵 뒤집혔어. 시민들 앞에서 카이사르의 오른팔이었던 안토니우스와 브루투스가 논쟁을 시작했지.

브루투스는 "카이사르를 존경하지만 공화정을 지키기 위해선 어쩔 수 없었다"라고 말한 뒤 눈물을 흘렸어. 로마 시민들은 카이사르가 황제를 꿈꿨다는 사실에 분노하며 브루투스에게 환호를 보냈어. 이번엔 안토니우스가 카이사르의 피 묻은 망토를 보여 주며 "카이사르는 재산을 로마 시민에게 유산으로 물려준다는 유언장을 썼을 만큼 로마를 사랑했다"라고 추도연설을 했어. 이 연설에 감동을

카이사르의 암살 · 폼페이우스 조각상 밑에서 암살되는 카이사르를 묘사한 작품이다.

받은 로마 시민들은 금세 마음을 바꿔 브루투스 일당을 공격했지.

브루투스 일당을 타도한 안토니우스는 레피두스, 카이사르의 양아들 옥타비아누스와 함께 공동 통치를 시작했어. 이미 본 풍경이지? 그래, 맞아. 제2차 삼두정치란다^{기원전 43년}. 이번에는 통치 영역까지 나눴어. 안토니우스는 동방 지역, 옥타비아누스는 서방 지역, 레피두스는 아프리카 지역을 나눠 가진 거야. 그러나 평화는 오래가지 않았어. 기원전 31년 이들 사이에 내전이 터진 거야. 옥타비아누스와 안토니우스 사이에 벌어진 악티움 해전에서 옥타비아누스가 승리하면서 내전은 끝을 맺어.

서양 세계를 다시 통일한 옥타비아누스는 기원전 29년 제1시민이란 뜻의 프린켑스가 됐어. 그는 원로원을 존중하는 척했고, 원로원은 보답으로 신이나 황제에게만 붙일 수 있는 아우구스투스란 호칭을 옥타비아누스에게 선사했단다.

황제의 호칭이 정식으로 사용된

아우구스투스 · 옥타비아누스는 황제의 호칭인 '아우구스투스'를 선사받을 만큼의 권력을 차지했다.

것은 옥타비아누스의 후계자인 티베리우스 때부터였어. 그러나 아우구스투스가 황제와 다름없는 호칭이기 때문에 이때부터 로마를 제정시대로 규정한단다. 아우구스투스는 사실상 로마 제국의 첫 황제인 셈이야^{기원전 27년}.

이 무렵 유대인 지역에서 새로운 종교 지도자가 탄생했어. 훗날 서양 세계의 정신을 완전히 지배한 인물…. 그래, 바로 예수 그리스도가 태어난 거야. 이날로부터 역사는 서기^{서력기원}의 약자로 기록하게 돼.

운명이 엇갈린 영웅
카이사르 vs 아우구스투스

서로 기세가 팽팽한 사이일 때 호각지세라는 말을 써. 같은 시기 로마에서 활약한 이 두 영웅이 그랬어.

카이사르는 전 세계인들이 가장 많이 기억하는 정복자 가운데 한 명일 거야. 유럽에서도 3대 정복자로 나폴레옹, 샤를마뉴와 함께 카이사르를 꼽는단다. 카이사르의 유명한 말 가운데 '주사위는 던져졌다'나 '왔노라, 보았노라, 이겼노라'는 오늘날까지도 자주 인용되고 있지. 반면 아우구스투스는 딱히 유명한 일화를 남기지 않았어.

하지만 로마의 첫 황제가 된 인물은 바로 아우구스투스였어. 카이사르와 아우구스투스 모두 삼두정치의 주역이었지만 카이사르는 황제가 되지 못하고 아우구스투스는 황제가 된 거야. 그래, 둘의 운명이 엇갈린 거야.

카이사르가 덜 뛰어나서 황제가 되지 못한 것은 아니야. 카이사르가 길을 닦아 놓았기 때문에 아우구스투스가 황제가 됐다고 할 수 있지. 아우구스투스가 운이 좋았을 수도 있고, 정치적으로 카이사르보다 한 수 위였을 수도 있어. 아우구스투스는 카이사르가 암살되는 것을 지켜보면서 원로원과 귀족들을 어떻게 구워삶아야 하는지 제대로 배웠을 거야.

그러나 군사적으로는 카이사르가 훨씬 용맹했어. 카이사르는 갈리아, 브리타니아 등 로마의 오랜 골칫거리 지역을 모두 정복했거든. 반면 아우구스투스는 게르만족 정복에 실패했어. 혹시 이때 아우구스투스는 양아버지인 카이사르를 떠올리지 않았을까? 혹시 열등감을 느끼지는 않았을까? 누가 알 수 있겠어? 이미 지나간 역사이고, 사라진 영웅이니까 말이야.

제5장

인류의 탄생에서
중세까지

로마의
전성
시대

서기 1~300년 전후

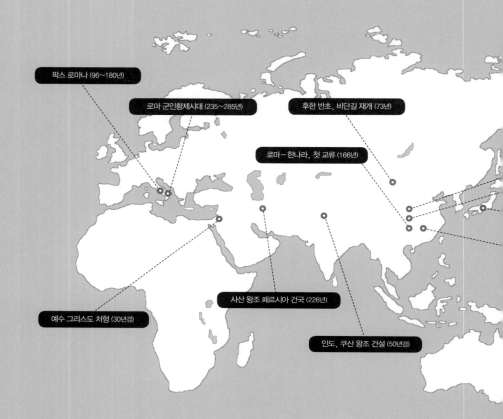

팍스 로마나 (96~180년)

로마 군인황제시대 (235~285년)

후한 반초, 비단길 재개 (73년)

로마 – 한나라, 첫 교류 (166년)

사산 왕조 페르시아 건국 (226년)

예수 그리스도 처형 (30년경)

인도, 쿠산 왕조 건설 (50년경)

그동안 많은 나라의 탄생을 살펴봤어. 로마, 중국의 진과 한나라, 한반도의 고구려, 인도의 마우리아, 이란의 페르시아 제국, 그리고 파르티아까지…. 이 나라 중에서 가장 강한 나라는 어느 나라였을까? 페르시아? 진? 한? 로마? 사람마다 의견이 조금씩 다르겠지. 그러나 1~2세기에는 로마 제국이 가장 강했다는 데 많은 사람들이 동의할 거야. 이때의 로마를 팍스 로마나라고 불렀단다. 다른 대륙이 한창 혼란스러울 때 로마만이 유일하게 번영하고 있었어. 팍스 로마나가 끝날 무렵 중국에선 한나라가 완전히 멸망했고 조조와 유비의 대결로 유명한 삼국시대가 시작됐어.

후한 건설 (25년)

채륜, 종이 발명 (105년)

야마토 건국 (3세기 후반)

테오티우아칸문명 발달 (1세기경)

중국, 삼국시대 (220~280년)

티아우아나코문명 (2세기경)

나스카문명 (100년경)

로마에서도 지방의 군사령관들이 자신이 황제라며 전쟁을 벌이기 시작했어. 흥미로운 점은 로마와 중국이 휘청거리고 있을 때 페르시아에서 다시 정통 이란 왕조가 되살아났다는 거야. 사산 왕조는 최초로 페르시아 제국을 세웠던 아케메네스 왕조가 무너진 후 500여 년 만에 다시 강력한 페르시아 제국을 건설했어. 한반도는 이 무렵 고구려가 중앙집권 체제를 갖추기 시작했어. 백제와 신라는 아직 고구려 정도까지는 아니지만 그래도 서서히 발전하고 있었단다.

20세기 후반, 그러니까 1980년대를 전후로 세계를 주도한 나라는 미국이었어. 이때 자주 쓰인 말이 팍스PAX 아메리카나였어. 우리말로 번역하면 미국의 평화라는 뜻이야. 미국이 중심이 돼서 평화가 찾아왔다는 의미이지. 물론 모두가 이 말에 동의하지는 않겠지만 말이야.

서양 역사를 통틀어 팍스란 말을 가장 먼저 사용할 수 있는 나라는 아마 로마일 거야. 많은 역사학자들이 1~2세기의 로마를 팍스 로마나라고 부르거든. 팍스 로마나는 서기 180년 끝이 났어. 그 후 로마는 지방에 있는 군사령관들이 황제가 되려고 전쟁을 벌이는 바람에 아주 혼란스러워졌지. 당장 로마가 멸망한 것은 아니지만 어쨌든 2세기 이후 로마는 전성기의 로마와는 확실히 달랐어.

5장 커버스토리에서는 로마의 전성기만 떼어 내서 볼 거야. 우선 팍스 로마나 이전의 로마 역사부터 살펴볼까?

팍스 로마나

폭군들, 로마 지배하다

아우구스투스가 황제가 된 이후 로마 제국은 쭉쭉 뻗어 나갔어. 중국의 한나라라면 모를까, 로마를 상대할 나라는 없었어. 그러나 중국과 로마가 이때는 만나지 못했으니 서로 맞붙을 일도 생기지 않았겠지? 적수가 없으니 4세기 중반 이후 게르만족이 서양 역사의 전면에 등장하기 전까지는 로마의 역사가 서양 전체 역사나 다름없단다.

칼리굴라 · 로마 제국의 3대 황제이다.

그러나 초기 로마 제국은 상당히 혼란스러웠어. 폭군 황제들 때문이었지. 아우구스투스의 뒤를 이은 티베리우

네로 · 로마 제국 제5대 황제이자,
최악의 폭군으로 악명이 높다.

스 황제는 뚜렷한 색깔이 없었어. 그러나 그다음 황제인 칼리굴라는 로마 제국의 첫 번째 폭군으로 기록됐어. 그는 마음에 들지 않는 사람을 모두 죽여 버렸어. 폭군이나 독재자의 종말은 늘 좋지 않아. 칼리굴라도 마찬가지였어. 그는 황제를 보호하는 근위대의 장교에게 살해당했단다.

칼리굴라의 뒤를 이은 클라우디우스 황제는 예순이 넘은 노인이었어. 그는 칼리굴라의 삼촌이었지. 황제의 세습이 윗대로 거슬러 올라간 거야. 원로원은 칼리굴라의 폭정에 질려 버려 황제로 순둥이 할아버지를 선택했나 봐.

클라우디우스는 칼리굴라의 친동생, 그러니까 자신의 조카인 아그리피나를 두 번째 부인으로 맞는 바람에 불행해져. 아그리피나가 숙부와 결혼한 까닭은 자신의 아들을 황제로 만들려는 속셈 때문이었거든. 그녀는 황제의 부인 된 다음에 바로 황제를 독살해 버렸어. 정말 지독하지?

클라우디우스가 조카와 결혼했다고 해서 놀랄 필요는 없어. 지금으로써는 상상할 수 없는 일이지만 옛날에는 동서양 구분 없이 황족끼리 결혼하는 게 흔했거든.

기원후 54년 아그리피나의 아들이 마침내 황제에 올랐어. 그가 누군 줄 아니? 역사상 최악의 폭군 중 하나인 네로란다. 폭군 아니랄까 봐 네로는 정치에 간섭한다며 어머니를 죽여 버렸어. 스승 세네카도 자객을 보내 암살했지. 이런 패륜아가 또 있겠니? 폭군의 말로는 늘 비참한 법. 68년 반란군이 갈리아와 에스파냐로부터 로마를 향해 밀려왔어. 네로는 스스로 목숨을 끊었지.

황제 자리가 비게 되자 내란이 다시 시작됐어. 다행히 정직하고 바른 군사령관 베스파시아누스가 1년 만에 내란을 진압하고 황제에 올랐지. 그와, 그의 뒤를 이어 황제가 된 장남 티투스는 모두 좋은 정치를 펼쳤어. 그러나 81년 티투스의 뒤를 이은 도미티아누스 황제는 안 그랬어. 그는 티투스의 동생이었는데, 형과 달리 폭군이었던 거야. 자신을 신으로 숭배하라고 강요했고, 따르지 않는 사람들은 모두 죽여 버렸어. 그도 다른 폭군들처럼 암살당하고 말았지.

혼란스럽지? 재미있는 이야기 하나 해줄게. 고대 로마에서는 스

고대의 콜로세움(위), **오늘날의 콜로세움**(아래)
· 고대 로마의 검투사 시합이 열렸던 대형 경기장이다. 당시 약 5만 명을 수용할 수 있었다고 한다.

포츠가 크게 발달했어. 민심을 달래려고 정치인들이 스포츠를 이용하기 시작한 거야. 그 스포츠가 바로 검투사 시합이었어. 농민들은 대형 경기장인 콜로세움을 찾아 피 튀기는 경기에 환호를 보냈어. 경기에 푹 빠지면 정치인에 대한 불만도 싹 잊어버렸지. 로마 역사상 가장 큰 반란이었던 스파르타쿠스의 반란을 기억하지? 바로 그 스파르타쿠스 또한 탈출한 검투사였단다.

기독교 박해

예수 그리스도의 처형 · 예수가 십자가에 못 박혀 처형 당한 후 기독교의 교세는 오히려 확장됐다.

칼리굴라 황제의 폭군 정치가 계속되고 있을 때였어. 대략 서기 30년경이었지. 로마의 속주 이스라엘에서 예수 그리스도란 인물이 십자가에 매달려 처형됐어. 그가 누구인지 모르지는 않겠지?

예수 그리스도는 기원전 4년경 이스라엘에서 태어났어. 예수는 어린 시절을 이집트에서 보냈어. 예루살렘으로 돌아온 것은 성인이 되고 난 후였지. 예수는 모든 사람이 평등하다는 만민평등 사상을 외쳤어. 설교는 감동적이었지. 예수를 따르는 추종자가 늘어났어. 그러자 그를 시기한 사람들이 "예수가 사이비 종교를 퍼뜨리고 있다"라며 고발해 버렸어. 예수는 30대의 젊은 나이에 처형되고 말았지.

그러나 기독교는 힘이 약해지기는커녕 더욱 빨리 퍼져 나갔어. 바울은 유대인이었고, 유대교 율법학자였단다. 나중에 기적을 체험하면서 기독교로 개종한 것으로 알려졌는데, 이 때문에 그를 이방인의 사도라 부르지. 사도 바울은 48년부터 소아시아에서 마케도니아에 이르는 지역을 이동하며 기독교를 전파했어. 아테네를 거쳐 60년경에는 로마에 도착했지.

예수 그리스도의 제1사도인 베드로도 로마에서 포교 활동을 활발하게 했지. 그는 로마에 지하 교회를 만들어 놓고 신자들을 늘려나갔어. 오늘날 로마 교회가 이때부터 시작된 거야. 더불어 베드로는 초대 로마 교황으로 추앙받고 있단다.

64년 로마에 원인을 알 수 없는 큰 화재가 발생했어. 로마 시가지의 70퍼센트 정도가 잿더미가 돼 버렸단다. 네로 황제는 기독교 신자들이 방화한 것이라며 대대적인 박해를 시작했어. 자신에게 쏟아지는 불만을 기독교도들에게 덮어씌운 거야. 이 박해 과정에서 바울과 베드로가 순교했단다.

박해는 기독교의 지도자뿐 아니라 일반 신도들에게도 가해졌어. 그러나 기독교의 세력은 오히려 더 커져 갔어. 그들은 지하 동굴로 들어가 단체 생활을 하며 은밀하게 교세를 확대시키기 시작했지.

팍스 로마나

다시 로마 정치로 돌아갈까?

폭군 도미티아누스 황제가 죽었어. 원로원은 다시 새로운 황제를 찾아야 했지. 이때 선택된 인물이 원로원 의원인 네르바였어. 이윽고 96년 네르바가 로마 황제에 올랐어. 이때부터 로마는 폭군시대가 끝나고 정치체제가 안정되면서 최고의 평화시대로 접어들었단다. 그래, 팍스 로마나가 절정에 이른 거야.

팍스 로마나의 범위를 좁히면 이 네르바 황제 시절부터라고 할 수 있어. 하지만 범위를 넓히면 로마 공화정 말기의 내분과 혼란을 종결시킨 옥타비아누스가 아우구스투스^{황제}에 오른 시점부터 팍스 로마나로 보지.

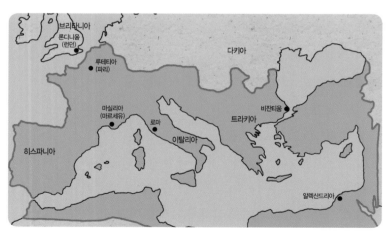

팍스 로마나 시기의 최대 영역 · 트라야누스 황제 때의 영토로, 이때가 로마의 최고 전성기였다.

범위를 넓힌 팍스 로마나에는 한 가지 문제점이 있어. 일반적으로 전쟁을 많이 벌이지 않고 평화를 얻었던 시대를 팍스 로마나로 규정하는데 칼리굴라와 네로의 독재 시절은 평화롭지 않았기 때문이지. 이 시기는 빼야 하지 않을까? 어쨌든 팍스 로마나는 아우렐리우스 황제가 사망한 180년 무렵 무너진단다.

네르바는 황제로 올랐을 때 이미 일흔 살을 내다보는 노인이었어. 그럼에도 불구하고 각종 개혁에 돌입했는데 특히 눈에 띄는 대목이 있었어. 황제 세습제를 따르지 않기로 한 거야. 황제 자리를 아들이나 혈육에게 넘겨주는 게 아니라 과거 중국의 요순시대 때처럼 유능한 사람을 양자로 맞아들인 뒤 황제로 임명했지. 이 방식에 따라 네르바는 게르마니아의 총독 트라야누스를 양자로 입양한 뒤 황제 자리를 넘겨줬어.

이런 황제 승계 방식은 정치를 안정시켰고, 그 결과 로마는 다시 발전하기 시작했어. 네르바 이후 이런 방식으

네르바(위), **트라야누스**(중간), **하드리아누스**(아래)

안토니누스(위), 아우렐리우스(아래)

로 황제가 된 4명이 통치하던 때 로마는 그 어느 때보다 평화로웠고 영토도 넓었어. 그래서 네르바, 트라야누스, 하드리아누스, 안토니누스, 마르쿠스 아우렐리우스 이렇게 다섯 명의 황제를 현명한 황제란 뜻의 5현제라고 한단다.

다섯 황제의 업적을 간단하게 정리해 볼까?

네르바는 오현제시대를 열었고, 팍스 로마나의 기초를 만든 주역이야. 트라야누스는 도나우 강 너머에 있는 다키아 지역을 정복했어. 이 땅이 오늘날 루마니아야. 그는 이어 티그리스 강 유역의 아시리아까지 속주로 만들었고, 한때 서아시아의 강자였던 파르티아의 수도까지 함락했어. 그의 통치기에 로마는 최대 영토를 자랑했단다.

하드리아누스는 영토를 늘리기보다 정치 안정에 더 힘을 쏟았어. 파르티아와 평화조약을 체결해 라인 강과 엘베 강을 경계로 국경선을 확정지었지. 안토니누스는 로마 역사상 처음으로 중국에 이름을 알린 황제야. 아우렐리우스 황제는 『명상록』을 남긴 철학자로도 유명하지. 그가 도나우 강에서 게르만족과 전투 도중 사망함으로써 5현제시대는 막을 내리게 돼. 더불어 팍스 로마나도 빛을 잃었지.

그다음에는 여러 군사령관들이 "내가 황제다!"라고 선포하며 전쟁을 하는 '군인황제시대'로 이어졌어. 로마의 전성시대가 끝난 거야. 이 역사는 조금 이따 살펴볼게.

팍스 로마나, 아시아까지 뻗었다

팍스 로마나 시대의 로마를 중국에 비유하자면 요순시대에 버금가는 평화기였어. 물론 전쟁이 없었던 것은 아니지만 로마 영토는 더욱 커졌고 식민지나 속주에서 많은 물자들이 로마로 들어왔어.

오늘날 파리와 런던, 빈 같은 도시도 팍스 로마나가 있었기에 만들어진 거야. 이때 로마는 유럽 중부와 북부까지 점령했지. 로마는 정복 지역을 폭력적으로만 통치하지 않고 어느 정도 자치를 허용했어. 그 때문에 유럽 곳곳에 대도시들이 생겨나기 시작한 거야.

로마는 사방팔방으로 길을 뚫었어. 로마가 이탈리아반도를 통일할 때가 기억나니? 그때도 아피아 가도를 따라 로마가 발전했지. 이번에도 로마는 새로 뚫은 길을 통해 무역을 발전시켰고, 그 결과 유럽 전역이 경제적으로 발전하게 됐어.

팍스 로마나 시대, 꼭 기억해야 할 역사적 사건이 또 하나 있어. 동서양의 최고 강국인 로마와 한나라가 드디어 만난 거야!

아우렐리우스 황제가 통치하고 있던 166년, 로마의 사절단이 중국 후한의 수도 뤄양을 방문했어. 사절단은 한나라의 황제인 환제를 찾아 인사를 했고, 한은 사절단을 성대하게 환영했지.

두 제국이 교류를 하려고 했던 것이 이때가 처음은 아니었어. 97년 한나라의 감영이란 인물이 로마에 가려고 했었단다. 그러나 파르티아 등 주변 국가의 상인들이 막는 바람에 무산되고 말았지. 비슷한 시기에 동서양의 최고 강국이 모두 교류를 시도했었다는 점, 중국은 실패했고 로마는 성공했다는 점이 흥미로운 대목이야.

B.C.는 뭐고 A.D.는 뭐지?

일반적으로 역사시대는 문자가 발명되고 인류가 자신의 삶을 기록한 후부터로 잡아. 그전까지는 선사시대라고 부르며 그때의 인류도 원시인이라고 부르지. 물론 학문 분야도 고고학이지, 역사학이 아니야.

역사시대는 보통 기원전·후로 구분해. 기원전은 B.C. 기원후서기는 A.D.라고 표기하지. 이는 각각 Before Chris예수가 태어나기 전와 Anno Domini예수의 해를 줄인 말이야.

예수 그리스도의 출생을 역사의 기준으로 삼는다는 것은 현대 세계에서 미국과 유럽의 세력이 강하기 때문이야. 정치는 힘 있는 집단이 만든 질서이니까. 만약 우리가 더 강하다면 굳이 예수가 아니라 단군이나 주몽 등 우리 민족 영웅의 탄생을 기준으로 해를 셀 수도 있겠지.

오늘날 동양은 지중해와 맞닿은 중동, 즉 서아시아까지를 가리켜. 그러나 이 일대의 사람들은 외모로 보나 정서로 보나 아시아보다 유럽에 더 가깝지. 인종적, 언어학적 기준으로 봐도 대부분 인도유럽어족이야. 이런 이유 때문에 서아시아는 일찍부터 유럽과 경쟁하며 발전했어.

그래도 유럽 사람들은 서아시아 민족들을 야만인이라 불렀어. 서아시아라는 지역을 자신들과 가깝다고 해서 근동近東이라고 불렀지. 미국이 세계의 중심이 되면서는 서아시아를 유럽과 아시아의 중간지대라 해서 중동中東이라고 불렀어.

시대 구분과 마찬가지로 지리 구분 또한 서양의 입맛에 따라 결정된 거지. 약간 씁쓸한 대목이야. 그렇지?

대륙별스토리

커버스토리에서 팍스 로마나 역사를 살펴봤어. 같은 시대 중국은 어땠을까? 전한이 무너지고 후한이 들어섰단다.

팍스 로마나가 끝날 때 후한 왕조도 멸망했어. 간다라 미술을 일으킨 인도의 쿠샨 왕조도 멸망했지. 이 쿠샨 왕조를 무너뜨린 강대국은 사산 왕조사산조 페르시아였어. 로마, 중국, 인도가 휘청거릴 때 서아시아에서 새로이 강대국이 나타난 거지.

사산조 페르시아가 과거 페르시아 제국의 영광을 부활시키고 있을 때 로마에서는 군인황제시대, 중국에선 삼국시대가 시작됐어. 인도도 언제 끝날지 모르는 혼란에 빠져들었지. 그렇다면 페르시아가 나 홀로 번영하고 있는 셈인가?

우선 팍스 로마나 시대의 중국 역사부터 살펴볼 거야. 이어 페르시아의 부활 이야기를 들려줄 거고, 그다음에는 전성기가 꺾인 3세기의 로마로 갈 거야. 중간에 고구려 초기의 역사도 살짝 엿볼 거란다.

중국, 후한에서 삼국시대로

아우구스투스 황제가 로마를 통치하던 기원후 8년, 한나라가 잠간 동안 멸망한 적이 있었단다. 외척 왕망이 한의 황제를 내쫓고 신이라는 나라를 세운 거야. 역사학자들은 고조가 한나라를 세운 기원전 202년부터 서기 8년 망할 때까지를 전한, 24년 광무제가 다시 세운 한나라를 후한이라고 부른단다.

겉으로 멀쩡한 사람의 몸 안을 들여다보니 온갖 병에 걸려 있는 경우가 있어. 전한이 바로 그랬단다. 무제의 강력한 통치로 한나라는 영토도 넓어졌고 주변의 모든 나라가 겁을 내는 강국이 됐어. 그러나 안은 썩고 있었어. 무제가 사망하자 권력은 외척에게 넘어갔고 나랏돈은 바닥이 나 버렸어.

신나라를 세운 왕망도 처음에는 개혁을 벌였어. 그는 귀족들이 토지를 많이 소유하는 게 부패의 원인이라 생각했어. 그래서 모든 토지를 몰수해 나라의 땅으로 만드는 왕전제를 실시했지. 기원전 2세기경 로마에서 활동했던 그라쿠스 형제가 떠오르지 않니? 왕전제 개혁은 의도는 좋았지만 실제로는 황제와 귀족에게 토지가 더 집중됐어. 백성들만 고통을 받은 거야. 분노한 민중들은 전국 곳곳에서 반란을 일으켰어.

후한, 다시 번영하다

신나라는 혼란만 부추긴 채 24년 문을 닫았단다. 너무 짧은 기간이었기 때문에 그런 나라가 있었다는 사실도 모르는 사람들이 많아.

후한시대를 연 인물은 전한의 황족 유수였어. 그는 새로운 왕조를 열기보다 한나라의 정통성을 이어받는 쪽을 택했지. 그 덕분에 왕조의 맥이 가까스로 이어졌어. 24년 유수는 후한의 첫 황제인 광무제가 됐어. 이 후한은 220년까지 약 200년간 지속됐단다.

그러나 아직까지는 중국 전체가 통일된 게 아니었단다. 또 다른 황족이 황제를 선언하며 스스로를 경시제라 부르기도 했어. 경시제의 군대야 힘이 약해서 별 문제가 되지 않았어. 그러나 농민 반란군인 적미군은 달랐어. 반란군의 숫자만 수십만 명이었고, 전쟁에서 이긴 경험도 많아 사기가 아주 높았지.

후한 광무제 · 후한의 초대 황제이며 이름은 유수이다.

광무제는 혼란을 끝내기 위해서는 반란군부터 진압하는 게 최선이라고 생각했어. 이 토벌 작전은 약 1년 만에 끝이 났어. 이제 본격적으로 후한 왕조가 시작된 거야. 로마에서 칼리굴라 황제의 폭정 아래 예수 그리스도가 십자가에 못 박히기 딱 5년 전의 일이었어.

광무제는 경제를 살리기 위해 세금

을 대폭 깎았고 군인의 수를 줄여 더 많은 사람이 농사를 지을 수 있도록 했어. 몇 년 지나지 않아 광무제의 노력은 결실을 맺었지. 중국 경제가 다시 살아나기 시작한 거야. 2대 효명 황제 때에는 반초가 황제의 명을 받들어 신나라 때 막혀 버린 비단길을 다시 열었단다[73년].

전한 왕조 때도 그랬지만 이번에도 흉노족이 방해가 됐어. 반초는 흉노족을 물리치면서 서쪽으로 진격했어. 마지막으로 남아 있는 흉노족까지 중앙아시아 평원으로 완전히 쫓겨났고, 그중 일부 무리는 헝가리 평원 쪽으로 이동하기 시작했어.

유럽 사람들은 그들을 훈족이라고 불렀어. 나중에 게르만족의 대이동을 유발한 바로 그 민족이야. 그 게르만족이 로마를 멸망시켰으니 훗날 로마가 멸망하는 데 한나라가 기여한 셈이 되나? 어쨌든 전한의 장건이 비단길을 개척했다면 후한의 반초는 비단길을 완성한 인물이라고 할 수 있단다.

독재자들이 판치던 로마는 96년 네르바가 황제에 오르면서 다시 발전했어. 팍스 로마나 시대가 전성기로 달리기 시작했지. 그로부터 1년 후 후한도 서방 세계로 뻗어 나가려 시도했단다. 후한의 감영이란 인물

채륜 · 후한의 환관으로 '채후지'라는 종이를 개발했다.

이 바닷길을 통해 로마로 가려고 한 거야[97년]. 그러나 주변 국가들이 말리고 방해하는 바람에 성사되지는 못했지. 만약 이때 한나라가 로마로 진출했다면 역사가 조금 다르게 발전했을까? 이 두 나라의 만남은 약 70년이 지난 166년에 로마 사절단이 한나라에 도착하면서 마침내 이뤄진단다.

이 무렵 후한의 업적 중 반드시 알고 넘어가야 할 게 있어. 바로 105년 무렵 환관 채륜이 종이를 발명한 거야. 이 발명이 왜 중요하냐고? 생각해 봐. 종이가 있어야 지식을 기록할 수 있지 않겠어? 그전까지는 비단이나 대나무, 양피지 등에 기록을 했지만 너무 비쌌어. 이제 종이가 발명됐으니 돈을 훨씬 덜 들이고 많은 지식을 기록할 수 있게 된 거지. 종이 제작기술은 훗날 이슬람권으로 먼저 전파되고, 그 후 유럽까지 확산돼 세계를 확 바꿔 놓는단다.

황건적의 난, 후한 삼키다

한나라가 재건되고 150여 년이 지났을까? 후한은 다시 혼란에 빠졌어.

후한은 전한의 제도를 그대로 계승했다고 했었지? 급격한 변화가 없는 것은 장점이겠지. 하지만 새로움이 없으니까 오랜 세월 정체된 채로 발전하지 못했어. 물이 계속 흘러야 하는데 고여서 썩기 시작한 거야. 부패는 지방에서부터 시작됐어. 지방의 귀족, 즉 호족들이 모든 토지를 싹쓸이해 버린 거야. 당연히 호족만 부자가 됐지.

호족들은 중앙정부에도 진출했어. 이때 지방의 우수한 인재를 중앙정부에 추천하면 그 가운데에서 중앙관료를 선출하는 향거리선제란 제도가 있었는데 호족들은 이 제도를 악용했지. 지방에서 호족의 힘은 무척 셌다고 했지? 지방에서 인재를 추천할 때 아무래도 큰 영향력이 있지 않았겠니? 호족들은 자신의 측근만 추천했어. 그들이 중앙정부에 가면 누구 편을 들지는 안 봐도 뻔해.

중앙정부도 깨끗하지는 않았어. 환관과 외척이 권력을 장악한 거야. 그들은 황제가 마음에 안 들면, 그 황제를 바꾸기도 했어. 그러니 황제의 권위는 사라졌고, 파리 목숨이 돼 버렸단다. 정치가 부패하면 그 피해는 고스란히 백성에게 돌아가지. 농민들은 땅을 빼앗겨 떠돌아다니거나 굶주려 죽었어. 마음을 둘 곳 없던 농민들 사이에 태평도라는 종교 단체가 인기를 끌었어. 태평도는 장각이란 인물이 만든 도교 단체였는데, 농민들이 모여들면서 점차 정치 단체로 발전했지.

로마에서 아우렐리우스가 사망하자 팍스 로마나가 끝이 나 버렸어. 그의 아들이 황제에 올라 독재를 했기 때문이지. 이때가 180년이야. 4년 후인 184년, 중국에서 태평도가 들고 일어섰어. 중국과 로마에서 동시에 혼란이 시작된 거야.

태평도는 모두 황색두건을 머리에 둘렀기 때문에 황건적이라고 불렸단다. 황건적은 난을 일으키면서 "후한을 타도하고 새로운 천하를 만들겠다!"라고 선포했어. 불행하게도 황실은 황건적의 난을 진

삼국지연의 · 위, 촉, 오 세 나라의 역사를 바탕으로 나관중이 집필한 장편 역사소설이다.

압할 수 없을 정도로 약해져 있었단다. 황실은 어쩔 수 없이 호족들에게 도움을 요청했어. 양의 탈을 쓴 호족들은 기꺼이 황실을 도왔지. 물론 천하를 차지하려는 속셈을 감추고 말이야.

그 대표적인 인물이 바로 조조야. 그는 황건적의 난을 모두 진압하는 데 혁혁한 공을 세웠어. 반란군이 사라졌으니 할 일을 끝냈지? 이제 호족은 지방으로 내려가야 정상이야. 그러나 조조는 중앙정부에 눌러앉아 버렸어.

더 이상 후한에 미래는 없었어. 189년 후한의 12대 황제인 영제가 세상을 떠났지. 팍스 로마나가 끝난 때와 후한이 멸망한 시점이 거의 비슷하다는 것도 흥미로운 대목이야. 그 후 로마와 중국에 군인들이 서로 권력을 다투는 군웅할거시대가 시작됐다는 점도 똑같단다. 이 부분은 곧 살펴볼 거야.

영제가 사망한 후 동탁이 권력을 장악했어. 그는 13대 황제를 갈아 치울 정도로 막강한 권력을 휘둘렀지. 여기서부터는 소설 『삼국지연의』에도 나오는 내용이야. 동탁이 여포에게 죽은 뒤 14대 황제는 처음에는 이각과 곽사에게, 나중에는 조조에게 붙잡혀 허수아비 황제 노릇을 했지. 234년 그 황제가 한 많은 삶을 마감하면서 허깨비였던 후한이 완전히 사라졌단다.

세 영웅 천하를 다투다

유비, 조조, 손권 등 세 명의 영웅이 중국 천하를 차지하려 싸운 내용은 이미 잘 알고 있을 거야. 만화로, 영화로, 소설로 숱하게 나왔던 『삼국지』의 세 영웅이 바로 이들이니까 말이야. 이들은 각각 촉^{촉한}, 위, 오나라를 세워 싸웠어. 이로써 중국은 삼국시대로 접어들었어[220년]. 삼국시대는 60년 후인 280년 끝이 난단다.

흥미로운 점은 이미 말했던 것처럼 이때부터 5년이 지난 다음 로마에서도 군인황제가 시작됐다는 거야. 동서양의 가장 큰 제국에서 거의 같은 때 군웅할거시대가 열린 거지.

다시 중국으로 돌아가서…. 세 영웅 가운데 누가 천하통일을 이뤘을까? 결론부터 말하자면, 아무도 위업을 달성하지 못했어. 훗날 중국을 통일한 나라는 진나라야. 위나라의 대장군을 지냈던 사마 씨가 만든 나라였지.

삼국의 이야기를 조금 더 자세히 해 보자면, 세 영웅 가운데 가장 먼저 두각을 나타낸 인물은 조조였어. 조조는 후한의 마지막 황제인 헌제를 조종하며 모든 권력을 장악했어. 다른 두 나라가 가만히 있을 리 없었겠지? 마

적벽 · 중국 후베이성 가어현의 서쪽에 있는 절벽으로 적벽대전의 무대였다. 절벽에 '적벽'이라고 쓰여 있다.

유비(위), 조조(중간), 손권(아래)

침내 세 나라가 한판 승부를 벌였어. 조조가 먼저 군대를 출격했고, 촉과 오가 연합군을 결성해 맞섰지. 이 전투가 바로 유명한 적벽대전이란다[208년].

막강한 군대를 가진 조조가 적벽대전에서 승리했다면 중국은 쉽게 통일됐을 거야. 그러나 결과는 정반대였어. 촉의 천재 지략가 제갈공명의 전략이 그대로 맞아떨어졌거든. 그가 세운 전략에 따라 연합군은 바람을 이용해 불화살 공격을 퍼부었어. 조조의 진영은 불바다가 돼 버렸지.

적벽대전이 끝난 다음 중국은 위·촉·오 세 나라가 천하를 나눠 가진, 본격적인 삼국시대로 접어들었어. 이것도 제갈공명의 머리에서 나온 전략이었단다. 촉의 세력이 세 나라 중 가장 약했기 때문에 위와 오, 두 나라 중 어느 한쪽이 절대강자가 되지 못하도록 머리를 쓴 거야. 천하를 셋으로 나눈 다음 조용히 촉의 세력을 키우자는 거였지.

제갈공명의 의도는 적중했고, 촉은 두 나라와 힘을 겨룰 만큼 성장했어. 그러나 하늘의 뜻은 촉에 있지 않았나 봐. 촉의 성장에 위기감을 느낀 위와 오가 연합한 거야. 유비의 의형제이자 촉의 최고 명장인 관우가 목숨을 잃은 사건을 계기로 촉의 세력은 다시 약해졌어.

220년 조조가 세상을 떠나자 그의 아들 조비가 권력을 이어받았어. 조비는 더 이상 후한 왕조를 유지할 필요가 없다고 생각했지. 그는 후한의 마지막 황제 헌제를 끌어내리고 스스로 황제가 됐어. 이로써 한나라의 역사도 끝이 나고 말았지.

3년 후 유비가 세상을 떠났어. 그의 뒤를 이은 아들 유선은 아주 나약한 인물이었지. 그냥 두면 나라가 망할 것 같았어. 다행히 제갈공명이 버티고 있어 나라의 운명이 끊어지지는 않았지. 그러나 제갈공명마저도 위의 대장군 사마의와 전투를 벌이던 234년 세상을 떠나고 말았어. 이때 만약 위나라에서 내분이 일어나지 않았다면 촉은 금방 멸망했을 거야. 위의 대장군 사마의가 쿠데타를 일으켜 권력을 장악하는 시간 동안 촉의 수명은 늘어났지.

사마의가 세상을 떠난 후 권력을 넘겨받은 아들 사마소가 263년 촉을 정복했어. 사마소도 황제에는 오르지 못했단다. 황제가 되려는 사마씨의 소원은 사마소의 아들, 그러니까 사마의의 손자인 사마염에 이르러 가능했어. 사마염은 위나라의 왕 조환을 끌어내리고 황제에 오른 뒤 나라 이름을 진晉이라고 선포했단다[265년]. 진이라는 나라 이름이 정말 여러 번 나오지? 이 진나라는 420년까지 약 160여 년간 계속됐어.

진 무제 사마염은 오나라를 총공격했어. 오나라는 공격을 견디지 못하고 결국 항복하고 말았지. 4대 52년 만에 오나라가 멸망하면서 중국은 진에 의해 다시 통일됐단다[280년].

한반도, 삼국 기틀 확립

한반도는 중국에 비하면 발전 속도가 느렸어. 이미 기원전 3세기에 중앙집권 체제를 시작한 중국과 다르게 한반도는 기원후로 들어서야 서서히 중앙집권 체제가 만들어지기 시작했지.

한반도의 삼국 가운데 가장 먼저 중앙집권 체제를 갖추기 시작한 나라는 고구려였어. 고구려는 기원후 3년 졸본성에서 국내성으로 수도를 옮겼어. 53년에 즉위한 태조왕이 본격적으로 체제 정비를 시작했지. 태조왕 이전까지만 해도 고구려는 여러 부족이 서로 갈등하며 다투고 있었어. 태조왕이 그 갈등을 끝내고 중앙집권 체제를 갖추기 시작한 거야.

태조왕은 고구려의 영토도 늘렸어. 옥저와 동예를 합쳤고, 한의 낙랑군과 현도군을 자주 공격해 위협했지. 태조왕의 강력한 통치

수로왕릉 · 금관가야의 시조 김수로의 능이다.

에 힘입어 고구려는 삼국 중 가장 강력한 나라로 성장했단다.

가난한 백성들을 위한 제도가 만들어진 것도 주목할 만한 일이야. 고국천왕 때인 194년 실시된 진대법을 말하는 거란다. 이 제도는 흉년 때 백성들에게 곡식을 꾸어 준 뒤 수확을 하면 돌려받는 거야.

이 무렵 백제도 서서히 세력을 키웠어. 백제는 원래 마한에 소속된 여러 나라 중

기마인물형 각배 · 토기는 김해에서 출토된 가야의 유물로 액체류를 담는 잔으로 활용됐다.

하나였단다. 그러나 힘을 키운 백제는 8년 오히려 마한을 공격해 합병해 버렸어. 백제는 3세기 중반, 고이왕에 이르러 중앙집권 국가의 기틀을 다졌단다.

42년, 가야의 수로왕이 금관가야를 건국했어. 이때까지만 해도 신라는 가장 뒤떨어진 나라였지. 아직 중앙집권국가의 기틀도 마련되지 않았거든. 신라는 4세기 중반이 돼야 비로소 중앙집권국가의 모양새를 갖추게 돼.

일본, 연합국가 탄생

한반도가 발전이 늦다고? 그러나 일본에 비하면 무척 빠른 편이었어.

일본은 기원후로 접어들었지만 통일국가조차 나타나지 않았어. 한반도에서 세 나라가 중앙집권의 기틀을 다지고 있던 3세기까지도 일본은 여전히 초보국가 수준에 머물러 있었지. 그래도 이런 초보국가들이 꽤 있었단다. 초보국가 20~30개가 모여 연합국가를 만들기도 했어.

이런 연합국가는 일본 전역에 여러 개가 있었어. 그중 가장 강력했던 연합국가가 야마타이였지. 오늘날 일본 역사에서는 이 야마타이를 최초의 국가다운 국가로 보고 있어. 그러나 야마타이 국이 일본 전역을 통일한 국가는 아니었어. 어디까지나 소규모 국가들의 연합체였지. 일본 최초의 통일국가는 4세기 중반에 가야 나타난단다. 야마타이가 발전한 야마토국이 바로 그거야.

제갈량에 얽힌 고사성어들

제갈량은 제갈공명이라고도 불리는, 유비의 지략가였어. 지략이 너무 뛰어나 제갈량이 죽었는데도 위나라 사마의 대장군은 두려운 마음에 군대를 후퇴시켰을 정도였지. 제갈량과 관련된 고사성어는 오늘날까지 널리 쓰이고 있어. 대표적인 네가지만 알아볼까?

첫째, 와룡봉추. 와룡은 제갈공명을 가리키고, 봉추는 또 다른 전략가인 방통을 가리키는 말이지. 이들은 모두 초야에 묻혀 살았어. 이 말은 겉으로 드러나지 않은 아주 뛰어난 인재들을 가리킬 때 쓰인단다.

둘째, 삼고초려. 이 말은 초가집을 세 번 찾아 살핀다는 뜻이야. 우수한 인재를 맞아들이기 위해 정성을 다할 때 쓰는 고사성어지. 유비는 47세 때 27세의 어린 제갈공명을 참모로 맞아들이기 위해 세 번이나 그의 집을 찾아갔어. 처음에 싫다던 제갈공명도 유비의 정성에 감동해 마침내 그의 참모가 됐단다.

셋째, 읍참마속. 울면서 마속의 목을 벤다는 뜻이야. 마속이란 인물은 매우 용맹해 많은 전투에서 승리를 거뒀어. 그러나 싸우지 말고 기다리라는 제갈공명의 명령을 어기고 제멋대로 나아가 전투를 벌이다 패하고 말았지. 제갈공명은 군기를 잡기 위해 어쩔 수 없이 그의 목을 벴어. 이 말은 조직의 기강을 바로잡기 위해 개인적인 감정을 접고 어려운 결정을 내릴 때 쓰인단다.

제갈량

넷째, 칠종칠금. 일곱 번 사로잡았다가 일곱 번 모두 풀어 준다는 뜻이야. 유비가 사망한 후 촉의 재상 역할을 하던 제갈량은 맹획이란 반란군을 사로잡았어. 제갈량은 반란을 진압하려면 힘이 아니라 마음으로 감동시켜야 한다고 생각하고 맹획을 잡을 때마다 풀어 줬어. 결국 맹획은 일곱 번 풀려난 뒤 마음을 고쳐먹고 제갈량의 부하가 됐단다. 이처럼 힘이 아니라 진심으로 사람을 움직일 필요가 있을 때 이 고사성어가 사용돼.

페르시아 제국, 재건되다

팍스 로마나 시대, 옛 페르시아 제국의 서부는 로마의 지배를 받았어. 동부와 인도 북서부는 파르티아가 통치하고 있었지. 이미 몇 번 말한 대로 팍스 로마나가 끝나면서 로마는 혼란스러워졌어. 그 틈을 타서 파르티아가 힘을 키웠어.

　페르시아 제국이 알렉산드로스의 동방원정 때 멸망한 뒤 이 일대는 헬레니즘 세계로 바뀌었어. 그 후로 한동안 그리스 혈통의 파르티아가 서아시아의 강자 행세를 했단다. 그러나 중국에서 후한이 멸망하고 6년이 지났을 때였지. 파르티아를 무너뜨린 아주 강력한 왕조가 나타났단다. 바로 정통 이란 혈통의 사산 왕조사산조 페르시아야. 이 무렵 페르시아의 역사를 살펴보기 전에 인도차이나와, 그 옆의 인도 역사부터 간단하게 정리하고 넘어갈게.

인도차이나의 변화

오늘날 인도차이나반도라고 불리는 곳에 조명을 비춰 볼까? 이 지역도 발전 속도가 더딘 곳 중 하나야. 그래도 이 무렵에는 많은 나라들이 생겨나기 시작했단다.

　이 지역은 인도와 중국의 영향을 많이 받았어. 메콩 강을 기준으로 동쪽은 중국, 서쪽은 인도로부터 많은 문물을 수입했지. 베트남 북부 지역은 10세기까지 중국의 지배를 받았어. 당연히 중국의 입김이 많이 작용하지 않았겠니? 그러나 베트남 남부는 안 그랬어. 2세기경 이 지역에 있던 참족은 인도의 영향을 받아 참파라는 국가를 건설했지. 참파는 15세기까지 인도를 본보기로 삼아 국가를 유지했지만 그 후 중국으로부터 벗어난 베트남에 정복당하고 말았단다.

참파가 세워졌을 때 메콩 강 일대에서는 크메르족이 부남을 건설했어. 부남도 인도의 영향을 많이 받았지. 부남은 인도와 교류했고, 국력도 꽤 키웠어. 3세기 때는 말레이시아까지 영토를 넓혔지. 그러나 7세기 초반 북쪽에서 탄생한 진랍이란 나라의 공격을 받은 후 멸망하고 말았단다.

인도 쿠산 왕조와 간다라 미술

자, 인도차이나에서 서쪽으로 눈을 돌려 볼까? 그러면 인도가 보일 거야. 이 무렵 인도는 매우 혼란스러웠어. 왜 그런지는 이미 앞에서 다 설명했어. 떠올려 봐. 기원전 180년 마우리아 왕조가 멸망했어. 그다음 인도는 어떻게 됐지? 약 200여 년간 여러 민족이 서로 전쟁을 벌였다고 했지? 박트리아와 파르티아도 이 전쟁에 끼어들었어.

이 전쟁에 또 하나의 민족이 뛰어들었어. 바로 아프가니스탄 출신

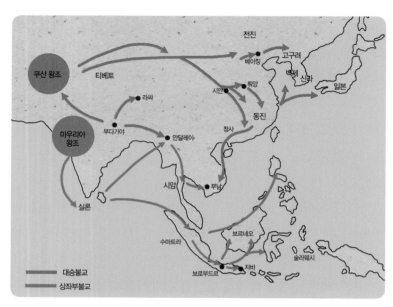

불교의 전파 · 마우리아 왕조의 상좌부불교와 쿠샨 왕조의 대승불교는 각각 달리 퍼져 나갔고 우리나라에는 대승불교가 전파됐다.

의 월지야. 그들은 인도를 야금야금 먹어 갔어. 그리고 마침내 50년경 월지족의 한 제후가 펀자브 지방까지 진출해 왕조를 건설했지. 이 왕조가 바로 쿠샨 왕조란다. 중국에서 후한 왕조가 세워진 게 24년경이었으니까 후한과 쿠샨 왕조가 세워진 게 약 26년의 시간 차밖에 나지 않는 거야. 이즈음 남인도 데칸 고원에서는 안드라 왕조를 포함해 여러 개의 작은 왕조가 있었지만 어느 한 왕조도 절대 강자가 되지는 못했어. 강력한 지도자가 없으니 모두 오합지졸이었던 거지. 이때 인도의 최강 왕조는 쿠샨 왕조라고 볼 수 있겠지?

쿠샨 왕조는 3대 카니슈카 왕 때 전성기를 맞이했어. 그는 갠지스 강 일대까지 영토를 확장했고, 대승불교의 탄생이라는 큰 업적을 남겼어.

불교는 크게 대승불교와 상좌부불교^{소승불교}로 나눠. 마우리아 왕조의 아소카 왕 때 번성한 것은 상좌부불교야. 상좌부불교는 개인적으로 수양을 열심히 해서 모든 욕심을 버리는 경지인 해탈에 도달하는 게 목표야. 그러나 대승불교는 개인적 해탈도 중요하지만 그보다는 모든 백성, 즉 중생을 구제하는 것을 가장 중요한 목표로 삼았지. 카니슈카 왕은 대승불교를 국가 통치이념으로 삼아 장려했단다.

상좌부불교는 마우리아 왕조 때 인도차이나반도를 거쳐 동남아시아로 전파됐어. 반면 우리나라나 중국, 일본 등 동아시아에는 주로 대승불교가 수입됐지. 두 불교의 전파 경로는 지도를 보면 잘 알수 있을 거야.

다시 쿠샨 왕조로 돌아가서….

이때 발달한 불교 미술이 바로 간다라 양식이야. 이 미술 양식은 인도의 전통 미술기법에 헬레니즘 양식이 덧붙여져 탄생

간다라 양식의 불상 · 서양인의 얼굴과 복장을 하고 있는 게 특징이다.

한 일종의 혼혈미술이었단다. 알렉산드로스의 동방원정은 오랜 시간이 지났어도 그 영향력을 잃지 않았던 거야. 정말 대단하지 않니?

간다라 양식은 주로 불상에서 많이 볼 수 있는데 인물의 얼굴이 서양 사람과 흡사해. 얼굴뿐 아니라 옷도 동양이 아니라 서양 옷을 많이 닮았지. 이 미술 양식은 그 후 중국을 거쳐 동아시아로 전파돼 한 시대를 풍미했어.

카니슈카 왕이 세상을 떠나자 쿠샨 왕조도 더불어 쇠퇴하기 시작했어. 더 이상 탁월한 군주가 나오지 않았거든. 중국에서 한나라가 무너질 무렵인 226년, 쿠샨 왕조도 파르티아를 무너뜨린 사산조 페르시아의 속국이 돼 버렸어. 그리고 5세기 후반에는 중앙아시아에서 내려온 유목 민족 에프탈에 멸망해 흔적도 없이 사라졌단다.

사산조 페르시아 탄생

이제 페르시아를 살펴볼 차례야. 앞에서도 이야기했지만 파르티아는 반쯤은 이란 혈통의 왕조였어. 파르티아는 한때 서아시아 땅에서 최고의 강자였지. 로마와 싸워도 전혀 기가 죽지 않았어. 그러나 전쟁이 잦아지니까 로마와 파르티아 모두 국력이 약해졌단다.

220년 중국에서 후한 왕조의 마지막 황제가 물러났어. 조조가 세상을 떠나고, 그의 아들 조비가 새로운 나라 위의 황제에 올랐지. 그로부터 6년이 지났어. 파르티아의 장군 출신인 아르다시르 1세

사산조 페르시아의 영역 · 아케메네스 왕조 멸망 후 잃어버린 페르시아의 영광이 다시 시작됐다.

가 반란을 일으켰어. 그는 새 나라를 세우고 "아케메네스 왕조를 계승해 정통 페르시아의 영광을 되찾겠다!"라고 선포했어. 이 왕조가 순수 이란 혈통의 두 번째 왕조인 사산 왕조 페르시아, 줄여서 사산조 페르시아란다²²⁶년. 아케메네스 왕조가 세운 페르시아 제국이 알렉산드로스에 의해 무너지고 550년 만에 페르시아의 영광이 다시 시작된 거야. 사산조 페르시아는 651년까지 430여 년간 번영했어.

사산조 페르시아는 아케메네스 왕조 때처럼 순식간에 성장했어. 나라를 세운 바로 그해, 인도의 쿠샨 왕조를 속주로 만든 후 소아시아까지 진출해 과거 페르시아 제국의 영토를 단숨에 회복한 거야. 동서양의 문화와 상품을 연결하는 중개 역할도 충실히 했어. 중국의 비단을 로마로, 그리스 의학을 동아시아로 전파했어. 인도의 천문학은 로마와 중국 모두에게 소개했지.

잠시 눈을 돌려 로마와 중국의 상황을 볼까? 이 무렵 두 나라는 모두 군웅할거시대로, 매우 혼란스러웠어. 흥미로운 이야기 하나

해줄까? 아케메네스 왕조가 세운 페르시아 제국이 멸망했을 때 로마와 중국 진나라는 착실하게 성장하고 있었어. 그런데 지금은 어때? 두 나라가 모두 혼란스럽지만 페르시아는 정반대로 쑥쑥 크고 있었어. 입장이 완전히 바뀐 거야. 어때? 재미있는 역사 아니니?

페르시아 제국 때 조로아스터교를 공인했던 것처럼 사산조 페르시아 때도 새로운 종교가 탄생했어. 250년경 조로아스터교, 불교, 기독교의 교리를 통합한 마니교가 만들어진 거야. 이 종교는, 그러나 반짝 인기를 얻었다가 쇠퇴하고 다시 조로아스터교가 국교가 된단다.

사산조 페르시아는 로마 제국의 문을 두드렸어. 다시 동서양의 충돌이 시작된 거야. 260년 사산조 페르시아의 2대 샤인 샤푸르 1세

샤푸르 1세와 로마 황제 · 로마 황제가 페르시아 군대에 굴욕을 당하고 있다.

가 로마 영토인 시리아를 공격했어. 페르시아 군대는 터키까지 진격했고, 동남부 지역에서 로마 군대와 마주쳤지. 이 전투는 로마의 발레리아누스 황제가 직접 진두지휘할 만큼 큰 전쟁이었어. 그러나 로마 황제는 포로로 잡혔고 머

지않아 처형됐단다. 사산조 페르시아의 케이오 승이었던 거야.

그 후로도 사산조 페르시아는 400여 년간 동서무역을 독점하면서 번영을 누렸어. 팍스 로마나 시대를 끝내고 혼란과 분열에 휩싸인 로마는 사산조 페르시아를 당해 낼 수 없었지. 이제 이빨 빠진 호랑이로 전락한 로마의 역사를 살펴볼까?

로마, 화려한 시절 끝나다

다섯 명의 현명한 황제가 통치했을 때의 평화는 어디로 사라지고, 로마가 기울기 시작한 걸까? 어쩌다가 군사령관들이 저마다 황제가 되겠다고 반란을 일으키는 무정부 상태가 된 거지? 엎친 데 덮친 격으로 서아시아에서는 사산조 페르시아까지 등장해 로마를 위협했어. 로마가 이빨 빠진 호랑이가 돼 버린 걸까?

로마에서 군인황제시대가 시작됐을 무렵 중국에서도 위·촉·오가 전쟁을 벌이고 있었어. 두 나라는 혼란이 끝난 시기도 비슷해. 중국은 사마씨의 진나라가 280년, 로마는 디오클레티아누스 황제가 285년 정권을 잡으면서 각각 삼국시대와 군인황제시대를 마감했단다.

그러나 두 제국은 그 후에, 그전까지와는 비교할 수 없는 큰 혼란에 빠져들게 돼. 이 부분은 6장에서 다룰 거야. 하여튼 똑같은 역사가 동양과 서양에서 동시에 진행됐다는 사실은 다시 봐도 놀라워.

팍스 로마나 끝나다

184년 중국에서는 후한 왕조를 뒤흔든 태평도의 반란이 일어났어. 바로 그해, 팍스 로마나가 아우렐리우스 황제의 대에서 끝났어. 왜 팍스 로마나는 더 지속되지 못했을까? 공공의 이익보다 가족의 이익을 먼저 챙긴 아우렐리우스의 욕심이 문제였어.

5현제의 마지막 황제 아우렐리우스는 아들을 너무 사랑했나 봐. 가장 현명한 사람에게 황제의 자리를 넘기는 방식을 어기고 자신의 아들에게 황제 자리를 물려줬거든. 황제 세습이 다시 시작된 거야. 이게 비극의 시작이었어. 그의 아들 코모두스는 현명한 황제의 그릇이 아니었어. 오히려 칼리굴라와 네로를 닮은 폭군에 가까웠지.

코모두스는 원로원의 결정을 모두 무시했어. 나랏돈을 자기 돈인 것처럼 펑펑 썼고, 돈이 떨어지면 부자들의 재산을 함부로 빼앗았어. 그것도 모자랐는지 자신을 신처럼 받들라고 했단다. 그는 스스로를 영웅 헤라클레스의 후예라고 불렀고, 항상 헤라클레스의 복장을 하고 다녔어.

코모두스도 폭군의 종말을 고스란히 따라갔어. 192년 코모두스는 피살됐고, 로마에서는 황제 자리를 놓고 치열한 권력투쟁이 시작됐어. 1년간 계속된 이 싸움을 끝내고 황제에 오른 인물은 세베

루스였어. 그는 카르타고의 후손이었
지. 로마에 망한 민족의 후손이 로마
의 황제가 된 셈이야.

세베루스 황제는 신중했어. 그는 많
은 황제들이 측근인 근위대에 살해됐
다는 공통점을 발견했어. 근위대가 부
패한 거야! 세베루스 황제는 이탈리
아인으로 구성된 근위대를 해산하고
지방 출신의 군인들로 새로운 근위대
를 만들었어. 지방에서 올라온 병사들
은 출세의 길을 걷게 해 준 황제에게

코모두스 황제 · 헤라클레스 복장을
하고 있다.

충성을 맹세했고, 그 결과 황제의 권력이 강화됐지. 로마가 다시 번
영의 기회를 잡은 것일까?

로마의 군인황제시대

모처럼 번영의 기회를 잡은 로마는 다시 그 기회를 걷어찼단다. 이
번에도 후계자를 정하는 방식이 문제였어.

세베루스 황제는 두 아들에게 골고루 권력을 나눠주고 싶었나 봐.
두 아들이 로마를 공동 통치하라는 유언을 남겼대. 그러나 212년 형
카라칼라는 동생을 죽이고 단독 황제에 올랐어. 동생을 죽인 죗값

을 치른 걸까? 카라칼라 황제도 5년 후 근위대 사령관인 마크리누스에게 살해됐지.

마크리누스도 황제에 오른 뒤 1년 만에 살해됐고, 세베루스 황제의 손자인 엘라가발루스가 황제에 올랐어. 그러나 이 황제도 4년 만에 살해되고 말았어. 세베루스의 또 다른 손자인 알렉산드로스가 황제에 올랐지만 그 황제도 군대에 살해됐단다. 정말 어지럽지?

이때부터 로마 제국의 여러 속주에서 군대의 사령관들이 "내가 황제다!"라고 선언하기 시작했어. 군인황제시대가 시작된 거야[235년]. 군인황제시대는 285년까지 약 50년간 계속되는데 얼마나 혼란스러웠는지 그 짧은 기간에 26명의 황제가 등장했다가 사라졌단다. 한 사람당 황제 임기가 평균 2년도 안 되는 거야.

전쟁이 많은 나라가 번영할 리는 없겠지? 당연히 로마는 그전보다 더 빠른 속도로 쇠퇴했어. 중산층 시민은 거의 대부분 몰락했어. 귀족들은 그래도 잘 사는 것 아니냐고? 아니야. 로마의 경제를 뒷받침했던 귀족들의 대농장[라티푼디움] 제도마저 무너졌어. 땅을 많이 갖고 있다고 해서 더 많은 돈을 번 게 아니었던 거야. 귀족들은 가난한 농부, 즉 소작인에게 땅을 빌려주고 경작하게 했어. 콜로나투스 제도가 시작된 거야. 이 제도는 훗날 유럽 봉건제의 기초가 된단다.

285년 디오클레티아누스란 인물이 나타나 모든 혼란을 끝냈어. 군인황제시대가 끝난 거야. 디오클레티아누스는 귀족 출신이 아니었어. 말단 병사부터 군인 생활을 시작해 황제까지 오른 인물이었지. 그는 오래 군대 생활을 하면서 왜 로마에 반란이 많은가를 곰

곰이 생각했어. 그가 내린 결론은 '로마 제국의 영토가 너무 넓어서 반란이 자주 일어난다'였어.

디오클레티아누스 황제는 293년 로마 제국을 두 개의 제국으로 나눴어. 제국별로 황제와 부황제가 통치하도록 했지. 이 정책이 빛을 발했는지 반란이 크게 줄었단다.

그러나 또 다른 골칫거리가 있었어. 어쩌면 이게 더 큰 문제였지. 기독교가 너무 빨리 퍼지고 있던 거야. 기독교를 인정해 주면 되는 것 아니냐고? 로마는 그럴 수 없었어. 원래 로마는 여러 신을 숭배했어. 이를 다신교라고 부르지. 기독교는 예수 한 사람만 섬기는 유일신 종교였어. 당연히 로마 사람들이 좋아할 리 없겠지? 그래서 기독교를 인정할 수 없었던 거야.

디오클레티아누스 황제 시절, 부황제 갈레리우스는 기독교의 모든 집회를 금지하고 교회를 파괴했어. 많은 기독교 신자들이 죽음을 맞이했지. 그러나 로마의 황제도 기독교의 성장을 꺾을 수는 없었어. 곧 기독교가 공식 인정을 받고 로마의 국교가 된단다. 기독교의 성장에 대해서는 6장에서 살펴볼게.

4명의 황제 조각 · 디오클레티아누스가 시행한 4두정치체제에 따라 4명의 황제가 로마를 통치했다.

혼란의 종결자
디오클레티아누스 vs 사마의

로마의 디오클레티아누스 황제와 중국 위나라의 사마의는 각각 군인황제시대와 삼국시대를 정리한 영웅이야. 그런 점에서 두 영웅을 혼란의 종결자라 부를 수 있지. 다만 사마의는 황제에 오르지는 못했어. 그의 손자인 사마염이 위나라를 무너뜨리고 새로이 진나라를 세웠지. 그러나 사마의가 쿠데타에 성공하고 진나라 건국의 토대를 세웠기에 사실상 황제나 다름없어.

디오클레티아누스는 천민 출신이었다고 전해져. 졸병으로 군대에 입대한 뒤 승승장구 승진했고, 그 결과 최고 자리인 황제까지 올랐지. 사마의가 이름난 유학자 집안에서 태어난 것과는 대조적이야. 그러나 둘 다 군대의 핵심 인물이었던 점은 같아. 디오클레티아누스는 전임 황제의 경호대장이었어. 사마의는 위나라의 대장군을 지냈지.

둘 다 용의주도했다는 점도 비슷해. 디오클레티아누스는 황제가 된 후 로마 제국을 동방 지역과 서방 지역으로 쪼갰어. 각각의 지역에는 1명의 황제와 1명의 부황제를 두었지. 그러나 모든 권력은 혼자 쥐고 있었어. 사실 로마 제국을 분할한 것은 다른 3명의 황제와 부황제에게 국토 방위 임무를 맡기기 위한 정책에 불과했단다.

조조는 사마의가 지나치게 총명한 점이 마음에 걸렸어. 그 때문에 사마의를 경계했고, 아들인 조비에게도 사마의를 중용하지 말라고 권했다는구나. 사마의는 조조의 의심을 풀기 위해 가축 돌보기 같은, 아랫것이나 하는 천한 일을 마다치 않았어. 자신의 총명함을 감추기 위해서였지. 촉한의 명장 관우가 목숨을 잃은 것도 사마의의 계략 때문이었단다.

디오클레티아누스는 은퇴한 후 개인 황궁을 짓고 조용히 살다가 세상을 떠났어. 사마의는 지병으로 사망했단다. 혼란스러운 시대에 이 정도면 평화로운 말년이지?

아메리카에도 문명시대 열리다

아메리카의 상황을 살펴볼게.

북아메리카에서 옥수수를 처음으로 재배하기 시작한 건 기원전 6000년보다 더 옛날의 일이야. 미국 남서부에 있는 어떤 동굴에는 그때 옥수수를 재배했던 흔적이 아직까지 남아 있대.

기원후로 접어들 때까지도 북아메리카에는 큰 문명이 발생하지 않았어. 원주민들은 미국 중서부에 있는 미시시피 강 유역과 뉴멕시코 등에 촌락을 건설해 평화롭게 살아가고 있었지. 여전히 원시 생활을 하면서 말이야.

중앙아메리카에서는 본격적으로 대형 문명이 생겨나기 시작했어. 멕시코 남부 지역을 중심으로 기원전 800년경부터 올메크문명이 발전했다는 점은 1장에서 살펴봤었지? 그러나 그 올메크문명이 대형 도시로 발전하지는 않았단다.

중앙아메리카 최초의 대형 문명 도시는 기원후에 나타났어. 이때 원주민 인디언들은 멕시코 중심지역에 신들이 창조된 곳이란 뜻의 도시 테오티우아칸을 건설했지. 바로 이 테오티우아칸문명이 아메리카 대륙 최초의 거대문명으로 볼 수 있어.

테오티우아칸문명의 인디언들은 흙으로 된 대형 피라미드를 건설했단다. 어디선가 봤던 풍경이지? 그래, 이미 수천 년 전에 오리엔트 지역에서 유행했던 지배자들의 장례 문화가 그대로 재현된 거야. 직접 오리엔트에 가서 보고 배운 것도 아닌데 똑같은 현상이 나타나는 게 신기하지 않니? 역사는 엇비슷하게 발전하는 것 같아.

아메리카 인디언들은 땅이나 사람의 이름이 매우 특이했어. 「늑대와 함께 춤을」이란 미국 영화가 있는데 '늑대와 함께 춤을'은 남자 주인공의 인디언식 이름이었단다. 여자 주인공인 인디언의 이름은 '주먹 쥐고 일어서'였어. 재미있지?

남아메리카는 어땠을까? 기원전 1000년경 안데스 고원의 계곡 지대에서 원주민들이 촌락을 이뤄 살아가기 시작했어. 그들은 돌로 성벽을 쌓아 외부의 침략과 자연재해에 대비했단다. 기원후로 접어들기 직전이었어. 여러 부족 가운데 강한 부족이 나타났어. 그 부족은 주변의 부족들을 하나씩 정복해 큰 도시를 만들었단다. 바로 티아우아나코라는 도시야. 이 도시는 제국으로까지 성장한 것으로 알려져 있어. 그러나 약 400년 후 갑자기 사라지고 말았단다. 이유? 아무도 몰라. 문자 기록을 전혀 남기지 않았거든.

페루 남부 해안지대에는 100년경 나스카 문명이 탄생했어. 나스

달의 피라미드 · 중앙아메리카 테오티우아칸 문명을 대표하는 유적이다. 엄청난 규모의 피라미드를 통해 매우 높은 수준의 문명이 있었다는 것을 알 수 있다.

나스카 그림 · 새를 형상
화한 그림으로 추정된다.

카 문명의 유적지는 아직까지 남아 있는데 특이한 점이 있단다. 나
스카 사람들은 아주 넓은 땅에 동물이나 도형 같은 것을 많이 그렸
어. 그림이 너무 크기 때문에 땅에서는 이 그림을 볼 수 없어. 비행
기를 타고 높은 곳으로 올라가야 비로소 이 그림을 볼 수 있단다.
그 정도로 큰 그림이었어. 나스카 사람들은 그 거대한 그림을 어떻
게, 그리고 왜 그렸을까? 아직까지도 풀리지 않는 불가사의로 남아
있단다.

제6장

인류의 탄생에서 중세까지

중세
시대의
태동

300~600년 전후

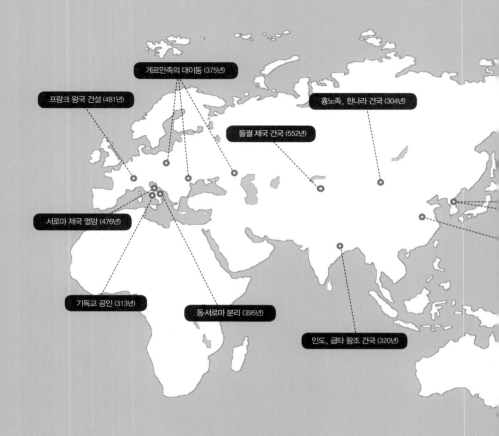

게르만족의 대이동 (375년)

프랑크 왕국 건설 (481년)

흉노족, 한나라 건국 (304년)

돌궐 제국 건국 (552년)

서로마 제국 멸망 (476년)

기독교 공인 (313년)

동·서로마 분리 (395년)

인도, 굽타 왕조 건국 (320년)

역사발전 단계를 보통 고대·중세·근대·현대로 나누지? 엄밀하게 말하면 이 구분법은 서양에 적용돼. 중국을 한번 봐. 진나라 때 구축된 중앙집권 체제가 20세기 초반까지 계속됐지? 동양은 서양에 비해 큰 변화가 없는 거야. 그러나 동양 역사에도 적용하지 못할 건 없어. 유럽의 고대와 같은 아시아의 시기를 고대적 세계라고 부르는 학자들도 많거든. 세계 역사는 같은 방향으로 가고 있으니 그렇게 불러도 틀리지는 않아. 참고로 우리나라의 경우 고대는 삼국시대, 중세는 고려시대로 규정한단다. 6장에서는 고대가 끝나고 중세가 시작되는 과정을 보게 될 거야. 로마에서는

백제 근초고왕 등극 (346년), 고구려 광개토대왕 등극 (391년)

고구려, 불교 전파 (372년)

5호16국시대 (304년), 남북조시대 (420년), 수의 통일 (589년)

기독교가 정식 종교로 인정받았어.
게르만족이 로마로 쳐들어와 서로마 제국이 멸망하기도 했지. 살아남은 동로마 제
국은 이웃하고 있는 사산조 페르시아 및 돌궐 제국에 시달려야 했어. 로마가 약해
진 거야! 로마는 새로 등장한 게르만 국가인 프랑크 왕국에 이미 유럽의 한복판을
내줬단다. 중국에서도 민족의 이동 후 5호16국시대가 시작됐고, 남북조시대로 이
어졌어. 로마가 혼란스러운 만큼 중국도 혼란스러웠던 거지. 중국의 혼란은 한반도
에 유리했어. 고구려가 대제국으로 성장한 거야!

커버스토리

6장의 커버스토리에서는 유럽을 고대에서 중세로 발전시킨 역사적 사건부터 살펴볼 거야. 바로 게르만족의 대이동이지.

4세기 초반부터 중앙아시아에 있던 기마유목민족인 흉노족이 유럽 쪽으로 이동했어. 이들을 피해 게르만족이 로마 땅으로 쳐들어왔지. 서로마 제국은 이들에 의해 무너졌고, 유럽 중심부에는 이들의 국가인 프랑크 왕국이 세워졌어.

게르만 국가들은 게르만 전통에 따라 중앙정부와 지방정부, 지방제후와 기사들 사이에 땅봉토을 매개로 계약관계를 맺었어. 로마의 문화와는 완전 딴판인 유럽의 중세 봉건제가 시작된 거야.

민족의 대이동이 같은 시기에 아시아에도 있었다는 것을 잊으면 안 돼. 중국의 북서쪽에 있던 흉노족은 4세기 초반 중국으로 쳐들어왔어. 그들은 중국 땅을 장악하고 5호 16국시대의 문을 열었지.

이 무렵 중국과 로마는 정말 혼란스러웠을 거야. 그렇게 생각하지 않니? 아 참, 게르만족의 대이동이 있기 전 기독교가 공인된 것도 아주 중요한 사건이야. 그러나 커버스토리에서는 민족 대이동에 얽힌 사건들만 집중적으로 다룰 작정이야. 기독교 공인 부분은 조금 이따 살펴볼게.

민족의 대이동

중앙아시아 민족이 움직이다

중국의 서북 지역, 그러니까 몽골고원과 중앙아시아 초원지대에는 여러 민족들이 살고 있었어. 이 민족들은 중국을 노렸어. 중국이 자기들보다 훨씬 부자였거든. 그러나 중국 땅을 빼앗을 수 있는 기회가 잘 오지 않았어.

4세기로 접어들 무렵 마침내 기회가 왔어. 중국의 한족 정권들이 서로 싸우는 통에 큰 빈틈이 생긴 거야. 후한에서 삼국시대, 다시 진나라로 이어진 한족 정권의 역사는 이미 살펴봤어. 나라가 자주 바뀌면서 중국 본토가 혼란스러웠다는 사실은 굳이 설명하지 않아도 알겠지?

흉노족의 일파인 남흉노족과, 또 다른 이민족인 선비족이 먼저 중국으로 쳐들어갔어. 그들은 중국 영토에 자신들의 국가를 건설

민족 대이동과 동서양 변화 · 흉노족의 이동으로 인해 동서양의 판도가 바뀌어 갔다.

하는 데 성공했지. 이렇게 해서 시작된 역사가 바로 중국의 5호16국
시대란다.

　1장에서 다뤘던 인더스문명을 떠올려 봐. 고대 인더스문명을 무
너뜨리고 인도를 차지했던 민족이 누구였지? 그래, 아리아인이었
어. 그들이 어디에서 왔는지 기억하니? 바로 중앙아시아였어. 중앙
아시아에서 탄생한 민족이 인도를 지배했던 거야. 이 민족은 그 후
지중해 일대로 흘러들어 그리스문명을 세웠고, 로마까지 진출했지.
중앙아시아 민족의 이동으로 고대 세계의 지도가 만들어졌던 거
야. 이 이야기도 잊어버리지 않았지?

　4세기가 시작할 즈음에 비슷한 역사가 또 한 번 일어났어. 중앙
아시아 민족의 이동이 또 한 번 유럽 지도를 확 바꾼 거야.

　기원전 2세기 중반 중국 한나라에 의해 몽골 초원지대로 쫓겨난

루도비시의 대석관 · 고대 로마의 석관으로, 3세기경 일어난 고트족과 로마군과의 전투를 묘사하고 있다.

흉노족의 일부가 조금씩 서쪽으로 이동했어. 그러다가 흑해 북부 지역 초원지대에 둥지를 틀었지. 그들은 4세기가 되자 다시 서쪽으로 이동했고, 곧 볼가 강을 건너 유럽에 당도했어. 그 일대에 살고 있던 게르만족의 한 종족인 서고트족은 그들을 훈족이라 불렀어. 서고트족은 훈족이 워낙 용맹해 감히 상대할 수도 없었어. 결국 서고트족은 훈족을 피해 도망쳤지. 도나우 강을 건너 로마 제국의 영토로 들어간 거야. 서고트족을 시작으로 게르만족의 여러 부족들이 로마로 이동했어. 바로 게르만족의 대이동이란다.

거의 같은 시기에 중앙아시아 주변의 유목 민족이 이동하면서 중국과 로마의 운명이 확 바뀌었다는 것도 흥미로운 대목이야. 중앙아시아 민족이 참으로 대단하지 않니? 그러나 이들 민족의 역사에 대해 알려진 것은 많지 않아. 유목민족이 워낙 이동을 많이 했기 때문에 역사 기록이나 유물을 별로 남기지 않았지. 기록이나 유물이 없기 때문에 오늘날 유목민족의 역사를 자세히 알 수 없는 거란다.

중국, 이민족에게 점령당하다

중국부터 먼저 살펴보고, 그다음에 유럽으로 넘어갈게.

흉노족의 추장 유연이란 인물이 있었어. 그의 가문은 한나라 시절 중국에 협력한 대가로 황족의 성인 유씨 성을 하사받았단다. 사실상 중국 사람이 됐지만 혈통은 흉노인 셈이지. 이 무렵은 사마씨의 진나라가 위·촉·오의 삼국시대를 끝내고 얼마 지나지 않은 때였어. 진나라는 한나라처럼 강력하지 못했어. 중국을 통일하기는 했지만 혼란까지 끝내지는 못했지. 초반부터 외척과 제후들이 반란을 일으켰단다. 8명의 제후가 일으킨 이 반란을 팔왕의 난이라고 해. 유연은 이 혼란을 틈타 중국 진출을 시도했어.

이 시도가 성공했어. 유연은 중국 본토, 오늘날의 산시 일대에 흉노의 나라를 세웠어. 이 나라가 한이야. 나중에는 조나라로 이름을 바꾸지. 흉노의 나라 건국을 신호탄으로 다른 이민족들도 잇달아 중국 본토에 나라를 건설하기 시작했어. 이렇게 해서 시작된 것이 5호16국시대야304년. 5호16국이란 다섯 이민족이 중원에 세운 16개의 나라란 뜻이야. 중국인들은 이민족을 오랑캐라고 불렀어. 다섯 오랑캐는 흉노, 갈, 저, 강, 선비를 말하지. 5호16국시대가 끝나는 439

년까지 약 130여 년간, 중원은
이민족의 차지가 된단다. 흉노
족의 이동이 결국에는 중국 지
도를 바꾼 거야!

유연의 나라로 돌아가 볼
까? 유연은 스스로 황제에 올
랐어. 중국 황제만이 만들 수
있는 연호도 만들었지. 이때
사용된 연호가 영가야. 그래서
한족은 유연의 한나라 건국을

흉노족의 금관 · 내몽고에서 발굴된 흉노족의
유물이다.

영가의 난이라고 부른단다. 한족 입장에선 수많은 반란 중 하나로
축소하고 싶을 테니까 말이야.

흉노는 대단했어. 유연은 비록 중국 정복의 꿈을 이루지 못하고
죽었지만 그의 아들 유총의 활약은 눈부셨단다. 무능한 진나라를
아예 정복해 버린 거야.

311년 흉노 군대가 진나라의 수도 낙양洛陽을 공격했어. 진의 황제
는 달아나기에 급급했지. 흉노는 그 황제를 잡아다 처형해 버렸어.
이로써 진이 멸망하는 듯했어. 다행히 진의 황족인 사마예가 남경南
京에서 지방호족의 추대를 받아 진나라를 다시 세웠단다317년. 이 나
라를 그전의 진과 구분해 동진이라고 불러, 그전의 진은 서진이 되
겠지?

극도의 혼란시대

5호16국시대의 중국을 한마디로 정의하자면 극도의 혼란시대라고 할 수 있어. 약 130여 년간 너무나 많은 나라가 세워지고 망했기 때문에 그 나라들의 역사를 일일이 기억하기도 힘들 정도야. 주요 왕조의 역사만 간단히 정리하고 넘어갈게.

흉노족이 세운 한은 서진 왕조를 무너뜨리며 5호16국시대를 화끈하게 열어젖혔어. 하지만 한은 유총의 아들 유요가 나라 이름을 조로 바꾼 얼마 후 내분이 일어났어. 결국 조는 흉노족의 전조와, 갈족의 후조로 분열하고 말았단다. 얼마 지나지 않아 전조가 후조에 멸망했어.

자, 이제 갈족이 번영하게 될까? 아니야. 후조도 채 30년을 넘기지 못하고 선비족이 세운 전연에 무너졌어. 전연은 괜찮았을까? 아니야. 전연도 저족이 세운 전진에 멸망했단다.

너무 복잡하지? 좋아, 그러면 더 간단하게 요약해 볼게. 흉노족이 중국으로 쳐들어왔어. 그들은 한족 왕조를 쫓아내고 나라를 세웠어. 다른 이민족들도 중국 땅에 욕심이 생겼어. 그들은 서로 치고받고 싸웠지. 그 때문에 중국 중심부에서 여러 민족의 국가들이 들어섰고, 전진이 그 혼란을 끝낸 거야. 이제 조금 정리가 되지?

그러나 전진도 최종 승자는 아니었어. 전진은 내친김에 남쪽에 피신해 있는 한족 왕조인 동진을 무너뜨리기로 했어. 계획대로 됐다면 이민족이 처음으로 중국 전역을 차지하는 어마어마한 역사적 위업을 이루는 거였지.

383년 전진은 중국 통일의 부푼 꿈을 안고 동진을 토벌하기 위해 군사를 일으켰어. 그러나 전진은 꿈을 이루지 못하고 전쟁에 패배했어. 전진은 이 전쟁에서 패한 다음부터 다른 나라들이 그랬던 것처럼 분열의 늪에 빠져 버렸지. 그러나 당장 전진이 망하지는 않았어. 전진은 그 후로도 50년 이상 계속됐단다. 물론 평화로운 역사는 아니었겠지.

5호16국시대의 최종 승자는 선비족이었단다. 선비족의 일파인 탁발부가 세운 북위가 장강 이북의 중원을 다시 통일한 거야. 북위가 들어선 후에는 더 이상 이민족 간의 중국 쟁탈전이 일어나지 않았어. 이로써 5호16국시대가 최종적으로 끝이 났단다[439년]. 이제 북에는 이민족의 북위, 남에는 한족의 왕조가 공존하는 남북조시대로 이어지게 돼. 이 역사는 잠시 후에 살펴볼게.

게르만족의 대이동

지금까지는 중앙아시아를 기준으로 동쪽의 역사를 살펴봤어. 이제 눈을 서쪽으로 돌릴 차례야. 그래, 게르만족의 대이동에 대해 말할 거란다.

앞에서 이야기한 대로 아시아로부터 건너온 훈족은 유럽 사람들에게 공포의 대상이었어. 게르만족은 그들을 피해 도나우 강을 건

게르만족의 브랙티트 · 초기 북유럽 문화권 특유의 원반 모양의 얇은 금 펜던트로, 덴마크 푸넨에서 발견됐다.

너기 시작했지. 이렇게 해서 시작된 것이 그 유명한 게르만족의 대이동이야[375년].

게르만족 가운데 서고트족이 가장 먼저 로마의 영토로 집단 이주했어. 도미노를 보는 것 같지 않니? 중국 한족이 흉노족을 몰아내니, 흉노족은 게르만족을 밀어내고, 게르만족은 로마를 밀어낸 거야. 서양인들은 흉노족을 훈족이라 불렀다고 했지?

게르만족의 이동은 처음에는 평화롭게 진행됐어. 서고트족의 이주 신청을 로마가 받아들였거든. 로마는 옛 마케도니아의 트라키아 일대에 서고트족이 정착할 수 있도록 땅까지 내줬단다. 그러나 로마 군대는 정착한 서고트족에게 가혹하게 대했어. 참다못한 서고트족이 폭동을 일으켰지.

둑은 작은 구멍이 커지면서 무너진단다. 처음에는 작은 구멍에서 물이 새지만 그 구멍이 점점 커지고, 옆에 다른 구멍이 생기면서 물줄기가 강하게 뿜어지는 거야. 이때 로마가 그랬어. 서고트족의 폭동을 신호탄으로, 그동안 숨죽이고 있던 게르만족이 들고 일어선 거야. 이들은 오랜 세월 두려움 없이 살아온 민족이었어. 그 용맹을 로마 군대는 당할 수가 없었지. 게르만족과의 싸움에서 로마 군대는 대패했어. 군대를 지휘하던 동로마 제국의 발렌스 황제마저 목숨을 잃었을 정도야.

　로마 황제와 군대를 전멸시킨 고트족
은 계속 남쪽으로 진군했어. 이들의 세력
이 점점 커지자 로마도 두 손을 들 수밖
에 없었어. 발렌스의 뒤를 이어 동로마
제국 황제가 된 테오도시우스는 고트족
과 여러 차례 전투를 벌이기는 했지만 결
국에는 도나우 강 남쪽의 황무지를 떼어
주고 자치를 인정했단다. 만약 이때 로마

테오도시우스 황제 · 기독교를
로마 제국의 국교로 인정했다.

가 땅을 안 내어주고 계속 싸웠다면 게르만족을 물리칠 수 있었을
까? 1년이 지난 383년, 중국에서는 전진이 통일 전쟁을 시작했어.
전진은 통일 전쟁에서 패한 다음부터 국력이 약해지기 시작했지.
로마는 싸우지도 못하고 국력이 약해졌고. 두 나라의 공통점! 통일
과는 거리가 멀었고 혼란만 커졌어. 그렇게 생각하지 않니?

　모든 일이 처음에만 어려운 법이야. 일단 고트족이 로마 안에 땅
을 얻는 데 성공하자 게르만족의 다른 일파인 반달족과 프랑크족
도 곧 자치지역을 얻는 데 성공했어. 그들은 5세기 중반 무렵에는
아예 그 땅에 국가를 세웠단다. 지금의 파리를 중심으로 프랑크 왕
국이 들어섰고, 영국에는 앵글로색슨 왕국이, 에스파냐에는 서고트
왕국이, 마케도니아 지역에는 동고트 왕국이, 아프리카에는 반달
왕국이 건설됐어. 이 중 훗날 유럽의 중심이 된 나라는 프랑크 왕국
이란다.

서로마 제국의 멸망

엎친 데 덮친 격, 설상가상…. 이 무렵 로마의 운명을 표현한다면 이 표현이 딱 맞아. 어느덧 게르만족은 로마를 위협할 만큼 커 버렸어. 테오도시우스 황제는 한때 서고트족을 토벌할 만큼 용맹했지만 곧 기독교에 빠져 정치를 소홀히 했지. 곧 살펴보겠지만 기독교는 오랜 박해 끝에 정식종교로 인정받았고, 테오도시우스 황제 때 로마의 국교로 채택됐단다.

395년 테오도시우스 황제는 그전까지 동서지역으로 나눠 통치되던 로마 제국을 완전하게 두 개의 제국으로 나눴어. 콘스탄티노플을 수도로 한 동로마 제국과, 로마를 수도로 한 서로마 제국으로

레오 1세와 아틸라의 만남 · 라파엘로가 훈족의 왕 아틸라와 교황 레오 1세의 만남을 그린 그림이다. 이 만남으로 훈족과 이탈리아 세력은 화친을 맺을 수 있었다.

완전히 분리한 거야. 두 제국은 각각 두 아들에게 물려줬지. 이 과정에 대해서는 조금 이따 자세히 살펴볼게.

게르만족의 공격이 뜸하다 했더니 이번엔 훈족이 직접 유럽 공략에 나섰어. 훈족이 어떤 민족인지는 다시 설명하지 않아도 잘 알고 있을 거야. 게르만족보다 몇 배는 더 용맹했지. 훈족은 로마와의 모든 전투에서 승리했어.

당시 훈족에게는 아틸라라는 뛰어난 왕이 있었어. 유럽 사람들은 아틸라의 이름만 들어도 벌벌 떨었다고 해. 바로 그 아틸라가 지휘하는 군대가 오늘날의 프랑스까지 밀고 들어왔어. 로마는 서고트족과 프랑크족으로 이루어진 게르만족 용병 군대를 만들어 가까스로 훈족의 공격을 막을 수 있었단다. 겨우 훈족을 막았는데 다시 게르만족의 반란이 시작됐어. 아프리카에서부터 반달족이 쳐들어온 거야. 영국 본토에서도 게르만족이 반란을 일으켜 로마는 군대를 철수해야 했지.

439년 중국에서는 5호16국시대가 끝났어. 혼란이 끝난 걸까? 천만에 남북조시대로 이어지면서 혼란은 계속됐지. 그로부터 30여 년이 지난 후 로마도 비슷했어. 혼란이 심하다 못해 아예 나라가 없어져 버렸단다. 게르만 용병 군대의 대장 오도아케르가 서로마 제국의 황제를 끌어내리고 그 자신이 황제가 된 거야. 서로마 제국은 무너지고 화려했던 로마의 라틴 문화도 역사 속으로 사라지고 말았지476년.

민족 대이동의 역사적 의의

서양 역사학자들은 5호16국시대를 중국 역사에 나타났던 많은 혼란 가운데 하나일 뿐이라고 여긴단다. 위·촉·오의 삼국시대도 군웅할거시대라고 짧게 설명하고 넘어가는 역사책도 꽤 있어.

그러나 게르만족의 대이동과 5호16국시대는 중앙아시아 유목민족이 전 세계를 뒤흔들어 놓았다는 점에서 본질이 다르지 않아. 동양과 서양의 지역적, 문화적인 사정이 달랐기 때문에 결과도 달랐을 뿐이야.

유럽에서는 고대 세계가 끝나고 중세시대가 시작됐어. 중국에서는 여러 이민족들이 중국 땅으로 진출하면서 한족 문화에 흡수됐지. 특히 유럽 곳곳에 세워진 게르만족의 국가들이 오늘날 유럽의 기원이 됐다는 점도 흥미로운 부분이야.

유목민족의 활약은 여기에서 끝나지 않아. 나중에 더 강력한 민족이 등장하거든. 바로 몽골족이야. 세계 역사가 변하는 중요한 시기마다 중앙아시아 유목민족이 등장했어. 그들의 힘이 느껴지지 않니?

중세 유럽의 봉건제와
고대 주나라의 봉건제의 차이점은?

유럽이 서서히 중세로 들어서고 있어. 중세 유럽의 가장 큰 특징은 바로 봉건제도야. 중세 유럽의 봉건제는 오늘날 피라미드 판매 조직을 연상하게 해. 왕과 제후, 기사, 하급기사, 농민의 순으로 먹이사슬처럼 연결됐기 때문이지. 신하들은 왕과 제후에게 충성하면 대가로 땅봉토을 받았어. 이런 신하들을 봉신봉토를 받은 신하이라고 불렀지. 이처럼 유럽의 봉건제는 토지와 충성 맹세를 바탕으로 한 계약관계였어. 만약 계약관계를 누군가 어긴다면 상하관계는 그걸로 끝이 나지. 완전 남남이 되거나 때로는 적으로 돌변하기도 했어.

이보다 800여 년 앞선 주나라의 봉건제도 유럽 봉건제와 겉모습은 비슷해. 다만 계약관계가 아니라 혈연으로 얽힌 봉건제라는 게 다르지. 제후들이 모두가 황제의 혈족이거나 공신들이었거든. 제후는 자신의 땅에서는 왕이었고, 중앙정부를 향해서는 충성을 다하는 신하였지.

사실 봉건제도는 새로운 제도가 아니야. 대부분의 고대 국가들이 정도의 차이가 있지만 약간씩은 봉건제도를 도입했거든. 봉건제도의 핵심은 권력을 나눴다는 거야. 왜 황제왕는 권력을 나눠야 했을까?

이유는 간단해. 왕의 권력이 강하지 않기 때문이야. 만약 왕이 강했다면 굳이 권력을 나눠줄 필요가 없었겠지. 지방제후들이 똘똘 뭉쳐 왕을 공격한다면 왕은 그들을 물리칠 수 없었어. 그 때문에 어쩔 수 없이 제후들과 계약을 맺은 거란다.

커버스토리에서 민족 대이동에 따른 역사의 변화를 집중적으로 살펴봤어. 이 사건이 300~600년 무렵에 가장 기억해야 할 역사라는 점은 틀리지 않아. 그러나 다른 역사가 중요하지 않다는 것은 아냐. 아주 중요한 사건들이 많았거든.

민족 대이동이 있기 전으로 거슬러 올라가면 기독교의 공인을 빠뜨릴 수 없지. 게르만족의 이동 후 달라진 로마와 유럽 세계도 다룰 거야. 서로마 제국이 멸망했고 프랑크 왕국이 탄생했어.

유럽을 살펴본 뒤 페르시아를 비롯한 서남부 아시아로 갈 거야. 동로마 제국을 힘들게 한 두 나라, 즉 사산조 페르시아와 중앙아시아 유목국가인 돌궐에 대해 살펴볼 거거든. 기독교가 공인될 무렵 탄생한 인도의 굽타 왕조도 빠뜨릴 수 없지.

이어 중국과 한반도의 역사를 볼 거야. 남북조시대의 혼란은 언제 끝날까? 동아시아의 최대 강자로 떠오른 고구려의 활약상도 잊지 마. 자, 그럼 유럽부터 시작할까?

기독교 공인과 프랑크 왕국 건설

유럽으로 왔어. 우선 시계를 거꾸로 돌려 볼까? 게르만족의 대이동이 있기 60여 년 전으로 갈 거야. 바로 이 무렵 기독교가 탄생한 지 300여 년 만에 정식종교로 인정받는단다.

게르만족의 대이동 후 20년 만에 로마는 동서로 쪼개져. 이때부터 50년 정도가 지나면 중국은 남북조시대가 되지. 흥미로운 이야기 하나 해 줄게. 훗날 한반도는 북의 발해, 남의 신라로 나뉘어. 일본에도 남북조시대가 찾아온단다. 로마는 동과 서로 나뉘었지? 아직 등장하지 않았지만 이슬람권도 동과 서로 나뉘게 돼. 규칙을 발견했니? 동아시아는 남과 북, 서양과 중동은 동과 서로 정권이 분열됐다는 거야. 재미있지 않니?

어쨌든 서로마 제국은 곧 멸망하고 말았어. 동쪽 콘스탄티노플에 근거를 둔 동로마 제국만이 외로이 로마의 유산을 지켜야 할 상황이 된 거야. 유럽 중앙은 게르만족의 프랑크 왕국이 차지해. 유럽의 주도권이 로마에서 프랑크 왕국으로 넘어간 거야.

기독교의 인정

게르만족이 로마 땅을 밟기 전인 3세기 말로 가 볼까? 디오클레티

콘스탄티누스 대제 · 공동 황제를 몰아내고 단독 황제가 됐다.

아누스 황제가 로마를 둘로 나누고 두 명의 황제를 뒀을 때지. 두 황제가 물러나면 두 명의 부황제가 황제로 승진했어. 여기까지는 5장에서 이미 살펴봤어.

중국 땅에 흉노족이 세운 한이란 나라가 진나라의 수도 뤄양을 점령한 바로 그해, 로마에서 디오클레티아누스가 물러나자 황제 자리를 놓고 다시 전쟁이 터졌어. 1년 후인 312년 이 전쟁은 콘스탄티누스 1세에 의해 평정됐지. 그는 리키니우스와 함께 공동 황제에 올라 로마를 통치했어.

원래 콘스탄티누스 1세는 기독교를 믿지 않았어. 하지만 황제 계승 전쟁을 하던 중 신기한 영적 체험을 하게 됐다는구나. 그 후로 기독교에 관대하게 바뀌었지. 나아가 그는 밀라노에서 리키니우스 황제와 만나 기독교를 정식 종교로 인정하는 밀라노칙령을 발표했단다313년. 이제 기독교도들도 종교의 자유를 누릴 수 있게 된 거야. 이 칙령은 로마의 모든 속주에 선포됐어. 당연히 기독교는 파도처럼 유럽 전역으로 급속하게 확산됐지.

그렇지만 리키니우스 황제는 이 칙령이 마음에 들지 않았나 봐. 324년 그는 칙령을 어기고 자신이 통치하고 있던 동로마 제국에서 기독교를 박해했어. 단독 황제를 노리고 있던 콘스탄티누스 1세에게는 리키니우스를 몰아낼 수 있는 정말 좋은 기회였지. 그가 약속을 어겼으니까 말이야.

콘스탄티누스 1세는 즉각 리키니우스 황제를 공격했어. 콘스탄티누스는 전쟁에서 승리했고, 이어 단독 황제에 올랐어. 그에게 콘스탄티누스 대제란 칭호가 주어진 것도 이때란다.

콘스탄티누스 대제는 기독교에 대한 지원을 아끼지 않았어. 교회가 박해를 받았을 때 빼앗겼던 재산을 모두 돌려줬고 성직자에게 연금도 줬어. 성직자들은 부역의 의무까

리키니우스 황제 · 공동 황제였던 콘스탄티누스에 의해 황제 지위를 박탈당했다.

지 면제됐지. 그야말로 최대한의 특혜를 준 거야. 이걸로 끝이 아니었어. 그는 나아가 기독교의 교리까지 정비하는 업적을 남겼어.

콘스탄티누스 대제는 소아시아 니케아 지역에서 교회 지도자들을 불러 모아 종교회의를 열었어. 회의가 열린 지역 이름을 따 이를 니케아 종교회의라고 불렀지325년. 이 종교회의에서 정통으로 인정받은 교파가 바로 "여호와 하느님과 예수 그리스도, 성령은 하나"라고 주장한 아타나시우스파야. 이를 삼위일체설이라고 하는데, 이때부터 기독교도들은 기도할 때 "성부와 성자와 성령의 이름으로…"를 외기 시작했다고 보면 돼.

로마, 콘스탄티노플 시대 열리다

콘스탄티누스 대제는 끊임없이 새로운 일을 벌였어. 330년 그는 로마 제국의 수도를 로마에서 비잔티움^{현재의 이스탄불}으로 옮겼어. 비잔티움을 자신의 이름을 따서 콘스탄티노플이라고 바꿨지.

수도를 옮긴 이유는 여러 개가 있어. 우선 사방이 뻥 뚫려 있는 이전의 수도 로마는 공격을 받기 쉽다는 약점이 있었어. 게르만족은 이 무렵부터 슬슬 로마 땅으로 넘어오고 있었단다. 만일 게르만족의 군대가 대대적으로 습격해 오면 당해 낼 수 있을까? 콘스탄티누스는 위험할 수 있다고 판단했어. 반면 콘스탄티노플은 어땠느

성당 출입을 금지 당한 테오도시우스
· 기독교를 로마의 국교로 선언한 테오도시우스 황제는 테살로니카 학살 때문에 주교에게 질책 당하기도 했다.

냐고? 사방이 절벽으로 둘러싸여 있어 적이 쉽게 공략할 수 없는 천연 요새였어.

기독교를 부흥시키려고 수도를 옮긴 거라고 말하는 학자들도 있어. 1000년 이상 여러 신을 섬겨 온 로마 사람들에게 기독교만 믿으라면 반발할 수 있으니까 아예 새로운 도시에서 기독교를 부흥시키자는 생각이었다는 거지.

콘스탄티누스 대제는 로마, 콘스탄티노플, 알렉산드리아, 안티오크, 예루살렘 등 다섯 지역 교회의 독립성을 인정했어. 물론 큰형님은 로마의 교황이었지. 오늘날 기업에 비유하자면 로마는 대기업, 나머지 4개는 계열사 정도로 이해하면 될 거야.

지금까지의 업적을 보면 콘스탄티누스 대제가 제2의 도약을 꿈꿨다는 걸 알 수 있을 거야. 그러나 그의 소망은 이뤄지지 않았단다. 337년 그가 세상을 떠나자 기다렸다는 듯 세 아들이 피 튀기는 권력투쟁을 벌였거든. 전쟁이 잦은 나라가 번영할 수 있겠니?

이 전쟁에서 세 번째 아들 콘스탄티누스 2세가 승리해 황제에 올랐어. 그러나 그 후 로마 제국의 역사는 발전보다는 퇴보에 가까웠어. 혼란의 연속이었지. 그러다가 결정타를 맞는 사건이 발생했어. 바로 게르만족의 대이동이 시작된 거야. 이제 로마는 영토를 유지하는 것도 힘들어졌어.

종교만 열심히 믿는다고 해결책이 나오겠어? 그러나 이미 말했던 대로 이 시기 로마의 통치자였던 테오도시우스 황제는 기독교에 빠져 정치에 별 신경을 안 썼어. 게르만족의 대이동이 시작되고

17년이 지났을 무렵이야. 테오도시우스 황제는 기독교를 로마 제국의 국교로 선언했단다[392]. 그는 그리스의 올림피아 시합도 이교도의 행사라며 금지해 버렸어. 기독교 행사가 아니면 모두 불법이 된 거야!

테오도시우스는 395년 로마까지 동서로 완전 분리했어. 로마의 힘은 더욱 약해졌지. 80년 정도가 흘렀어. 476년 서로마 제국이 멸망했다는 소식이 동로마 제국에 들려왔어. 라틴 문화의 중심인 서로마 제국이 사라진 거야. 동로마 제국이 남았지만 이때부터는 동방 문화가 더 많이 가미된 나라로 변했어. 동로마 제국이 비잔틴 제국이란 이름으로 더 많이 알려진 것도 이런 점 때문이야.

프랑크 왕국의 탄생

게르만족의 대이동이 유럽에 어떤 영향을 미쳤는지는 이미 살펴봤어. 여기서는 서로마 제국이 무너진 후의 역사에 초점을 맞출 거야. 중국은 이때 남북조시대가 계속되고 있었어. 유럽과 중국 모두 혼란스러웠다는 공통점이 있지.

서로마 제국이 멸망하고 5년이 지났어. 지금의 프랑스인 갈리아 지방에서 프랑크족의 클로비스란 인물이 프랑크 왕국을 창건했어 481년. 클로비스가 세운 왕조를 메로빙거 왕조라고 불러. 751년까지 280년간 계속됐지.

게르만족이 유럽에 정착한 후 만든 국가 대부분이 곧 망하거나 세력이 약해졌어. 그러나 메로빙거 왕조의 프랑크 왕국은 점점 더 강해졌어. 6세기 초반이 되면 프랑크 왕국은 과거 서로마 제국의 영토를 거의 대부분 차지한단다.

클로비스 왕이 로마의 영토를 야금야금 먹어 갔는데도 로마 교회는 전혀 저항하지 않았어. 오히려 그를 지원했지. 동로마 제국이 남아 있는 데도 로마 교회가 야만족의

클로비스 왕 · 프랑크 왕국 메로빙거 왕조의 창시자이다.

국가를 지원하는 건 이해할 수 없는 일이야. 로마 교회의 속셈이 무엇이었을까?

클로비스는 게르만족 중 가장 먼저 로마 가톨릭으로 종교를 바꾼 인물이야. 로마 가톨릭을 국교로 삼기도 했어. 클로비스는 이단으로 낙인찍힌 아리우스파를 믿는 서고트족을 멀리 에스파냐로 쫓아내 버렸어. 로마 교회에 클로비스는 든든한 후원자로 느껴졌겠지? 로마 교회는 클로비스를 지원하면 프랑크 왕국도 로마 교회에 잘 해 줄 거라고 믿었던 거야.

프랑크 왕국은 클로비스 왕이 세상을 떠난 뒤 주춤거리기 시작했어. 원래 프랑크족은 영토를 나눠 자식들에게 물려주는 풍습이

있었단다. 그 풍습에 따라 클로비스의 네 아들이 영토를 나눠 가졌기 때문에 세력이 약해진 거지.

클로비스 왕의 막내아들인 클로타르 1세가 한때 프랑크 왕국을 통일하긴 했어. 그러나 그가 죽자 다시 세 아들이 영토를 분할해 가졌어. 프랑크 왕국이 유럽 중부의 강자가 된 건 사실이지만 당분간은 이처럼 권력투쟁 때문에 큰 나라로 성장하지 못했어. 7세기 후반에는 지방 귀족들의 지지를 얻어 선출된 궁재가 왕 대신 권력을 장악했지. 궁재는 프랑크 왕국의 재상을 가리키는 말이야. 프랑크 왕국이 다시 강대국으로 부상한 건 이런 혼란이 끝난 8세기 이후란다.

동로마 제국, 마지막 부활

유럽 중부를 장악한 프랑크 왕국이 분열과 혼란 속에서 헤매고 있을 때 동로마 제국, 즉 비잔틴 제국은 로마의 부활을 시도했어. 아참, 동로마 제국과 비잔틴 제국의 명칭에 대해 짚고 넘어가야 할 게 있어. 동로마 제국이 로마 혈통을 이었다고 생각하면 동로마 제국이란 명칭이 맞아. 그러나 동로마 제국이 그리스와 오리엔트 문화를 흡수해 그전의 로마 문화와 다른 새로운 문화를 창조했다고 생각한다면 비잔틴 제국이라 부르는 게 더 옳아. 어떤 입장에 있느냐에 따라 명칭이 달라지는 거야. 일단 여기서는 편의상 동로마 제국이라고 부르도록 할게.

527년 동로마 제국의 황제에 오른 유스티니아누스 1세는 옛 로마 영토를 되찾는 데 성공했어. 고트족과 반달족에게 빼앗긴 서부 이탈리아와 시칠리아, 에스파냐, 북아프리카의 도시가 다시 동로마 제국의 품으로 돌아온 거야. 동고트족이 지배하고 있는 북부 이탈리아는 되찾지는 못했지만 그래도 큰 업적을 이뤘다고 볼 수 있지.

유스티니아누스 황제 · 동로마 제국의 황제로, 로마의 부활을 꿈꿨다.

유스티니아누스 황제의 업적 또 하나! 그는 그전까지 전해 내려오던 로마의 모든 법률을 정비해 새로 『로마법대전』을 냈어. 실로 엄청난 작업이었지. 그뿐만이 아니야. 그는 대대적인 성당 공사를 벌였어. 이렇게 해서 재탄생한 것이 성소피아 성당이야. 영토는 넓어지고 제도가 정비됐으며 종교 유산까지 만들어졌어. 과거 로마 제국의 영광이 재현되는 것 같지 않니?

그러나 종교가 문제가 됐어. 로마 교황청과의 갈등이 시작된 거야. 이 당시 기독교의 중심은 로마 교황청이었어. 유스티니아누스 황제도 이 점을 인정해 로마 교황청과 로마를 따로 보호령으로 지정했지. 그런데 정작 로마 교황은 이 조치를 싫어했단다. 황제가 보호해 준다는 것은 곧 황제가 교황보다 우월하다는 뜻이 되기 때문이야. 로마 교황은 프랑크 왕국과 협력하는 길을 택했어. 교황이 클로비스를 지원했다는 거 기억하지? 교황은 나아가 훗날 프랑크 왕국의 샤를마뉴카롤루스 대제를 서로마 제국의 황제로 인정한단다. 물론 동로마 제국은 강하게 반발했지만 말이야. 이 부분은 나중에 살펴볼게.

로마 부활의 꿈은 유스티니아누스 황제가 사망하면서 물거품이 되고 말았어. 더 이상 뛰어난 황제가 나타나지 않은 거야. 동로마 제국은 시간이 흐르며 유럽의 동쪽 끝에 있는 변방 국가로 추락했

유스티니아누스 황제가 재건한 성소피아성당 · 훗날 이슬람 세력에 정복당해 오늘날 이슬람 사원의 형태로 남아 있다.

어. 동로마 제국이 추락할 수밖에 없었던 이유를 정리해 볼까?

첫째, 유럽 중앙부에 있는 프랑크 왕국이 새로이 강자로 떠올랐기 때문이야. 둘째, 동로마 황제의 권위가 로마 교회에 통하지 않았어. 로마 가톨릭은 유럽 사람들의 정신을 지배했고, 그 중심에는 교황이 있었지. 교황은 동로마 황제의 간섭을 싫어했어. 셋째, 문화적 이질감 때문이야. 동로마 제국은 헬레니즘 세계와 가까워졌기 때문에 고대 그리스 문화의 기운이 강했지. 페르시아 문화도 녹아 있었어. 그러나 서부 유럽에서는 그리스 문화의 흔적이 거의 없었어. 이런 문화적 차이 때문에 유럽 사람들은 동로마 제국을 자신들의 대표선수로 인정할 수 없었던 거란다.

그리스, 헬레니즘, 로마 문화의 비교

서양의 문화는 오리엔트의 영향을 받아 그리스에서 시작됐어. 그 후 그리스 문화는 서아시아 일대로 퍼져 오리엔트 문화와 결합해 헬레니즘 문화를 탄생시켰지. 로마는 이 모든 문화를 받아들여 나름대로 발전시켰어. 우리의 시각에서는 세 문화가 같을 수 있겠지만 나름대로 특징이 있단다. 이 세 문화는 오늘날 서양 문화의 뿌리가 됐어. 그 때문에 잘 알아 둘 필요가 있지.

① 고대 그리스 문화

무엇보다 현실적인 문화야. 도시국가 특유의 자유로운 공동체 생활이 문화에도 고스란히 드러난 것이지. 고대 그리스 문화는 합리적이고 인간적이야. 물론 제우스신을 비롯해 12명의 신을 숭배했기 때문에 비합리적으로 보일 수도 있겠지. 그러나 이 신들은 인간의 속성을 가지고 있기 때문에 인간이나 다름없었어. 신들이 인간적인 그리스에서는 다른 대륙의 초기 문명처럼 사람을 제물로 바치는 황당한 일이 없었단다. 이때의 예술품과 건축물로는 파르테논 신전과 아테나 여신상이 대표적이지.

아테나 여신상 · 그리스시대 만들어진 것은 남아 있지 않고 복제품만 남아 있다.

② 헬레니즘 문화

그리스와 오리엔트 문화가 뒤섞이면서 여러 학파가 생겨났어. 대표적인 학파가 스토아학파와 에피쿠로스학파야. 스토아학파는 엄격한 금욕 생활을 강조했고 "세계는 하나다"라며 세계시민주의를 주장했지. 에피쿠로스학파는 육체보다는 정신의 즐거움을 주장했으며 세계주의보다는 개인주의를 중요하게 여겼어. 이 밖에 냉소주의 성향의 견유주의라는 학파도 있었어. 이 시대의 미술은 관능과 격정적인 미를 드러내는 작품이 많았어. 인도로 전파돼 간다라 미술을 탄생시키기도 했지. 또 이때부터 유럽에 다양한 동방의 신이 유입되기 시작했어.

라오콘상 · 헬레니즘 문화를 상징하는 조각이다.

③ 로마 문화

로마의 문화는 그전까지 존재했던 모든 문화의 짬뽕이라고 생각하면 크게 틀리지 않을 거야. 로마인들은 마음에 맞는 것은 모두 갖다 썼기 때문에 매우 실용적이었어. 실용을 중요하게 여겼기 때문에 토목과 건축 붐이 일었지. 콜로세움과 개선문이 대표적인 성과라고 볼 수 있어. 그러나 기독교가 공인된 이후부터 로마 문화는 달라졌어. 다른 문화를 거부하는 폐쇄성이 강해진 거야. 유일신을 숭배하는 기독교가 모든 문화의 중심이 됐기 때문이지. 오늘날까지도 서양의 정신세계는 기독교를 빼고 설명할 수 없단다.

콜로세움 · 로마 문화를 상징하는 건축이다.

사산, 굽타, 돌궐 부흥하다

로마가 동서로 갈리고 게르만족이 로마의 영토를 휩쓸 때, 중국에서 5호16국과 남북조시대의 혼란이 계속되고 있을 때, 서아시아에서는 사산조 페르시아가 절정기를 맞고 있었어.

서로마 제국이 멸망하고 혼자 남은 동로마 제국은 페르시아로부터 유럽을 지켜야 했지. 페르시아가 워낙 강했으니 무척 힘이 들었을 거야. 동로마 제국은 훗날 멸망할 때까지 서아시아의 국가들과 지긋지긋하게 싸워야 했단다. 그 첫 상대가 바로 사산조 페르시아였던 거야.

이 무렵 중앙아시아에도 강력한 제국이 나타났어. 바로 돌궐 제국이야. 돌궐은 두 강대국인 페르시아, 동로마 제국에 전혀 기죽지 않고 대등한 세력을 유지했어. 돌궐족의 일파는 훗날 서아시아 일대에 정착하면서 투르크족이라 불리기 시작한단다. 알아 두렴.

돌궐이 국가를 세우기 130여 년 전, 인도 대륙에서는 굽타 왕조가 등장했어. 굽타 왕조는 흩어진 인도를 다시 통일하고 번영했단다. 이 무렵 서아시아와 남아시아의 역사를 살펴볼까?

사산조 페르시아의 번영

아케메네스 왕조에 이어 정통 이란 혈통으로는 두 번째 왕조인 사산 왕조가 3세기 초반에 창건됐다는 사실을 기억하고 있지? 그 사산 왕조는 4세기로 접어들면서 놀라운 속도로 성장했어. 동서양의 중간지대에 위치한 지리적 이점을 이용해 동서무역을 독점했거든. 돈과 재물이 쌓이니 당연히 번영하지 않겠어?

사산조 페르시아의 성장은 이웃 나라인 로마 제국으로서는 정말 큰 골칫거리였어. 마침 로마가 수도를 콘스탄티노플로 옮겼기 때문에 두 나라는 거의 국경선을 맞댄 것이나 마찬가지였지. 전쟁이 그칠 새가 없었어.

콘스탄티누스 대제와 유스티니아누스 황제가 로마의 부활을 시도했지만 실패한 것도 페르시아와 큰 관련이 있단다. 당시 페르시아가 너무 강했던 거야!

사산조 페르시아의 고대 도시 '아르게 밤' · 진흙 성채로 이루어진 아름다운 고대 도시로, 오늘날 이란에 있다.

이란의 탁케 보스탄 · 사산조 페르시아 왕들의 모습을 돌벽에 새긴 바위 동굴이다.

콘스탄티노플에서 성소피아성당이 재공사를 통해 새롭게 태어나고 얼마 지나지 않은 540년경이었어. 사산조 페르시아는 소아시아로 진출했어. 그곳에 머물고 있는 로마 군대를 쳐부수고 영토를 빼앗았지. 그러나 당대의 페르시아를 군사국가라고만 생각하면 오해야. 페르시아는 문화강국이기도 했어. 화려한 페르시아 문화가 절정을 이룬 시기가 바로 사산 왕조 때였거든. 특히 건축과 미술 분야에서의 발전이 눈부셨어. 오늘날까지 남아 있는 페르시아 양식의 정교한 금은 세공과 각종 유리그릇, 화려한 모직물은 모두 이때 만들어진 것이란다.

이전의 페르시아 제국 때도 그랬지만 사산조 페르시아 또한 대제국을 건설했어. 그들의 영토는 서아시아, 아프리카, 러시아 남부까지 이르렀지. 그러나 그들의 식민지 정책은 관대했단다. 만약 페르시아가 잔인하게 통치했다고 생각한다면 그것 또한 오해라고 볼 수 있어.

이 무렵 우리가 눈여겨봐야 할 도시들이 있어. 바로 메카와 메디나야. 아라비아반도에 있었지만 거의 알려지지 않았던 이 도시들을 왜 주목해야 하느냐고?

사산조 페르시아와 동로마 제국이 자주 충돌했다고 했지? 생각해 봐. 전쟁이 자주 일어나는 지역에서 무역 활동이 제대로 될 수 있겠어? 서아시아 일대의 동서무역이 매우 부진해졌단다. 이가 없으면 잇몸으로라도 음식을 씹어야 해. 유럽 사람들은 페르시아 사람들을 피해 새로운 무역 통로를 찾아야 했지. 이 과정에서 아라비아반도 서부를 거쳐 인도양으로 이어진 바닷길이 열린 거야. 많은 물자가 지나가는 아라비아반도 서부 도시들은 당연히 부자가 됐어. 그 대표적인 도시가 바로 메카와 메디나란다.

6세기 후반 이 메카에서 무함마드란 인물이 태어났어. 알고 있겠지만 무함마드는 7세기 초반 오늘날 4대 종교 중 하나인 이슬람교를 창시한 인물이야.

메카를 장악하고 있던 부유한 상인과 귀족들은 원래 철저하게 신분을 따졌고 여러 신을 숭배했어. 오늘날 이슬람교가 섬기는 알라도 메카 귀족들이 섬기는 여러 신 중 하나였던 것으로 알려져 있어. 사실 알라는 특정한 모양이 없고 추상적인 진리를 뜻하는 신이었단다. 이슬람교에 대해서는 다음에 살펴볼게.

돌궐, 세계를 호령하다

사산조 페르시아로부터 북동쪽으로 올라가 봐. 그러면 중앙아시아가 보일 거야. 바로 그곳에서 기마유목민족이 나라를 세웠어. 페르시아가 동로마 제국과 팽팽하게 대치하고 있을 때였어. 인도에서는 굽타 왕조가 세워진 지 220년 만에 몰락했을 때였지. 중국에서는 남북조시대가 거의 끝나 가고 있었던 때야. 바로 그 무렵 돌궐 제국이 탄생했단다552년.

돌궐의 탄생은 주변 상황과 밀접한 관련이 있어. 상상해 봐. 서쪽에서는 동로마 제국과 페르시아가 허구한 날 싸웠기 때문에 약해져 있는 상태였어. 남쪽의 굽타 왕조는 무너졌지. 동쪽 중국은 아직까지 남북조시대가 끝나지 않았어. 주변이 모두 어수선했던 거야. 중앙아시아에서 돌궐 제국이 탄생하는 데 아무런 걸림돌이 없었겠지?

원래 돌궐이란 민족은 다른 기마유목민족과 마찬가지로 통일국가를 건설하지 못한 채 흩어져 살고 있었어. 이들은 게르만족을 유럽으로 밀어낸 그 흉노족의 후손으로 알려져 있단다. 흉노족은 민족 이동을 했지만 돌궐은 자신들이 살고 있던 영역에서 강력한 제국을 만들었어.

돌궐이 중앙아시아를 차지한 것은 역사적으로 큰 의미가 있어. 이때 유럽 사람들에게 투르크족이란 이름을 얻었거든. 이때 탄생한 돌궐 제국이 훗날 셀주크 제국과 오스만 제국으로 이어진 거야!

두 제국 모두 투르크족이 건
설한 나라였단다.

돌궐 제국은 실크로드를
수중에 넣은 후 무역을 독점
한 다음 사방으로 영토를 확
대했어. 한 번은 동로마 제국

돌궐 제국의 금관 · 2001년 몽골에서 발굴됐다.

과, 또 한 번은 페르시아와 연대해 나머지 한 나라를 공격하는 재치
도 발휘했지. 서아시아 일대에서 동로마 제국, 페르시아, 돌궐이 격
돌하는 삼국지가 펼쳐진 거야.

굽타 왕조, 인도 통일하다

사산조 페르시아의 영향을 많이 받은 인도 대륙으로 가 볼까? 226년
인도 쿠샨 왕조가 페르시아의 속국이 됐다는 이야기는 5장에서 이
미 했지? 인도는 그 후 4세기가 될 때까지 매우 혼란스러웠어. 그러
다가 그 혼란이 4세기 초반에 끝난단다.

중앙아시아 민족이 중국으로 쳐들어가 5호16국시대를 열고 얼
마 지나지 않았을 때야. 인도에도 새로운 왕조가 건설됐어. 바로 굽
타 왕조야[320년]. 이 왕조는 550년까지 약 230년간 지속됐어.

굽타 왕조는 갠지스 강 유역의 마가다 지방에서 작은 왕국으로
출발했어. 굽타 왕조의 창시자 찬드라굽타 1세는 인도 북동부의 작

은 국가들을 정복하면서 영토를 넓혀갔어. 무조건 힘으로만 밀어 붙인 것은 아니야. 왕실끼리 결혼을 해서 나라를 하나로 합치기도 했지. 채찍과 당근을 함께 쓴 셈이야.

아 참, 굽타 왕조의 창시자인 찬드라굽타 1세와 마우리아 왕조의 창시자인 찬드라굽타가 이름이 같지? 혼동하지는 마.

찬드라굽타 1세가 사망할 즈음 굽타 왕조는 인도 북동부의 거의 대부분을 차지했어. 뒤를 이은 왕들도 계속 영토를 넓혀 갔지. 두 번째 왕인 사무드라굽타, 그다음 왕인 찬드라굽타 2세의 팽창 정책 덕분에 굽타 왕조는 남쪽으로는 데칸고원까지, 북쪽으로는 히말라야 산맥까지 영토를 넓혔어. 최대의 전성기를 맞이한 거야.

굽타 왕조 시기 인도는 마우리아 왕조보다 더 번영했어. 농업은 발달했고 주춤했었던 상업도 다시 활발해졌지. 덩달아 큰 도시들도 많이 생겨났어. 오늘날 파트나라고 불리는 도시 파탈리푸트라는 성문이 64개에, 망루 시설만 570개나 되는 엄청난 규모를 자랑했다고 해.

굽타 왕조의 또 다른 특징은 과학이 놀랄 정도로 발전했다는 거야. 알렉산드로스의 동방원정 때 인도에는 그리스의 자연과학도 들어왔

굽타 왕조의 동전 · 굽타 왕조의 창시자인 찬드라굽타 1세와 왕비가 새겨져 있다.

었어. 인도인들은 그리스 과학을 받아들여 발전시켰지. 특히 숫자 0을 발견한 것은 놀라운 업적이야. 0의 개념이 도입되지 않았다면 현재 수준까지 수학이 발전할 수 있었을까? 10진법도 0의 개념이 없으면 아무런 소용이 없어.

인도의 수학자들은 원둘레를 계산할 때 쓰는 원주율 π의 값도 정확하게 계산해냈단다. 인도의 천문학자들은 지구가 스스로 회전하며 태양 주위를 돈다는 자전과 공전의 개념도 주장했는데 서양의 갈릴레이가 지동설을 주장한 것보다 수백 년 앞선 발견이야.

서양 세계가 과학에 있어 앞서기 시작한 것은 근대 이후부터야. 그전까지는 인도의 사례에서도 알 수 있듯이 동양의 과학 수준이 훨씬 높았어. 인도에서 발달한 과학은 훗날 이슬람 세력이 인도를 장악하면서 이슬람 세계로 전파됐고, 이슬람 세계에서 서양으로 다시 전파됐어. 중국도 마찬가지야. 중국에서 발달한 과학이 이슬람 세력을 거쳐 유럽으로 건너갔거든.

힌두교의 번성

인도의 첫 통일제국이었던 마우리아 왕조는 불교를 국교로 삼았지? 굽타 왕조는 힌두교를 국교로 삼았단다. 힌두교가 발전하게 된 것은 인도 민족주의 때문이야. 굽타 왕조 이전에 불교를 장려했던 쿠샨 왕조는 인도 민족이 아니었어.

4세기 이후 민족 대이동이 중앙아시아를 중심으로 동서양에서 이뤄졌지? 인도 또한 그 영향에서 벗어날 수는 없었어. 5세기 가까이 될 때쯤 인도의 서북부 지역에 중앙아시아의 유목민족이 자주 출몰했어. 그들과 싸우려면 인도 백성들이 똘똘 뭉쳐야겠지? 인도 지배층은 이때 민족주의를 끄집어냈어. "전통종교로 돌아가자!"라는 구호가 나온 거지. 이런 배경에서 전통 브라만교를 개혁한 힌두교가 발전하기 시작했단다. 힌두는 인도란 뜻이야.

힌두교의 발달로 미술 양식도 바뀌었어. 쿠샨 왕조 때의 간다라 미술에 인도의 독특한 전통 미술 양식이 가미된 거야. 불교와 힌두교 등 여러 종교가 어우러진 유물들이 많이 만들어졌어. 특히 굴 안을 파서 그 안에 조각상을 모신 석굴이 발달했는데, 기원전 2세기부터 시작된 아잔타 석굴이 완공된 게 이 무렵이란다. 이때의 미술 양식을 굽타 양식이라고 불러. 훗날 중국과 한반도, 일본에까지 전

아잔타 석굴 전경(아래)과 내부(위) · 굴을 파서 불상을 모신 석굴이 다수 모여 있다.

파됐어.

힌두교는 그 후 동남아시아로 전파됐어. 동남아시아는 이때부터 13세기 몽골계 이슬람 세력의 침입을 받을 때까지 힌두교가 지배했지. 캄보디아의 크메르족을 보면 이 점을 알 수 있어. 크메르 왕은 인도 지배층 언어인 산스크리트어를 공식 언어로 썼어. 12세기에 건축된 세계적인 건축물인 앙코르와트 또한 힌두교 신전이었단다.

그러나 굽타 왕조의 전성기는 매우 짧았어. 6세기 이후 세력이 약해졌는데 중앙아시아의 훈족이 또 쳐들어왔기 때문이야. 인도에서도 중앙아시아 민족을 빼고는 역사를 이야기할 수 없는 것 같아. 훈족이 얼마나 용맹한 민족인지 알기 때문에 우리는 이미 결과를 예측할 수 있지. 550년경부터 굽타 왕조는 급격히 위축돼 마가다 지역의 작은 왕국으로 전락하고 말았단다.

앙코르와트 사원 · 크메르 제국의 힌두교 신전이었다.

중국의 혼란과 고구려의 대약진

중국에서는 왕조가 전반기와 후반기로 나뉘는 경우가 참 많았어. 주가 서주와 동주로, 한이 전한과 후한으로, 진이 서진과 동진으로 나뉘었지. 훗날 등장하는 송나라도 북송과 남송으로 역사가 나뉜단다. 그러나 이처럼 왕조가 분열되면서도 중앙집권 체제만큼은 흔들리지 않고 유지됐어.

중국의 5호16국시대가 북위의 통일로 끝나고, 남북조시대로 이어졌다고 커버스토리에서 설명했어. 이제부터는 그다음의 역사를 살펴볼 거야.

이 무렵의 중국 혼란은 한반도에 유리하게 작용했어. 고구려의 약진이 아주 두드러졌지. 고구려는 남북조시대를 끝낸 수 왕조와 경쟁하며 동북아시아의 최강자가 되기도 했단다.

남북조시대, 혼란 계속되다

사마씨가 창건한 진나라는 뤄양에 수도를 둔 전반기^{서진}와 난징에 수도를 둔 후반기^{동진}로 나눠. 서진이 50년 만에 막을 내린 것은 황제들의 사치가 심했고 귀족들의 권력투쟁이 심했기 때문이었어.

진나라의 첫 황제인 무제^{사마염}는 290년 사망했어. 그전에도 혼란스러웠는데, 황제가 죽자 혼란은 더 극심해졌지. 힘없는 황제가 재위에 오르니까 모든 권력을 외척이 쥐고 흔든 거야. 제후국들은 외척의 손에서 권력을 되찾고자 반란을 일으켰어. 8명의 제후국 왕들이 306년까지 권력 쟁탈전을 벌인 이 난이 팔왕의 난이야.

다행히 이 반란은 진압됐어. 그러나 더 큰 위기가 중국에 닥쳤어. 이민족들이 중국을 공략하기 시작한 거야. 중국 중심부에서는 이때부터 5호16국시대가 시작됐어. 439년 북위가 통일해 혼란은 잠시 끝나게 돼. 여기까지는 이미 살펴봤지? 이제 그다음 역사부터 볼게.

흉노족의 침략을 피해 남쪽으로 달아난 진의 황족들이 난징에 동진을 세웠다고 했지? 그러나 동진도 곧 사라졌어. 유유란 인물이 나타나 동진을 무너뜨리고 새로이 송나라를 세운 거야420년. 얼마 후 북쪽에서는 북위가 5호16국시대를 끝내면서 중원 일대를 통일했어439년. 상황을 잘 봐. 중국 남쪽에서는 한족 왕조가 만들어졌고, 북쪽에서는 이민족 왕조가 버티고 있어. 두 왕조는 서로 팽팽하게 대치했지. 바로 이 시기가 남북조시대란다439년. 이 남북조시대는 수나라가 중국 전체를 통일하는 589년까지 150년간 계속됐어. 때로는 후한이 멸망하고 위나라가 들어선 시점부터 계산해 위진남북조시대라고도 해. 후한이 몰락한 것이 220년이니까, 위진남북조시대의 혼란은 약 370년간 계속됐다고 볼 수 있지.

사실 이 무렵 중국만 혼란스러웠던 건 아니야. 이때 유럽은 서로마 제국이 무너지고 새로이 들어선 프랑크 왕국이 아직 탄탄한 기틀을 갖추지 못했을 때였지. 왕의 자리를 놓고 후계자들이 피 튀기는 싸움을 했고 궁재들이 권력을 휘둘렀어. 인도의 굽타 왕조는 5호 16국시대가 시작될 무렵 탄생했다가 남북조시대 중반 이후의 시절에는 서서히 몰락의 길을 걷고 있었어. 사산조 페르시아와 돌궐 제국이 그나마 번영하고 있었지.

남북조시대는 귀족들의 권력이 그 어느 때보다 강했던 시대야. 한 왕조가 무너질 때를 생각해 봐. 누가 권력을 잡았지? 바로 지방

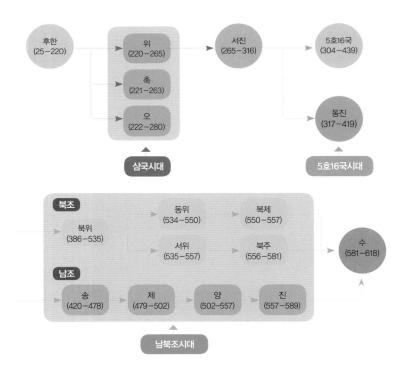

중국 위진남북조시대 왕조의 역사

호족이지? 그때부터 귀족들의 문화가 발달한 거야. 그래서 위진남북조시대를 통틀어 보통 귀족문화시대라고 규정한단다.

남북조시대도 5호16국시대와 마찬가지로 혼란의 시대였어. 적어도 100개 이상의 나라들이 세워졌다 무너졌지. 같은 이름의 나라가 다시 나타나는 경우도 많았어. 두 시대를 통틀어 중국의 대혼란 시대라고 불러도 무방할 거야.

많은 나라들이 내부 부패 때문에 멸망했어. 왕의 자리를 놓고 피붙이끼리 서로 죽이는 일도 많았지. 백성들은 못 살겠다며 반란을 일으켰어. 귀족들은 백성의 고통 따위는 안중에도 없었어. 민심을 잃은 국가가 오래 지속될 수 있겠니? 이 무렵 국가들이 모두 일찍 망한 것은 어쩌면 당연한 일일 거야.

남북조에서 수나라로

이제 남북조의 정치 역사를 살펴볼 거야. 먼저 북조부터 볼까? 5호16국시대를 종결시킨 나라가 어디였지? 그래 북위였어. 그 북위는 535년 멸망할 때까지 약 150여 년간 왕조를 이어나갔단다. 그러나 북위 이후의 국가들은 모두 30년을 넘기지 못했어. 혼란, 그 자체였다는 이야기야.

북위의 제11대 황제인 문제는 5호16국시대 전진과 비슷한 역사를 밟았어. 통일을 꿈꾸며 남쪽 지방 정벌에 나섰지만 실패하고 만 거야. 그 결과도 비슷했지. 국력이 빠른 속도로 약해졌어. 결국 반란 세력이 나타나 독립을 선언했는데, 그 나라가 동위야. 얼마 후에는 또 다른 세력이 나타나 서위를 세웠어. 북위는 이 서위 때문에 멸망했단다.

동위와 서위도 곧 망하고 말았어. 동위는 건국 16년 만인 550년, 서위는 22년 만인 557년에 각각 반란 세력에 의해 무너졌지. 동위를 무너뜨린 반란 세력은 북제를, 서위를 무너뜨린 반란 세력은 북주를 세웠어. 동위가 북제로, 서위가 북주로 모양만 바꾼 셈이야.

서위를 무너뜨린 북주는 곧바로 북제를 공격해 무너뜨렸어. 그러나 북주도 건국한 지 24년 만에 또 다른 세력에 의해 멸망하고 말았어. 정말 어수선하지? 지금까지의 복잡한 역사는 사실 다 기억하지 않아도 돼. 다만 이때 북주를 무너뜨린 인물만큼은 기억하는 게 좋을 거야. 그가 바로 한족인 양견이란다. 그가 세운 나라는? 맞아. 수나라야581년. 머지않아 중국 전체를 통일하는 바로 그 나라지. 미리 이야기해두지만, 수나라는 채 40년을 채우지 못하고 618년 멸망한단다. 부패한 왕 때문이지. 이 역사는 나중에 살펴볼 거야.

이제 남조의 역사를 볼까? 남조의 역사는 동진을 무너뜨린 송나라에서 출발해. 왕조만 다를 뿐 혼란 상황은 북조와 크게 다르지 않아.

송나라도 곧 부패하기 시작했어. 북조와 마찬가지로 황실 피붙이끼리 살육전을 벌였고 곳곳에서 반란이 일어났어. 송나라는 478년 제8대 황제 순제를 끝으로 멸망하고 말았어. 송나라를 무너뜨린 제나라도 똑같이 부패했고, 똑같이 살육전이 벌어졌어. 제나라는 22년 만에 양나라에 의해 무너졌어.

양나라를 건국한 무제는 이 혼란기에 아주 드문 성군이었어. 그가 통치하던 때 남조는 모처럼 평화로웠지. 그러나 무제가 죽자 양나라는 다시 부패해졌어. 그 후 양나라도 다른 왕조와 마찬가지로 힘이 약해졌고, 결국에는 진나라에 의해 무너졌지. 진나라의 역사도 앞선 송나라, 양나라와 똑같았단다. 진나라는 건국자인 무제가 3년 만에 죽었고, 그 뒤를 이은 황제들은 하나같이 부패했어. 결국 진나라도 32년 만에 멸망했어. 이 진나라를 무너뜨린 나라는? 그래, 이미 북쪽을 평정한 수나라야. 비로소 수나라가 중국 전역을 통일한 거지589년.

수나라의 초대 황제인 양견문제은 20여 년간 중국을 통치하면서 많은 업적을 남겼단다. 문제는 그전부터 존재해 왔던 구품중정제를 폐지했어. 이 제도는 지방호족들이 우수한 인재를 중앙정부에 추천해 관리로 임명하는 거야. 문제는, 호족들이 이 제도를 악용해 자신의 측근들만 추천했다는 데 있어. 호족

수 문제 · 수나라 초대 황제 양견이다.

들이 중앙관료를 모두 제 편으로 만들었기 때문에 황제의 권력이 약해질 수 있겠지? 그래서 문제가 이 제도를 폐지한 거란다. 그 대신 문제는 황제의 권력을 강화하기 위해 중앙관리를 시험으로 선발하는 제도를 도입했어. 이 제도는 당나라에 이르러 과거시험으로 정착됐고, 훗날 한반도에도 전파됐단다.

수 문제는 국가재정을 넉넉하게 비축했어. 그 자신이 절약을 솔선수범했기 때문에 대신들은 물론 백성들도 근검절약했지. 그 덕분에 조정 창고에는 곡물과 옷감이 50년 이상 써도 남을 만큼 쌓였다는구나. 문제는 백성들의 부담을 줄이기 위해 세금을 깎아 줬고 농업과 상업도 적극 장려했어. 그 결과 5호16국, 남북조시대를 거치면서 피폐해진 중국 경제가 다시 살아나게 됐단다.

한반도, 삼국 기틀 갖추다

위진남북조시대에 한반도는 도약기를 맞았어. 이 무렵 고구려가 중국의 혼란을 틈타 동북아시아의 최대 강자로 떠오른 거야. 고구려 역사를 살피기 전에 우선 신라와 백제부터 알아보도록 할까?

신라는 5세기 후반이 될 때까지 사실상 고구려의 지배를 받았어. 이때까지만 해도 애송이였던 거지. 이 무렵은 고구려와 백제가 치열하게 경쟁한 시기로 볼 수 있어. 4세기 초반 고구려 미천왕은 한나라가 고조선을 정복하면서 설치한 한사군을 한반도에서 완전히

석촌동 고분군 3호분 · 서울시 송파구 석촌동에 위한 고분군으로 8기의 고분이 모여 있다. 그중 가장 큰 것이 3호분인데 이 고분은 근초고왕의 고분으로 추정된다.

몰아냈어. 그는 이어 남쪽으로도 영토를 확장하기 시작했지. 그 때문에 백제와의 충돌이 시작됐어. 백제와의 갈등은 미천왕의 뒤를 이은 고국원왕 때 심했지.

이때 백제의 왕은 근초고왕이었어. 그는 왕에 오른 뒤 강력한 중앙집권 체제를 구축했고, 이어 정복 활동에 나서 마한과 가야를 평정했어. 그다음에는? 군대를 북으로 돌려 고구려로 향했어!

게르만족이 로마의 영토로 쳐들어갈 즈음인 371년, 백제와 고구려가 평양성에서 충돌했어. 이 전쟁은 백제의 승리로 돌아갔지. 고구려의 고국원왕은 전투 도중 목숨을 잃었다는구나. 근초고왕은 나아가 일본에 문화를 수출하기까지 했어. 백제는 근초고왕이 통치하던 4세기 중후반에 최고의 전성기를 맞았다고 할 수 있지.

신라가 고구려의 지배를 받고 있다고 했지? 그러나 동시에 신라는 조용히 내실을 다지고 있었어. 내물왕은 형제 나라인 고구려의 도움을 받아 중국과 교류하기 시작했어. 그는 선진문물을 받아들이며 중앙집권 체제를 서서히 구축하기 시작했지. 내물왕은 그전까지 박, 석, 김씨 등 세 가문에서 번갈아 맡던 왕도 김씨만 독차지하도록 했어.

동아시아의 대제국 고구려!

이제 고구려의 역사를 말할 거야. 우리 민족이 대륙으로 세력을 뻗치던, 위대했던 시절의 역사야.

고국원왕이 전사하자 그의 아들이 왕에 올랐어 소수림왕. 그는 전쟁으로 어지러워진 나라를 바로잡는 데 온 힘을 쏟았어. 소수림왕은 5호16국 중 하나였던 전진으로부터 불상과 경전을 수입했어. 불교를 받아들인 거야. 국내 최초로 대학교에 해당하는 태학을 세웠고 율령도 반포했지.

소수림왕의 노력으로 고구려는 성장할 수 있는 탄탄한 기반을 갖췄어. 그 덕분에 소수림왕, 고국양왕에 이어 마침내 동북아시아의 최대 정복자가 등장했단다. 바로 광개토대왕이야!

4세기 말 광개토대왕은 18세에 왕에 올랐어. 이 무렵은 백제가 전성기를 맞을 때였지. 광개토대왕은 가볍게 백제를 손봐 주고, 이어 북쪽으로 눈을 돌렸어.

400년 중국 5호16국 중 하나인 후연이 고구려를 침략했어. 그러나 고구려는 이미 후연 따위가 상대할 수 있는 나라가 아니었어. 대제국으로 성장하고 있었거든. 광개토대왕이 이끄는 고구려 군대는 후연을 대파하고, 그 기세를 이어 고조선의 옛 영토를 모두 회복했어. 이때 중국은 5호16국시대였어. 중국의 혼란은 고구려가 성장하기에 아주 좋은 기회였지. 고만고만한 나라들이 강력한 제국이 된 고구려를 이길 수 없었어. 민족의 이동이 한반도에까지 영향을 미쳤다는 점, 알 수 있겠지?

광개토대왕은 영락이라는 연호를 사용했어. 이게 얼마나 중요한 사건인지 아니? 원래 연호는 중국 황제만이 쓸 수 있는 것이었어. 나머지 국가들은 그 연호를

광개토대왕릉비 탁본 · 광개토대왕 릉비는 현재 중국 지린성에 있다.

그대로 따라 써야 했지. 그러나 광개토대왕은 이를 거부하고 독자적으로 연호를 사용했어. 중국의 지배를 거부하고 "고구려는 독립된 대제국이다!"라고 전 세계에 선포한 거야.

광개토대왕은 고구려를 동아시아의 최대 강자로 만들어 놓고 세상을 떠났어. 그의 뒤를 이은 장수왕은 아버지와 조금 달랐어. 그는 북쪽이 아니라 남쪽으로 군대를 진군시켰지. 남진정책을 펼친 거야.

고구려 군대가 내려오자 신라와 백제는 심각한 위기감을 느꼈

어. 고구려의 용맹을 너무나도 잘 알고 있었거든. 두 나라는 고구려에 맞서기 위해 동맹을 체결했어. 그게 바로 나제동맹이야433년. 그러나 나제동맹도 고구려를 막기에는 역부족이었어. 고구려가 워낙 강했거든. 장수왕이 대대적으로 백제를 공격할 때 나제동맹은 큰 기여를 하지 못했어. 이 전쟁에서 백제 수도 한성이 함락되고 개로왕은 목숨을 잃었지475년. 백제는 눈물을 머금고 수도를 웅진공주으로 옮겼어. 이 사건이 있은 지 1년이 지나 유럽 한복판에서는 서로마 제국이 무너졌단다.

한반도 주도권, 고구려에서 신라로

나제동맹은 6세기로 접어든 후에야 힘을 발휘하기 시작했어.

523년 백제의 왕에 오른 성왕은 백제 제2의 전성기를 이끈 왕이었단다. 그는 수도를 사비부여로 옮기고 만주 일대를 호령하던 부여의 민족정신을 계승하겠다며 국호를 남부여로 바꿨어. 그는 고구려에 빼앗긴 한강 유역의 영토를 되찾기 위해 군대를 일으켰어.

6세기 중반 성왕은 나제동맹 군대를 이끌고 고구려를 공격했어. 이 전쟁은 나제동맹의 승리로 끝났어. 고구려로부터 신라는 한강 상류, 백제는 한강 하류를 빼앗았지. 그러나 나제동맹은 신라 진흥왕의 배신으로 곧 깨져 버렸어. 진흥왕은 고구려와 밀약을 맺고 백제를 공격했어. 그 결과 백제가 고구려로부터 빼앗은 한강 하류를 신라가 차지할 수 있었지.

성왕은 신라에 복수하기 위해 관산성^{옥천}에서 전투를 벌였어. 이게 관산성 전투야^{554년}. 이 전투에서 성왕은 사망했고, 백제는 크게 패했어. 더불어 백제는 재기할 수 없을 만큼 약해졌어. 드디어 신라의 전성시대가 열린 거야.

이쯤에서 신라의 역사를 더듬어 볼까? 신라 통일의 기초를 다진 왕은 6세기 초반의 법흥왕이야. 그는 율령을 반포해 중앙집권 체제를 구축했고 불교도 처음으로 공인했지. 사실 신라는 불교가 자리 잡기까지 무척 오랜 시간이 걸렸어. 고구려와 달리 신라에서는 귀족들의 세력이 강한 데다 민간신앙이 훨씬 더 유행했기 때문이야. 인도 왕들이 왕권을 강화하기 위해 불교를 장려했다는 거 기억나지? 신라도 마찬가지라서 귀족을 누르기 위해서 법흥왕은 불교를 꼭 받아들여야 했어. 마침 이차돈의 순교가 계기가 돼 법흥왕은 불교를 공인할 수 있었단다.

540년 왕이 된 진흥왕은 삼국통일의 기반을 실제로 닦은 왕으로 볼 수 있어. 진흥왕 이후 신라는 북쪽으로 영토를 계속 넓혔고, 중국과도 직접 왕래하며 국력을 키웠거든. 관산성 전

진흥왕 순수비 · 확대된 신라 영토를 순수하면서 기념하기 위해 만들었다.

투에서 백제에 대승을 거둔 후 진흥왕은 영토 확장을 기념하며 북한산에 진흥왕 순수비를 세웠어. 그 후로도 세 곳에 더 순수비를 세웠지. 진흥왕은 또 가야에서 일어난 반란을 구실로 가야를 정복했고 화랑제도도 창시했단다.

일본, 통일국가 등장

한반도에서 삼국이 엎치락뒤치락 주도권 다툼을 하고 있을 때 일본에서도 역사적 사건이 일어났단다. 마침내 일본의 첫 통일국가가 탄생한 거야. 4세기 중반 들어선 야마토국이 바로 그 나라야. 역사학자들은 연합국가의 대표선수였던 야마타이가 발전해 야마토가 된 것으로 추정하고 있지.

일본 사람들은 소규모 부족국가의 왕이나 족장을 키미라고 불렀대. 야마토의 왕은 오키미라고 불렀지. 우리말로 옮기면 키미는 왕, 오키미는 대왕쯤 될 거야. 그러나 이때까지도 오키미의 권력은 그다지 강하지 않았어. 중앙집권 체제가 갖춰지지 못했기 때문이지. 아직도 지방호족들은 군대를 갖고 있었고, 중앙정부의 눈치도 보지 않았어. 호족들은 토지를 많이 갖고 있어 시간이 흐를수록 점점 더 큰 부자가 됐어. 중앙정부가 지방호족을 통제할 방법은 전혀 없었어. 한나라 말기 상황과 비슷하지? 한나라는 삼국시대로 이어졌지만 일본은 무사들이 권력을 잡는 사무라이 정치로 이어진단다.

한반도가 좁은 정복자
근초고왕 vs 광개토대왕

광개토대왕은 명실상부한 동북아시아의 정복 군주야. 그전까지 한반도의 주도권은 백제가 쥐고 있었어. 백제의 근초고왕이 워낙 강했기 때문이야. 그 판세가 광개토대왕이 등극하면서 바뀌게 돼. 광개토대왕은 4세기 말 왕에 오른 직후 반격에 나섰고, 금세 백제의 북쪽 지역 58개 성을 차지했지.

광개토대왕은 고조선의 옛 영토인 만주를 다시 우리 땅으로 만든 영웅이야. 당시 중국은 5호16국시대의 혼란이 계속되고 있었어. 광개토대왕은 서쪽으로 말을 달려 후연을 대파했고, 이윽고 랴오둥 지역을 손에 넣었지.

광개토대왕의 업적은 셀 수 없을 만큼 많아. 한 가지만 더 들어 볼까? 광개토대왕은 왕으로 있을 때 영락대왕이라고 불렸다. 영락은 광개토대왕이 처음으로 사용한 연호야. 원래 연호는 중국 황제만이 쓸 수 있었지. 광개토대왕은 그 점을 무시하고 독자적인 연호를 쓴 거야.

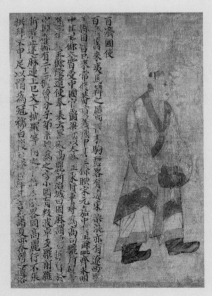

백제 사신의 모습 · 중국 양나라에 조공 온 외국인 사절 중 백제 사신이 묘사돼 있다.

고구려 무용총의 수렵도

고구려가 중국과 대등한 제국이었다는 점을 알 수 있지?
광개토대왕에 비견할 만한 백제의 왕이 근초고왕이야. 시기상으로는 광개토대왕보다 앞선 인물이지. 근초고왕은 백제 역사에서 가장 두드러진 정복자로 꼽혀. 371년 근초고왕은 평양성을 공격했어. 이 전투에서 고구려의 고국원왕이 전사했지. 근초고왕은 남쪽으로는 마한까지 정복했단다.
근초고왕은 일본에 사신을 보내 처음으로 국교를 수립하기도 했어. 백제 역사상처음으로 중국 역사서에 등장하는 왕이기도 하지. 중국의 송서와 양서에 따르면근초고왕이 재위 중일 때 백제가 중국 요서 지방의 진평군을 정복했어. 이 기록이역사적 사실인지는 아직 증명되지 않았어. 당시 이 지역은 여러 민족이 피 튀기게싸우고 있었고, 백제가 바다를 건널 만한 막강한 해군을 가지고 있었는지는 알 수없어. 다만 엄연하게 기록으로 남아 있으니 사실이 아니라고 말할 수도 없지.
어쨌든 두 대왕은 한반도 땅이 좁은 정복 영웅이었음이 틀림없어. 우리 민족의 기상을 전 세계에 알린 영웅 말이야.

아메리카에 마야문명이 뜨다

아메리카는 문명의 발전 속도가 매우 느린 대륙이었어. 그래도 3세기 이후부터는 오늘날 우리가 대부분 알고 있는 익숙한 문명이 중앙아메리카에서 탄생했단다.

1세기경 멕시코에서 테오티우아칸문명이 발달했다는 건 이미 설명했지? 그 후 여러 도시에서 비슷비슷한 문명들이 잇달아 발달했어. 2세기로 접어든 후에는 과테말라 주변에도 대도시가 들어섰지. 안타깝게도 이 도시 가운데 어떤 도시도 대제국을 건설하지는 못했어.

3세기 들어 테오티우아칸문명을 건설했던 올메크인들이 멕시코 남쪽 산림지대에서 원주민인 케추아족과 함께 새로운 문명을 발달시켰어. 케추아족은 올메크인들로부터 선진문물을 배운 뒤 치아파스 지역을 중심으로 문명 도시들을 건설하기 시작했지. 이 문명이 바로 마야문

마야문명의 달력 · 천문학이 발달해 현대의 달력과 비교해도 손색이 없다.

마야의 유물 · 멕시코시티 국립 인류학 박물관에 소장돼 있다.

명이야. 마야문명은 10세기까지 번성하다 멸망하고 말았어.

마야문명은 중앙집권적인 대제국이라기보다 연합체 형태의 국가를 지향했어. 그 때문에 각 부족이 독자적인 문화를 발전시킬 수 있었지.

마야문명은 그 수준이 매우 높았다고 해. 특히 과학의 발전은 눈부실 정도였다고 알려져 있어. 마야문명은 천문학이 매우 발달했어. 일식과 월식을 아주 정확히 예측해 냈고, 해와 달의 움직임을 바탕으로 만든 1년 달력은 오늘날의 과학 수준으로 봐도 거의 틀린 게 없다는 거야. 정말 놀라운 일이지?

이 무렵 인류에게 알려지지 않았던 또 하나의 새로운 대륙이 베

일을 벗었어. 바로 오스트레일리아^{호주}야.

물이 위에서 아래로 흐르는 것처럼 문명도 발달된 지역에서 낙후된 곳으로 전파되기 마련이지. 아주 오래전, 대륙에서 동남아시아로 인류가 이동했어. 그리고 이 무렵에는 동남아시아에서 오스트레일리아로 몇몇 종족이 이동했지. 수렵 종족은 오스트레일리아로, 농경 종족은 폴리네시아와 미크로네시아, 멜라네시아 등 지금의 태평양제도로 새로운 삶을 찾아 떠난 거야. 폴리네시아로 이주한 농경 종족은 또다시 작은 배를 타고 뉴질랜드로 이동했어. 이 모든 종족들은 당연히 문명의 씨앗도 함께 퍼뜨렸단다.

이렇게 해서 이 무렵 태평양제도와 오스트레일리아의 역사가 시작돼. 이 은둔의 대륙은 15세기에 이르러 유럽 열강들의 발견과 침략이 있기 전까지 외부에 알려지지 않은 채 조용히 문명을 발전시켜 나갔단다.

제7장

인류의 탄생에서 중세까지

이슬람 제국, 세계를 호령하다

600~800년 전후

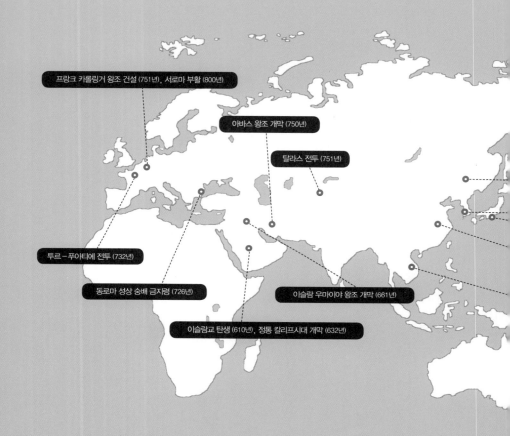

프랑크 카롤링거 왕조 건설 (751년), 서로마 부활 (800년)

아바스 왕조 개막 (750년)

탈라스 전투 (751년)

투르-푸아티에 전투 (732년)

동로마 성상 숭배 금지령 (726년)

이슬람 우마이야 왕조 개막 (661년)

이슬람교 탄생 (610년), 정통 칼리프시대 개막 (632년)

7세기 중세 유럽은 혼란스러웠어. 프랑크 왕국이 가장 강력한 나라였지만 메로빙거 왕조는 힘이 약했거든. 8세기 후반이 돼서야 아주 강한 왕조가 들어섰어. 카롤링거 왕조였지. 오늘날까지도 유럽 사람들이 가장 강력한 정복자 가운데 한 사람으로 꼽고 있는 샤를마뉴카롤루스 대제는 800년, 부활한 서로마 제국의 황제가 되기도 했단다. 프랑크 왕국이 아직 메로빙거 왕조 시절일 때 중국에는 강력한 당나라가 들어섰어. 당나라는 프랑크 왕국의 카롤링거 왕조가 힘을 키우고 있을 때 힘이

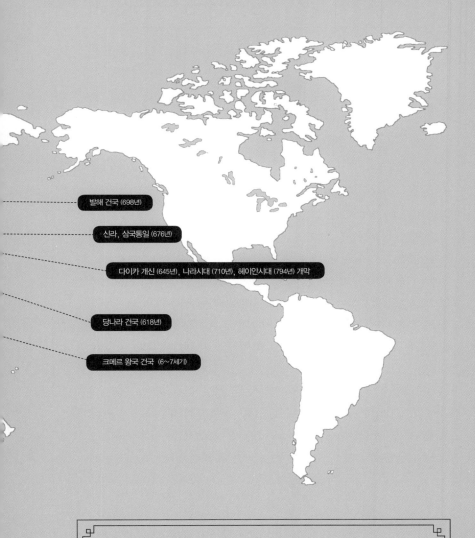

발해 건국 (698년)

신라, 삼국통일 (676년)

다이카 개신 (645년), 나라시대 (710년), 헤이안시대 (794년) 개막

당나라 건국 (618년)

크메르 왕국 건국 (6~7세기)

약해지기 시작했단다.
그러나 동아시아에는 엄청나게 큰 영향을 끼쳤어. 신라는 한반도 통일에 당나라의 군대를 끌어들였고, 일본은 당나라를 모방한 다이카 개신으로 성큼 발전했단다. 중국에서 당나라가 건국되고 일본에서 다이카 개신이 시작될 즈음 서아시아에는 세계적인 사건이 일어났어. 이슬람교가 탄생한 거야. 그래, 이번 장에서는 바로 그 역사를 커버스토리로 다룰 거란다.

7~8세기에도 참으로 중요한 사건들이 많아. 이즈음 발생한 사건 가운데 세계 전체에 가장 큰 영향을 끼친 사건을 딱 하나만 들라면 어떤 것을 꼽을 수 있을까? 역사학자 열 명 가운데 아홉 명 이상이 아마도 이슬람교와 이슬람 제국의 탄생을 꼽을 거야.

초기 이슬람교는 공동체 생활의 교리로 시작했어. 이윽고 하나의 제국으로 컸고, 다음에는 여러 지역에서 제국이 생겨났어. 서아시아중동에서 시작된 이슬람교는 중앙아시아, 아프리카, 유럽 남부로까지 퍼졌단다. 엄청나게 넓은 지역이지?

유럽이 기독교로 똘똘 뭉친 세계였다면 서아시아와 중앙아시아 등은 이슬람교로 똘똘 뭉친 세계였어. 그러니까 이때부터 유럽은 기독교권, 서아시아 일대는 이슬람권이된 거야.

이슬람혁명은 아라비아반도 서부의 메카에서 시작됐어. 오늘날 어떤 사건이나 유행이 시작한 곳을 말할 때 "무엇 무엇의 메카"라고 하지? 그 메카가 바로 이슬람혁명이 시작한 지역 이름을 딴 거란다. 커버스토리에서는 이슬람혁명이 시작한 7세기 초반부터 여러 왕조로 나뉘는 8세기 후반까지를 한꺼번에 살펴볼 거야.

이슬람 제국의 변천사

이슬람교의 탄생

중국에서 당나라가 세워진 지 10년쯤 지났을까? 630년이었어. 세계적인 사건이 아라비아반도에서 터졌단다. 무함마드란 인물이 아라비아반도의 대도시 메카를 점령하고 이슬람 국가를 만든 거야. 이 나라는 무함마드가 세상을 떠난 다음에 대제국으로 발전했어. 동로마 제국도 나중에 이슬람 군대에 무너지지.

또한 이슬람교는 오늘날 세계 4대 종교의 하나야. 이슬람 신도는 중동 지역뿐 아니라 세계 곳곳에 퍼져 있단다. 이 이슬람교가 어떻게 탄생했는지부터 살펴볼까?

무함마드는 상인이었어. 장사를 하기 위해 많은 곳을 돌아다녔지. 무함마드는 세상이 매우 불평등하다고 생각했어. 이해할 수 없는 일도 많았지. 특히 메카의 귀족들이 카바 신전이란 곳에 커다란

헤라 산의 동굴 · 무함마드가 첫 계시를 받았다고 전해지는 곳이다.

검은 바위를 가져다 놓고 숭배하는 것은 정말 이해할 수 없었어. 그 바위를 숭배한다고 한들 세상이 살기 좋은 곳으로 바뀌진 않을 거라고 생각한 거야.

무함마드는 마흔 살쯤 헤라 산에 있는 한 동굴로 들어가 명상을 시작했어. 삶의 진리를 찾기 위해서였지. 그는 고행을 하다 마침내 진리를 깨달았어. "알라 앞에 모든 사람이 평등하다!"

어렵게 깨달은 진리치고는 너무 단순한 거 아니냐고? 그래, 맞아. 무함마드는 이 단순한 진리를 사람들이 미처 깨닫지 못했다고 믿었어.

이때가 610년쯤 됐을 거야. 중국 수 왕조가 남북을 잇는 2000킬로미터의 대운하를 건설하기 1년 전이었지. 유럽은 프랑크 왕국 메로빙거 왕조의 시대였으며 서아시아는 사산조 페르시아가 장악하고 있었어. 동로마 제국은 페르시아로부터 여러 차례 공격을 받아 힘이 약해지고 있었어. 바로 이때 무함마드가 이슬람교를 창시했단다.

이슬람교도 기독교와 마찬가지로 조로아스터교의 영향을 받았어. 이 부분은 이미 앞에서 말했었지? 이슬람교는 알라만을 신으로

섬기는 유일신 종교야. 모
든 사람이 평등하다는 사상
이 기본 교리지.

무함마드는 이 이슬람교
사상을 아랍인들에게 전파
하기 시작했어. 카바 신전의
검은 바위를 숭배하던 메카
의 귀족들은 이슬람교가 마
음에 들지 않았어. 귀족들은

무함마드가 수행 도중 천사 가브리엘을 만나는 장면 · 무
함마드는 알라의 계시를 받은 예언자로 추앙받고 있다.

이슬람교의 평등사상이 거슬렸어. 귀족들은 이렇게 소리쳤어. "메
카의 중심은 귀족이야! 어떻게 모든 사람이 평등할 수 있겠어?"

생각해 봐. 평등사상이 일반 백성에게까지 퍼진다면 누가 귀족
들을 따르겠어? 귀족들은 이슬람교가 전파되지 않도록 별의별 수
단을 다 썼어. 협박도 하고 달래기도 했지. 그러나 이슬람교는 결코
사라지지 않았어. 귀족들은 그대로 두면 모든 백성이 이슬람교를
믿을 거라고 생각했어. 귀족들은 마침내 무함마드를 죽이기로 결
심했어.

결국 무함마드는 메카의 귀족들을 피해 메디나란 도시로 도망을
갈 수밖에 없었어622년. 이 사건을 헤지라라고 부르는데, 이슬람교
에서는 이때를 이슬람력 원년으로 삼고 있단다. 우리 민족이 단군
의 고조선 건국을 단기 1년으로 치는 것처럼 이슬람교는 이때를 이
슬람 1년으로 치는 거지. 메디나는 메카와 함께 2대 이슬람 성지로

여겨지고 있어.

무함마드는 메디나에서 움마라는 이슬람 공동체를 만들었어. 그를 찾아오는 아랍인들은 점점 늘어났지. 공동체가 커지자 공동체를 이끌 생활 지침이 필요해졌어. 무함마드의 제자들은 그의 설교를 일일이 글로 기록해 책을 만들었어. 이 책이 바로 이슬람교의 경전인 코란이란다.

무함마드의 세력이 강해지자 귀족들은 다시 겁이 났어. 귀족들은 무함마드를 죽이기 위해 군대를 이끌고 메디나로 쳐들어갔어. 그러나 귀족들은 무함마드가 과거의 힘없는 무함마드가 아니란 사실을 미처 깨닫지 못했나 봐. 이제 무함마드의 군대는 귀족의 군대보다 더 강력한데도 말이야.

무함마드는 귀족의 군대를 물리쳤어. 630년에는 오히려 메카를 공격해 점령해 버렸지. 이때까지만 해도 여러 부족들은 어느 편에 서야 할지 결정을 내리지 못하고 있었어. 그러나 이제 알 수 있었지. 무함마드가 위대한 지도자라는 사실을 받아들여야 한다는 걸 깨달은 거야. 부족장들은 서둘러 메카로 사신을 보내 무함마드를 최고 지도자로 섬기고 이슬람교를 유일 종교로 받아들일 것을 약속

코란 · 이슬람교의 경전으로, 무함마드에게 전해진 알라의 계시를 집대성한 책이다.

했단다. 비로소 이슬람교를 중심으로 무함마드를 예언자로 섬기는 이슬람 공동체가 결성됐어.

정통 칼리프시대

632년 무함마드가 세상을 떠났어. 비상이 떨어졌어. 공동체의 지도자가 사라져버렸으니 그럴 만도 할 거야. 원로들은 긴급회의를 가졌어. 이 자리에서 새로운 지도자를 빨리 결정해야 공동체를 살릴 수 있다는 데 모든 원로들이 동의했어. 무함마드의 동료이자 장인인 아부바크르가 새로운 지도자로 뽑혔지. 이슬람 공동체에서 지도자로 뽑힌 첫 인물이었어. 아부바크르는 무함마드의 장인이 아니라 사촌 형제였다고 말하는 학자들도 있단다.

이슬람 교단에서는 무함마드의 대리인이자 지도자를 칼리프라고 불렀어. 아부바크르가 이슬람 제국의 제1대 칼리프가 된 거지. 뭐, 사실 이때는 제국이라고 부르기에는 너무 조촐하긴 하지만 말이야. 어

무함마드를 막아서는 아부바르크 · 메카의 군중들이 무함마드를 돌로 쳐 죽이려는 것을 막고 있다.

쨌든 이로써 이슬람 제국의 정통 칼리프시대가 열렸어632년. 정통 칼리프시대는 661년까지 약 30년간 계속됐는데, 총 4명의 칼리프가 배출됐단다.

아부바크르가 원로 회의에서 칼리프로 임명됐던 것처럼 그의 후계자들도 같은 방식으로 칼리프가 됐어. 종교와 정치가 일치된 이런 체제를 제정일치 사회라고 부른단다. 나머지 3명의 칼리프도 이 방식을 따랐어. 고대 중국과 팍스 로마나 시대의 선양 방식이 떠오르지 않니? 비슷해.

이슬람 사회의 발전을 위한 초석을 다진 아부바크르는 이슬람교 영역을 확장해 나갔고, 아라비아반도 서남 지역의 작은 나라에 불과했던 이슬람 제국은 비로소 세계로 뻗어 나가기 시작했어.

이슬람 군대는 아라비아반도를 거슬러 올라갔어. 지중해와 접해 있는 동로마 제국의 영토인 사해 남쪽의 다마스쿠스를 점령했지634년. 로마는 화가 났어. 듣지도 보지도 못했던 작은 나라가 감히 로마에 대적했기 때문이야. 동로마 제국은 군대를 보냈어. 그러나 이 군대는 이슬람 군대에 처참히 깨져 버렸어. 이제 시리아는 이슬람 제국의 영토가 됐어.

커버스토리를 끝낸 뒤에는 대륙별로 역사를 살피지? 그러나 그때도 페르시아의 역사는 따로 살필 필요가 없어. 그 땅을 이슬람 제국이 정복해 버렸기 때문이야. 사산조 페르시아는 어떻게 됐냐고? 당연히 이슬람 군대에 멸망했지. 그 과정을 살펴볼까?

이슬람 제국은 시리아를 차지한 다음에 동쪽으로 눈을 돌렸어.

그곳에는 사산조 페르시아가 있었지. 동로마 제국과 자주 싸우는 바람에 힘이 약해질 대로 약해진 페르시아는 이슬람 제국의 공격을 당해 낼 수 없었어. 이슬람 제국은 페르시아의 땅인 메소포타미아 일대를 차지했어. 페르시아와 싸우는 동안에도 이슬람 제국은 동로마 제국을 위협했어. 동로마 제국으로부터 이집트 알렉산드리아를 빼앗았지. 막상 싸워 보니 페르시아와 동로마 제국 모두 이슬람 제국의 상대가 되지 않았어. 칼리프들은 어쩌면 피식 웃었을지도 몰라.

드디어 전면 공격. 이슬람 제국은 사산조 페르시아를 마침내 멸망시켰어651년. 이때부터 페르시아, 지금의 이란 땅은 이슬람권에 들어갔단다. 물론 지금도 이슬람권에 속해 있지.

이슬람 제국의 정복 전쟁은 계속됐어. 이슬람 군대는 동로마 제국의 영토인 아프리카 튀니지로 쳐들어갔어. 이번에도 동로마 제국 군대를 가볍게 물리쳤지. 7세기 중반이 되면 이슬람 제국은 동로마 제국으로부터 아프리카 북부 지역을 거의 대부분 빼앗아 버렸단다.

한창 잘 나가는 것 같지? 그러나 이슬람 세계에도 위기가 닥쳤어. 중국에서 측천무후라는 여걸이 등장할 무렵이었어. 한반도에서는 신라가 삼국통일의 분위기를 만들어가고 있었고, 일본에서는 당의 제도를 모방해 다이카 개신을 진행하고 있었지. 유럽? 프랑크 왕국은 여전히 혼란스러웠단다. 바로 이때 이슬람 지배층 사이에 칼리프 자리를 놓고 분열이 시작됐어.

제3대 칼리프 오스만이 제국을 통치하고 있었는데, 오스만의 반대파들이 쿠데타를 일으킨 거야. 그들은 무함마드의 사위인 알리를 제4대 칼리프로 추대했어. 쿠데타는 또 다른 쿠데타로 이어졌어. 결국 정통 칼리프시대도 막을 내리게 되지.

우마이야 왕조, 유럽 진출

시리아 총독으로 있던 무아위야란 인물도 쿠데타를 일으켰어. 그는 쿠데타에 성공한 다음 스스로 칼리프 자리에 올랐어. 지금까지는 칼리프를 선출했었지? 무아위야는 그 칼리프 자리를 무력으로 빼앗은 거야. 더불어 자신의 혈통에게 칼리프 자리를 넘겨줬어. 맞아, 이슬람 세계 또한 왕조의 시대로 접어든 거야. 무아위야가 세운 이 이슬람 왕조가 우마이야 왕조란다^{651년}. 우마이야 왕조는 옴미아드 왕조라고도 하는데, 750년까지 약 90년간 지속됐어.

정통 칼리프시대 때는 원로원에서 칼리프를 임명했지? 그러나 이제는 이미 말한 대로 우마이야 가문에서 칼리프 자리를 세습했어.

우마이야 왕조의 전성기는 8세기 초반이었어. 이때 우마이야 왕조는 인도 북서 지역에서 시작해 아프리카 북부를 거쳐 유럽 이베리아반도에 이르는 넓은 땅을 정복했단다. 3개 대륙에 걸친 대제국이었어. 로마 제국의 전성기 시절 영토와 비교해도 결코 작지 않아. 오히려 로마 제국보다 더 위대했다고 볼 수도 있지. 로마 제국은 수백 년간 영토를 조금씩 넓혔지만 이슬람 제국은 100년도 안 되는 짧은 시간에 그 모든 업적을 달성했거든.

우마이야 왕조의 활약 가운데 두드러진 것을 추린다면, 아마도 유럽 땅을 본격 공략했다는 점을 들 수 있을 거야. 우마이야 왕조는 유럽 땅에 이슬람 기지를 만들었어. 이제 그 과정을 따라가 볼 거야.

우마이야 왕조가 탄생하고 30년이 지났을 때 중국에서는 측천무후가 마침내 정권을 잡았어. 측천무후는 황제를 끌어내리고 스스로 황제에 올랐지. 그로부터 10년이 지났을 때쯤 한반도 북부 지역에 발해가 만들어졌단다. 다시 10년이 지났어. 일본에서 당을 거의 그대로 본뜬 문화가 시작됐어. 나라라는 곳에 수도를 정한 이 시기를 나라시대라고 부르지.

7~8세기는 이처럼 이슬람권의 변화에 맞춰 전 세계의 역사를 살펴보는 것도 좋은 방법이야. 앞서도 말했지만 이슬람권의 역사가 이즈음 역사의 이정표, 즉 길을 알려 주는 표지판 역할을 하기 때문이지.

일본에 나라시대가 시작되고 1년이 지난 711년, 우마이야 왕조의 군대가 이베리아반도에 상륙했어. 이때 프랑크 왕국은 매우 혼란했어. 6장에서 잠깐 말했을 거야. 왕의 힘이 약했고, 귀족들의 지지를 얻은 궁재가 모든 권력을 장악했다고 말이야. 더구나 이베리아반도는 프랑크족이 아니라 서고트족의 영역이었단다. 엄밀히 말하면 유럽에서 가장 강력한 나라였던 프랑크 왕국의 영역이 아니었던 거야.

투르-푸아티에 전투 · 프랑크 왕국의 궁재 카를 마르텔이 이슬람 군대를 격파했다.

이쯤 되면 이베리아반도를 집어삼키는 것도 어렵지 않겠지? 정말로 이슬람 군대는 너무나 쉽게 서고트족을 물리치고 이베리아반도를 차지했어. 이때부터 이베리아반도는 이슬람 총독이 통치하는 이슬람의 영토가 됐단다.

이슬람 총독은 비교적 너그러웠어. 유럽 사람들에게 이슬람교로 개종할 것을 권하긴 했지만 이 권고를 따르지 않은 기독교와 유대교 신도를 죽이거나 쫓아내지는 않았어. 그 대신 세금을 더 걷을 뿐이었지.

유럽에 이슬람 기지도 생겼겠다, 이슬람 군대는 내친김에 유럽 중심부로 진군하기 시작했어. 이슬람 군대는 피레네 산맥을 넘어

프랑크 왕국까지 진격했지. 이슬람 군대와 프랑크 군대의 충돌은 이제 피할 수 없게 됐어.

이슬람 군대는 지금의 프랑스 보르도 지방에 도착했어. 그들은 보르도 지방을 초토화 시킨 다음에 투르 지방까지 진격했지. 프랑크 군대가 막아섰어. 프랑크 왕국의 권력을 쥐고 있던 궁재 카를 마르텔이 직접 군대를 지휘했어. 프랑크 군대는 푸아티에 평원에서 이슬람 군대와 치열한 전투를 벌였지. 이게 그 유명한 투르—푸아티에 전투야732년.

이 전쟁의 승리는 프랑크에 돌아갔어. 그 후 이슬람 제국의 기세는 한풀 꺾였지. 뭐, 그렇다고 해서 이슬람 제국의 힘까지 약해졌다는 뜻은 아니야. 이슬람 제국은 여전히 강했어. 동로마 제국을 비롯해 지중해 일대의 여러 나라들은 이슬람 제국의 눈치를 볼 수밖에 없었지. 이슬람 제국이 동서무역을 독점하고 있었거든. 유럽 국가들은 동방 세계와 자유로이 무역을 할 수 없게 됐어. 불편이 이만저만 큰 게 아니었지.

이슬람 제국의 분열

막강했던 이슬람 제국도 세월이 흐르자 분열되기 시작했단다. 물이 고이면 썩는 것과 같은 이치야.

그 시작은 지역감정, 즉 지연地緣이었어. 우마이야 왕조가 시리아 출신이었지? 당연히 우마이야 왕조는 시리아 출신 인사들을 많이 발탁했어. 다른 지역 출신 인사들의 반발 또한 불을 보듯 뻔한 일이야. 슬슬 내분이 일어나기 시작했지.

마침내 "우마이야 왕조는 이슬람 세계를 이끌 만한 정통성이 없다!"라고 주장하는 파벌이 나타났어. 이 파벌은 예언자 무함마드의 혈통만이 진정한 칼리프가 될 수 있다고 주장했지. 이 파벌이 바로 시아파야. 우마이야 왕조를 포함해 지금까지 이슬람을 지배했던 파벌은 수니파라고 불렀어. 기독교가 로마 교회와 동방 교회로 나뉜 것과 비슷하지? 시아파는 수니파보다 훨씬 더 이슬람 전통 교리만 따를 것을 강조했어. 때로는 신비주의로 흐르기도 했지. 시아파는 정통 칼리프시대의 4대 칼리프였던 알리를 섬겼어. 그가 무함마드의 사위였기 때문이야.

우마이야 왕조에 저항하는 목소리가 나오기 시작하자 도처에서 왕조를 타도하자며 사람들이 몰려들었어. 이 가운데에는 아바스 가문의 이브라힘이란 인물도 끼어 있었지. 이브라힘은 우마이야 왕조를 무너뜨리기 위한 투쟁을 본격화했어. 시아파도 이 투쟁에 참여했지. 이 투쟁은 그 후로 약 5년간 계속됐어.

유럽 한복판에서 프랑크 왕국을 연 메로빙거 왕조가 751년 무너졌어. 그 자리에는 새로이 카롤링거 왕조가 들어섰지. 오늘날까지 유럽 사람들이 최고의 정복자로 꼽는 샤를마뉴를 배출한 바로 그 왕조야. 이 카롤링거 왕조가 들어서기 1년 전, 이브라힘은 마침내 우마이야 왕조의 마지막 칼리프를 제거했어. 그러고는 새로이 아바스 왕조를 세웠지750년. 이 아바스 왕조는 1258년 멸망할 때까지 500년 이상을 지속한단다.

아바스 왕조에 밀려난 우마이야 왕조 사람들은 어떻게 됐을까? 이베리아반도로 도망갔단다. 그들은 그곳에서 후 우마이야 왕조를 세웠어756년. 아바스 왕조가 수도를 바그다드에, 후 우마이야 왕조가 수도를 아프리카 코르도바에 뒀기 때문에 각각 동칼리프 왕조, 서칼리프 왕조라고 부르는 학자들도 있어. 훗날 이집트 카이로에 세워진 시아파의 파티마 왕조는 지리적으로 중간지대에 있기 때문에 중칼리프 왕조라 불렀지.

유럽에 이슬람 문화를 많이 전파한 왕조는 후 우마이야 왕조였어. 그러나 전체 이슬람권의 1인자는 아바스 왕조였지. 아바스 왕

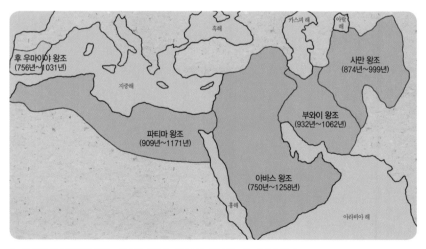

8~10세기 이슬람권의 분열 · 이슬람 제국은 내분으로 여러 왕조로 나뉘게 됐다.

조는 수도를 시리아의 다마스쿠스에서 바그다드로 옮겼는데, 이때부터 바그다드는 이슬람 세계의 중심지가 됐단다. 물론 동서무역의 중심지로도 성장했지.

우마이야 왕조가 유럽으로 진출했지? 아바스 왕조는 중앙아시아로 영토를 넓혔어. 뒤에서 살펴보겠지만 이때쯤 중국의 당나라도 중앙아시아로 영토를 확장하고 있었어. 그러나 이미 많이 국력이 약해진 후였지.

아바스 왕조가 들어서고 1년이 지났어. 프랑크 왕국의 카롤링거 왕조가 세워지던 바로 그해, 아바스 왕조와 당나라 군대가 중앙아시아의 탈라스 강 일대에서 충돌했어. 이게 탈라스 전투야751년. 이 전투에서 이슬람 군대는 당나라 군대를 물리쳤고, 중앙아시아의 1인자가 누구인지를 분명하게 말해 줬어. 아바스 왕조의 승리로 끝남에 따라 중앙아시아는 이슬람권에 포함됐고, 당나라는 실크로드를 잃어버렸어. 그렇잖아도 국력이 약해진 당나라는 이 전쟁의 패배로 큰 충격을 받았어. 급속하게 국력이 떨어졌지.

아바스 왕조도 9세기 들어 약해지기 시작했단다. 후 우마이야 왕조는 그보다 조금 먼저 분열됐어. 788년에는 모로코, 800년에는 튀니지가 독립을 선언했지. 이때부터 이슬람권은 종교는 이슬람교이지만 서로 다른 나라가 됐어. 유럽 나라들이 기독교이지만 모두 다른 나라가 된 것처럼 말이야.

이슬람교 탄생의 역사적 의의

이슬람교에 대한 오해가 많은 것 같아. 그 가운데 하나는 '이슬람교는 무함마드를 신으로 숭배하고 있다'일 거야. 이건 틀린 말이야. 이슬람교에서 무함마드는 신이 아니라 예언자로 숭배되고 있어. 무함마드는 알라의 가르침을 전달하는 역할을 한 사람이지 신은 아니라는 거야. 이슬람교에서 섬겨야 할 신은 오직 알라밖에 없어. 이 점이 여호와와 예수 그리스도를 신으로 숭배하는 기독교와 달라. 참, 알라와 여호와는 어원이 같단다.

이슬람교의 탄생에 가장 큰 위협을 느낀 사람들은 유럽의 기독교도들이었어. 유럽의 동쪽 끝에 있던 동로마 제국은 사산조 페르시아 때보다 몇 배는 더 강한 이슬람 제국 앞에 힘을 쓸 수 없었지. 지중해의 이베리아반도도 마찬가지였어. 서유럽에서도 이슬람교도들은 공포의 대상이었어.

이슬람교는 100년도 안 돼 아시아, 아프리카, 유럽 등 3개 대륙에 걸친 대제국을 건설했어. 로마 제국도 못 했던 일을 이슬람 제국이 해낼 수 있었던 힘은 무엇이었을까?

무엇보다 이슬람 교리가 누구나 쉽게 이해할 수 있을 만큼 단순했기 때문이야. 누구나 알라의 말씀인, 코란만 외우면 됐거든. 더 단순한 종교가 있겠니?

이슬람교의 평등주의도 많은 사람들을 끌어들이는 데 큰 도움이 됐어. 이슬람교의 정복자들은 평등주의 교리에 따라 정복한 지역의 백성들을 부드럽게 통치했지. 관용을 베푼 거야. 다른 종교를 심하게 박해하지도 않았어. 아랍 사람이 아니어도 이슬람교로 개종만 하면 정부 고위직까지 승진할 수 있는 기회를 줬어. 기회를 누구에게나 줬기 때문에 많은 사람들이 이슬람교로 개종을 했단다.

동로마 제국과 사산조 페르시아가 오랜 세월 전쟁을 벌였지? 이 점도 이슬람 제국이 급속하게 성장하는 데 큰 도움이 됐어. 두 나라는 전쟁 때문에 국력이 크게 약해졌고, 두 나라의 백성 또한 전쟁에 진절머리를 냈어. 그들은 이슬람 제국이 모든 혼란을 끝내주기를 기대했어. 당연히 이슬람 군대를 환영했겠지?

이슬람교는 원래 관대한 종교다

미국무역센터 폭파 테러를 기억해? 그 사건의 충격이 워낙 컸기 때문에 '이슬람교는 과격하고 이슬람교도들은 테러리스트다'고 생각하기 쉬워. 그러나 이슬람교는 원래 관용을 베푸는, 관대한 종교였단다. 이슬람 제국은 정복지의 백성들에게 이슬람교를 강요하지 않았어. 개종하지 않으면 인두세라는 세금을 내야 했지만 기독교가 다른 종교를 이교나 이단으로 몰아붙이며 박해를 한 것보다는 훨씬 부드러운 통치지.

훗날 십자군전쟁 때 유럽 군대는 이슬람교도를 닥치는 대로 학살했어. 그러나 이슬람 군대는 그러지 않았어. 이슬람 지도자 살라딘은 사로잡은 프랑스 왕뿐 아니라 포로들까지 모두 풀어 줬거든. 철모르는 10대의 아이들이 소년십자군을 결성해 이슬람권을 향해 진격했을 때 유럽 기독교도 상인들은 아이들을 노예로 팔아 버렸지. 아이들을 구해 준 사람들은 오히려 이슬람교도였어.

관대한 이슬람교가 테러 집단으로 오해받는 이유는 무엇일까? 사실 아직도 대다수의 이슬람교도들은 부드럽고 조용해. 일부 극렬 이슬람 원리주의자들이 테러를 일으키는 것뿐이야. 이슬람 근본주의자들은 서양, 특히 미국을 철천지원수로 생각한단다. 물론 처음부터 그랬던 것은 아니야. 1947년 미국이 국제연합에서 이스라엘의 건국을 지지하고 이슬람 아랍인들을 팔레스타인에서 내쫓을 때부터 적이 된 거야. 이 사건은 2권에서 자세히 다룰 거란다.

9.11테러

그러나 이유야 어쨌든 대중을 향한 테러는 옳은 투쟁 방법이 아니야. 목적이 옳다 해도 목적을 이루기 위한 방법이 폭력적이라면 범죄에 불과하니까 말이야.

7~8세기, 이슬람교의 탄생에서부터 정통 칼리프시대, 우마이야 왕조, 아바스 왕조까지 살펴봤어. 커버스토리를 꼼꼼히 읽었다면 유럽과 중국, 한반도, 일본의 역사도 잠깐씩 나왔다는 걸 알 수 있을 거야. 이슬람교 역사에 맞춰 나머지 대륙의 역사를 기억해 두면 훨씬 좋을 거라는 생각에 그렇게 배치한 거란다.

이제 다시 대륙별로 7~8세기의 역사를 따라가 볼 거야. 커버스토리에서 봤던 내용이 다시 나올 거야. 물론 더 자세하게 말이야. 이번엔 대륙별 역사를 보면서 이슬람 제국의 역사를 떠올려 보렴.

먼저 유럽의 역사부터 볼게. 프랑크 왕국을 먼저, 동로마 제국을 나중에 살필 거야. 그다음에는 중국으로 갈 거야. 이번 장에는 한반도와 일본의 역사를 따로 떼어서 보도록 할게. 페르시아와 인도는 그냥 넘어가도록 할게. 그 이유를 충분히 알 수 있지? 그래, 페르시아는 이슬람 제국에 의해 무너졌고, 인도는 굽타 왕조가 무너진 다음 혼란이 계속됐기 때문이야.

카롤링거 르네상스

서로마 제국이 멸망한 다음 유럽 중부는 프랑크 왕국이 장악했어. 그러나 프랑크 왕국이 처음부터 강했던 건 아냐. 7세기 때까지만 해도 많이 혼란스러웠어.

로마 제국을 한번 떠올려 봐. 강력한 황제가 있었기에 제국도 커 나갈 수 있었지? 그러나 프랑크 왕국은 봉건 문화가 강했기에 제후 국들이 중앙정부의 왕을 100퍼센트 진심으로 따르지 않았단다.

너무 무서운 이웃까지 있었어. 그래, 이슬람 제국을 말하는 거야. 이슬람 제국은 호시탐탐 유럽을 노렸어. 동로마 제국은 유럽을 노리는 이슬람 군대에 맞서느라 정신이 없었지. 이슬람 제국은 직접 지중해로 진격하기도 했어. 그래, 이미 알고 있는 대로 이베리아반 도로 쳐들어간 거야.

그러나 유럽이 계속 당하고만 있지는 않았어. 강력한 왕조가 등 장했어. 바로 카롤링거 왕조야.

카롤링거 왕조 건설

어느 대륙, 어느 나라나 혼란스러울 때가 있기 마련이야. 이런 혼란 은 때로 더 강한 나라가 만들어지는 밑거름이 되기도 했지. 어쩌면

카롤링거 왕조 가계도 · 카롤링거 왕조는 메로빙거 왕조에 이은 프랑크 왕국 두 번째 왕조이다.

프랑크 왕국의 7세기 초반 역사가 그랬을 거야.

아라비아반도 메카에서 이슬람교가 탄생할 즈음인 7세기 초반, 유럽은 대륙 전체가 혼란스러웠어. 동로마 제국은 초반에는 사산조 페르시아와, 7세기 후반 이후에는 이슬람 왕조들과 힘겨운 싸움을 해야 했지. 그들의 군대는 너무 강했어. 동로마 제국은 점점 힘이 약해져 갔어.

유럽 중앙부를 차지하고 있던 프랑크 왕국도 마찬가지였어. 6장에서 짧게 말했었는데 기억하니? 왕자들이 서로 죽고 죽이는 전쟁을 벌였어. 자식들에게 유산을 골고루 나눠주는 프랑크족의 풍습에 따라 왕자들이 땅을 나눠 가졌고, 다들 왕이 되려고 형제를 죽인 거지. 많은 전쟁이 터졌어. 왕은 더욱더 힘이 약해졌단다.

생각해 봐. 언제 왕이 바뀔지 모르는데 충성을 하는 신하가 얼마나 있겠니? 정치가 혼란스럽지 않으면 그게 오히려 이상한 일일 거야.

왕을 능가하는 권력자도 있었어. 그 인물이 바로 궁재야. 지방 제후들의 지지를 받아 선출된 궁재는 모든 정치를 도맡아 했어. 궁재는 원래 로마 제국 때 귀족들이 자신의 땅을 파악하기 위해 현장에 보낸 감독관이었단다. 시대가 흐르면서 개념이 바뀐 거야. 궁재는 왕을 제쳐 두고 모든 것을 자기 마음대로 했어. 이런 궁재 가운데 두각을 나타낸 인물이 바로 카를 마르텔이었어.

카를 마르텔이 궁재로 있을 때야. 이베리아반도에 있던 이슬람 군대가 프랑크 왕국으로 진격하고 있다는 소식이 들려왔어. 이슬람 군대는 이어 피레네 산맥을 넘었어. 그러나 프랑크 왕국의 왕은 아무것도 할 수 없었어. 왕은 있으나 마나 한 존재였거든.

궁재 카를 마르텔이 프랑크 군대를 이끌고 투르의 푸아티에 평원으로 향했어. 커버스토리에서 다뤘지? 그래, 732년에 있었던 투르—푸아티에 전투를 말하려고 하는 거야.

푸아티에 평원에서 치열한 전투가 벌어졌어. 이미 알고 있는 대로 프랑크 군대가 승리했지. 프랑크 왕국과 유럽 전체를 이슬람의 위협에서 구한 카를 마르텔은 영웅이 됐어. 그의 권력은 하늘을 찔렀지.

카를 마르텔은 왕의 자리까지 탐내지는 않았어. 그의 속마음을 알 수

카를 마르텔 · 궁재로서 막강한 권력을 행사했다.

없기 때문에 실제로 왕이 되려는 욕심이 없었던 건지는 알 수 없어. 어쨌든 그는 왕을 끌어내리지는 않았지. 그러나 그의 아들 소 피핀은 달랐어. 할아버지의 이름도 피핀이라서 보통은 구분하기 위해 이렇게 부른단다.

이슬람 아바스 왕조가 들어서고 1년이 지난해, 아바스 왕조가 당나라의 군대와 탈라스 전투에서 대승을 거두던 해. 바로 그해에 소피핀은 아버지의 뒤를 이어 궁재의 자리에 올랐어. 피핀은 곧바로 왕을 수도원에 가둬 버리고 왕이 됐지.

어? 왕의 혈통이 바뀌었지? 그래, 프랑크 왕국을 건설한 메로빙거 왕조의 맥이 끊겼어. 그 대신 새로이 카롤링거 왕조가 건설된 거야751년.

8장에서 살펴보겠지만 프랑크 왕국은 8세기가 되면 동, 서, 중프랑크로 분열돼. 그 때문에 카롤링거 왕조가 유지된 기간도 세 나라가 다 다르단다. 가장 오래까지 이 왕조가 유지된 나라는 훗날 프랑스로 발전한 서프랑크로, 987년까지 지속됐어. 독일과 오스트리아로 발전한 동프랑크는 911년까지 유지됐고, 이탈리아로 발전한 중프랑크는 875년에 왕조의 맥이 끊겼지.

서로마 제국 부활과 카롤링거 르네상스

비슷한 역사가 반복될 때가 있어. 카롤링거 왕조가 탄생하는 역사가 딱 그랬어. 메로빙거 왕조가 만들어질 때와 아주 비슷했거든.

메로빙거 왕조를 창건한 클로비스는 과거의 서로마 제국 영토를 거의 대부분 정복했어. 로마 교회는 클로비스가 로마 가톨릭으로 개종했고 로마 교회가 이단으로 못 박은 아리우스파의 서고트족을 멀리 쫓아 버렸기 때문에 전적으로 지원했어. 6장에서 다뤘는데 기억나니?

피핀이 카롤링거 왕조를 세울 때를 볼까? 엄밀하게 말하면 피핀이 왕을 수도원에 가두고 왕이 된 것은 반역이었지. 그러나 로마 교회는 이 반역 행위를 모른 체했어. 왜 그랬을까?

동로마 제국의 황제가 로마와 로마 교황청을 보호령으로 정한 것은 알고 있지? 이 말이 무슨 뜻인지도 알 거야. 동로마 제국 황제가 로마 교황에게 "당신은 내 보호를 받아야 해. 내가 더 힘이 세거든!"이라고 말하는 거였어. 동로마 교회는 이미 오리엔트를 포함한 동방 문화가 많이 가미되면서 로마 교회와 많이 달라져 있었단다. 동로마 제국 황제가 로마 교회를 장악하면 로마 교황은 자신의 뜻대로 기독교를 이끌 수 없겠지? 로마 교황의 기분이 좋을 리가 없을 거야.

바로 이때 피핀이 나서서 로마 교황을 지원했어. 왜 그랬을까? 로마 교황이 기독교의 큰 어른이기 때문에 교황을 자기편으로 만들면 기독교를 믿는 유럽 사람들도 자신을 환영할 거라고 생각한 거야.

로마 교황도 피핀의 도움이 필요했어. 로마 교회의 군대는 동로마 제국과 상대할 수 없을 정도로 약했거든. 만약 동로마 제국 군대가 쳐들어온다면 로마는 순식간에 점령됐을 거야. 왜 로마 교황이 피핀의 반역 행위를 모른 체했는지 알겠지? 로마 교황은 동로마 제국에 대항하기 위해서라도 자신을 지원할 군대가 필요했던 거야. 피핀에게 바로 그 역할을 기대한 거지.

이제 로마 교황청과 카롤링거 왕조는 아주 친한 사이가 됐어. 든든한 군사 후원자가 생기자 로마 교황은 동로마 제국 황제의 간섭

샤를마뉴 대제 · 카롤링거 왕조를 열어 오늘날 유럽의 기틀을 닦았다.

을 벗어나기로 했어. 로마 교황은 동로마 제국 황제를 무시하고 자신의 말을 잘 따르는 황제를 새로 만들기로 한 거야! 교황의 이 결심은 피핀의 아들인 샤를마뉴에 이르러 이뤄졌단다.

800년 크리스마스 날, 로마 교황 레오3세는 성베드로대성당을 찾은 샤를마뉴에게 황제의 관을 씌워 줬어. 샤를마뉴가 황제가 됐다는 게 무슨 뜻인지 아니? 서로마 제국의 정통성을 프랑크 왕국이 갖게 됐다는 의미야. 로마 교황은 동로마 제국을 로마 제국으로 인정하지 않고 프랑크 왕국을 로마 제국의

후계자로 인정한 거지.

샤를마뉴의 대관식은 이 정도로 끝내고, 여기서는 그의 활약부터 이야기할게. 샤를마뉴는 오늘날까지도 카이사르, 나폴레옹과 함께 유럽의 3대 정복자로 인정받고 있단다.

샤를마뉴가 왕으로 있을 때 프랑크 왕국은 최고의 전성기를 맞았어. 8세기 중반을 넘어설 즈음이었어. 중국에서 안사의 난이란 반란이 일어나 당나라의 뿌리를 흔들고 있었고, 이슬람권은 아바스 왕조가 새로이 정권을 잡았어. 그래, 샤를마뉴가 아직 대관식을 하기 전이야. 샤를마뉴는 로마 교황청을 괴롭히던 이탈리아 롬바르드 왕국을 정복했어. 프랑크 왕국 동쪽에 살고 있던 색슨족을 제압해 로마 가톨릭으로 개종시키기도 했어. 프랑크 왕국의 영토는 엘베 강 유역까지 넓어졌지.

성요한 베네딕트 수녀원 · 스위스 뮈스타이어에 있으며, 샤를마뉴 대제가 세웠다. 카롤링거 왕조 시대부터 내려오는 몇 남지 않은 수도원이다.

8세기 후반 샤를마뉴는 이슬람 세력을 유럽 땅에서 몰아내려고 이베리아반도로 원정을 떠났어. 투르—푸아티에 전투에서 이슬람 군대가 패하기는 했지만 이베리아반도는 여전히 그들의 땅이었거든. 이 원정은 성공하지 못했어. 그러나 다시는 이슬람 군대가 중앙 유럽에 진출하겠다는 생각을 못 하도록 겁을 주는 데는 성공했지.

샤를마뉴의 업적은 너무 많아. 프랑크 왕국은 유럽 역사상 서로마 제국 이후 가장 넓은 영토를 보유한 대제국이 됐어. 문화도 발달했단다. 서로마 제국이 멸망하면서 로마의 전통적인 라틴 문화는 많이 잊혀 갔어. 샤를마뉴는 그 라틴 문화를 부활시키려고 노력했어. 신부들이 신을 섬기는 수도원도 이때부터 발달했지.

유럽 사람들은 샤를마뉴가 통치하던 이때를 가리켜 카롤링거 르네상스라고 불러. 매우 번영했다는 뜻이야. 이즈음 멀리 중국의 당나라는 곳곳에서 반란이 일어났어. 멸망을 앞두고 있었지. 너무 비교가 되지?

동로마 제국 소외되다

이쯤에서 동로마 제국의 역사도 살펴볼까?

동로마 제국이 말을 할 수 있는 사람이었다면 "난 정말 억울해!"라고 말했을지도 몰라. 소 피핀이 프랑크 왕국의 궁재로 있을 즈음 동로마 제국의 레오 3세는 유럽으로 쳐들어오려는 이슬람 군대와 싸우는 데 모든 힘을 쏟아야 했어. 유럽의 방파제 역할을 한 거야.

그러나 로마 교황은 불만만 늘어놓았어. 726년에는 동로마 제국의 레오 3세가 우상파괴령성상숭배금지령을 내리자 교황이 대놓고 반발하기까지 했지. 아 참, 샤를마뉴의 대관식을 주관한 교황 레오 3세와 이름이 같지? 다른 사람이니, 혼동하지 마.

레오 3세의 금화 · 레오 3세는 성상 파괴령을 내려 로마 교회와 동로마 제국이 완전히 갈라서는 단초를 제공했다.

성상이란 예수와 같은 성인을 형상화한 동상이나 조각 같은 것을 말해. 레오 3세 황제는 성상을 지나치게 숭배하다 보면 기독교의 기본 정신을 잃어버릴 수도 있다고 판단했어. 그래서 성상을 없애도록 한 거지. 그러나 로마 교황은 "아직까지는 많은 게르만족이 기독교를 믿지 않는다. 그들을 개종시키려면 성상이 절대 필요하다"라고 맞섰어. 동로마 교회와 로마 교회의 사이가 좋지 않았다고 했지? 이 사건을 계기로 두 교회는 오나라와 월나라, 카르타고와 로마 사람들이 그랬던 것처럼 앙숙이 돼 버렸어. 이들의 갈등은 뒤에서 다시 다루도록 할게.

동로마 제국의 군대는 유럽의 동쪽을 지켰어. 그러나 이슬람 군대는 너무 강했지. 이미 알고 있는 것처럼 동로마 제국 군대는 거의 모든 전투에서 패했단다. 물론 승리할 때도 있었어. 투르 푸아티에 전투에서 프랑크 군대가 이슬람 군대를 격파한 게 732년이었지? 7년이 지난 739년, 이번에는 동로마 제국과 우마이야 왕조의 이슬람 군대가 소아시아에서 충돌했어. 바로 이 전투에서 동로마 제국이 이슬람 군대를 물리쳤지. 이 승리 이후로 이슬람 세력의 동유럽 진출은 주춤했어. 그러나 동로마 제국도 주변의 모든 영토를 빼앗기고 가까스로 콘스탄티노플 일대만 지킬 수 있었단다. 상처만 남은 승리였던 거야.

이런데도 로마 교회는 자꾸 동로마 제국을 밀어내려고 했어. 동로마 제국이 억울하지 않겠니?

하늘이 도운 제국들

이슬람 제국, 프랑크 왕국, 로마 제국, 몽골 제국 등 세계를 호령했던 대제국의 탄생 과정을 보면 신통한 공통점이 있어. 이 제국들이 탄생할 때 주변 국가들이 대부분 혼란에 빠져 있었다는 거야.

7세기 중반 이슬람 제국은 동로마와 페르시아의 전쟁 북새통에 성장했어. 두 나라가 서로 죽어라 싸우는 사이에 메카와 메디나가 번영했지. 반대로 두 나라는 전쟁 때문에 약해졌어. 전쟁에 지친 두 나라의 백성들은 이슬람교를 구세주처럼 받아들였지. 이처럼 좋은 기회가 있을까? 하늘이 도왔다고 봐야 할 거야.

8세기 중반 카롤링거 왕조를 연 프랑크 왕국은 동로마와 로마 교황청의 갈등에 힘입어 성장했어. 로마 교황청은 동로마 대신 프랑크 왕국을 지지했고, 유럽의 민중들은 프랑크 왕국을 중심으로 뭉쳤어. 만약 교황청과 동로마의 사이가 좋았다면 프랑크 왕국은 힘을 얻지 못했을 거야.

이보다 앞서 로마 제국은 마케도니아 알렉산드로스 대왕의 사망으로 헬레니즘 세계가 분열된 틈을 타서 성장했어. 만약 알렉산드로스가 죽지 않았다면 로마는 그의 공격을 받고 멸망했을지도 모르지. 하늘이 도운 탓에 알렉산드로스는 죽고 지배층은 분열됐어. 로마는 안전하게 성장할 수 있었던 거야.

13세기 초반 중국의 한족 국가 송나라는 몽골족에 관심을 기울이지 않았어. 중국을 나눠 갖고 있던 거란족의 요나라, 여진족의 금나라도 마찬가지였지. 그런 와중에 탄생한 제국이 몽골이야. 몽골이 유럽으로 진격할 때, 유럽은 온통 소용돌이에 휩싸여 있었지.

만약 이 제국들이 하늘의 도움을 받지 않았더라면 오늘날의 역사는 많이 바뀌어 있을 거야.

당나라의 번영과 몰락

유럽과 이슬람 세계가 여러 곳에서 전투를 벌일 때 페르시아는 어떤 상황이었지? 이미 몇 차례 말한 대로 사산 왕조가 이슬람 제국에 무너지면서 독립 국가가 아닌 이슬람권이 돼 버렸어.

인도는 어떨까? 6장을 떠올려 봐. 굽타 왕조가 6세기 중반 훈족의 침입을 받은 다음 있으나 마나 한 나라가 됐다고 했지? 혼란이 이어졌고, 중앙아시아에서 내려온 민족들도 이 혼란에 뛰어들어 전쟁을 벌였어. 인도는 11세기경부터 이슬람 세계가 된단다.

요약해 볼까? 페르시아와 인도는 각 민족의 독자적인 문화를 발전시킬 수 없게 됐어. 그것도 아주 오랫동안 말이야.

중국도 7~8세기에 왕조가 바뀌었어. 아라비아반도에서 이슬람교가 탄생할 즈음 중국의 수 왕조가 무너지고 당 왕조가 들어선 거야. 수 왕조는 불과 50년을 채우지 못하고 멸망했지. 그러나 당 왕조는 오랜 시간 번영했어. 그 어느 때보다 찬란한 문화의 꽃도 피웠지.

당나라 서다

위진남북조시대의 혼란을 끝내고 수나라를 세운 인물은 문제 양견이었어. 그는 604년 세상을 떠났지. 그 뒤를 이어 아들 수 양제가 2대 황제에 올랐어. 그러나 그는 아버지와 달리 사치가 심하고 포악했어. 나라 꼴이 어떻게 돌아갈지 안 봐도 훤하지?

수 양제는 황제에 오르자마자 수도를 시안에서 뤄양으로 옮겼어. 300만 명의 백성을 동원해 대형 궁전을 짓기 시작했지. 중국의 북부와 남부를 세로로 연결하는 대운하도 만들었어. 공사를 시작한 지

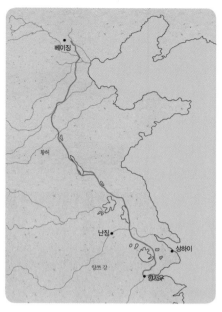

대운하· 오늘날까지도 중국 경제에 큰 도움이 되고 있다.

6년이 지났어. 아라비아반도에서 무함마드가 이슬람교를 세운 1년 후인 611년, 마침내 길이 2000킬로미터의 대운하가 완공됐어. 진시황의 만리장성 건설 못지않은 큰 공사였단다.

그전에는 강을 건넌 다음 뭍으로 이동했다가, 다시 강을 건너고, 또 뭍으로 이동해야 남에서 북으로 갈 수 있었어. 이제는 대운하로만 다니면 쉽게 원하는 곳까지 갈 수 있게 됐지. 당연히 남과 북의 교류가 활발해졌어. 대운하는 오늘날까지 중국 경제에 큰 도움이 되고 있단다. 그러나 이때만 해도 백성들은 굶주리고 있었어. 당장 먹고살기도 힘든데 공사에 강제로 동원되니 얼마나 힘들었겠어?

백성들은 정말 죽을 맛이었지. 그러나 수 양제에게 백성은 안중에
도 없었어. 군데군데 허물어진 만리장성까지 복원하는 공사도 벌였
어. 전쟁도 일으켰지. 백성들은 정말 힘들었을 거야. 그렇지 않니?

612년 수 양제는 고구려를 침략했어. 을지문덕 장군이 살수대첩
에서 수나라를 격파했지. 양제가 정신을 차렸을까? 아니야, 1년 후
다시 고구려를 침략했어. 하지만 이번에는 수나라 내부에서 반란
이 일어나 전쟁을 중단해야 했단다. 두 차례의 전쟁으로 백성들은
더욱 비참해졌어. 지방호족들도 참을 수 없었어. 마침내 전국에서
반란이 일어나기 시작했지.

반란군 가운데 이연이란 인물의 활약이 눈부셨어. 이연은 20만
명의 대군을 이끌고 시안을 공격해 점령해 버렸단다. 이윽고 양제의 아들을 3대 황제로 임명하고, 뤄양에 머물고 있던 양제를 공격했어. 패배를 직감한 양제는 스스로 목숨을 끊었다는구나.

이연은 곧 3대 황제를 끌어내리고 양제의 손자를 4대 황제로 임명했어. 그러나 그것도 잠시뿐이었어. 결국 이연은 스스로 황제의 자리에 올랐어.

수 양제 · 수나라 2대 황제로 대운하를 건설했다.

수나라가 건국 37년 만에 사라지는 순간이야. 이연은 새로 당나라를 선포했어[618년]. 당나라는 907년까지 290여 년간 지속된단다.

태종과 측천무후

수 왕조가 무너졌다고 통일 전쟁까지 완전히 끝난 건 아니었어. 새로 들어선 당 왕조를 인정하지 않는 반란군들이 많았거든. 당 고조 이연은 둘째 아들 세민에게 반란군을 진압하는 임무를 맡겼어. 세민은 뛰어난 인물이었어. 623년 그는 전국의 모든 반란을 진압하는 데 성공했어. 마침내 중국 전체가 통일된 거야.

626년 당 고조 이연이 세상을 떠났어. 그의 뒤를 이어 세민이 2대 황제 태종이 됐어. 태종은 아버지에게 군대를 일으켜 수 왕조를 무너뜨리라고 권한 인물이야. 남아 있는 반란군을 진압한 인물도 태종이었지. 당 태종은 당나라가 번영할 수 있는 기틀을 만든 황제란다.

당 태종은 중앙집권제를 더욱 강화했어. 수 왕조 때 과거 제도가 조금씩 실시되긴 했어. 태종은 이 제도를 본격적으로 확대했단다. 그 결과가 어떨 것 같니? 과거 시험을 통과하지 못한 귀족들은 더이상 고위직이 될 수 없게 됐어. 당연히 많은 귀족들이 과거 제도 때문에 권력을 잃었어. 귀족의 힘이 약해지니 황제의 권력은 더욱 강해졌겠지?

과거 제도를 정비했으니 국가재정을 확보하기 위한 세금 제도도

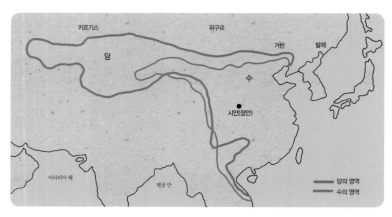

중국 수·당 시대 · 수와 달리 당은 멀리 서역에까지 영역을 확장했다.

고쳐야겠지? 태종은 수나라 때부터 조금씩 실시된 조용조 세법을 전면 시행했어. 이 제도는 토지와 사람, 부역(노동)에 따로따로 세금을 내도록 한 거야. 국가의 재정이 튼튼해졌지.

중국은 왜 그렇게 고구려를 잡아먹지 못해 안달을 했을까? 내부 정비를 마친 태종은 644년 고구려를 공격했어. 고구려의 연개소문 이 당 황실의 허락을 받지 않고 왕을 바꾼 게 침략의 명분이었단다.

그러나 실제로는 고구려를 집어삼키기 위한 침략 전쟁이었어. 마침 신라가 당나라에 도움을 요청했었단다. 신라가 삼국통일의 전략으로 당나라를 끌어들인 거지. 신라의 전략을 이해하지 못하는 것은 아니지만 그래도 외적에게 같은 민족을 공격해 달라는 요청을 했다는 사실은 좀 씁쓸해.

고구려 원정은 성공하지 못했어. 당나라는 안시성 전투에서 패하면서 군대를 철수시킬 수밖에 없었지. 이 원정에서 병을 얻은 태종은 결국 세상을 떠났어. 태종은 짧은 시간에 당나라를 강한 나라로 만든 황제였어. 역사학자들은 태종의 통치 기간을 그가 썼던 연호를 따 정관의 치라 부르며 칭송한단다.

태종의 아들이 3대 황제 고종에 올랐어. 고종의 황후는 원래 태종의 후궁이었단다. 후궁이 아니라 궁녀라고 말하는 사람들도 있어. 무씨 성을 가진 이 여자는 2대에 걸쳐 황제의 아내가 된 거야. 이 여자가 누군지 아니? 한때 당나라를 쥐락펴락한 측천무후란다.

측천무후는 황후가 된 후 처음에는 고종과 공동으로 통치를 했어. 그러나 곧 고종을 허수아비로 만들어 버리고 모든 권력을 차지했단다. 측천무후는 다시 한반도 정벌에 나섰어. 이 정벌로 백제와 고구려를 무너뜨렸고, 고구려 영토의 대부분을 차지하는 데 성공했지. 결국 고구려를 집어삼키겠다는 꿈이 어느 정도 이뤄진 거야. 이 업적 덕분에 당나라는 고종 황제 때 가장 넓은 영토를 확보했단다.

683년 고종이 사망하자 그의

당 태종 이세민 · 당나라 2대 황제로 중국 통일에 가장 큰 공을 세웠다.

아들 중종이 4대 황제에 올랐어. 남편이 사라지자 측천무후는 더 이상 주변의 눈치를 보지 않았어. 그녀는 중종을 몰아내고 예종을 5대 황제에 앉혔어. 그러나 그것도 잠시였어. 이슬람 우마이야 왕조가 유럽 이베리아반도로 진출할 채비를 갖추고 있었을 때야. 고구려의 후예들이 당나라에 저항하며 발해를 건설하기 8년 전이었지. 67세의 측천무후는 스스로 황제가 됐어. 나라 이름도 당에서 주나라로 바꾸었단다690년. 그러나 영광은 오래가지 않았어. 측천무후가 82세가 된 705년, 황실의 친위군이 다시 황제의 자리를 빼앗아 중종에게 돌려줬거든.

번영과 동시에 쇠퇴하다

8세기 초반, 예종에 이어 현종이 6대 황제에 올랐어. 현종은 귀족을 눌러야 황제의 권력이 강해진다는 사실을 잘 알고 있었어. 현종은 자신에게 충성을 다하고 능력도 있는 인물들을 중요한 관직에 앉혔지. 현종에게 충성하는 신하들이 늘어났어. 그 결과 황제의 권력이 다시 강해졌단다. 당나라도 더불어 번영하기 시작했어.

현종이 다스릴 때 당나라는 그전까지의 어떤 왕조보다 해외무역을 활발하게 했어. 수도 시안에는 비단길을 따라 들어온 서역이슬람권의 문물이 넘쳐 났지. 멀리 유럽에서 넘어온 물품도 많았어. 세계 각지에서 찾아온 무역상들 때문에 도시가 북적거렸단다. 무역의 황금기를 맞은 거야.

예술도 그 어느 때보다 발전했단다. 당나라 시대의 예술품은 지금까지도 "이보다 더 화려할 수는 없다!"라고 감탄할 만큼 값어치가 높아. 매우 정교하고 세밀하며 화려한 색채를 자랑하지. 위진남북조시대부터 당나라시대까지는 귀족문화가 발달했어. 그래서 예술품도 화려했던 거야.

오랜만에 중국 땅에 평화와 풍요가 찾아왔어. 그러나 이 평화도 오래가지 못했어. 성군이었던 현종이 갑자기 멍청한 황제가 돼 버렸기 때문이야. 현종은 정치에 대한 관심을 끊었어. 그 대신 양귀비란 미모의 여성에게 푹 빠져 버렸지. 오늘날 미인의 상징으로 여기는 바로 그 양귀비 말이야.

당나라를 방문한 외국 상인 · 당나라와 무역을 하는 외국 상인의 동상이다.

평화는 한순간에 사라지고, 권력은 간신들이 잡았어. 백성들은 다시 고통스러운 삶을 살게 됐어. 국가다운 국가가 되려면 필요한 제도들, 예를 들면 균전제와 부병제 같은 세금 제도와 군사 제도들이 모두 무너졌어. 오늘날 도지사와 비슷한 지방절도사들은 중앙 정부 몰래 자신의 군대를 키웠어. 나라가 멸망하고 있는 거지.

당나라의 군사력도 기울었어. 그렇게 넓었던 땅덩어리가 조금씩 줄어들었어. 751년에는 중앙아시아로 진출하려다 이슬람 아바스

당삼채 · 당나라 시기 최고의 예술품으로 정교하고 화려한 색이 특징이다.

왕조의 군대에 패배하고 비단길의 지배권을 빼앗기고 말았지. 이 전쟁에서 당나라의 제지 기술자들이 이슬람 군대에 납치됐어. 그들은 이슬람권의 인쇄기술을 발달시켰어. 이 인쇄기술은 다시 유럽으로 전해져 유럽의 인쇄기술도 발달시켰지. 그 결과는 놀라웠어. 훗날 유럽의 종교개혁과 르네상스에 크게 기여를 한 거야. 놀랍지 않니? 유럽의 부흥이 중국에서부터 비롯됐다는 사실이 말이야.

강한 자의 힘이 약해지면 그동안 숨죽이고 있던 불만의 목소리가 터져 나오게 돼 있어. 당나라가 그랬어. 북부 지역에서 유목 민족이, 서부 지역에서 티베트인들이 반란을 일으킨 거야. 외부에서 일어난 반란으로 사회가 혼란스러워지자 이번에는 한족 내에서도 반란이 일어났어. 대표적인 반란이 절도사 안녹산과 사사명이 일으킨 안사의 난이야755년.

안녹산은 현종과 양귀비가 아주 아끼던 인물이었어. 쉽게 황실을 배신하는 인물을 황실에서 보호하며 키운 걸 보면 당나라는 결국 황실이 망쳤다고 할 수 있겠지. 763년까지 8년간 지속된 이 안사의 난은 당나라를 심하게 흔들었고, 사회는 걷잡을 수 없는 혼란에 빠져들었단다. 이슬람 아바스 왕조가 점점 성장하고, 프랑크 카롤링거 왕조가 기지개를 켜고 있을 때 중국 당나라는 몰락의 길을 걷고 있던 거야.

닮은꼴,
조선 태종 vs 당 태종

조선의 태조 이성계는 부인 2명으로부터 8명의 아들을 낳았어. 첫째 부인의 다섯째 아들 방원이 가장 총명하고 용맹했지. 방원은 조선 건국의 일등공신이었어.

그러나 태조는 총애하는 둘째 부인의 막내아들을 세자로 책봉했어. 이에 방원은 두 차례에 걸쳐 반란^{왕자의 난}을 일으켜 형제들을 몰아내고 조선의 3대 임금으로 등극했어. 태종은 조선 초기, 가장 강력한 왕으로 조선의 기틀을 다진 인물이지.

800여 년 전인 7세기 초반, 당나라의 창건자 고조 이연은 3명의 아들이 있었어. 둘째 아들 세민이 가장 출중했고 그 또한 당나라 건국의 일등공신이었지.

그러나 당 고조는 첫째 아들을 황태자로 책봉했어. 이방원이 그랬던 것처럼 이세민도 가장 큰 공을 세웠지만 황제의 자리 근처에도 가지 못한 거야. 세민은 아버지의 호출이라고 속여 형제들을 황궁의 현무문으로 불러낸 뒤 죽였어^{현무문의 난}. 세민은 이어 당나라의 2대 황제로 등극해 나라의 기틀을 다졌단다.

참으로 오묘한 역사의 반복이 아닐까? 우연이겠지만 조선 태종이 56세, 당 태종이 52세인 50대에 죽었다는 점, 시호가 태종이란 점까지…. 마치 판을 박은 것처럼 똑같은 이야기가 800년 만에 조선에서 재현된 거야. 혈육을 모두 죽이고 군주가 되긴 했지만 그 어떤 제왕보다 선정을 베푼 이들에 대해 역사는 어떻게 평가해야 할까?

한반도,
삼국시대에서 남북국시대로

한반도 역사는 중국 역사와 밀접한 관련이 있어. 훗날 중국 송나라가 생길 즈음 한반도에는 고려가 생겼고, 조선이 들어설 무렵에는 명나라가 들어섰어. 그러나 삼국시대 이전까지만 해도 중국 왕조와 한반도 왕조가 아주 밀접하지는 않았단다. 신라가 삼국을 통일할 즈음부터 한반도가 중국의 영향을 많이 받기 시작한 거야. 수와 당의 군대가 한반도로 쳐들어왔고, 그 전쟁 끝에 고구려와 백제가 멸망했거든.

신라가 삼국을 통일하면서 중국은 한반도에 더 많이 간섭하기 시작했어. 다들 알고 있겠지만 신라를 비롯해 고려, 조선까지 한반도의 왕조들이 중국 왕조를 어른의 나라, 즉 상국으로 모시는 사대 관계가 만들어진 거야. 한반도부터 살펴보고 일본으로 넘어갈게.

신라, 삼국 통일하다

7세기가 시작될 무렵 한반도에서는 신라가 가장 공격적이었어. 고구려는 중국과 신라의 공격을 막기에 급급했고, 백제는 세 나라 가운데 가장 약체로 전락했지.

600년경이었어. 백제 무왕은 살아남기 위해 중국에 의존하기로 했어. 수나라와 당나라에 사신과 조공을 바쳤지. 그러나 7세기 중반 왕이 된 의자왕은 전략을 바꿨어. 당나라가 신라와 손을 잡았기 때문에 의자왕은 같은 민족인 고구려에 의존하기로 했어. 이 무렵 이슬람 제국은 사산조 페르시아를 무너뜨렸어.

신라는 한강 유역까지 치고 올라와 백제와 고구려를 모두 위협했어. 위기 의식을 느낀 두 나라는 여제동맹을 맺었단다. 신라는 당나라와 나당연합군을 만들었지.

여제동맹이 신라가 당나라와 연락하는 통로인 당항성을 공격했어. 그러나 이 공격은 나당연합군에 큰 타격이 되지는 못했어. 오히려 고구려가 당나라의 침략을 받는 바람에 발등에 떨어진 불을 끄는 게 더 급했지. 다행히 고구려는 안시성 전투에서 당나라 군대를 물리쳤지만 전쟁의 후유증은 매우 컸단다. 급속하게 고구려가 약해진 거야.

신라에는 더욱 강력한 왕이 나타났어. 바로 태종 무열왕이야. 태종무열왕은 왕권을 더욱 강화했어. 군사력도 키웠지. 그 결과 신라는 나머지 두 나라보다 월등히 강해졌고 삼국통일을 준비할 수 있게 됐어.

서아시아에서 무아위야가 쿠데타를

태종 무열왕릉비 · 국보 제25호로 무열왕릉 40미터 앞에 위치해 있다.

일으켜 우마이야 왕조를 세우기 1년 전이었어. 나당연합군은 백제를 공격해 무너뜨렸어660년. 연합군은 이어 고구려를 겨냥했어. 고구려는 연개소문의 지휘 하에 똘똘 뭉쳐 저항했지. 그러나 연개소문이 세상을 떠나자 백성들은 흩어졌어. 위급한 시기에 지배층은 오히려 권력 다툼만 벌였어. 이 틈을 타 나당연합군은 고구려를 총공격했고 결국 고구려도 멸망하고 말았단다668년.

이렇게 되자 당의 측천무후가 야심을 드러냈어. 고구려뿐 아니라 한반도를 통째로 집어삼키려고 한 거야. 신라는 고구려, 백제 유민들과 함께 당나라에 맞섰어. 치열한 전투가 벌어졌지. 마침내 신라는 당의 군대를 한반도에서 완전히 몰아내는 데 성공했어. 그래, 신라가 삼국통일의 위업을 달성한 거야676년.

고구려의 옛 땅에서는 당나라에 대한 저항운동이 시작됐어. 이 저항운동을 이끈 인물은 바로 대조영이야. 발해를 만든 영웅이지.

대조영은 고구려 옛 땅인 동모산에 나라를 세웠어. 이 나라가 바로 발해야698년. 발해가 건국되던 당시 나라 이름은 진이었어. 당나라는 진을 독립국가로 인정하지 않았지. 대조영은 여러 번 당나라와 전쟁을 치렀어. 모든 싸움에서 진나라가 승리를 거두자 당나라는 혀를 내둘렀어. 아마 발해가 정말로 강한 나라라고 생각했을 거야. 결국 당나라는 진을 독립국가로 인정했고, 그제야 나라 이름이 발해가 된 거란다.

남북국시대

예전에는 이때를 통일신라시대라고 불렀어. 발해를 우리 민족의 역사로 여기기는 했지만 신라의 역사를 더 중요하게 생각했기 때문이야. 그러나 요즘에는 발해의 역사를 적극적으로 받아들여 남북국시대라고 부르지.

먼저 발해의 역사부터 살펴볼까?

719년 발해를 세운 고왕 대조영이 세상을 떠났어. 이어 그의 아들 대무예가 2대 황제 무왕이 됐어. 무왕은 발해의 영토를 넓히는 데 전념했어. 당나라의 영토를 빼앗기도 했단다.

발해의 지배층은 고구려의 후예들이었지만 일반 백성은 대부분이 말갈족이었어. 중국 사람들도 많았지. 고구려와 당, 말갈 등 다양한 문화가 뒤섞였겠지? 그 뿐만이 아니야. 발해는 해외 국가들과의 무역도 활발했어. 멀리 중앙아시아와 페르시아 사람들까지 찾아왔지. 당연히 그곳의 문화도 수입됐어. 결과가 어떻겠니? 과거 헬레니즘 문화를 떠올리면 될 거야. 그래, 여러 민족의 문화가 어우러져 아주 독창적인 발

발해의 연호가 쓰인 석비암 · '함화' 연호는 제11대 왕 대이진 때인 831년부터 857년까지 27년간 사용됐다.

석굴암 · 불교 국가인 신라가 만들어 낸 최고의 걸작으로 손꼽힌다.

해 문화가 탄생했단다.

발해의 왕들은 스스로를 황제라 불렀어. 중국은 주변 국가들에 황제보다 서열이 낮은 왕이라 부르도록 했지만 발해는 거부한 거야. 중국은 발해를 중국 역사의 일부분이라고 주장하고 있어. 그러나 한 나라에 두 명의 황제가 있을 수 있겠니? 발해의 왕들이 자신을 황제라고 부른 사실 하나만으로도 중국의 역사가 될 수 없어.

이번엔 통일 후 신라의 역사를 볼까?

통일신라의 성격을 말할 때 불교의 나라라고 하지. 왕실뿐 아니라 귀족들도 개인 소유의 절을 만들었을 정도니까 틀린 말은 아니야. 왕족과 귀족들이 불교를 보호하니까 승려들도 활발하게 활동했어. 이때의 승려 가운데 대표적인 인물이 혜초일 거야. 그는 10여 년간 인도 지역을 여행하고 돌아와서 여행기를 썼어. 그게 유명한 『왕오천축국전』이란다.

불국사, 석굴암, 성덕대왕신종이 모두 이즈음 만들어졌어. 불교가 최대의 전성기를 맞았다고 볼 수 있지. 그러나 정치까지 전성기를 맞은 것은 아니야. 안으로는 이미 곪고 있었어. 불국사나 석굴암처럼 대형 공사를 벌인 것도 사실은 부처님의 힘을 빌려 나라를 살려 볼까 하는 생각에서였지. 그러나 점점 왕은 약해졌고 귀족들의 힘이 강해졌어. 이런 마당에 아무리 불교에 의지한다고 해도 나라를 구하지는 못하겠지?

선덕왕이 즉위한 780년부터 47대 헌안왕이 즉위한 861년까지 82년간 11명의 왕이 바뀌었단다. 왕 한 명이 평균 7년밖에 국가를 통치하지 못한 거야. 얼마나 왕의 힘이 약했고 신라가 부패했는지 짐작이 가지?

일본, 당을 모방해 개혁하다

배를 타고 일본으로 넘어가 볼까?

6장을 떠올려 봐. 일본에서 최초의 국가인 야마토가 탄생한 게 언제지? 그래, 4세기였어. 일본은 그다음에 계속 발전했어. 마침내 6세기경에는 강력한 중앙집권 체제를 확립했어. 중국이나 한반도의 삼국처럼 말이야.

개혁은 쇼토쿠 태자가 주도적으로 추진했어. 그는 당대의 유력한 호족 가문인 소가 가문를 누르고 '모든 신하들은 왕에게만 충성한다'는 내용의 법까지 만들었어. 정신적 통일을 이루기 위해 고구려와 백제에서 불교를 수입해 국교로 삼았지. 이 개혁은 이때의 수도였던 아스카의 이름을 따 아스카 개혁이라고도 한단다.

622년 쇼토쿠 태자가 세상을 떠났어. 일본은 다시 혼란 속으로 빠져들었어. 권력을 잃었던 소가 가문이

쇼토쿠 태자 · 가운데 있는 사람이 쇼토쿠 태자이며, 왼쪽에는 동생이, 오른쪽에는 장남이 서 있다.

다시 반란을 일으켰거든. 1차전은 소가 가문의 판정승이었어. 소가 가문은 권력을 되찾은 다음 왕실을 꽉 눌렀어.

곧 2차전이 벌어졌어. 645년 왕실 세력은 당나라 유학파들과 힘을 합쳐 소가 가문을 몰아냈어. 이번에는 왕실의 케이오 승이었지. 왕실은 당나라의 제도를 모방해 다시 개혁을 추진했어. 모든 토지를 조정에서 가졌고, 모든 국민은 왕의 지배를 받는다고 선포했지. 이때부터 일본과 천황이란 이름이 공식적으로 사용됐단다. 이 개혁을 다이카 개신이라 불러. 한반도에서는 삼국시대의 막바지 혼란이 계속되고 있었던 때야. 정말 대조적이지?

710년 일본은 아예 당나라의 수도인 시안을 그대로 본뜬 도시를 나라 지역에 건설했어. 단지 도시 모습만 따온 게 아니야. 율령을 비롯해 모든 제도를 당나라의 것과 비슷하게 고쳤지. 문화도 당연히 당나라의 영향을 받아 귀족적이었어. 이때부터 약 70년 동안의 일본을 나라시대라고 한단다.

8세기 말에는 수도를 헤이안^{지금의} 교토으로 옮겼어^{794년}. 헤이안시대가 열린 거야. 헤이안시대는 훗날 가마쿠라 바쿠후^{막부}가 만들어질 때까지 약 390년간 계속됐어.

헤이안시대의 일본은 나라시대의 일본과 많이 달랐어. 당나라로부터 벗어나려고 했던 거야. 가장 일본적인 것을 찾기 시작했어. 현재 일본에서 쓰고 있는 가나 문자나, 우리가 잘 알고 있는 일본 전통 복장도 이때 만들어졌어. 이 문화운동을 일본에서는 국풍문화라고 불렀어. 일본이 일본다워진 거야.

제8장

인류의 탄생에서
중세까지

정체와
분열의
시대

800~1000년 전후

베르됭조약 (843년), 메르센조약 (870년)

독일 첫 왕조, 작센 왕조 건설 (919년)

신성로마 제국 탄생 (962년)

키예프공국 건설 (882년)

프랑스 첫 왕조, 카페 왕조 건설 (987년)

부이 왕조 건설 (932년)

가즈니 왕조 건설 (962년)

이슬람 파티마 왕조 건설 (909년)

6장에서 중세 유럽의 시작 시점을 이야기했어. 언제였지? 게르만족의 대이동이 끝나고, 서로마 제국이 무너졌을 때였어. 많은 학자들이 중세 유럽을 고여 있는 물에 비유한단다. 카롤링거 르네상스가 있기는 했지만 대체로 발전 속도가 더뎠기 때문이야. 고대 마케도니아나 로마 제국은 세계로 뻗어 나갔어. 그러나 프랑크 왕국은 그러지 못했어. 유럽의 여러 나라들은 우물 안 개구리처럼 좁은 대륙 안에서 서로 싸웠지. 황제와 교황도 서로 1인자가 되려고 싸웠어. 재미있는 것은, 9~10세기 세계 전체가 유럽과 마찬가지로 정체된 것 같은 느낌이 난다는 거야. 물론 전혀 발전을 하지 않은 것은 아니야. 대체로 혼란스러웠다는 이야기지.

거란 건국 (916년)

발해 멸망 (926년)

고려 통일 (936년)

후삼국시대 돌입 (901년)

셋칸 정치 시작 (858년)

황소의 난 (875년), 5대10국시대 (907년),
송나라 통일 (960년)

중국? 10세기로 들어서고 얼마 지나지 않아 당나라가 무너졌어. 바로 다음에는 5
호16국시대 못지않게 혼란스러웠던 5대10국시대가 시작됐지. 송나라가 다시 중국
을 통일했지만 이 나라는 힘이 약했어. 한반도? 앞 장에서 잠깐 봤던 것처럼 남북국
시대였어. 그다음에는 후삼국시대였지. 이슬람권도 마찬가지였어. 10세기 초반에
아바스 왕조에 반대하며 시아파의 파티마 왕조가 아프리카에 나라를 세웠지. 이슬
람 세계도 시아파와 수니파의 갈등이 커진 거야. 이쯤 되면 9~10세기를 정체와 분
열의 시대라고 불러도 되지 않을까? 바이킹만은 예외였지. 그들은 이때 유럽 전역
을 휩쓸고 다녔거든.

커버스토리에서는 우선 프랑크 왕국으로 갈 거야. 프랑크 왕국에서 갈라져 나와 특이한 제국이 탄생하는 과정을 살펴보기 위해서지. 어떤 제국이냐고? 바로 신성로마 제국이야.

신성로마 제국의 역사를 샤를마뉴가 황제에 오르고 서로마 제국이 부활하는 800년으로 보는 학자들도 있어. 그러나 대부분의 학자들은 동프랑크 왕국의 황제 오토 1세가 로마 제국의 황제에 오른 962년을 신성로마 제국의 시작으로 본단다.

신성로마 제국의 역사는 매우 길고 복잡해. 훗날 나폴레옹의 유럽 정복 전쟁 과정에서 해체될 때까지 약 900년간 계속되며 다양한 사건을 겪었거든. 신성로마 제국이 탄생한 이후 이 제국의 황제가 곧 유럽 전체의 황제로 여겨졌단다. 물론 동로마 제국에도 황제가 있었어. 하지만 그 황제는 동유럽 사람들에게만 황제였지. 영국, 프랑스, 독일, 오스트리아처럼 유럽 중부와 서부에 사는 사람들에게는 신성로마 제국의 황제만이 진정한 황제였단다.

이번에는 서로마 제국의 정통성이 이어지고 신성로마 제국이 탄생하는 9~10세기 역사를 한꺼번에 따라갈 거야.

신성로마 제국의 탄생

서로마 제국, 부활하다

이 책 7장에서 샤를마뉴의 황제 대관식에 대해 잠깐 말했었어. 이제 그 이야기를 자세히 들려줄게.

프랑크 왕국은 오늘날 프랑스, 독일, 이탈리아, 오스트리아와 같은 나라들의 직접적인 조상이야. 프랑크 왕국이 여러 나라로 갈라지면서 이런 나라들이 생긴 거지. 그래서 샤를마뉴의 이야기는 많은 유럽 사람들이 잘 알고 있어. 오늘날 프랑스 파리에 있는 노트르담 성

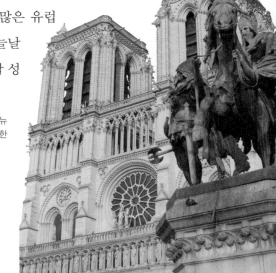

노트르담 성당 앞 샤를마뉴의 동상 · 샤를마뉴 대제는 오늘날 대다수의 유럽 국가에서 위대한 영웅으로 추앙받는다.

당 앞에 샤를마뉴의 동상이 서 있는 것도 다 이런 이유가 있어서야.

800년 샤를마뉴는 크리스마스를 맞아 로마의 성베드로성당에 예배를 하러 갔어. 미사를 집전하던 교황 레오 3세가 갑자기 샤를마뉴에게 다가가는 게 아니겠어? 샤를마뉴는 긴장했지. 그때 교황이 황제의 관을 꺼내 샤를마뉴의 머리에 얹었어. 교황은 이어 선포했어. "이제 하느님의 영광을 되살릴 로마가 부활했고, 새로운 황제가 탄생했다. 모든 백성은 경의를 표하라!"

기습적으로 황제 대관식이 거행될 거라고는 그 누구도 예측하지 못했어. 심지어 샤를마뉴 자신도 그랬대. 어쨌거나 프랑크 왕국은 이렇게 해서 서로마 제국의 정통성을 잇게 됐지.

동로마 제국이 있는데도 교황 레오 3세가 300여 년 전에 망한 서로마 제국을 부활시키려 한 이유는 뭘까? 그래, 이미 몇 차례 말한 대로 로마 교황과 동로마 제국 황제 사이가 아주 안 좋았기 때문이야. 교황은 동로마 황제의 간섭에서 벗어나려고 든든한 후원자가 될 새 황제를 찾

샤를마뉴의 대관식 · 이 대관식을 통해 서로마가 부활했다.

고 있었어. 이때 유럽에서 최고의 실력자는 당연히 프랑크 왕국의 샤를마뉴였어. 이 사람보다 더 든든한 후원자가 어디 있겠니?

교황은 대관식에서 손수 샤를마뉴의 머리 위에 황제의 관을 씌워 줬어. 이 행동에도 교황의 야심이 숨어 있단다. 그건 바로 "황제가 되려면 교황의 승인을 받아야 한다!"는 선언이었어. 이 선언대로 이때부터 교황이 승인하지 않거나 파문한 황제는 황제 대우를 받지 못했지. 대관식에서 교황에게 황제의 관을 받아야 공식적으로 황제가 될 수 있었던 거야.

파문은 기독교 세계에서 쫓아낸다는 뜻이야. 이미 기독교가 유럽의 정신이 돼 있는 상황이니, 이 파문은 실로 무서운 조치인 셈이지.

동로마 제국은 발끈했어. 동로마 제국에 엄연한 황제가 있는데 또 다른 황제를 교황이 멋대로 만들었으니 그럴 만도 했지. 그러나 동로마 제국은 이미 지는 해였어. 12년이 지난 812년, 동로마 제국의 황제 미카일 1세는 결국 샤를마뉴를 서로마 제국 황제로 인정했단다. 이제 공식적으로 프랑크 왕국은 서로마 제국의 정통성을 계승하게 된 거야.

프랑크 왕국, 분열하다

샤를마뉴가 통치하던 당시 프랑크 왕국의 영토는 에스파냐와 포르투갈, 동유럽 국가들을 뺀 나머지 유럽 전체였어. 프랑스, 독일, 이탈리아, 오스트리아 같은 나라들이 모두 프랑크 왕국이었던 거야. 하지만 샤를마뉴가 세상을 떠난 후 프랑크 왕국에 분열이 생겼단다.

프랑크족에게는 재산을 나눠 가지는 풍습이 있다고 했었지? 샤를마뉴도 영토를 손자들에게 골고루 나눠 주라는 유언을 남겼어. 샤를마뉴의 뒤를 이어 왕이 된 루트비히 1세는 이 유언을 충실히 지켰어.

838년 루트비히 1세는 첫째 아들 로타르 1세에게 프랑크 중부 지역을, 둘째 아들 루트비히 2세에게 프랑크 동부 지역을, 셋째 아들 카를 2세에게 프랑크 서부 지역을 줬어. 프랑크 왕국이 셋으로 쪼개진 거야. 그러나 세 아들 모두 다른 형제에게 영토가 분배되는 것이 못마땅했나 봐. 특히 둘째 아들 루트비히 2세가 가장 싫어한 것 같아. 루트비히 2세는 그래도 꾹 참았어. 아버지가 살아 있기 때문에 그랬겠지.

2년 후 루트비히 1세가 세상을 떠났어. 프랑크 동부 지역을 다스리던 루트비히 2세는 동생 카를 2세와 손잡고 형 로타르 1세를 공격했어. 영토를 많이 차지하려고 형제들끼리 내전이 시작된 거야. 세 왕자는 여러 차례 치열한 전쟁을 벌였어.

점점 나라가 혼란스러워졌어. 귀족들과 성직자들은 세 왕자들에게 지긋지긋한 전쟁을 끝내 달라고 부탁했어. 세 왕자는 처음에는 콧방귀도 뀌지 않았어. 그러다 결국에는 전쟁을 끝내고 세 나라가 모두 딴 살림을 차리기로 합의했지. 이 조약이 베르됭조약이야843년. 이 조약에 따라 프랑크 왕국은 동프랑크, 서프랑크, 중프랑크로 쪼개졌어.

시간이 흘렀어. 그 사이에 중프랑크를 다스리던 로타르 1세가 세상을 떠나 아들인 로타르 2세가 왕이 됐어.

유럽 북부의 스칸디나비아반도에서 탄생한 바이킹족이 동유럽 드네프르 강 일대에 노브고로드 공국이라는 작은 나라를 만든 때가 862년이었어. 이 나라는 나중에 모스크바 공국에 합병돼. 그래, 러시아의 탄생과 깊은 관계가 있는 나라야. 어쩌면 이 노브고로드 공국이 탄생하면서 러시아의 역사가 시작됐다고도 할 수 있지.

바로 이 노브고로드 공국이 탄생하고 7년이 지난 869년, 중프랑크의 로타르 2세가 세상을 떠났어. 이로써 중프랑크의 카롤링거 왕조는 혈통이 끊기고 말았어. 카롤링거 왕조의 다른 프랑크 왕국에게는 침략하기에 너무나 좋은 구실이지? 서프랑크의 카를 2세가 먼저 중프랑크의 로트링겐을 점령해 버렸어. 동프랑크의 루트비히

프랑크 왕국의 분열 · 동·서·중프랑크로 쪼개졌다가 메르센조약으로 동·서프랑크와 이탈리아로 다시 정리됐다.

2세도 가만히 있지 않았어. 중프랑크 땅에서 동과 서프랑크 군대가 전쟁을 벌였지. 그러나 이 전쟁은 오래가지 않았어. 싸워 봐야 별로 이익이 없다는 걸 두 나라 모두 깨달은 거야.

결국 두 나라는 오늘날 네덜란드 땅인 메르센에서 전쟁을 끝내기로 합의하는 메르센조약을 체결했어870년. 이 조약에 따라 중프랑크의 영토에서 이탈리아만 빼고 나머지는 동프랑크와 서프랑크가 나눠 가졌어.

동프랑크 왕국은 오늘날 독일, 서프랑크 왕국은 프랑스로 발전했지.

이 두 프랑크 왕국을 지배하고 있던 왕조는 카롤링거 왕조였지? 하지만 나라가 쪼개질 무렵의 카롤링거 왕조는 별로 강하지 않았어. 게다가 봉건제도가 발달했기 때문에 지방정부, 즉 제후국들도 중앙정부에 충성하지 않았지.

특히 동프랑크에서는 마인츠, 쾰른 등의 대주교와 작센, 브란덴부르크의 제후국 왕대공 등 6명이 모여 왕을 선출했단다. 왕을 뽑는 이 사람들을 선제후라고 불렀어. 13세기에는 여기에 보헤미아의 왕이 추가돼 7선제후가 된단다. 이 선제후는 정치권력이나 군사력에서 중앙정부의 왕과 거의 비슷한 지위를 누렸어. 물론 나중에는 점점 왕의 권력이 강해졌지만 말이야.

중국에서 당나라가 멸망한 게 907년이야. 그다음부터는 한동안 5대10국시대가 계속됐어. 얼마 후에는 거란족의 국가가 들어서 한족의 왕조를 위협했지. 한마디로 아주 혼란스러운 때였어. 하지만 동프랑크 왕국은 이 무렵 혼란을 끝냈단다. 새 왕조가 들어섰거든. 작센의 대공 하인리히 1세가 왕으로 선출되면서 동프랑크 왕국의 첫 왕조인 작센 왕조의 역사가 시작된 거야[919년]. 이 작센 왕조는 1024년까지 100년 조금 넘게 지속됐단다.

신성로마 제국의 탄생

하인리히 1세는 왕이 된 다음 먼저 동프랑크 왕국의 동쪽, 그러니까 오늘날의 동유럽에 자주 나타나던 마자르족을 물리쳤어. 이 마자르족은 쉽게 말하면 헝가리 민족이야. 아직 헝가리란 나라가 없었기에 야만족 취급을 받았지. 과거 로마 제국이 게르만족의 침입에 골치를 앓았던 것처럼 동프랑크 왕국은 마자르족을 포함해 동쪽의 이민족 때문에 고생깨나 했어.

마자르족을 물리친 하인리히 1세는 동프랑크 왕국 작센 왕조의 첫 왕으로 괜찮은 출발을 했다고 평가받고 있어. 왕의 권력도 점차 강화됐지. 이런 기세는 그의 아들에게로 이어졌단다. 950년 하인리히 1세의 뒤를 이어 왕이 된 오토 1세는 동쪽에 얼쩡거리던 이민족들

오토 1세 · 신성로마 제국의 첫 황제로 오토 대제라고 불렸다.

을 완전히 몰아냈어.

로마 교회와도 돈독한 관계를 이어 갔지. 오토 1세는 로마 교황을 보호하기 위해 이탈리아에 군대를 파견했어. 로마 교황은 동프랑크 왕국이 든든한 후원자 역할을 해 준 것에 보답을 하기로 했어. 약 160년 전 교황 레오 3세는 샤를마뉴를 서로마 제국의 황제로 임명했었지? 이번에는 그 이벤트보다 훨씬 성대한 이벤트가 준비됐단다.

960년 중국에서는 송 왕조가 5대10국시대를 끝내고 다시 중국을 통일했어. 2년 후 서아시아와 가까운 중앙아시아 지역에 투르크인의 첫 이슬람 국가인 가즈니 왕조가 들어섰지. 바로 이해에 로마 교황은 오토 1세를 로마 제국의 황제로 임명했단다. 샤를마뉴가 서로마 황제로 임명됐을 때보다 훨씬 성대하다고 했지? 그 이유를 말해 줄게. 이번에는 "로마 제국이 완전히 부활했으며 로마 가톨릭과 부활한 신성로마 제국이 완전히 한 몸이다!"라고 선언한 거야. 단지 서로마 제국이 부활했다고 선언한 것과는 차원이 다르지? 이렇게 해서 탄생한 국가가 바로 신성로마 제국이란다962년. 오토 1세에게는 황제를 뜻하는 호칭인 대제가 붙었어. 오토 대제라 부르기 시작한 거야.

신성로마 제국은 훗날 나폴레옹 전쟁으로 멸망하는 1806년까지 무려 950여 년간 지속된 제국이야. 이 신성로마 제국이 곧 독일이라고 생각한다면, 그것은 옳지 않아. 신성로마 제국의 황제는 오늘날의 기준으로 볼 때 독일 영토에서만 나온 게 아니거든. 오히려 훗

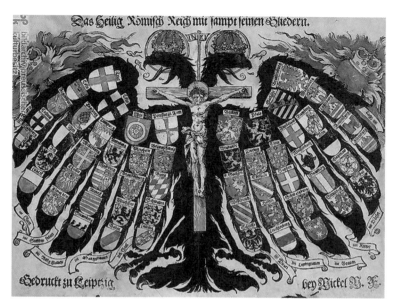

신성로마 제국 국장 · 쌍두독수리는 신성로마 제국의 상징이다.

날 신성로마 제국의 황제를 많이 배출한 합스부르크 왕조의 경우 오늘날 오스트리아 역사에 포함돼 있단다.

신성로마 제국은 엄밀히 말하면 특정한 영토를 가진 나라가 아니었어. 쉽게 말하면 영토가 없는 가상의 제국이지. 프랑크 왕국이 동서로 분열된 다음 서프랑크 왕국은 프랑스로 발전했어. 그러나 동프랑크 왕국은 여러 제후국들로 나누어진 영방 국가로 운영됐지. 영방은 중세 신성로마 제국의 제후국을 가리키는 말인데 각 나라가 독립국 형태를 유지하는 방식이라고 생각하면 돼. 제후국이 영토를 늘리면 신성로마 제국의 영토도 늘어났고, 제후국이 이탈하면 신성로마 제국의 영토도 줄어들었지.

신성로마 제국의 영토가 들쭉날쭉한 이유를 알겠지? 18세기 즈음에는 독일, 오스트리아뿐 아니라 체코와 폴란드 등 동유럽 몇몇 나라까지 신성로마 제국의 영토였어. 스위스와 이탈리아까지 신성로마 제국에 포함돼 있을 때도 있었지.

신성로마 제국이 탄생하면서 동프랑크 왕국의 개념은 사라졌어. 이제 이 책에서도 프랑크 왕국이란 단어를 자주 보기 어려울 거야.

동프랑크 왕국이 신성로마 제국으로 성장하는 동안 서프랑크 왕국은 어떻게 변했을까? 앞에서 잠깐 말했던 대로 프랑스로 발전하고 있었어. 다만 왕의 권력이 약하고, 지방 제후국들의 힘이 강했단다. 제후국으로 볼 수 있는 영국이 프랑스의 영토를 거의 절반씩이나 차지한 것만 봐도 프랑스 왕은 힘이 없었다는 걸 알 수 있지.

동프랑크 왕국은 작센 왕조에서 본격적으로 시작됐지? 프랑스는 카페 왕조에서 시작됐다고 할 수 있어. 동프랑크 왕국에서 카롤링거 왕조가 무너지고 작센 왕조가 시작한 지 70년 정도가 흘렀어. 987년 서프랑크에서도 카롤링거 왕조가 무너지고 카페 왕조가 시작됐단다^{987년}. 이 카페 왕조는 1328년까지 약 340년간 지속됐어. 이로써 본격적인 프랑스의 역사가 시작된 거야.

동과 서로 갈리다

유럽은 유독 동과 서로 나라가 갈린 경우가 많아. 동로마와 서로마가 그랬고 동프 랑크와 서프랑크가 그랬지.

동로마와 서로마는 같은 로마이지만 문화와 정치, 경제 모두가 완전 딴판인 나라 였어. 이미 몇 차례 살펴보긴 했지만 다시 한 번 정리해 볼까?

먼저 종교를 살펴보면…. 동로마는 황제가 교황을 겸하는 동방정교, 서로마는 교황 이 지배하는 로마 가톨릭이었어. 문화 측면에서 봐도 동로마는 헬레니즘과 그리스 문화의 영향을 많이 받은 반면 서로마는 고대 그리스 문화의 흔적이 거의 없었지. 중세 봉건시대란 말도 서로마에서나 통하는 이야기야. 동로마는 강력한 황제가 통치했기 때문에 봉건제와 거리가 멀었어. 또 서로마는 대토지를 한데 묶은 장원 에서 농민들이 농사를 짓는 농업경제 체제였지만 동로마는 동서 교통의 중심지에 있어 농업보다 상공업이 더 발달했지. 훗날 동로마는 동유럽 국가들로 발전했고, 서로마는 서유럽 국가들로 발전했다는 것도 다른 점이야.

동프랑크와 서프랑크는 어떨까?

서프랑크는 오늘날 프랑스로 발전했어. 그러나 동프랑크는 신성로마 제국으로 발 전하면서 중세 유럽을 풍미했지. 신성로마 제국은 로마 가톨릭과 동 프랑크 왕국 이 적절하게 타협하면서 만들어진 가상의 제국이란다. 이 용어가 쓰이기 시작한 것은 13세기 이후부터였어. 처음 오토 1세가 황제의 관을 받을 때는 로마 제국이 라고만 했어. 그러던 것이 12세기에는 신성 제국으로, 13세기에는 신성로마 제 국으로 발전한 거란다. 신성로마 제국은 프랑스를 뺀 나머지 유럽 국가들의 연합 체였어. 각 나라에 왕이 있었으며 교황이 그중 한 명에게 황제의 관을 씌웠어. 황 제가 되지 못하면 그냥 신성로마 제국의 왕이라고 불렀어. 신성로마 제국은 종교 적 성격이 강한 국가였다고 할 수 있어.

대륙별스토리

프랑크 왕국에서 신성로마 제국이 탄생하는 과정을 커버스토리에서 살펴봤어. 아주 혼란스러웠지? 프랑크 왕국은 세 개로 쪼개졌다가, 다시 그 가운데 하나가 멸망했어. 사실 프랑크 왕국만 혼란스러웠던 건 아냐. 다른 대륙도 마찬가지였지. 앞에서 잠깐 이야기한 대로 10세기에 들어서자마자 중국은 5대10국시대의 혼란이 시작됐어. 이슬람권에서는 아바스 왕조에 반대하는 시아파의 파티마 왕조가 들어서 팽팽하게 겨뤘지.

10세기 중반 이후 유럽에서 신성로마 제국이 탄생할 즈음 송나라가 중국을 통일했어. 한반도에서는 고려가 이보다 25년 정도 앞서 통일의 업적을 이뤘지. 그러나 이슬람 세계는 더욱더 분열했어.

유럽 북부 지역에서 새로운 민족의 활약이 시작된 것도 9~10세기에 기억해 둘 만한 일이야. 바이킹족이 유럽 전체를 왕성하게 돌아다녔거든.

이슬람 세계의 분열부터 살펴보고, 중국과 한반도로 넘어갈 거야. 이어 바이킹족의 활약을 본 다음 마지막으로 아메리카의 문명까지 살펴보도록 할게.

이슬람 세계의 분열

7장에서 다룬 이슬람 세계의 역사를 다시 떠올려 봐. 무함마드의 뒤를 이어 정통 칼리프시대 → 우마이야 왕조 → 아바스 왕조로 이어졌어. 우마이야 왕조가 무너진 다음 아프리카와 서아시아에 여러 이슬람 왕조가 생겨났지. 그 왕조들은 아바스 왕조를 큰형님으로 모셨기 때문에 대체로 이슬람 세계는 평화로웠어.

9세기 들어 이슬람 세계의 분열이 커졌어. 수니파에 반대하는 시아파들이 자신들의 왕조를 만들려고 했기 때문이야. 로마 가톨릭과 동로마 교회의 갈등 못지않게 이슬람 수니파와 시아파의 갈등도 매우 심했지.

10세기로 접어들면서 마침내 시아파가 북아프리카에 파티마 왕조를 건설했어. 이 왕조는 아바스 왕조와 전쟁을 벌이기도 했지. 이제부터 아바스 왕조와 파티마 왕조의 역사에 대해 살펴볼 거야.

아바스 왕조의 쇠퇴

아바스 왕조는 동아시아의 강자인 당나라도 물리칠 만큼 강했어. 바그다드로 수도를 옮긴 다음 농업과 상업이 모두 발전했어. 바그다드는 세계적인 대도시가 됐단다.

아라베스크 무늬 · 이슬람 아바스 왕조 때 만들어졌다.

특히 문화적인 면에서 이때가 이슬람 왕조의 절정기라고 할 수 있어. 이 지역은 원래 헬레니즘 문화권에 속해 있었어. 이슬람교가 등장하면서 헬레니즘 문화에도 변화가 생겼지. 다시 추가로 여러 문화가 섞이면서 화려한 이슬람 문화가 탄생한 거야. 혹시 아라베스크 무늬라고 들어봤니? 이슬람교 사원을 가 볼 기회가 있다면 벽면에 있는 장식을 잘 봐. 문자인지, 도형인지 야릇한 것들이 기하학적으로 새겨져 있는 무늬를 볼 수 있을 거야. 이 무늬가 바로 아라베스크 무늬란다. 아라베스크 무늬가 만들어진 게 바로 아바스 왕조 때야.

참고삼아 로마네스크 양식에 대해서도 알려 줄게. 로마네스크 양식은 유럽에서 유행한 건축기법이란다. 아라베스크가 이슬람권에서 유행할 즈음인 9~11세기에 유럽에서 유행했어. 7장에서 카롤링거 왕조의 전성기를 카롤링거 르네상스라고 한다고 했어. 기억하고 있니? 바로 그때 성당과 수도원이 많이 만들어졌는데, 이런 건물 가운데 많은 수가 로마네스크 양식이었어. 천장이 아치형으로 돼 있고 창문이 별로 없어 웅장한 분위기를 내지. 피사 성당이 대표적이야.

다시 아바스 왕조로 돌아가 그 후의 역사를 볼까? 아바스 왕조는 1258년 멸망했어. 750년 탄생한 왕조니까 약 500년간 지속된 셈이야. 그러나 실제로는 10세기 중반, 그러니까 950년 정도부터 세력이 크게 약해졌단다. 200년간 번영하다가 나머지 300년간 겨우 명맥을 유지한 셈이지. 잘나가던 아바스 왕조는 왜 세력이 약해지기 시작한 것일까? 여러 이유가 있을 거야. 세 가지만 들어 보자면….

첫째, 드넓은 영토를 잡음이 일어나지 않도록 잘 통치하는 게 어려웠어. 우마이야 왕조 때부터 주변에 있는 작은 이슬람 국가들이 슬슬 독립을 선언했지. 9세기 후반으로 접어들면서 독립을 선언하는 왕조들이 너무 많아졌어. 곧 살펴볼 파티마 왕조도 그런 왕조 중 하나야. 이슬람 세계 자체가 축소된 것은 아니지만, 여러 나라로 쪼개지면 아무래도 혼란이 클 수밖에 없겠지?

둘째, 칼리프들의 책임이 컸어. 바로 칼리프들의 근위병들이 문제였던 거야. 아바스 왕조의 칼리프들은 투르크족 노예들을 훈련시켜 근위병으로 삼았단다. 이들을 맘루크라고 불렀지. 이 맘루크들이 9세기 후반부터 칼리프를 쥐고 흔들기 시작한 거야. 맘루크들은 곧 독립해서 자신의 왕조를 건설했어.

셋째, 주변 민족들의 침략이 많았다는 거야. 전쟁이 잦아지면 국력도 당연히 약해지지 않겠니? 작은 왕조들이 독립해 중앙정부가 약해지고 있었으니 국력은 더욱 빠른 속도로 약해졌어.

아바스 왕조의 칼리프들은 950년경부터 칼리프가 누릴 수 있는 모든 권력을 빼앗겼어. 이제 무늬만 이슬람 세계의 큰형님이었지, 아무도 두려워하지 않는 허수아비가 된 거야. 10년 후인 960년 송나라가 중국을 통일하고, 다시 2년이 지난 962년 신성로마 제국이 탄생해 유럽의 혼란을 끝낸 것과 너무 비교되지 않니?

시아파 독립하다

이제 파티마 왕조 이야기를 해 볼까? 그전에…. 앞에서 이야기하기는 했지만 복습하는 차원에서 다시 한 번 시아파에 대해 알아보기로 하자고.

시아파는 아바스 왕조가 탄생하기 전부터 있었어. 아바스 왕조도 시아파의 도움을 받아 쿠데타를 일으켜 우마이야 왕조를 몰아냈었지. 시아파는 정통 칼리프시대의 4대 칼리프였으며 무함마드의 사위인 알리를 따랐어. 무함마드와 가족 관계였던 알리만이 칼리프의 자격이 있다고 봤지. 당연히 전체 이슬람교의 최고 지도자는 알리의 후손들이 맡아야 한다고 주장했어. 시아파는 최고 지도자를 칼리프라고 부르지 않고 이맘이라고 불렀어. 최고 지도자를 부르는 호칭부터가 수니파와 달랐던 거야.

수니파가 여러 파벌로 갈라져 많은 왕조들이 생겨났다고 했지? 시아파도 시간이 흐르면서 여러 파벌이 생겼어. 파티마 왕조를 연 파벌은 이스마일 파였지. 이스마일은 시아파의 7대 이맘이었단다.

9세기 후반 이스마일 파가 아바스 왕조로부터 벗어나 아프리카 북부로 가 버렸어. 그곳에 새로운 시아파의 왕국을 건설하기 위해서 였지. 그러나 그곳에는 이미 아바스 왕조를 지지하는 수니파의 왕국이 있었단다. 이스마일 파는 어떻게 했을까? 이스마일 파는 그 작은 왕국으로 쳐들어갔어. 수니파의 작은 왕조는 무너졌지. 이스마일 파는 그곳에 시아파의 나라를 세웠어. 그게 바로 파티마 왕조야 _{909년}. 파티마 왕조는 1171년 멸망할 때까지 약 260년간 지속됐지.

파티마는 무함마드의 딸이자 알리의 부인 이름이었다는구나. 무함마드 피붙이인 딸의 이름을 왕조의 이름으로 쓴 것만 봐도 파티마 왕조가 "우리가 아바스 왕조보다 더 정통 이슬람에 가깝다!"라고 주장했을 것 같지 않니? 실제로 그랬단다. 파티마 왕조는 아바스 왕조를 큰형님으로 인정하지 않았어. 그뿐이 아니야. 아바스 왕조를 공격하기도 했어.

파티마 왕조는 아프리카 북부에서 아바스 왕조의 지배를 받는 나라들을 하나씩 정복했어. 파티마 왕조는 특히 이집트에 관심이 많았어. 이집트는 다른 어느 지역보다 자원이 풍부했거든. 그러니

파티마 왕조가 이집트에 세운 정복 문 · 이집트의 수도 카이로 구시가지에 남아 있는 세 성문 중 하나이다.

아바스 왕조도 이집트를 내주고 싶지 않았어. 아바스 왕조는 이집트를 통치하고 있던 수니파 왕조를 전적으로 지원했지. 그러나 파티마 왕조는 끈질기게 이집트를 공격했어.

한반도에 936년 고려가 건국됐어. 24년이 지난 960년, 중국에는 송나라가 들어섰지. 다시 2년이 지난 962년, 유럽에 신성로마 제국이 탄생했어. 그리고 1년이 더 지났어. 963년 파티마 왕조는 마침내 이집트를 정복하는 데 성공했어.

어느새 파티마 왕조도 아바스 왕조 못지않은 이슬람의 강자가 됐어. 파티마 왕조는 만족하지 않았어. 더욱더 영토를 늘렸지. 나중에는 서아시아까지 진출해 시리아를 차지했고, 지중해를 넘어 이탈리아반도 남쪽의 시칠리아도 정복해 버렸어. 정말 대단하지 않니? 이 파티마 왕조의 활약으로 시아파는 수니파와 더불어 이슬람의 양대 세력이 됐단다.

투르크족, 또 이동하다

앞에서 여러 민족이 이슬람의 아바스 왕조를 괴롭혔다고 했었지? 그 민족 가운데 꼭 기억해야 할 민족이 있단다. 바로 투르크족이야.

오늘날 카자흐스탄, 타지키스탄, 우즈베키스탄, 투르크메니스탄, 아프가니스탄 등이 있는 중국 북서부에서부터 중앙아시아에 이르는 지역에 광대한 제국을 건설했던 국가를 기억하니? 동로마 제국, 사산조 페르시아와 대등하게 힘을 겨뤘던 국가였어. 6장에서 이 국가를 다룬 적이 있어. 바로 돌궐이야. 투르크족은 이 돌궐의 후손이란다.

투르크족이 중앙아시아에서 남쪽으로 이동하기 시작한 게 이즈음이었을 거야. 아바스 왕조의 맘루크가 투르크족 출신이었다는 거 기억하지? 바로 그 투르크족이 9세기 후반에 서아시아와 인도 북서부까지 진출했어. 투르크족은 곧 이슬람교를 믿기 시작했고, 머지않아 개종했어. 투르크족은 신성로마 제국이 탄생하던 바로 그해, 오늘날 아프가니스탄에 가즈니 왕조를 세웠단다962년. 가즈나 왕조라고도 불러.

가즈니 왕조는 1186년 멸망할 때까지 220여 년간 지속됐어. 하지만 이슬람과 서아시아의 역사에서 이 나라가 차지하는 의미는 아주 커. 왜 그런지 아니? 중앙아시아의 투르크족이 서아시아 문턱까지 진출해 세운 이슬람 왕국이기 때문이야.

이슬람교는 처음에는 아라비아반도에 사는 사람들이 믿는 종교였어. 이슬람 군대에 의해 사산조 페르시아가 무너지면서 페르시아 사람들까지 이슬람교를 믿었지. 중앙아시아 사람들은 아직까지 이슬람교를 믿지 않았어. 물론 맘루크만 빼고 말이야. 그러나 가즈니 왕조가 이슬람교를 믿으면서부터 중앙아시아의 투르크족들도 이슬람교로 개종하기 시작했어. 이제 이슬람교는 아랍, 페르시아, 중앙아시아의 민족들이 믿는 종교로 성장한 거야! 이를테면 카라한 왕조는 이슬람을 믿는 최초의 중앙아시아 투르크 왕조라는 기록을 남겼어999년.

가즈니 왕조가 들어설 때 아바스 왕조는 약해지기 시작했어. 왜 그랬는지는 이미 말했지? 아바스 왕조가 약해지니까 정치와 종교가 분리되기 시작한 거야. 아바스 왕조의 칼리프가 더 이상 큰형님 노릇을 할 수 없었기 때문에 다른 이슬람 왕조들이 정치적으로 독립했어. 칼리프는 그전까지만 해도 정치와 종교 모든 분야에서 1인자였는데, 이젠 종교 분야에서만 정신적 지도자로 대접받았어.

정치적 지배자는 누구였을까? 여러 왕조의 왕들, 즉 술탄이었단다. 이들 왕조에서는 아바스 왕조에 사신을 보내 술탄이 돼도 좋다는 칼리프의 승인을 받았어. 어? 어디선가 본 풍

가즈니 왕조 때 세워진 이슬람교의 미나렛(첨탑) · 오늘날 아프가니스탄 가즈니 주에 있다.

경 아니니? 그래, 유럽에서 황제가 되기 위해 로마 교황에게 승인을 받는 것과 같아!

이제 이슬람권도 유럽이 황제와 교황으로 종교와 정치가 분리된 것처럼, 칼리프와 술탄으로 종교와 정치가 분리된 거란다. 다만 칼리프는 교황보다 훨씬 권력이 적었어. 술탄들도 형식적으로 칼리프의 승인을 받았을 뿐이야. 이슬람이란 집안의 가장 큰 어른이 칼리프였으니까 그랬겠지.

다시 가즈니 왕조의 의미를 되새기면서 9~10세기 이슬람의 역사를 끝내기로 해. 가즈니 왕조의 건설로 투르크족이 처음으로 서아시아의 관문으로 진출했다는 게 가장 의미가 커. 왜 그런지 아니? 곧 투르크족의 한 분파인 셀주크투르크족이 바그다드를 정복하기 때문이야. 조금 더 시간이 지나면 투르크족의 또 다른 분파인 오스만투르크족이 거대한 이슬람 제국을 건설한단다.

송과 고려, 건설되다

유럽과 이슬람 세계가 모두 혼란스럽지? 유럽이 조금 나은 편이었다고? 하긴, 유럽에서는 프랑크 왕국이 쪼개지다가 결국에는 신성로마 제국이 탄생했으니까 그렇게 볼 수도 있을 것 같아.

이 시기 가장 혼란스러웠던 곳은 아마 중국이 아니었을까 싶어. 7장

안사의 난을 피해 도망가는 현종 · 명나라 화가 구영이 그린 그림의 모사본이다.

에서 당나라 말기에 일어난 안사의 난을 살펴봤지? 바로 그 안사의
난을 진압한 후에도 당나라는 힘을 회복하지 못했단다. 오히려 전
국에서 더 많은 반란이 일어났고, 결국에는 무너지고 말았어. 다음
에는 더 큰 혼란이 생겼지. 5대10국시대가 시작된 거야.

960년 송나라가 들어섰고 다행히 혼란도 어느 정도 끝났어. 이
미 여러 차례 말한 적이 있는데, 복습도 할 겸 정리해 볼까? 송나라
의 건국 시점과 신성로마 제국의 탄생 시점, 가즈니 왕조의 탄생 시
점이 거의 비슷해. 한반도는 이 역사보다 조금 앞서 혼란이 끝났어.
936년 고려가 후삼국시대를 끝내고 전국을 통일한 거야.

당나라의 몰락

동과 서, 중프랑크로 쪼개졌던 프랑크 왕국이 메르센조약을 체결
해 동과 서프랑크로 확정된 게 870년이었어. 이때부터 프랑크 왕국
은 어느 정도 안정을 찾았지. 그러나 중국은 안 그랬단다. 5년이 지
난 후의 당나라로 가 볼까?

안사의 난은 정부에 진압됐지만 사회는 여전히 혼란스러웠어. 민
심은 흉흉했고, 백성들은 고통의 나날을 보내고 있었지. 이때 또 반
란이 일어났어. 이번엔 종전의 반란과는 차원이 다를 정도로 규모
가 컸지. 바로 황소의 난이야875년.

황소는 어지러운 사회를 바로 잡겠다며 이 반란을 일으켰어. 지
배층의 횡포를 피해 떠돌던 농민들이 그의 밑으로 들어갔지. 황소
의 반란군은 금세 60만 명을 넘어서는 강력한 군대가 됐단다. 반란
군의 기세는 하늘을 찌를 만큼 높았어. 반란군은 당나라에서 가장
중요한 도시 가운데 하나인 뤄양도 정복했어. 황소의 군대는 진군
을 멈추지 않았고, 1년 뒤에는 마침내 당나라의 수도인 시안장안까
지 쳐들어갔어.

나라가 망할 때의 풍경은 옛날이나 지금이나, 동양이나 서양이나
비슷한 것 같아. 황제와 귀족은 모두 도망가 버리고 백성들만 고통
을 당하지. 나라는 지배층이 망쳤는데 민중들만 힘든 거야. 당나라
의 수도가 함락됐을 때도 똑같은 풍경이 연출됐어. 당나라 황제와
귀족들은 거의 모두가 멀리 달아났어. 미처 도망가지 못한 황실과

귀족들이 궁궐에 남아 있었을 뿐이야. 황소의 군대는 그들을 모두 죽여 버렸어. 얼마나 귀족들이 싫었으면 그랬겠니? 황소는 곧 황제의 자리에 올랐어.

그러나 당나라는 아직 망할 운명이 아니었나 봐. 황소가 당나라의 황제가 그랬던 것처럼 똑같이 부패했기 때문이야. 황소는 사치스러웠어. 매일 큰 잔치를 열었대. 황소의 병사들도 백성을 함부로 죽이고 재산을 약탈했다는구나. 백성들은 황소에게서 멀어져 갔어. 민심을 잃은 황소의 군대는 결국 진압되고 말았어884년.

다시 당 황실이 정권을 잡았어. 그러나 아무도 황실의 권위를 존중하지 않았단다. 황제가 무슨 명령을 내려도 지방의 절도사들에게 전달이 되지 않았어. 절도사들은 황제의 명령을 들으면 콧방귀를 뀌었지. 이미 절도사들은 지방의 왕이나 다름없었거든.

절도사들이 다시 반란을 일으키기 시작했어. 이슬람 시아파의 분파인 이스마일 파가 아프리카 북부를 누비다 마침내 파티마 왕조를 세운 게 909년이었어. 이 파티마 왕조가 세워지기 2년 전, 중국에서는 절도사 가운데 한 명인 주전충이란 인물이 당의 마지막 황제인 애제에게 선양의 형식으로 황제 자리를 빼앗았어. 이로써 당나라는 20대에 걸쳐 20명의 황제를 배출한 끝에 290년 만에 역사속으로 사라져 버렸지.

5대10국시대와 요나라의 건국

주전충은 당나라를 멸망시킨 뒤 후량이란 나라를 세웠어. 중국이 통일된 걸까? 아니야, 후량은 강한 나라가 아니었어. 나라가 강하지 못하면 자주 왕이 바뀌게 돼. 그래, 중국이 다시 혼란의 시대로 빠져든 거야!

바로 이때부터 중국의 중심부인 중원 지역에 5개의 나라가, 중원을 뺀 나머지 지역에 10개의 나라가 차례차례 생겨났다 망했어. 5대10국시대가 열린 거야^{907년}. 5호16국시대와 이름이 비슷하지? 이름만 비슷한 게 아니야. 실제로 큰 차이가 없어. 다만 5호16국시대는 이민족이 중국의 주인이었다는 점만 다르지. 두 시대 모두 아주 혼란스러웠다는 점에서 비슷하다고 할 수 있어.

5대10국시대는 송나라가 전국을 통일할 때까지 약 50여 년간 지속됐어. 그 짧은 시간에 많은 나라들이 생겼기 때문에 모두 역사도 짧았어. 국가 이름을 일일이 기억하는 것도 힘들 거야. 역사학자들은 중원의 5개 나라를 그전

야율아보기의 동상 · 거란족이 세운 요나라의 수도였던 중국 네이멍구 바린쭤치의 박물관 광장에 세워져 있다.

에 있었던 나라들과 구분하기 위해 다음을 뜻하는 후後를 국가 이름 앞에 붙였단다.

5개 국가의 순서를 살펴보면 후량 → 후당 → 후진 → 후한 → 후주야. 이 나라 대부분이 별 업적도 남기지 못하고 사라졌어. 나머지 10개 나라는 어땠냐고? 5개 국가보다 못하면 못했지, 잘한 건 없어. 당연히 아무런 업적이 없다고 해도 틀리지 않아.

그나마 5대 국가 중 마지막 후주의 2대 황제 세종은 조금 나은 편이야. 그는 중국을 통일하고 거란족에게 빼앗긴 땅, 즉 연운 16주을 되찾으려고 북벌에 나서기도 했거든. 아마 5대10국시대에 기억할 만한 유일한 왕인 것 같아.

거란 이야기가 나온 김에 중국 북서부의 초원지대로 가 볼까? 옛날에 거란족은 동호, 선비라고 불렀단다. 5호16국시대에 잠시 중국을 정복하기도 했었지. 5호16국시대를 끝낸 북위가 바로 선비족의 나라였어. 그 이후 선비는 역사 속으로 사라지는 듯했어. 그러다 10세기 초반 거란족으로 화려하게 부활했지. 거란족의 위대한 영웅 야율아보기는 모든 거란족을 통일해 요나라를 세웠어916년. 요는 1125년까지 약 210년간 지속됐단다. 건국 당시의 이름은 거란국이었는데, 937년 중국식인 요로 바꾼 거야.

요는 곧 중국 북부 지역에서 당할 나라가 없을 만큼 성장했어. 요는 5대10국시대의 혼란 속에서 중국의 노른자위 땅인 연운 16주까지 차지했어. 동북아시아의 떠오르는 태양 발해까지 침몰시켰지. 이어 요는 본격적으로 중국 본토를 넘보기 시작했어. 중국은 여전히 정신을 못 차리고 있었어. 5대10국시대의 혼란이 계속되고 있었거든.

송의 건국

다시 후주로 돌아가서…. 2대 황제 세종이 어느 날 갑자기 병에 걸려 죽고 말았어. 그러자 일곱 살 된 그의 아들이 왕에 올랐지. 그 어린아이가 어떻게 나라를 통치하겠니? 결국 황제의 친위군들이 쿠데타를 일으켜 어린 황제를 내쫓았어.

친위군은 사령관인 조광윤이란 인물을 황제로 추대했어. 그는 개봉오늘날의 카이펑에 수도를 정하고 나라 이름을 송이라 지었어960년. 5대10국시대의 혼란이 끝나고 새로운 통일왕조가 들어선 거야. 신성로마 제국이 유럽에서 탄생하기 2년 전의 일이라는 건 몇 번 이야기했기 때문에 기억하고 있지? 송은 1279년까지 약 320년간 지속됐어.

송 태조 조광윤은 절도사가 너무 커 버렸기 때문에 당 왕조가 멸망했다고 생각했어. 절도사의 권력을 누르지 못하면 황제의 권력은 강해질 수 없다는 걸 깨달은 거야. 태조는 절도사의 권력을 빼앗는 정책을 대대적으로 시행했어. 먼저 지방 절도사들의 군대를 해체해 버렸어. 태조는 그것만으로는 마음이 안 놓였나 봐. 이번에는 중앙의 문관을 지방에 파견했어. 중앙정부의 권력이 지방에까지

송 태조 조광윤 · 송나라 제1대 황제로 중앙집권 체제를 강화해 왕에게 권력을 집중시켰다.

미치기 시작했어. 다시 중앙집권 체제가 강화된 거야. 군대를 지휘할 수 있는 통수권은 황제가 모두 가졌고, 그 밖의 중대한 국가 정책도 황제가 직접 결정했단다.

태조는 함께 나라를 세운 개국공신들이 반란을 일으킬 수도 있다고 생각했어. 태조는 공신들의 군대를 몰수했어. 그 대신 평생 먹고 살 수 있는 재물과 토지를 주고는 지방으로 보내 버렸단다. 야박해 보이니? 그러나 이게 올바른 해결방법이었는지도 몰라. 한나라를 세운 고조 유방은 개국공신들을 모두 죽였어. 생사를 같이했던 동지였지만 혹시라도 자신의 권력을 탐낼까 봐 제거한 거야. 권력이란 참 냉정하지?

태조가 중앙집권 체제를 강화하자 지방의 절도사 세력은 눈에 띄게 약해졌어. 태조의 뒤를 이어 황제가 된 동생 태종도 대를 이어 같은 정책을 시행했어. 그 결과 지방 군벌 세력은 더 이상 설 곳이 없었어. 이제 모두 정리가 된 걸까? 그러나 부작용도 있었단다. 지방의 군대를 모두 해체해 버리니까 군사력이 매우 약해진 거야. 송나라가 훗날 이민족에게 멸망한 것도 군사력이 약했기 때문이란다.

10세기 말 제3대 황제 진종이 즉위했을 때부터 송나라는 혼란으로 빠져들었어. 송나라는 그전의 한나라, 당나라와 비교할 때 정말 불행한 역사를 경험해야 했어. 송나라는 제대로 뻗어 나가기도 전에 주변의 이민족들로부터 공격을 받았단다. 요나라를 세운 거란족과, 훗날 금나라를 세운 여진족이 송을 압박한 대표적인 민족이지. 곧 살펴보겠지만 송나라는 금나라로부터 남쪽으로 쫓기는 신세가 되기도 했어.

송나라가 군사적으로는 약소국이었지만 경제와 문화 측면에서는 꽤 번영했단다. 이때 벼의 이모작이 처음으로 시작됐어. 양쯔 강 하류 지역이 대대적으로 개발되기도 했지. 곳곳에서 활기를 띠니 국가 전체의 경제력도 매우 좋아졌어. 서민들도 살기 좋아졌고, 경제적으로 여유가 있는 서민들은 문화 활동을 하기 시작했어. 이런 서민들이 활발하게 활동하면서 송나라의 서민문화가 발달했지. 위진남북조시대 때부터 발달했던 귀족문화가 이때 서민문

송 태종 · 송나라 제2대 황제이다.

화로 바뀐 거야.

송과 당의 문화를 비교하는 것은 흥미로운 일이야. 송은 관료제가 많이 발달했어. 그 관료들을 사대부라고 불렀지. 사대부는 귀족이 아니었어. 신분만 놓고 보면 사대부는 서민에 더 가까웠지. 국가를 운영하는 사람들이 신분상 서민이었기 때문에 서민문화가 발달하기도 쉬웠겠지? 사대부들은 인간의 본성에 관심을 가지는 성리학을 공부했어. 이것도 귀족문화와는 거리가 있지? 성리학은 그 후 한반도에까지 전해져 가족과 국가 윤리의 기본 이념이 됐단다.

이번엔 당의 문화를 좀 살펴볼까? 당의 문화를 말하자면 으레 귀족문화라는 말이 연상돼. 위진남북조시대부터 수, 당으로 이어지는 시기 동안 귀족들의 힘은 여전히 강했어. 수나라 때 건설된 대운하의 영향으로 당나라 때는 강남의 풍부한 물자가 수도인 시안에 언제든지 공급됐지. 덕분에 귀족들은 화려한 문화를 즐길 수 있었어. 학문 또한 귀족적이었어. 인간의 본성보다는 형식을 더 중요하게 여기는 훈고학이 발달했단다.

한반도의 후삼국시대

이젠 한반도를 볼까? 앞에서 말했던 대로 9세기 초반 한반도는 북쪽의 발해, 남쪽의 통일신라가 함께 있는 남북국시대였어. 먼저 북쪽의 발해부터 살펴볼게.

발해는 9세기 들어 세력을 계속 넓혀 갔단다. 옛 고구려 영토를 거의 대부분 회복할 정도였어. 9세기 초반 성왕이 왕에 오른 다음 발해는 최고의 전성기를 맞이했어. 성왕은 서쪽으로 랴오둥요동, 남쪽으로는 대동강 이북까지 차지했어. 영토가 넓어지자 행정구역도 정비했지. 전국을 15개의 부로 나누고, 이 가운데 정치 경제 군사 문

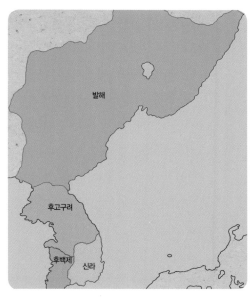

후삼국과 발해 · 발해는 고구려의 과거 영토를 회복하고 연해주까지 진출해 '해동성국'이라 불렸다.

화적으로 중요한 5개 지역에는 상경, 중경, 서경, 남경, 동경 등 5경을 두었어. 중국도 발해의 눈부신 발전을 부러워했어. 중국은 발해를 해동성국이라 부르며 찬사를 보냈단다.

남쪽의 신라는 어땠을까? 안타깝게도 왕 자리를 놓고 귀족들 사이에 내분이 심했단다. 지도층의 부패가 심하니 나라가 제대로 돌아갈 리 없겠지? 해적들까지 들끓었어. 해적들은 주로 서해안에 많이 나타났어. 신라 사람들을 당나라로 끌고 가 노예로 팔았지. 백성이 납치되든 말든 지배층은 권력 다툼에만 혈안이 돼 있었어.

다행히 구세주가 있었단다. 9세기 초반 장보고가 청해전남 완도의

대사로 임명됐어. 그는 청해진을 설치하고 본격적으로 해적을 소탕하기 시작했지. 장보고의 용맹은 그 일대에 쫙 퍼졌어. 해적은 곧 완전히 소탕됐어. 장보고는 해상권을 장악했지. 이어 당나라와 일본, 신라를 연결하는 삼각무역을 시작했어. 머지않아 청해진은 세 나라의 해상무역 중심지가 됐어. 나중에는 동남아시아와, 멀리 서아시아의 상인들까지 찾는 명소로 발전했단다.

장보고는 어느새 강력한 군대의 대장이 돼 있었어. 신라 왕족들과 귀족들이 장보고를 자기편으로 끌어들이려고 했지. 장보고도 권력 욕심이 생겼나 봐. 그는 신라의 왕위 다툼에 끼어들었어. 이 싸움에 뛰어든 건 아마도 장보고 인생에서 최대 실수였던 것 같아. 결국 장보고는 이 권력 다툼의 소용돌이에 휩싸여 암살되고 말았단다. 청해진도 폐쇄됐어. 신라는 해상 제국으로 도약할 기회를 스스로 걷어차 버렸지.

그래도 신라를 개혁하려는 사람들이 있었단다. 당나라 유학을 마치고 돌아온 6두품 최치원이 대표적

최치원의 초상 · 6두품 신분으로 개혁을 주장했다.

이야. 그는 진성여왕에게 신라를 개혁할 수 있는 방법인 시무10조를 올렸어. 그러나 안타깝게도 그 개혁안은 휴지통에 처박혔어. 귀족들이 반대한 거야. 위기를 극복할 기회를 또 놓친 신라. 그 운명은 누구나 예측할 수 있을 거야. 곳곳에서 백성들이 반란을 일으키기 시작했단다. 이즈음 중국에서도 황소의 난이 일어나 당나라를 휘청거리게 만들었어. 거의 같은 시기에 중국과 신라에서 나라를 멸망시킬 반란들이 일어난 셈이지.

영웅은 혼란 속에서 태어난다고들 하지. 실제로 신라를 뒤엎으려는 반란군 사이에도 영웅이 나타났어. 궁예와 견훤이 그들이야.

9세기 말 견훤은 완산주^{지금의 전주}에서 옛 백제 사람들을 모아 신라에 대한 전쟁을 선포했어. 거의 비슷한 때 궁예도 북원^{지금의 원주}에서 지방 군벌인 양길로부터 독립해 고구려 부활의 신호탄을 쏘아 올렸어. 두 영웅은 점점 영토를 넓혔어. 견훤은 900년 후백제 건국을 선포했고 궁예는 1년 후인 901년 후고구려를 선포했지. 신라, 후백제, 후고구려의 후삼국시대가 시작된 거야.

고려 건국

해동성국이라 불리며 번영하던 발해도 10세기부터 기울기 시작했어. 906년 거란족의 공격을 받은 다음부터였어. 거란족은 10년 후 야율아보기에 의해 통일국가로 발전했어. 더욱 강력한 국가가 된 거야. 더불어 거란의 위협도 더 커졌지.

발해는 같은 민족인 후고구려, 후백제, 신라에 지원을 요청했어. 그러나 이 세 나라는 모두 제 몸 하나 챙기기도 힘든 상황이었어. 안타깝게도 발해는 혼자 힘으로 거란족과 맞서 싸워야 했어. 그러나 군사력에서 크게 밀렸나 봐. 결국 발해는 거란족의 침략을 받고 멸망하고 말았단다926년. 230여 년 만에 역사에서 사라진 거야.

후삼국시대의 한반도는 어떻게 돌아가고 있을까?

911년 궁예는 나라 이름을 마진에서 태봉으로 고쳤어. 바로 이때부터 궁예는 사람들을 철퇴로 쳐서 죽이기 시작했어. 폭군의 정치가 시작된 거야. 당연히 신하들의 반발이 컸겠지? 야율아보기가 거란족을 통일하고 2년이 지난 해였어. 왕건의 군대가 반란을 일으켜 궁예를 몰아내고 고려를 세웠어918년. 이 고려가 바로 후삼국시대를 끝내고 한반도를 통일한단다. 1392년까지 480여 년 가까운 시대를 풍미한 나라야.

원래 후삼국 가운데 가장 강했던 나라는 후백제였어. 후백제는 920년 신라를 공격해 대야성과 김해를 장악했어. 후백제는 고려와도 안동에서 전투를 벌였어. 그러나 쉽게 승패가 결정 나지 않았어. 두 나라는 전쟁을 중단하고, 서로 인질을 보내 전쟁이 일어나지 않도록 하는 화친조약을 맺었지. 평화는 오래가지 않았어. 고려에 갔던 후백제의 인질이 갑자기 죽어 버린 거야. 견훤은 분노했어. 결국 다시 전쟁이 터졌지.

후백제는 신라를 공격해 정복했어. 견훤은 신라의 왕에게 자결하도록 명령했지. 신라의 왕은 어쩔 수 없이 스스로 목숨을 끊었단다. 정말 잔인하지 않니? 이 때문이었을까? 신라는 후백제가 아닌 고려를 택했어. 신라의 마지막 왕인 경순왕이 고려에 항복했단다. 이로써 1000년 신라의 역사가 끝나고 말았어^{935년}.

후백제는 견훤이 아들 신검과 싸우는 바람에 망했어. 아들에 쫓겨 고려에 투항한 견훤이 왕건의 군대를 안내해 후백제를 공격한 거야. 신라가 망하고 1년이 지난 936년, 고려는 마침내 한반도를 통일하는 대 위업을 달성했단다.

고려의 기틀은 4대 임금인 광종 때 거의 완성됐다고 볼 수 있어. 광종은 왕권을 강화하기 위해 여러 정책을 시행했어. 억울하게 노

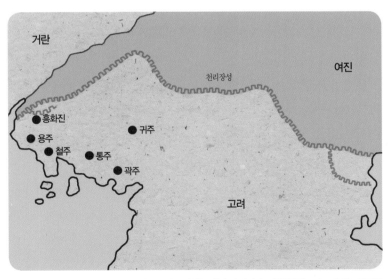

강동 6주 · 서희는 강동 6주를 요나라로부터 돌려받는 대신 송나라와 관계를 끊는 것으로 외교담판을 지었다.

비가 된 사람은 모두 풀어 주도록 노비안검법을 시행했어. 누가 피해를 입었겠니? 많은 노비를 가지고 있던 호족들이었어. 광종은 과거제도도 시행했어. 귀족들이 더 이상 고위직을 장악할 수 없었겠지? 당연히 왕권이 강화될 수밖에 없지.

그 후로도 국가 정비가 착착 진행됐어. 6대 임금 성종은 불교를 억제하고 유교를 장려했어. 유교를 통치이념으로 채택해 왕권을 더욱 강화시킨 거야. 유학 최고의 국립교육기관인 국자감까지 만들었어.

그러나 항상 좋은 일만 있었던 건 아니야. 위기가 찾아왔어. 거란족의 침입이 시작된 거야. 요나라는 송나라를 공격하기 전에 고려를 침략했어. 고려—거란 전쟁이 터진 거야[993년]. 왜 거란은 고려를 친 것일까? 고려가 송을 지원하지 못하도록 미리 손을 보려는 작전이었단다.

다행히 거란의 이 1차 침입은 서희 장군이 외교담판으로 마무리를 지었어. 요나라가 고려의 옛 땅인 강동 6주를 고려에 돌려주는 대신 고려는 송나라와 우호적 관계를 중지할 것을 약속했어. 강동 6주는 압록강 서쪽 끝에 있는, 귀주 등 6개 주를 말하는 거야. 고려는 침략을 받고도 외교협상을 잘해 영토를 더 늘린 거야! 정말 대단한 협상력이지? 그러나 전쟁은 끝난 게 아니었어. 거란은 그다음에 고려를 두 번이나 더 침략한단다.

일본, 셋칸 정치 시작되다

일본은 8세기 말 시작된 헤이안시대가 12세기까지 계속됐단다. 헤이안시대 때 왕의 권력은 강하지 않았어. 일본만의 독특한 정치 형태 때문이야.

일본에는 왕의 뒤에서 실제로 정치를 좌우하는 사람이 있었어. 이런 사람을 섭정세츠쇼이라고 했어. 6세기 때 아스카 문화를 일으킨 주역 쇼토쿠 태자를 기억하고 있지? 그 사람도 섭정을 했었단다. 섭정을 누구나 할 수 있었던 건 아니야. 오로지 왕족만이 섭정이 될 수 있었지.

9세기 중반에 이런 정치 풍토에 변화가 생겼어. 당시 유력한 가문이었던 후지와라 가문이 권력을 쥐었는데, 이 가문의 최고 실력자가 섭정이 된 거야. 후지와라 가문은 왕족이 아니었어. 당연히 섭정이 될 수 없었지. 하지만 힘으로 밀어붙여 섭정의 자리에 올랐어.

섭정은 왕이 어른이 되면 물러나야 해. 그때부터는 왕이 직접 통치하는 거지. 그러나 후지와라 가문은 왕이 어른이 됐는데도 권력을 넘겨주지 않았어. 물론 주변의 시선 때문에 섭정

일본 중세시대 전쟁 장면 · 사무라이의 복장과 전투를 살펴볼 수 있다.

자리는 내놓았지. 그 대신 우리말로 번역하면 자문이나 고문에 해당하는 간바쿠^{관백}이란 새로운 직책을 만들고, 그 자리에 올라 정치를 좌우했어. 후지와라 가문의 이런 정치 형태를 셋칸^{섭관} 정치라고 불러. 후지와라 가문은 딸들을 왕에게 시집보내 아들을 낳게 한 다음에, 그 손자를 왕에 앉혔어. 후지와라 가문의 실력자가 손자를 대신해 섭정을 했고, 손자가 어른이 되면 관백이 돼서 통치를 한 거야.

후지와라 가문은 무사 집단에 가까웠어. 다른 가문의 도전을 막기 위해 스스로 무장한 거야. 일본 특유의 무사 집단을 사무라이라고 부르지? 그래, 바로 이들이 첫 사무라이란다.

이즈음 일본은 과거 중국의 한나라가 멸망했을 때와 상황이 비슷했어. 호족들이 지방을 완전히 장악하고 있었던 거야. 당연히 중앙정부와 지방호족 사이에 갈등이 많았지.

중앙정부는 지방호족의 세력이 커질 것을 걱정해 중앙에서 관리를 지방에 보냈어. 이 관리들은 농민들로부터 세금을 거둬들이는 일을 했어. "백성의 주인은 중앙의 왕이니 백성은 응당 세금을 내야 한다!"라고 말하고 싶은 거였지.

그러나 농민들은 이 관리들보다 지방의 호족을 더 무서워했어. 아예 자신의 땅을 호족에게 통째로 넘겨 버리는 농민도 많았지. 땅이 없는 농민에게 어떻게 세금을 걷을 수 있겠어? 결국 중앙정부는 가난해졌지만 지방호족은 더 많은 토지를 소유하게 됐고, 당연히 힘도 강해졌어. 언젠가는 큰 난이 터질 것 같지 않니?

천하를 차지한 여장부
측천무후 vs 클레오파트라

역사상 많은 여걸들이 있지만 치열한 권력투쟁 끝에 천하를 차지한 여장부는 그리 많지 않아. 특히 중국 당나라의 측천무후와 이집트 프톨레마이오스 왕국의 클레오파트라클레오파트라 7세에 필적할 여장부는 없을 거야. 이들은 여장부라기보다 여제여자 황제라고 부르는 게 더 어울린단다.

측천무후는 당 태종의 후궁이었지만 태종에 이어 아들 고종의 부인이 됐고, 마침내 황후의 자리에까지 올랐어. 그녀는 고종을 대신해 직접 정치를 했고 자신의 아들을 황태자로 책봉했지만, 곧 그 아들마저 끌어내렸지. 690년 그녀는 스스로 황제에 올랐어. 15년 후 황제 자리를 빼앗기기는 했지만, 정말 천 년에 한 번 나올까 말까 한 여제야.

측천무후와 겨룰 수 있는 서양의 인물은 고대 이집트의 클레오파트라를 꼽을 수 있어.

측천무후(위),
클레오파트라(아래)

클레오파트라는 자신의 동생 프톨레마이오스 13세와 결혼해 이집트를 함께 다스렸어. 그러던 중 카이사르가 이집트를 방문하자, 그를 유혹해 프톨레마이오스 13세를 제거하고 이집트의 권력을 장악했지. 그녀는 카이사르가 암살당하자 그의 부하였던 안토니우스를 다시 유혹해 마침내 이집트 전체를 차지했단다.

클레오파트라와 측천무후는 죽음도 남달랐어. 클레오파트라는 독사에게 물려 스스로 죽음을 택했고, 측천무후는 묘비도 남기지 말라고 했지.

중세까지의 세계사는 아시아가 썼다

오늘날 우리는 서양의 옷을 입고 서양의 음식을 먹고 있어. 사람들은 서양의 언어인 영어 공부에 많은 시간을 투자하고 있지. 우리의 일상생활이 많이 서양화된 거야. 서양 중심의 가치관이 글로벌 스탠더드세계 표준가 된 시대니까 그럴 수도 있을 것 같아. 그러나 역사를 항상 서양이 주도하지는 않았어. 서양인들이 동양인을 야만적이라거나 미개하다고 인식하더라도 세계 역사는 항상 동서양 균형을 이뤘거든.

알렉산드로스가 이룬 헬레니즘 세계나, 그 뒤를 이은 로마 제국의 영토는 서양의 거의 전부와 동양의 일부를 아울렀어. 이때는 사람들이 살지 않는 오지나 검은 대륙 아프리카, 동서양인의 손이 닿지 않은 아메리카 대륙을 뺀다면 나머지 세계의 거의 절반 이상을 서양인들이 장악한 거야. 물론 중국과 한국 등 동아시아도 여기서 빼야겠지. 그러나 훗날 이슬람 제국은 서아시아와 북아프리카, 에스파냐, 동유럽 등을 모두 장악했어. 영토만 넓었던 게 아니야. 이슬람 제국은 동서양 문물을 교류하며 막대한 부를 자랑했고 우수한 과학기술을 보유했어. 서양에서는 감히 따라가지 못할 기술 수준이었지.

로마의 뒤를 이어 유럽을 장악한 프랑크 왕국도 유럽 영토를 벗어나지는 못했어. 그러나 13세기 몽골 제국은 아시아 전역뿐 아니라 러시아 남부와 동유럽까지 모두 점령했어. 영토의 크기만 놓고 보면 로마 제국이나 헬레니즘 세계보다 훨씬 컸지.

역사학자들은 16세기까지만 해도 동양의 문화와 과학기술 수준이 서양을 크게 앞섰다는 사실을 잘 알고 있어. 실제 이슬람 제국이나 몽골 제국이 서양 세계를 장악한 만큼 서양 세력은 동양을 장악하지 못했지. 그렇지만 서양보다 앞섰던 동양은 18세기 이후 서양에 무너지고 말았어. 지나친 자만이 몰락을 불렀다는 반성이 많아. 서양 세계가 열심히 산업, 과학, 군사기술을 발달시키고 있을 무렵 동양은 어깨에 잔뜩 힘주며 "우리가 최고야!"라고 자만했던 거야.

앞으로의 역사는 어느 곳에서 주도권을 쥐게 될까? 지금 세계는 미국과 중국이 팽팽하게 세력 다툼을 하고 있어. 그러나 상황은 바뀔 수도 있는 거야. 또 어느 국가가 치고 나와 주도권을 다툴지 모르니까 말이야.

바이킹의 활약

한반도에서 고려가, 중국에서 송 왕조가, 유럽에서 신성로마 제국이 탄생할 즈음이었어. 우리가 주목해야 할 또 하나의 지역이 있어. 바로 북유럽이야. 이곳에서 새로운 민족이 기지개를 켜기 시작했거든. 그들이 남쪽으로 내려오자 프랑크 왕국은 잔뜩 긴장했어. 그들은 동로마 제국을 넘나들기도 했지. 아주 사납고 용맹하며 진취적인 민족. 바로 노르만족이야. 우리에겐 바이킹족이란 말이 더 익숙하지.

　노르만족은 동유럽은 물론 지중해까지 진출했어. 프랑스에 정착한 노르만족은 훗날 영국을 정복하기도 했지. 노르만족이 동유럽 어딘가에 정착하면서 현지의 슬라브족과 어울려 만든 나라는 훗날 러시아의 구성원이 되기도 했어. 지금부터 바로 이 노르만족의 활약을 살펴볼 거야. 커버스토리에서 유럽 중부의 역사를 다뤘기 때문에 여기서는 북부와 동부 역사를 살펴볼게.

바이킹의 나라

로마 사람들은 자신들의 영토로 들어온 게르만족을 야만인으로 여겼어. 그러나 그 야만인들에게 서로마 제국이 무너졌지. 게르만족

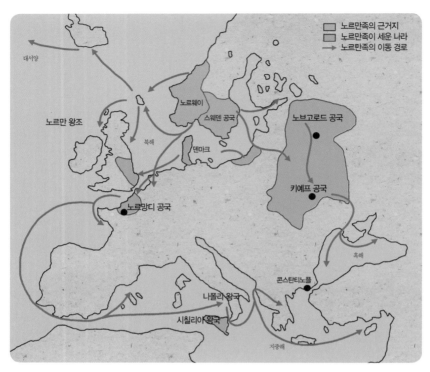

노르만족이 이동한 경로와 세운 국가들 · 지중해는 물론 서아시아 입구까지 진출했다.

의 분파인 프랑크족은 프랑크 왕국을 만들었어. 프랑크 사람들은
나머지 민족들을 야만인으로 여겼지. 노르만족도 예외가 아니라서,
프랑크 사람들은 그들을 험상궂은 해적 정도로 생각했단다.

프랑크 왕국이 동, 서, 중프랑크로 쪼개졌다가 다시 동, 서프랑크
로 정리되고 있던 때였어. 중국에서는 당나라를 멸망시키겠다며
황소가 반란을 일으키고 있었지. 850년이 조금 지난 시점이었어.
바로 이때부터 오늘날의 덴마크, 노르웨이, 스웨덴 등 스칸디나비

아반도에 살던 사람들이 해안을 따라 내려왔어. 그들은 곧 프랑스 서해안 지방을 집중 공략했지. 그들은 매우 호전적이고 용맹했기 때문에 유럽 중서부 사람들에게는 공포의 대상이었어. 유럽인들은 그들에게 바이킹이라는 이름을 붙여 주었단다. 바이킹은 10세기 후반까지 유럽 해안 일대를 주름잡았지.

프랑크 왕국이 동과 서프랑크로 갈린 이후 바이킹은 서프랑크, 즉 프랑스에게 큰 골칫거리였어. 프랑스는 얼마나 심하게 바이킹족에게 시달렸는지 911년에는 센 강 주변의 땅을 그냥 줘 버렸다는구나. 바이킹족은 이 센 강 주변에 정착했어. 이 정착민들이 훗날 이곳에 세운 작은 나라가 노르망디 공국이야. 이 공국의 지배자가 영국을 정복해 노르만 왕조를 출범시켰지.

바이킹족을 그저 약탈이나 하는 해적 정도로 알고 있는 경우가 많은 것 같아. 그러나 잘못 알고 있는 거야. 바이킹들이 해적질을 한 것은 사실이지만 개척정신이 뛰어난 무역상이기도 했단다. 바이킹들은 멀리 지중해의 끝에 붙어 있는 동로마 제국까지 가서 무

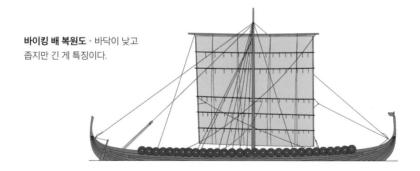

바이킹 배 복원도 · 바닥이 낮고 좁지만 긴 게 특징이다.

역을 했는데, 이때 조금 특별한 항로를 이용했어.

그들의 항로를 따라가 볼까? 스칸디나비아반도를 출발해 영국과 프랑스 사이의 북해를 지나 대서양을 거쳐 지중해로 들어갔을 것 같지? 아니야. 바이킹족은 모험심이 무척 강했다고 했지? 그들은 조금이라도 더 빨리 가기 위해 바닷길이 아닌 내륙의 강을 따라 이동했어. 오늘날 동유럽을 관통하는 드네프르 강과 볼가 강을 따라가면 멀리 돌아가는 것보다 몇 배는 빨리 동로마 제국에 도착할 수 있었거든.

지중해 연안을 자주 돌아다니다 보니 아무래도 중간에 머물 거점이 필요했겠지? 몇몇 바이킹들이 프랑스 서해안에 자신들의 나라를 만든 것처럼 또 다른 바이킹들은 이탈리아 나폴리와 시칠리아에 바이킹의 왕국을 만들었어. 10세기 중반이 되면 바이킹들은 자신들의 탄생지였던 스칸디나비아반도에도 통일왕국을 세웠어. 그 나라가 바로 노르웨이와 덴마크야.

어때? 바이킹족의 활약이 대단하지 않니? 유럽 중부 지역에 살던 사람들이 바이킹족을 무서워할 만하다는 생각이 들지?

러시아 탄생하다

바이킹들의 활약으로 여러 나라들이 생겼지? 이 대목에서 하나 더 알아 둬야 할 게 있어. 바이킹들이 다른 민족들과 어울려 새로운 나라를 만들었다는 거야. 가장 대표적인 나라가 바로 노브고로드 공국이지. 이 나라는 훗날 모스크바 공국에 흡수되면서 러시아로 발전한단다.

　바이킹족이 동로마 제국으로 갈 때 어떤 길을 이용했다고 했지? 그래, 드네프르 강이었어. 9세기 후반으로 접어들 즈음, 몇몇 바이킹족이 바로 그 드네프르 강 유역에 정착생활을 시작했어. 이곳에는

우크라이나 수도 키예프의 황금문 · 키예프 공국 시절에 세워진 요새의 중앙문으로 오늘날까지 남아 있다.

이미 슬라브족이 살고 있었어. 두 민족이 사이좋게 힘을 합쳐 나라를 건설했지. 그래, 그 나라가 노브고로드 공국이야. 공국은 왕국보다 한 단계 낮은 형태의 작은 나라라고 생각하면 크게 틀리지 않아.

그래, 노브고로드 공국은 아주 작은 나라였어. 그러나 싹이 작다고 열매까지 작으리라는 법은 없지. 노브고로드 공국의 싹은 아주 튼튼했거든. 이 나라의 지배자들은 곧 수도를 키예프로 옮기고 주변에 있던 슬라브족을 모두 정복했어. 나라가 더 커진 거야. 이렇게 해서 882년 건설된 나라가 바로 키예프 공국이야.

키예프 공국의 대부분을 차지한 민족은 슬라브족이야. 이 때문에 키예프 공국은 역사적으로 아주 중요한 의미를 가지고 있어. 바로

알람브라 궁전 · 이베리아반도 마지막 이슬람 왕조인 나스르 왕조 때 세운 궁전으로 이슬람 건축의 백미이다.

이 나라가 러시아로 발달한 거야! 근본부터 다시 따진다면 노브고로드 공국을 러시아의 기원이라고 볼 수도 있어. 그러나 노르만족은 노브고로드 공국을 노르만족의 역사라고 주장하고 있단다. 슬라브족의 역사가 아니라는 거지. 러시아는 물론 노브고로드 공국의 역사를 슬라브족의 역사로 보고 있고…. 어느 쪽 주장이 맞을지는 각자 판단해야겠지.

키예프 공국은 노브고로드 공국보다 훨씬 컸고, 유럽 문화에 한층 가까워졌어. 우선 종교부터 유럽에서 수입했지. 동로마 제국과 교역하다가 기독교를 받아들인 거야. 신성로마 제국이 탄생하기 7년 전일 거야. 955년 키예프 공국의 올가 공주가 동로마 제국의 콘스탄티노플을 먼저 방문했고, 이어 블라디미르 왕자가 동로마 제국 황제의 누이와 결혼했어. 이때 키예프 공국은 동로마의 동방정교를 받아들였지. 10세기 말 키예프 공국은 동방정교를 국교로 선포했어.

이때는 동방정교든 로마 가톨릭이든 기독교가 유럽 사람들의 정신적인 지주였어. 서아시아 사람들에게는 이슬람교가 정신적 지주였지. 물론 이슬람교도 시아파와 수니파로 갈라섰지만 말이야. 결국 어느 종교를 믿느냐에 따라 유럽 국가냐 아니냐가 결정되는 셈이지. 키예프 공국이 동방정교를 선택했다는 것은 유럽 국가란 뜻이 되겠지?

이민족의 침입

9~10세기 유럽의 역사를 끝내기 전에 이때 유럽을 공략한 이민족들에 대해 정리해 볼게. 유럽의 남쪽에 이베리아반도가 있어. 이 땅은 이슬람 군대가 정복했지. 이슬람 군대는 프랑스까지 진출했지만 투르—푸아티에 전투에서 프랑크 군대에 패하고 말았어. 이슬람 사람들은 유럽 한복판으로 진격하지 못한 대신 이베리아반도에 정착해 살았단다. 그래, 이때부터 이베리아반도 대부분이 이슬람권이 된 거야. 물론 기독교 국가도 있었어. 바로 카스티야인데, 이 나라는 레콩키스타라고 불리는 영토회복 운동을 벌였어. 하지만 성공하지는 못했지.

이슬람 군대는 동로마 제국도 괴롭혔어. 7장에서 살펴본 대로 이 무렵 동로마 제국은 콘스탄티노플 일대만 겨우 유지하고 있는 작은 나라로 전락했거든.

유럽 동쪽으로부터는 마자르족이 쳐들어왔어. 마자르족은 훈족의 후손이며 오늘날 헝가리를 만든 민족이라고 했지? 마자르족이 쳐들어오기 전에는 아틸라가 이끄는 훈족이 직접 유럽을 공략하기도 했어. 이 또한 살펴본 대로야.

유럽의 북쪽으로부터는 바이킹족이 공격해 왔어. 그들은 곧 유럽의 서쪽을 공략했지. 프랑스의 서해안에 그들만의 나라를 세우기도 했어.

어때? 이렇게 사방팔방에서 이민족들이 공격해 들어오는데 발전하기가 쉽지 않겠지? 이 때문에 10세기 중반 이후로 접어들면서 동 프랑크 왕국이 강력한 신성로마 제국으로 거듭난 것은 유럽 역사에 큰 의미가 있어. 이때부터 이민족의 침입도 줄어들었고, 유럽은 본격적인 중세 문화를 발전시켰거든.

아메리카의 문명들

8장을 끝내기 전에 아메리카를 잠시 살펴볼게.

우선 멕시코 지역을 볼까? 이 지역에 대해서는 이미 고대 세계를 다룰 때 살펴본 적이 있어. 1세기에는 올메크족이 테오티우아칸 문명을 발전시켰고, 3세기에는 치아파스 지역의 케추아족이 올메크족의 문물을 전수받아 마야문명을 시작했다고 했어. 기억하니?

10세기경 되자 마야문명은 끝나고 말았단다. 마야문명은 여러 도시들이 연합해 만든 문명이었는데, 그 도시들 사이에 내분이 발생한 거야. 이 밖에도 마야문명이 무너진 또 다른 이유가 있었어. 톨텍족의 공격이 너무 거셌기 때문이야.

톨텍족은 7세기 중반에 등장한 것으로 알려져 있어. 자신들의 왕을 케찰코아틀이라고 불렀던 그들은 매우 호전적이었다고 해. 톨텍족은 툴라에 수도를 세우고 나라를 건설한 다음 영토를 넓혀 나갔어. 마야문명도 이때 희생된 거야. 전쟁이 계속 터지니까 많은 사

잉카 제국의 고대 도시 마추픽추 · 잉카문명은 아즈텍문명과 더불어 중남미 최대 문명으로 성장했다.

람들이 다른 지역으로 도피해 버렸어. 사람이 하나둘씩 사라지면서 도시는 폐허로 변했지. 한때 번영을 자랑하던 마야 지역은 곧 밀림지대가 되고 말았어.

  그러나 마야인들이 그대로 무너지지는 않았어. 그들은 지금의 유카탄반도로 옮겨 새로운 문명을 건설하기 시작했지. 그들을 아즈텍족이라 불렀어. 유럽에서 신성로마 제국이 탄생할 때인 10세기 중반, 아즈텍족은 유카탄반도에 거대 제국을 건설했어. 그 나라가 바로 아즈텍 제국이란다.

비슷한 시기에 잉카족은 남미 페루의 해안선 일대를 거의 장악했어. 잉카족들은 왕을 토파라고 불렀는데 첫 토파 시절 영토는 당시의 수도였던 쿠스코 계곡의 일부에 불과했다고 해. 그러나 네 번째 토파에 이르면 계곡의 거의 모든 지역을 장악했어.

그러고 보니 한반도의 고려, 서아시아의 가즈니 왕조, 중국의 송, 유럽의 신성로마 제국뿐 아니라 아즈텍과 잉카 제국도 거의 비슷한 시기에 탄생했네? 가장 먼저 망한 나라는 가즈니 왕조였어. 아즈텍과 잉카 제국은 16세기 에스파냐의 침략으로 멸망할 때까지 중남미를 대표하는 제국이었단다.

제9장

인류의 탄생에서 중세까지

기독교,
이슬람교
충돌하다

1000~1200년 전후

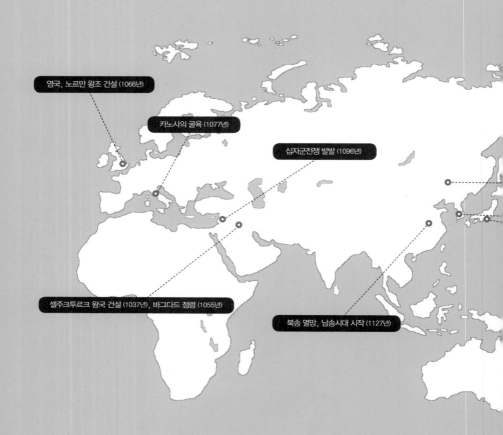

영국, 노르만 왕조 건설 (1066년)

카노사의 굴욕 (1077년)

십자군전쟁 발발 (1096년)

셀주크투르크 왕국 건설 (1037년), 바그다드 점령 (1055년)

북송 멸망, 남송시대 시작 (1127년)

11세기 이후 유럽은 확실한 기독교 대륙이 됐어. 로마 교황의 세력이 초절정에 이르렀거든. 신성로마 제국의 황제도 교황에게 함부로 할 수 없을 정도였단다. 정치황제와 종교교황의 싸움은 아주 치열했어. 대체로 교황이 우세했지. 교황은 자신의 말을 듣지 않는 황제를 파문해 버렸거든. 물론 황제가 교회를 장악하고 있는 동로마 제국에서는 이런 정치와 종교의 싸움이 없었단다. 유럽에서 교황과 황제가 팽팽하게 다투고 있을 때 중국에서는 한족, 여진족, 거란족의 세 나라가 삼국전쟁을 하고 있었어. 유럽에서 교황이 승리했다면 중국에서는 여진족의 금나라가 판정승을 거뒀다고 할 수 있어.

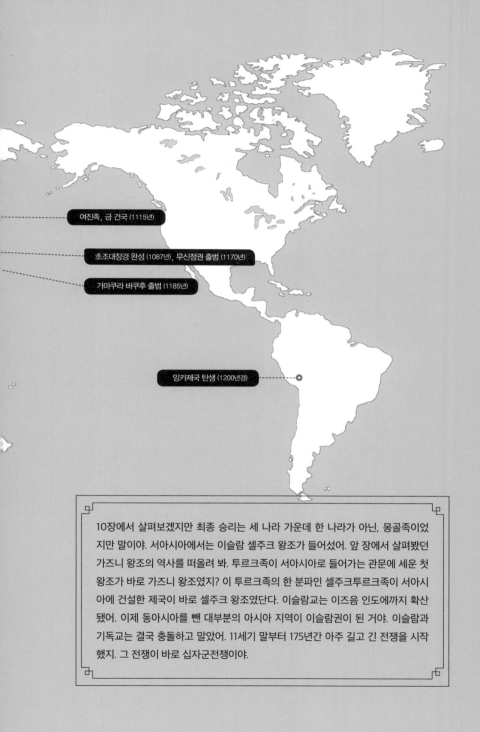

여진족, 금 건국 (1115년)

초조대장경 완성 (1087년), 무신정권 출범 (1170년)

가마쿠라 바쿠후 출범 (1185년)

잉카제국 탄생 (1200년경)

10장에서 살펴보겠지만 최종 승리는 세 나라 가운데 한 나라가 아닌, 몽골족이었지만 말이야. 서아시아에서는 이슬람 셀주크 왕조가 들어섰어. 앞 장에서 살펴봤던 가즈니 왕조의 역사를 떠올려 봐. 투르크족이 서아시아로 들어가는 관문에 세운 첫 왕조가 바로 가즈니 왕조였지? 이 투르크족의 한 분파인 셀주크투르크족이 서아시아에 건설한 제국이 바로 셀주크 왕조였단다. 이슬람교는 이즈음 인도에까지 확산됐어. 이제 동아시아를 뺀 대부분의 아시아 지역이 이슬람권이 된 거야. 이슬람과 기독교는 결국 충돌하고 말았어. 11세기 말부터 175년간 아주 길고 긴 전쟁을 시작했지. 그 전쟁이 바로 십자군전쟁이야.

11~12세기는 종교의 시대라고 해도 틀리지 않을 거야. 유럽에서 교황이 황제를 눌러 1인자에 올랐어. 유럽은 기독교로 똘똘 뭉쳤지. 중앙아시아 민족인 셀주크투르크족은 이라크 바그다드를 점령하며 이슬람권의 새로운 강자가 됐어. 셀주크 왕조는 유럽과 정면충돌했어. 바로 십자군전쟁이 터진 거야.

그전에도 이슬람교와 기독교는 수시로 충돌했어. 동로마 제국은 소아시아와 유럽의 동쪽에서, 프랑크 왕국은 프랑스 투르-푸아티에 평원에서, 카스티야 왕국은 이베리아 반도에서 이슬람 군대와 싸웠지.

이 모든 전쟁은 길어야 몇 년이면 끝났어. 그런데 무려 180년을 싸웠다면 믿을 수 있 겠니? 거짓말 같지만 이때 이슬람교와 기독교는 1096년부터 무려 175년간 전쟁을 벌였단다. 굵직굵직한 전투만 여덟 번이었어. 이번 장에서는 바로 이 십자군전쟁을 커버스토리로 다룰 거란다.

대부분의 역사학자들이 이 시기 가장 역사적인 사건으로 십자군전쟁을 뽑는 데 주저 하지 않을 거야. 십자군전쟁은 유럽과 이슬람 세계 모두가 엄청나게 변화하는 계기가 됐거든.

십자군전쟁이 터지기 직전인 11세기 후반, 예루살렘으로 가 볼까? 십자군전쟁이 터지 게 된 이유를 알려면 그곳부터 가 봐야 돼.

십자군전쟁

예루살렘에서 종교가 충돌하다

예루살렘의 역사를 알게 되면 "어쩌면 종교 갈등이 애초부터 예정 돼 있던 것은 아닐까?"라는 말이 절로 나오게 돼.

예루살렘은 예수 그리스도가 생을 마친 곳이야. 그리스도가 묻힌 곳에 교회가 지어졌는데 그 교회가 성묘교회이지. 이런 사정 때문에 기독교도에게 예루살렘은 최고의 성지로 여겨지고 있어.

일찌감치 유대인들은 예루살렘에 정착해 살았어. 앞에서 다뤘는데 기억하니? 기원전 1300년경 모세가 유대인들을 이끌고 이집트에서 탈출해 도착한 가나안의 땅…. 유대인들은 그 후 예루살렘에 성전을 만들었어. 1세기경이었을 거야. 이 성전이 로마 군대의 공격을 받아 잿더미가 돼 버렸어. 하나의 성벽만이 폐허 속에서 간신히 무너지지 않았어. 이 벽을 통곡의 벽이라고 불러. 유대인들은 이

예루살렘의 성묘 교회 · 예수가 안장됐던 묘지 위에 세운 교회이다.

곳을 찾으면 벽에 머리를 대고 통곡을 한다는구나.

예루살렘에는 오마르 사원도 있어. 그래, 이 사원은 이슬람 사원이야. 이슬람교를 창시한 예언자 무함마드가 이곳에서 기적을 체험했대. 그 기적을 기리기 위해 만들어진 유적이지. 이슬람교에서도 예루살렘을 성지로 여기고 자주 찾아 참배를 한단다.

정리하자면, 예루살렘은 이 세 종교 모두의 성지가 되는 거야. 서로 평화롭게 성지순례를 허용한다면 문제가 되지 않겠지. 그러나 누군가 다른 종교의 성지순례를 방해하면 갈등이 생길 수밖에 없어.

이 지역은 정통 칼리프시대, 우마이야 왕조, 아바스 왕조에 이르기까지 대대로 이슬람 세력이 지배하던 곳이었어. 처음에는 이슬람 세력도 기독교도의 성지순례를 방해하지는 않았단다. 그러나 아바스 왕조의 뒤를 이어 1055년 바그다드를 점령해 이슬람의 새 강자가 된 셀주크투르크족은 그렇지 않았어. 곧 이슬람권의 역사에서 살펴보겠지만 셀주크투르크족은 수많은 전쟁을 치르면서 이슬람권의 중심이 된 민족이야. 아마 그들은 자신의 영역에 다른 종교의 순례자가 다니는 것이 보기 싫었나 봐. 그들이 세운 셀주크 왕조는 결국 기독교도들의 성지순례를 막기 시작했어.

가장 먼저 동로마 제국이 저항했어. 11세기 후반 동로마 제국을 장악한 왕조는 콤네노스 왕조였어. 이 왕조는 로마 제국을 부활시키겠다는 야심이 있었어. 그러나 셀주크 왕조의 군대를 이길 수는 없었나 봐. 오히려 황제가 이슬람 군대에 사로잡히는 수모를 당하고 말았지. 동로마 제국은 결국 창피를 무릅쓰고 로마의 교황 우르바노 2세에게 도움을 요청했어. 교황으로서는 자신의 권위를 높일 절호의 기회가 온 셈이었어. 유럽 역사를 따로 살펴보겠지만, 미리 귀띔하자면 당시 로마 교황과 신성로마 제국 황제는 서로 으르렁대고 있었어. 로마 교황은 이참에 자신이 유럽의 1인자임을 증명하겠다고 결심했어.

1095년 우르바노 2세는 프랑스의 클레르몽에서 종교회의를 열고 성지 예루살렘을 탈환하자고 주장했어. 교황은 "야만적인 이슬람교도들이 기독교 성지를 점령하도록 내버려 두는 것은 기독교와 유럽 전체의 불명예다! 그리스도의 땅을 되찾자!"라고 말했어. 교황의 말에 유럽 사람들이 감동했어. 그래, 유럽 사람들은 종교전쟁, 즉 성전을 하기로 한 거야.

십자군전쟁 터지다

이윽고 유럽의 기독교 세력이 먼저 군대를 일으켰어. 이로써 십자군 전쟁이 터졌어1096년. 이 전쟁은 1270년 끝날 때까지 무려 175년간 지속됐단다. 수많은 전투가 치러졌는데, 공식적으로 집계된 굵직굵 직한 전투만 여덟 번이었지. 아주 길고 지루한 전쟁이었어. 전쟁의 결과 유럽과 서아시아 모두 황폐해지고 말았어.

첫 십자군이 원정을 떠나기 전, 먼저 떠난 십자군이 있어. 이 최 초의 십자군은 아주 엉성했어. 그들은 군대라고 할 수도 없을 정도 로 오합지졸이었지. 예루살렘이 어디에 있는지도 모르고 무작정 동쪽으로 진군했대. 도중에 양민들을 만나면 "이슬람교도를 죽여

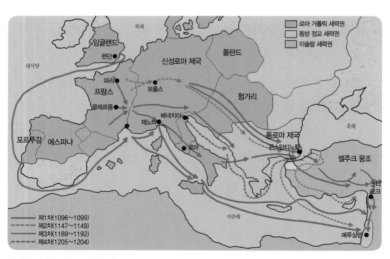

십자군전쟁 초기 유럽의 진격로 · 제1차 전쟁은 십자군이 승리했지만 점차 이슬람군에 밀렸다.

예루살렘 탈환 · 에밀 시뇰이 그린 십자군의 예루살렘 탈환 장면이다.

라!"라고 외치며 달려들어 학살했어. 이런 군대의 결과는 뻔하지. 제대로 된 셀주크 군대를 만나 전멸하고 말았어. 이 십자군을 군중 십자군이라고 하는데, 정규 십자군 역사로 포함하지는 않는단다.

군중십자군이 전멸되고 난 다음 만들어진 제1차 십자군은 당당하게 소아시아로 진군했어. 십자군은 곧 예루살렘의 길목인 안티 오크라는 곳에 도착했어. 이럴 수가! 정규 십자군인 그들도 군중십 자군과 마찬가지로 닥치는 대로 이슬람교도들을 죽이고 도시를 약탈했어. 심지어 이미 죽은 이슬람교도의 배를 가르기도 했단다. 누군가 "이슬람교도들이 죽기 전에 금은보화를 삼켰다"라고 소문을 냈기 때문이야. 십자군은 예루살렘을 함락한 뒤에도 유대인, 이슬람교도를 가리지 않고 학살하고 약탈했단다. 성지 회복을 외치던 종교적 순수함은 어디로 가 버린 걸까?

십자군이 왜 이렇게 흉악했는지 아니? 교황을 포함해 이때 유럽의 기독교 지도자들에게 그 책임이 있어. 그들은 성전을 촉구하면서 동방에 막대한 보물이 있다고 선전했단다. 그래야 군인들이 더 잘 모이니까! 많은 기사와 농민들이 이 선전에 마음이 움직여 십자군에 자원한 거야. 어쩌면 이 십자군은 예루살렘을 되찾겠다는 종교적 순수함보다 돈을 벌려는 욕심이 더 컸는지도 모르겠어.

문제는 또 있어. 십자군들이 사람을 죽이고 약탈하는 행위를 죄라고 생각하지 않았다는 거야. 기독교인이 아니면 모두 야만인이었기 때문에 죽이고 보물을 빼앗아도 된다고 여긴 거지. 교황과 유럽의 왕들도 군대의 사기가 떨어질까 봐 약탈 행위를 말리지도 않았대. 한마디로 십자군전쟁은 보물을 찾아 떠나는 모험으로 변질됐던 거야. 정말 어처구니가 없지?

1099년 십자군은 예루살렘에서 이슬람 군대와 일주일 가까이 치열한 전투를 벌였어. 마침내 성을 함락했지. 십자군은 만세를 불렀고, 예루살렘에 기독교 왕국을 세웠단다. 이제 제1차 십자군전쟁이 끝이 났어.

이슬람, 대반격 시작하다

제1차 십자군전쟁에서 패배한 이슬람 세력들도 가만히 앉아서 당하고 있지는 않았어. 기독교도들의 예루살렘 순례를 방해한 쪽은 이슬람 셀주크 왕조였지? 1차 십자군전쟁으로 예루살렘을 빼앗겼으니 자존심이 많이 상했어. 셀주크 군대가 움직인다는 소문이 유럽으로 퍼졌어. 프랑스와 신성로마 제국의 여러 왕들이 연합해 제2차 십자군을 조직했지.

1147년 제2차 십자군이 소아시아반도에 상륙했어. 그러나 이 십자군은 기다리고 있던 셀주크 군대에게 크게 패하고 말았단다. 십자군은 다마스쿠스로 이동한 뒤 셀주크 군대를 공격했지만 이 전투에서도 보기 좋게 패하고 말았어. 그 후 전쟁은 흐지부지됐어. 제2차 십자군전쟁이 끝난 거야.

40년이 흘러 1187년이 됐어. 이번에는 이슬람 군대가 예루살렘을 공격했어. 이때 이슬람 군대를 이끈 인물은 살라흐 앗딘이었는데 보통은 줄여서 살라딘이라고 불러. 살라딘은 셀주크 왕조의 사람이 아니야. 그는 아프리카에서 파티마 왕조를 무너뜨리고 아이유브 왕조를 창건한 인물이란다. 십자군이 유럽 여러 나라의 연합군이었던 것처럼 이슬람 군대도 여러 왕조에서 보낸 연합군이었던 거야. 이슬람 왕조의 변화는 곧 살펴볼게. 조금만 기다려.

살라딘의 군대는 정말 강했어. 제1차 십자군전쟁 후 예루살렘을 장악하고 있던 기독교 군대는 그를 이길 수 없었지. 예루살렘은 다시 이슬람 군대가 차지했어. 살라딘은 유럽 사람들에게 공포의 대상이었단다.

살라딘에게 맞서기 위해 유럽은 정예 십자군을 조직했어. 살라딘이 예루살렘을 되찾고 2년이 지난 1189년, 신성로마 제국의 프리드리히 1세, 프랑스의 필리프 2세, 영국의 리처드 1세가 함께 제3차 십자군을 만들었어. 이 가운데 리처드 1세는 사자왕이라고 불릴 정도로 용맹스러운 인물이었지.

그러나 프리드리히 1세와 필리프 2세는 중도하차하게 됐고, 리처드 1세만이 남아서 살라딘과 겨루게 됐어. 영웅은 영웅을 알아본다는 말이 있지? 두 영웅은 서로의 용맹에 감탄하고 1192년 휴전을 맺었단다. 그 결과 유럽은 예루살렘을 이슬람 제국의 영토로 인정하고, 이슬람 제국은 기독교 순례자의 왕래를 방해하지 않기로 합의했지. 제3차 십자군전쟁이 끝나게 됐어.

원만하고 평화롭게 해결이 된 것 같지? 아니야. 앞으로도 1270년까지 다섯 번의 십자군전쟁을 더 치르게 된단다.

리처드 1세(왼쪽)**와 살라딘**(오른쪽) · 십자군전쟁을 통해 맞붙은 두 영웅은 1192년 평화협정을 이끌었다.

게다가 지금까지의 십자군전쟁과 제4차 이후의 십자군전쟁은 성격이 확 달라. 제3차 십자군전쟁까지는 성지 예루살렘을 탈환하기 위한 종교 전쟁의 성격이 강했어. 그러나 제4차 십자군전쟁 때부터는 성지 탈환이 아니라 약탈과 폭동의 성격이 훨씬 강해진단다.

십자군전쟁의 역사적 의의

이때 기독교와 이슬람 두 세계는 상대방 종교를 비방하며 자신들의 전쟁을 성전이라고 불렀어. 그러나 이 전쟁은 학살과 약탈로 얼룩졌단다.

　이 전쟁은 겉으로는 종교 전쟁이었지만 실제로는 그렇지 않았어. 종교의 가면을 쓰고 자행된 야만적 폭력이었을 뿐이야. 다음 장에서 다뤄야 하겠지만 맛보기로 미리 제4차 십자군전쟁에 대해 살펴볼까? 1202년 시작된 제4차 전쟁이야말로 이 전쟁의 본질을 가장

십자군의 콘스탄티노플 함락 · 제4차 십자군의 한 장면을 그린 들라크루아의 그림으로 십자군전쟁에서 행해진 약탈과 살육의 현장을 보여 준다.

극명하게 드러냈거든.

제4차 십자군은 이슬람 아이유브 왕조가 장악한 이집트를 공격하는 게 목적이었어. 그러나 중간에 갑자기 목표를 바꿔 동로마 제국을 공격했지. 같은 기독교 국가로 쳐들어간 거야. 왜 그랬을까?

십자군이 같은 기독교의 도시를 공격한 까닭은 보물 때문이야. 동로마 제국의 수도인 콘스탄티노플에 황금이 쌓여 있다는 소문이 나돌았거든. 이 소문을 듣는 순간 십자군의 눈이 뒤집혔어. 그들은 이집트와 이슬람교는 까맣게 잊어버리고 콘스탄티노플을 공격해 모든 재물을 약탈하고 도시를 폐허로 만들었단다.

십자군 원정은 갈수록 타락했고, 명분도 없어졌어. 아직 모든 전쟁을 살펴보지는 않았지만 그 결과를 잠깐 들춰 보면, 유럽의 패배였단다. 이왕 제4차 전쟁에 대해 살펴본 김에 결과에 대해서도 간단하게만 짚고 넘어갈까?

유럽의 패배로 끝나면서 종교 전쟁을 진두지휘한 교황의 권위가 크게 약해졌어. 종교의 시대가 서서히 막을 내리기 시작한 거야. 십자군의 출발점인 이탈리아 남부의 도시들은 이 전쟁으로 큰돈을 벌었어. 상업과 교역이 발달했고, 문화가 더불어 발전하면서 훗날 르네상스로 이어졌어.

십자군전쟁이 계속되고 있을 때 오늘날의 여러 국가들이 생겨났어. 덴마크, 노르웨이, 스웨덴, 폴란드, 헝가리, 잉글랜드 등이 이즈음 건설된 국가들이야. 혼란과 전쟁의 소용돌이 속에서도 역사는 발전한 거지.

종교 전쟁이
종교 시대를 무너뜨렸다

십자군전쟁은 기독교의 부활을 내걸고 유럽에서 일으킨 전쟁이었어. 일종의 성전이었던 셈이야.

중세시대 기독교는 유럽의 정신적 지주였어. 그 때문에 왕, 제후, 기사들이 자발적으로 참여했어. 그러나 전쟁이 길어지면서 명분은 사라지고 파괴와 약탈만이 남았지. 결국에는 유럽의 패배로 끝났어. 가장 타격을 받은 세력이 바로 기독교였어. 유럽 사람들은 "신이 과연 우리의 편인가?"라는 의문을 품게 됐어. 믿음이 약해졌고, 당연히 교회와 종교 지도자의 권위가 추락했지.

가장 큰 이익을 챙긴 사람은 왕이었어. 교황의 세력에 기가 꺾여 있었던 유럽 각국의 왕들은 권력을 되찾기 시작했어. 이탈리아의 항구도시 베네치아와 제네바도 큰 이득을 얻었지. 전쟁 과정에서 대표적인 무역항으로 성장했기 때문이야. 이곳의 상인들은 기독교를 믿었지만 돈벌이를 위해 이슬람 상인들과 활발하게 무역 활동을 했어. 이 사람들에게 종교는 중요하지 않았어. 중요한 것은 돈이었지. 종교적 명분 때문에 시작된 종교 전쟁은 오히려 '종교의, 종교에 의한, 종교를 위한 유럽 종교시대'를 무너뜨리기 시작했어. 유럽은 근대를 향해 달려가기 시작한 거야. 재미있는 역사 아니니?

교황 우르바노 2세 · 교황권을 키우기 위해 제1차 십자군을 결성했다.

대륙별스토리

십자군전쟁의 전반부를 커버스토리에서 다뤘어. 십자군전쟁은 11세기 말에 시작됐지. 그러나 전쟁의 조짐은 11세기 중반부터 나타났어. 왜 그런지는 이미 말했지? 셀주크투르크족이 바그다드를 점령하면서 이슬람의 중심이 된 다음, 기독교도들이 예루살렘을 순례하는 걸 방해했기 때문이야. 유럽에서는 로마 교황과 신성로마 제국 황제가 1인자 자리를 놓고 싸웠어. 교황은 자신의 권위를 높이기 위해 성전이 필요했지.

이제 다시 11세기 초반으로 돌아가 이슬람교의 서아시아와 기독교의 유럽을 살펴볼 거야. 왜 십자군전쟁이 터졌는지, 왕조들은 어떻게 변했는지 알게 될 거야.

십자군전쟁이 한창 진행되고 있을 때 중국에서는 송과 금, 요 세 나라가 전쟁을 벌였어. 세계의 서쪽에서는 종교 전쟁이, 동쪽에서는 민족 전쟁이 벌어지고 있었던 거지. 얼마 지나지 않아 한반도와 일본에는 거의 동시에 군인들의 정권이 들어섰어.

먼저 이슬람 왕조의 변화부터 살펴보고, 유럽으로 넘어갈게. 마지막으로는 동아시아와 중남미 문명을 다룰 거야.

이슬람 셀주크 왕조의 흥망

이슬람교가 탄생한 지역은 아라비아반도의 메카야. 그러나 7세기 중반 우마이야 왕조가 수도를 시리아의 다마스쿠스로 옮기면서 메카와, 당시 이슬람 제국의 수도였던 메디나는 이슬람권의 중심으로부터 멀어지게 됐어.

아바스 왕조 때부터 이슬람권의 중심은 오늘날 이라크의 바그다드가 됐어. 바그다드를 장악한 왕조가 전체 이슬람권의 큰형님이 되는 거야. 11세기 초반 이 바그다드를 장악한 민족이 바로 중앙아시아로부터 내려온 셀주크투르크족이란다.

아라비아반도는 18세기 중반이 돼서야 다시 주목을 받게 된단다. 그때 이슬람 근본주의로 돌아가자는 와하브운동이 급속하게 퍼지거든. 이 와하브운동으로 인해 생겨난 나라가 바로 사우디아라비아야. 이 부분에 대해서는 다시 살펴볼 기회가 있을 거야.

셀주크, 바그다드 입성

10세기 중반 아프가니스탄에서 투르크족 계열의 이슬람 왕조인 가즈니 왕조가 세워졌다는 것을 앞에서 살펴봤었는데 기억하고 있지? 이 왕국의 결말은 좋지 않았단다. 술탄의 자리를 놓고 내분이

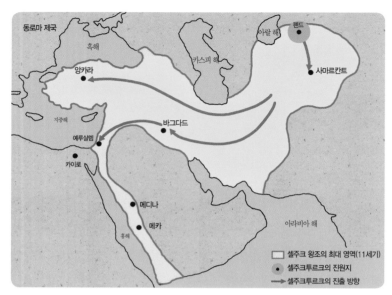

셀주크투르크족의 영토 확장 · 셀주크 왕조는 예루살렘을 정복한 뒤 기독교도의 통행을 막아 십자군전쟁을 유발했다.

벌어진 거야.

이 틈을 타서 투르크족의 한 분파인 셀주크투르크족이 쿠데타를 일으켰어. 그들은 곧 자신의 나라를 건설했어. 그 나라가 바로 셀주크 왕조야^{1037년}. 셀주크 왕조는 이윽고 주변 나라들을 하나씩 정복했어. 순식간에 강대국으로 부상했고, 얼마 지나지 않아서는 서아시아까지 넘보기 시작했지.

로마 가톨릭과 동로마 교회의 갈등은 이즈음 최고조에 달했어. 얼마나 갈등이 컸는가 하면, 1054년 로마의 교황이 콘스탄티노플 대주교를 파문하고 동로마 교회도 교황을 파문하는 지경까지 갔단다. 콘스탄티노플에서 바그다드는 그리 멀지 않아. 콘스탄티노플에서 서로 파문하는 해프닝이 벌어진 다음 해 셀주크투르크족이 바그다드에 입성했어. 이제 셀주크 왕조가 이슬람권의 중심이 된 거야1055년.

이때 바그다드에는 아바스 왕조가 있었지만 이미 모든 힘이 다 빠진 상태였어. 셀주크 왕조가 바그다드를 공격한 것도 사실은 아바스 왕조의 칼리프가 요청한 거야. 칼리프가 "시아파 왕조가 자꾸 아바스 왕조를 공격하니까, 와서 그들을 물리쳐 달라"라고 부탁했다는 거야. 아바스 왕조가 수니파였다는 것은 기억하고 있지?

셀주크 왕조는 바그다드 지역에만 있었던 게 아니란다. 큰형님 격인 대 셀주크 왕조는 페르시아, 그러니까 지금의 이란 지역에 수도를 뒀어. 바그다드를 장악한 왕조는 이라크 셀주크 왕조였지. 셀주크 왕조가 이란과 이라크를 모두 장악했기 때문에 이때 전통 페르시아 문화와 이슬람 문화가 많이 섞였단다. 정교한 금속 세공품과 도자기, 견직물 같은 게 이때 발전한 거야.

여러 지역에 동생 왕조들이 있다는 것만 봐도 셀주크 왕조의 영토가 얼마나 넓었는지 짐작이 가지 않니? 최고 전성기 때 셀주크

셀주크 요새 · 과거 셀주크의 영역이었던 터키 동부 아라랏산 근처에 유적이 남아 있다.

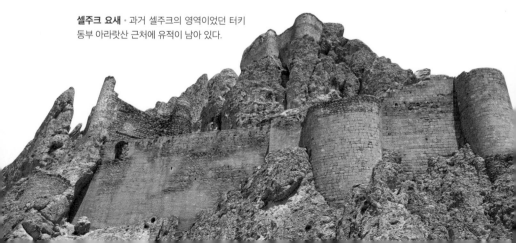

왕조는 중앙아시아에서 서아시아, 소아시아에 이르는 광활한 지역을 통치했단다.

셀주크 왕조도 아바스 왕조와 같은 수니파였어. 셀주크 왕조가 아바스 왕조를 멸망시키거나 칼리프 지위를 빼앗지 않은 것도 이런 이유 때문이었지. 같은 수니파였기 때문에 정신적 큰형님인 아바스 왕조를 그대로 뒀던 거야. 하지만 정치권력은 모두 빼앗았어. 아바스 왕조의 칼리프가 있기는 해도 실제 이슬람 세계의 중심은 셀주크 왕조의 술탄이 된 거야. 아바스 왕조는 허수아비였다고 생각하면 돼.

셀주크 왕조가 바그다드에 들어설 때 유럽은 동방교회와 로마 가톨릭이 서로를 파문하며 혼란에 빠져 있었다고 했지? 그뿐이 아니야. 셀주크 왕조가 이슬람 세계를 장악할 즈음에는 유럽에서 교황과 황제가 치열한 권력 다툼을 벌이고 있었어. 이런 상황에서 셀주크 왕조는 유럽이 우습게 보였을 거야. 그다음 어떤 일이 있었는지 짐작이 가지? 그래, 기독교도들이 예루살렘을 순례하는 걸 막기 시작했어.

그러나 이 조치가 옳은 것은 아니었어. 십자군전쟁으로 이어졌고, 그 결과 유럽뿐 아니라 셀주크 왕조의 국력도 약해졌거든. 작은 셀주크 왕조들도 왕자들이 서로 전쟁을 벌이는 지경이 됐어. 결국 12세기로 접어들면서 이슬람의 큰형님 자리도 위태로워졌지.

1157년 가장 먼저 큰형님 격인 대 셀주크 왕조가 공중분해 되고 말았어. 그 후 다른 왕조들도 하나씩 사라졌고, 이라크 셀주크 왕조

마저 1194년에 무너지고 말았지. 그래도 여러 셀주크 왕조 가운데 한 왕조는 1307년까지 버텼단다.

아바스 왕조가 궁금하다고? 아바스 왕조는 셀주크 왕조가 무너진 뒤에도 60여 년을 더 견뎠어. 물론 허수아비 왕조였지만 말이야.

아프리카 이슬람의 변화

아프리카 이슬람 세계에도 변화가 있었단다. 수니파와 시아파가 대립하고, 유럽과 십자군전쟁을 치르던 이 무렵의 세계정세와 물론 깊은 연관이 있지.

8장에서 파티마 왕조의 탄생 스토리를 이미 살펴봤어. 파티마 왕조는 시아파였기 때문에 수니파인 서아시아의 아바스 왕조와 자주 충돌했다고 했지? 당연히 새로 바그다드를 장악한 셀주크 왕조와도 사이가 좋지 않았을 거야. 그렇지만 이때는 십자군이라는 공동의 적이 있어서

맘루크의 창기병 · 이슬람교로 개종한 노예 부대인 맘루크는 훗날 권력을 잡아 왕조를 세우기에 이른다.

옛날처럼 자주 싸우지는 않았어.

전쟁은 크든 작든, 자주 치르면 국력이 약해지는 법이야. 아바스 왕조와 셀주크 왕조가 그랬고, 파티마 왕조도 마찬가지였어. 셀주크 왕조가 바그다드를 점령하고 14년이 흘렀어.

제3차 십자군전쟁 당시 이슬람의 영웅이었던 살라딘이 파티마 왕조를 공격해 사실상 무너뜨렸어. 살라딘은 수니파였어. 그렇다면 아바스 왕조로부터 술탄 칭호를 하사받아야 왕이 될 수 있지. 살라딘은 곧 술탄 칭호를 받았고, 이렇게 해서 세워진 나라가 아이유브 왕조야[169년]. 껍데기만 남은 파티마 왕조는 겨우 명맥을 유지하다 마지막 이맘이 세상을 뜬 1171년 공식적으로 멸망했단다. 시아파에서는 지도자를 칼리프라 부르지 않고 이맘이라 부른다 했지?

살라딘이 세운 아이유브 왕조는 1250년까지 80여 년밖에 지속되지 않았어. 살라딘이 세상을 떠난 후 혼란에 빠졌기 때문이지. 그 후 권력을 잡은 사람들은 군인들이었어. 이들을 맘루크라고 불러. 그들이 탄생시킨 왕조가 맘루크 왕조란다.

정말 복잡하지? 사실 많은 역사책들이 이슬람 왕조들을 제대로 소개하지 않아. 그래서 우리가 이슬람 세계를 잘 알지 못하는 것 같아. 유럽의 여러 나라들은 모두 살펴보면서 이슬람의 여러 왕조를 다루지 않는 것은 형평에도 맞지 않아. 그러니 복잡하더라도 찬찬히 읽으면서 이해를 하도록 해봐.

인도도 이슬람 되다

이번에는 인도를 볼까? 인도도 이즈음부터 이슬람교가 본격적으로 확대됐단다.

사실 인도만큼 다양한 종교가 탄생하고 발전한 나라도 없을 거야. 업카르마에 따라 신분이 구분되는 브라만교에서부터 욕망을 버릴 것을 주장하는 불교, 그리고 브라만교와 인도 토착 신앙이 결부된 힌두교까지….

이 가운데 힌두교는 굽타 왕조가 들어선 4세기부터 인도에서 가장 많은 신자를 가진 종교가 됐어. 불교는 동아시아로 퍼져 큰 영향을 미쳤지만 정작 인도 내에서는 신자 수가 크게 줄었어. 그러다가 11세기부터는 이슬람교가 퍼졌고, 인도 대륙에선 이슬람교와 힌두교가 서로 대립하기 시작했어.

투르크계와 아프가니스탄계 민족들은 이슬람교를 인도 대륙으로 옮긴 주역들이었어. 이 민족들은 12세기 후반 인도 내부에 자신들의 나라를 건설하기 시작했지. 서아시아에서 셀주크 왕조가 기독교의 예루살

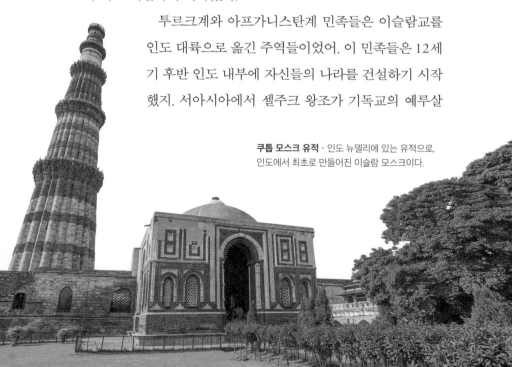

쿠틉 모스크 유적 · 인도 뉴델리에 있는 유적으로, 인도에서 최초로 만들어진 이슬람 모스크이다.

렘 순례를 방해한 것처럼 인도에 진출한 이슬람 세력들도 힌두교 사원과 유물을 닥치는 대로 부숴 버렸어.

이슬람교는 원래 관용과 평등 정신을 강조했지? 그러나 유목민족 출신인 투르크계 이슬람 정권은 그렇지 않았던 거야. 그들은 힌두교도들에게 이슬람교로 개종할 것을 강요했어. 인도인들은 강력하게 저항하며 이슬람교로의 개종을 거부했어. 그 때문에 이슬람 세력은 12세기가 끝날 때까지도 인도 내에 강력한 이슬람 국가를 건설하지 못했단다.

이슬람교를 이해하기 위해 알아야 할
다섯 기둥 이야기

이슬람교는 세계 3대 종교 중 하나인데 많은 사람들이 잘 모르는 것 같아. 한꺼번에 모두 알 수는 없으니 이슬람교 수니파의 5대 의무에 대해서만 살펴보도록 하자. 시아파는 이 5대 의무를 따르지 않아. 이 5대 의무는 다섯 기둥이라고도 하는데, 이 다섯 기둥만 이해하더라도 이슬람교를 어느 정도는 알 수 있단다.

첫째, '알라가 유일한 신이며 무함마드가 알라의 예언자라는 사실을 믿는다'라는 신앙 고백을 해야 해. 이슬람교도라면 누구나 평생 이 고백을 읊어야 하지.

둘째, 일출, 정오, 하오, 일몰, 심야 등 하루에 다섯 번은 꼭 메카가 있는 곳을 향해 기도해야 해. 금요일 정오에는 사원모스크에서 집단 예배를 하지.

셋째, 돈이나 재물이 있는 사람은 재산의 일부분을 가난한 사람에게 나눠 줘야 해. 자선 행위를 말하는 거야.

넷째, 성인들은 매년 이슬람력으로 9월 한 달 동안 해가 뜬 이후부터 지기 전까지는 어떤 음식도 먹어서는 안 돼. 식사는 해가 진 이후에만 허용되는 거야. 이 단식 행위를 라마단이라고 불러

다섯째, 누구나 평생 한 번 이상은 꼭 성지인 메카나 메디나를 순례해야 해. 단 경제적 신체적 능력이 없는 사람은 이 순례 의무에서 제외된단다.

유럽, 황제와 교황이 힘을 겨루다

11~12세기 유럽은 크게 전반부와 후반부로 나눌 수 있어. 커버스토리에서 다룬 십자군전쟁이 후반부에 해당할 거야. 이제 우리는 전반부를 다룰 거야. 그러기 위해서는 십자군전쟁이 터지기 전의 유럽으로 가봐야겠지?

커버스토리에서 살짝 언급하기는 했어. 11세기 초중반에는 동로마 교회와 로마 가톨릭이 교리 문제로 싸웠고, 로마 교황과 신성로마 제국 황제가 1인자 자리를 놓고 싸우고 있었다고 말이야. 교황이 자신의 권위를 높이기 위해 십자군전쟁을 성전으로 끌어올렸다는 사실도 이미 살펴봤어.

십자군전쟁이 터지기 약 40년 전, 동로마 교회와 로마 교황청은 서로가 서로를 파문했어. 그로부터 20년 후에는 교황과 황제의 갈등 끝에 황제가 무릎을 꿇고 싹싹 빌어야 했어. 기독교 내부의 싸움, 종교와 정치의 싸움을 보고 있으면 중세 유럽이 고여 있는 웅덩이이며 타락한 대륙이란 말에 절로 고개가 끄덕여지지? 이 와중에 프랑스의 노르만 공국이 영국을 정복한 것은 그나마 역동적인 사건 중 하나라고 볼 수 있지.

동서 기독교, 완전히 갈라서다

7장에서 726년 동로마 제국의 황제 레오 3세가 우상파괴령을 내리자 로마 교황청이 반발했다는 사실을 살펴봤지? 그 사건만 봐도 로마 교황청과 동로마 제국의 황제가 얼마나 사이가 나빴는지 짐작할 수 있을 거야.

11세기로 접어들면 로마 교회와 동로마 제국은 건널 수 없는 강을 넘고야 말았단다. 서로가 서로를 파문하는 어이없는 일이 벌어진 거야.

동로마 제국의 황제가 직접 지배하는 콘스탄티노플 교회가 먼저 싸움을 걸었어. 콘스탄티노플 교회의 대주교는 동로마^{비잔틴} 교회들에 로마 교회의 예배의식을 따르지 못하도록 했어. 교리가 다르니 예배의식도 달랐나 봐. 로마가 아닌 동로마 식대로 하자는 거였지. 로마 교황청이 가만히 있을 리 없겠지?

1054년 로마 교황청이 콘스탄티노플 교회의 대주교를 파문했어. 파문이란 기독교에서 영영 내쫓는 것을 말해. 콘스탄티노플 교회 대주교도 가만히 앉아서 당하지 않았어. 자신을 찾아온 로마 교황청의 사절단을 파문한 거야. 서로가 서로를 파문한 셈이지. 그야말로 두 교회가 갈 데까지 갔다고 말할 수밖에 없어.

이후 두 교회는 완전히 멀어졌어. 콘스탄티노플 교회는 스스로를 정통교회라고 불렀지. 로마 교회보다 자신들이 더 정통 기독교에 가깝다는 거야. 그러나 로마 교회는 콘스탄티노플 교회를 이단으로 규정해 단지 동방교회일 뿐이라고 반박했어. 이 때문에 동로마 제국의 기독교를 절반씩 입장을 섞어 동방정교회라고 부른단다.

황제-교황 한판 대결 붙다

동로마 교회와 완전히 갈라선 다음 로마 교황이 투쟁의 대상으로 삼은 인물은 신성로마 제국의 황제였어. 과거 교황의 힘이 약하고

카노사의 굴욕 · 신성로마 제국의 하인리히 4세가 파문을 면하기 위해 교황에게 참회한 사건이다.

황제 또한 새로 나라를 만든 탓에 교황의 지원이 필요했던 시절이 있었어. 그때에는 교황과 황제가 아주 가까웠지? 그러나 11세기로 접어들 즈음에는 서로가 "내가 유럽의 최고 지배자다!"라며 으르렁거렸단다.

동로마 제국과 프랑크 제국 사이에서 보호자를 찾아야 할 정도로 힘이 없던 교황이 어느새 이렇게 거물이 된 걸까?

우선 로마 교회가 부자가 됐기 때문에 가능한 일이었

어. 교황은 한 나라의 왕이 그랬던 것처럼 신도들에게 세금을 거둬들였어. 그 덕분에 막대한 재산을 모을 수 있었지. 또한 교황은 기독교 신도의 자격을 박탈할 수 있는 권리가 있었어. 바로 파문을 할 수 있었던 거야. 제아무리 신성로마 제국의 황제라 해도 교황이 파문해 버리면 바로 망할 수밖에 없었어. 로마 가톨릭은 유럽 사람들의 정신을 지배하고 있었지. 그 정신의 맨 꼭대기에 교황이 있었던 거야. 그런 교황이 내쳐 버린 황제를 어느 제후국이 섬기겠니? 바로 이 권한 때문에 그 누구도 교황의 권력을 넘볼 수 없게 된 거란다.

1076년 교황 그레고리우스 7세는 "앞으로 교황이 성직자를 직접 임명하겠다!"라고 선언했어. 이때까지 성직자를 임명했던 인물은 황제였단다. 황제들은 자신의 말을 잘 듣는 성직자를 임명해 교황을 견제했던 거야. 바로 이 점 때문에 교황이 성직자 임명권을 빼앗아 오려고 했던 거지.

신성로마 제국의 하인리히 4세 황제는 "절대 그럴 수 없다!"고 반발했어. 황제는 한술 더 떠 "각 지역의 주교들은 로마 교황에게 충성할 의무가 없다"라고 선언했어. 황제는 교황의 기를 아예 꺾어 놓으려는 속셈이었지만 정작 곤경에 처한 사람은 교황이 아니라 황제였단다.

교황 그레고리우스 7세는 하인리히 4세를 파문했어! 제후국들은 일제히 하인리히 4세에게서 등을 돌려 버렸지. 하인리히 4세가 당황했겠지? 다른 방법이 없었어. 황제는 추운 겨울 교황이 머물고 있는 카노사에 찾아가서 3일 동안 눈을 맞으며 참회해야 했단다.

이 사건을 카노사의 굴욕이라고 불러^{1077년}.

하인리히 4세는 다행히 파문을 면했어. 그러나 속으로는 이를 갈았어. 이럴 때 와신상담이란 표현을 쓰지. 하인리히 4세는 황제의 권력을 강화하는 데 온 힘을 쏟았어. 비밀리에 독일 교회들을 자신의 편으로 끌어들였지. 하인리히 4세가 강해진다고 느꼈던 것일까? 카노사의 굴욕 때 교황 편에 섰던 제후국들이 다시 뭉쳐 하인리히 4세를 쫓아냈어. 제후국들은 루돌프를 새 황제로 임명했지. 교황도 1080년 하인리히 4세를 다시 파문했어.

그러나 하인리히 4세는 더 이상 호락호락한 상대가 아니었어. 그는 군대를 이끌고 로마로 쳐들어가서는 교황 그레고리우스 7세를 추방하고 클레멘스 3세를 새 교황에 앉혔어. 통쾌한 역전승을 거둔 거지. 그레고리우스 7세는 유배지에서 세상을 떠났어. 이제 황제와 교황의 싸움도 끝나는 걸까?

하인리히 4세도 죽고 난 후인 1122년, 하인리히 5세와 교황 칼리스토 2세는 화해를 했단다. 그들은 독일의 보름스에서 만나 성직자 임명권은 교황이 갖되, 성직자에게 토지를 주는 것은 왕이 결정하기로 했어. 이렇게 되면 어디가 이긴 걸까? 가장 중요한 임명권을 교황이 가졌으니까 교황의 판정승이라고 봐야겠지?

프랑스, 영국 정복하다

11세기 유럽은 온통 종교 갈등으로 얼룩졌어. 그러나 모든 나라가 그랬던 것은 아니야. 이때에도 드물지만 정복 전쟁이 일어나기도 했단다. 프랑스 노르망디 공국의 윌리엄이 영국을 정복한 거야.

노르망디 공국에 대해서는 8장에서 다뤘어. 911년에 바이킹, 즉 노르만족이 프랑스 해안에 세운 자치 국가였지. 엄밀히 말하면 프랑스에 소속돼 있었기 때문에 독립국이라고는 할 수 없었어. 공국은 작은 단위의 국가를 말한다고 했던 거 기억하지? 이래서 '노르망디 공국이 영국을 정복했다'는 말은 '프랑스가 영국을 정복했다'로 바꿔도 크게 틀리지는 않아.

셀주크투르크족이 이라크 바그다드를 점령한 때는 1055년이야. 바그다드를 차지했다는 것은 이슬람권의 중심이 됐다는 뜻이라고 했지? 이때부터 11년이 지난 1066년, 노르망디 공국의 윌리엄은 영국을 접수했단다. 이제 그 과정을 살

윌리엄 왕 · 바이킹족이 세운 노르망디 공국의 왕으로 '정복왕'으로 불린다.

펴볼까?

영국의 에드워드 왕이 죽자 누가 새 왕이 될 것인가에 관심이 쏠렸어. 노르망디 공국의 윌리엄은 "에드워드 왕으로부터 후계자 자리를 물려주겠다는 약속을 받았다"라며 영국 왕 자리를 내놓으라고 했어. 당연히 영국 왕실은 거절했지. 갑자기 나타나서 "왕 자리를 내놔!"라고 하면, 어느 누가 왕 자리를 넘겨주겠니?

말로는 안 되자 윌리엄은 군대를 이끌고 영국에 상륙했어. 이때까지 영국을 지배하고 있던 민족은 앵글족과 색슨족이야. 이 왕조를 앵글로색슨 왕조라고 하지. 윌리엄은 바로 이 왕조를 몰아내고 왕에 오르는 데 성공했어. 이미 알고 있겠지만 윌리엄은 노르만족이야. 그래서 윌리엄이 세운 이 왕조를 노르만 왕조라 부른다^{1066년}. 이 왕조는 1154년까지 90여 년간 지속돼. 윌리엄에게는 정복왕이란 별명이 붙었지.

동아시아, 세 나라가 다투다

이제 동아시아의 역사를 살펴볼 차례야. 11~12세기의 세계사도 어느덧 끝을 향해 가고 있어.

세계의 서쪽에서 교황과 황제가 싸우고, 기독교와 이슬람교가 싸울 때 동아시아에서도 여러 나라가 싸웠어. 한족의 송나라, 거란족의 요나라, 여진족의 금나라가 중국 땅을 서로 차지하기 위해 전쟁을 벌였지. 중국의 영향을 많이 받은 한반도도 혼란스러웠어. 고려가 송을 상국, 즉 임금의 나라로 모시는 바람에 전쟁을 피할 수 없었거든.

칼이 곧 법이 되는 시대였어. 혼란, 그 자체였단다. 고려에서는 무신_{군인}들이 문신들을 모두 처형한 다음에 정권을 잡았어. 비슷한 때에 일본에서도 무사_{사무라이}들이 권력을 잡았지. 이제 그 혼란의 역사를 살펴볼까?

송, 혼란에 시달리다

송나라는 지금까지 있었던 한족 왕조 가운데 가장 일찍 혼란이 시작된 왕조일 거야. 겨우 세 명의 황제가 나왔을 뿐인데, 바로 내란과 이민족의 침입에 시달리기 시작했어.

1004년 거란족의 요나라가 황허의 바로 위쪽까지 쳐들어왔어. 송나라는 지방의 군대를 거의 모두 없애 버렸다고 했지? 제대로 싸울 군대도 없는 송나라가 전투에서 이길 수 있겠니? 힘이 없으면 서러울 뿐이지. 1년 후 송나라는 요나라에 굴욕적인 항복을 하고 말았단다. 요나라는 송나라를 형의 나라로 모시는 대신 막대한 재물을 송나라로부터 받기로 했어. 얼핏 보면 송나라가 전쟁에서 이긴 것 같지? 그러나 말만 그럴듯했지, 실제로는 송나라가 요나라에 공물을 보낸 거야.

이슬람 셀주크 왕조가 바그다드에 입성한 해가 1055년이었지? 유럽은 교황과 황제가 권력 다툼을 벌이고 있었어. 11세기 중반 동서양의 강자를 꼽는다면 요나라와 셀주크 왕조가 아닐까 싶어.

발등의 불을 겨우 껐는데 또 다른 곳에서 불이 났어. 송나라의 지배를 받던 서하라는 나라가 반기를 든 거야. 1041년 서하는 송나라를 공격해 요나라가 체결한 조약과 같은 내용의 조약을 체결했어. 동아시아의 강자 요나라와, 자신이 지배하던 서하와의 전쟁에서 모두 패한 송나라의 자존심은 완전히 구겨졌어. 그대로 두면 송나라가 망할 지경이라는 탄식이 흘러나왔지. 뜻있는 사람들이 개혁을 촉구하기 시작했어. 11세기 중반이 되자 왕안이란 관료가 신법이라는 부국강병책을 내놓았어.

신법 개혁은 나라의 기강을 바로잡는 것에서부터 출발했어. 나랏돈을 관리하는 기구를 새로 두고, 가난한 백성에게는 봄에 곡식을 빌려주고 추수가 끝난 다음 돌려받는 청묘법을 시행했지. 백성들은 신법 개혁을 열렬히 환영했어. 그러나 특권층은 부역의 의무가 생겼기 때문에 싫어했지. 부역을 직접 하든가, 부역이 싫으면 돈을 내야 했거든. 결국 신법 개혁은 특권층의 방해로 5년 만에 실패로 끝나고 말았어. 결과는 뻔하지. 송나라는 다시 혼란의 소용돌이에 휩싸였어.

금, 요, 송 각축 벌이다

지금까지는 송과 요나라의 이야기를 많이 했어. 이제부터는 반드시 알아 둬야 할 또 하나의 나라, 바로 여진족이 세운 금나라에 대해 말할 거야.

여진족은 수, 당나라 때까지 말갈족이란 이름으로 불렸어. 송나라가 시작될 때까지만 해도 여진족은 철기문명에도 이르지 못했다는구나. 원시인이나 다름없는 미개한 삶을 살고 있었던 거야. 여진족은 거란족, 즉 요나라의 지배를 받고 있었어.

11세기경 여진족 가운데 아골타^{아구다}라는 영웅이 나타났어. 그는 여진족 전체를 통일했고, 곧바로 랴오둥반도를 장악했지. 이윽고 나라를 세웠는데 이 나라가 바로 금나라야^{1115년}. 금나라는 약 120년간 계속됐어. 훗날 몽골에 의해 1234년 멸망하지.

금나라가 건국된 이후 중국 땅은 한족의 송나라와 거란족의 요나라, 여진족의 금나라가 각축을 벌이는 삼각구도가 됐단다.

오랑캐로 오랑캐를 제압한다! 이를 한자로 바꾸면 이이제이^{以夷制夷}야. 중국의 한족은 예로부터 이이제이 전략을 자주 썼어. 송나라도 이 전략을 꺼내 들었어. 군사력이 강한 금나라를 이용해 요나라를 물리치겠다는 속셈이었지.

1120년 금은 송과 협약을 맺고 요를 공격했어. 금은 요나라가 상대하기에는 벅찼어. 금의 군대는 정말 막강했지. 요의 황제는 금의 군대를 맞아 싸우기는커녕 혼비백산 도망가기에 바빴다는구나. 송

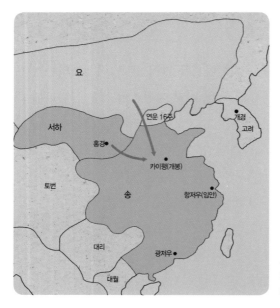

금이 등장하기 전 송나라 주변 지도 · 송은 요와 서하에게 잇달아 패했다.

나라의 이이제이 전략이 그대로 맞아떨어진 거야. 금은 송과의 약속을 모두 이행했지? 그러나 송은 금을 배신했단다.

3년 후 금의 태조 아골타가 세상을 떠났어. 송은 왕이 바뀌는 어수선한 분위기를 노려 금을 공격했단다. 금을 그대로 두면 장차 송을 위협할 확률이 커. 송도 이런 걱정을 했기에 금을 쳤던 거야. 하지만 잘못된 판단이었어. 송은 패했고, 잠자는 호랑이를 건드린 대가가 무엇일까 생각하며 불안에 떨어야 했지.

송은 다시 이이제이 전략을 꺼내 들었어. 멀리 도망간 요나라의 황제에게 특사를 보내 금을 함께 치자고 제안한 거야. 그러나 이 사실이 금나라에 발각되고 말았어. 화가 난 금나라는 송의 수도 개봉을

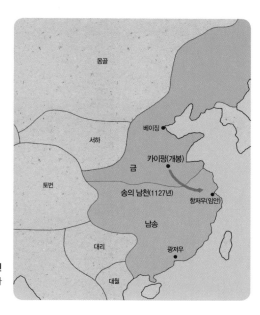

금이 등장한 이후 송나라 주변 지도 · 송은 금의 공격을 받아 임안으로 피신해야 했다.

향해 진격했지.

두 나라의 군사력은 비교가 되지 않았단다. 송나라는 너무 쉽게 수도를 내줬고, 8대, 9대 황제가 금나라의 황제 앞에 끌려가 무릎을 꿇어야 했지. 두 황제는 금나라의 수도로 끌려가 평생 포로로 지내야 했어.

자, 이렇게 송나라가 멸망한 걸까? 다행스럽게도 나라의 불씨가 살아 있었어. 9대 황제의 동생이 강남 지역으로 도피해 임안^{항저우}에 도읍을 정하고 송나라를 재건한 거야. 중국사에선 이런 풍경이 흔하지 않니? 서주와 동주, 전한과 후한, 서진과 동진…. 이번에는 북송과 남송인 셈이야. 1127년 개봉이 함락되기까지는 북송, 그 이후는 남송이라 부른단다.

남송시대가 시작됐지만 황제가 정신을 차린 것은 아니었어. 황제
와 황실 귀족들은 여전히 향락과 사치에 푹 빠져 있었지. 간신들은
금나라와 결탁해 남송의 장군을 전방에서 모두 빼내고 진지까지
허물었어. 나라가 망하지 않는 게 오히려 신통할 지경이지.

남송, 중국판 상업혁명 열다

정치는 어수선했지만 남송시대의 경제는 그 어느 때보다 크게 발
전했단다. 송나라의 정치체제는 그전과 많이 달랐어. 송은 군사력

청명상하도 · 송나라 시기 청명절의 번화한 풍경을 그린 그림이다. 송나라의 상업 발전상을 잘 보여준다.

이 약했지만 유교 정치를 내세웠어. 황제의 권력은 강했고, 사대부들도 많이 성장했지.

당나라 이후 과거제도가 확실히 정착됐어. 이제 똑똑하지 못한 귀족들은 정치권력에서 멀어졌단다. 실력이 없으면 중앙정부의 고위직이 될 수 없었지. 고위직이 될 수 없으면 정치권력을 가질 수 없었고. 정치판에서 멀어진 귀족들은 돈 버는 데 몰두했단다. 꿩 대신 닭을 챙기겠다는 속셈이었을 거야.

송나라의 귀족들은 토지를 늘려 대농장을 만들었어. 이런 대농장을 장원이라고 불렀어. 대규모 농장이 발달하면 농민들은 불행해질 수밖에 없어. 과거 로마 제국에서도 똑같은 현상이 있었지? 로마 귀족들이 대규모 농장인 라티푼디움을 확대하면서 농민들이 몰

락했다는 점은 앞에서 이미 살펴봤어.

농민들은 몰락했지만 국가 전체적으로는 경제 수준이 많이 향상됐단다. 1200년경에는 남송의 인구가 북송을 세웠을 때보다 3배 이상 늘어났대. 인구가 늘면 촌락도 늘어나겠지? 더 많은 물자가 필요하게 될 거야. 그렇다면 무역과 상업도 발달하겠지? 상업이 발전하면 도시들은 부자가 돼. 이런 경제법칙은 어느 시대, 어느 나라에서도 볼 수 있어. 남송도 마찬가지였지.

남송시대에 도시가 번창하자 그전에 없던 새로운 조직이 눈길을 끌었어. 상인과 수공업자 장인들이 만든 조합이 바로 그거야. 이런 조합들이 활발하게 활동하면서 더 많은 도시들이 번성했어.

남송 최대의 도시는 임안이었는데, 세계 어느 곳에 내놔도 떨어지지 않을 만큼 큰 도시였다는구나. 이 시기 남송의 경제 발전을 유럽의 상업혁명에 빗대 중국판 상업혁명이라 부르기도 한단다.

흥미로운 점은, 유럽에서 상인과 장인 조합^{길드}이 만들어진 때가 바로 이즈음이라는 거야. 유럽에서는 상인 길드가 먼저 만들어졌고, 상인 길드에 대항하기 위해 장인 길드가 만들어졌어. 장인 길드는 장인, 도제, 직인 등의 서열이 엄격했단다. 초보자들은 밑바닥에서부터 오랜 시간 훈련해야 비로소 장인이 될 수 있었어.

정말로 비슷한 역사가 동서양에서 동시에 나란히 진행되고 있어. 우연이 아니야. 역사가 한 방향으로 발전하기 때문이란다.

고려, 거란 격파하다

중국에서의 요, 금, 송의 세 나라 충돌은 한반도에 고스란히 영향을 줬어. 거란족의 요나라가 한반도를 침략한 거야.

이미 앞에서 살펴본 대로 1차 침입은 서희 장군의 외교협상으로 좋게 마무리됐어. 그러나 고려는 송과 국교를 끊고 요를 상국, 즉 왕의 나라로 받들기로 한 협약을 이행하지 않았어. 한족의 송나라에 대한 사대의식이 강했기 때문이야. 거란족을 야만인으로 생각했기 때문에 도저히 왕의 나라로 받들 수가 없었지.

배신감을 느낀 요나라는 11세기 들어 고려를 다시 침략했어. 이번에도 고려는 요나라에 대해 신하국가의 예를 갖추기로 하고 전쟁을 끝냈지. 그러나 고려인들의 마음은 요나라를 여전히 거부하고 있었어.

고려는 불심에 의존해 요나라에 저항할 목적으로 대장경을 만들기 시작했어. 70년이 넘도록 공사가 계속됐지. 마침내 1087년 6000여 장으로 구성된 대장경이 완성됐어. 이 대장경은 훗날 몽골의 침입 때 만든 팔만대장경과 구분하기 위해 초조대장경이라고 불러. 안타깝게도 초조대장경은 몽골의 침입 때 타 버렸단다.

고려는 절대로 요나라를 받들 생각이 없었어. 또다시 상국으로 모시겠다는 약속을 이행하지 않았지. 화가 난 요나라는 1018년 다시 고려로 쳐들어왔어. 그러나 이 3차 침입에서는 고려가 패배하지 않았어. 강감찬 장군이 있었거든.

그는 흥화진에서 강의 물줄기를 소가죽으로 막은 다음 기다렸어. 요의 군대는 그것도 모르고 달려들었지. 바로 그때 막았던 강물을 터뜨렸어. 거대한 물줄기가 쏟아져 요의 군대를 휩쓸어 버렸지. 겨우 살아남은 요의 군대는 후퇴했어. 그러나 강감찬 장군은 후퇴하는 요의 군대마저 압록강 근처의 귀주란 곳에서 전멸시켰단다. 이게 바로 귀주대첩이야. 이 전쟁의 승리로 요나라는 다시 고려를 넘보지 못했어. 최후의 승자는 고려였어!

고려, 무신정권시대 열리다

지금까지의 역사를 보면 거란족의 요나라가 서서히 기울고 있다는 걸 알 수 있을 거야. 요는 고려를 세 번이나 침략했지만 결국 패했어. 12세기 초반에는 금에도 패했어. 북송은 금을 얕봤다가 오히려 멸망하고 말았지. 그래, 12세기로 접어들면서 중국의 강자는 요에서 금으로 바뀌었어.

금은 고려를 간섭하기 시작했어. 송이나 요가 그랬던 것처럼 금도 고려에 대해 신하의 예를 갖출 것을 요구했지. 금의 압박은 날로 심해졌어. 그러나 고려 지배층인 문벌귀족은 금에 저항할 생각이 없었어. 뿐만 아니라 귀족들은 무능했고 부패했단다. 12세기 초반 발생한 이자겸의 난을 보면 문벌귀족들이 얼마나 한심했는지 알수 있어.

공민왕릉의 문인석과 무인석 · 문인석이 무인석보다 더 높이 있는 것을 통해 고려시대 문신이 무신에 비해 더 우대 받았음을 알 수 있다.

이자겸이란 인물에겐 딸이 세 명 있었는데, 그 세 명을 16대 예종, 17대 인종에게 모두 시집보냈어. 그는 금나라에 아주 우호적이었어. 쉽게 말해 금나라의 앞잡이였지. 그런 인물이 모든 권력을 장악했어. 심지어 왕을 가둬 버리기도 했어. 이자겸의 이 반란은 곧 진압됐지만 고려 지배층의 부패가 얼마나 심했는지 짐작할 수 있겠지?

승려 묘청이 금나라로부터 벗어나기 위해서는 수도를 서경으로 옮겨야 한다고 주장했어. 그는 수도인 개경의 기운이 다했기 때문에 나라가 약해진다고 해석했어. 고려도 중국처럼 왕이 아니라 황제라고 부르고, 독자적으로 연호도 사용해야 한다고 왕에게 건의했어. 그래, 민족주의 운동이 불붙기 시작한 거야.

그러나 이 서경천도론은 개경 문벌귀족들의 반대로 무산되고 말
았어. 개경 귀족들은 서경으로 수도를 옮기면 권력을 빼앗길 거라
고 생각한 거야. 그들은 묘청이 더 나서지 못하도록 아예 없애기로
했어. 이 사실을 알게 된 묘청은 1135년 반란을 일으켰어. 이 반란
은 김부식에 의해 곧 진압됐단다.

토벌군의 사령관인 김부식은 무신이 아닌 문신이었어. 활과 칼
을 다루는 군인이 아니라 학문을 하는 관료가 군대의 사령관이라
는 사실이 이상하지 않니? 과거 시험에서 무신을 뽑는 무과 시험조
차 없었단다. 그만큼 무신을 업신여겼다는 뜻이야. 무신들의 불만
은 쌓여 갔어. 곧 큰일이 일어날 것만 같았지.

기독교와 이슬람교가 십자군전쟁을 한창 벌이고 있을 때였어. 아
프리카에서는 살라딘이 아이유브 왕조를 세울 무렵이었지. 고려에
서 정말 큰일이 일어나고 말았단다.

1170년 나이 든 무신이 젊은 문신에게 모욕을 당하는 사건이 발
생했어. 끓고 있던 석유에 불을 확 붙인 거나 마찬가지였지. 정중부
란 인물의 지휘를 받으며 무신들이 반란을 일으켰어! 무신들은 문
신을 모조리 죽여 버렸고, 왕까지 바꿔 버렸어. 새로 왕이 된 인물
은 그저 허수아비에 불과했지. 모든 권력은 무신들이 차지했어. 이
사건이 바로 무신정변이란다1170년.

무신정변에 성공한 무신들이 정부를 구성했어. 이 무신정권은
1270년까지 100년간 계속됐단다. 무신정권 초기에는 권력 암투가
심해 1인자가 자주 바뀌었어. 그러나 1196년 최충헌이 모든 적을

제거한 뒤로는 최씨 가문이 권력을 세습했단다.

무신정권시대는 그야말로 혼란의 극치였어. 백성들을 전혀 돌보지 않았기 때문이야. 전국 각지에서 농민반란이 일어났어. 최충헌의 노예였던 만적까지 반란을 일으키려다 발각돼 처형됐을 정도였지.

무신정권은 모든 반란을 잔인하게 진압했어. 그들은 오로지 자신들의 부귀영화에만 관심이 있었지. 고려는 날이 갈수록 부패의 수렁에 깊이 빠져들고 있었단다.

일본도 사무라이시대 열리다

고려에 무신정권이 들어설 즈음 일본에도 사무라이 정권이 들어섰단다. 우연이라고 하기에는 정말 흥미롭지 않니?

일본의 역사를 살피다 보면 한반도, 중국의 역사와 다른 점이 꽤 많다는 걸 알 수 있어. 중국이나 고려에선 황제와 왕의 권력이 강했지? 11세기 일본의 풍경은 아주 달랐어. 왕의 권력은 약했고, 귀족의 권력이 훨씬 강했지. 왕과, 그 왕의 직전에 왕이었던 상왕이 심하게 권력 투쟁을 벌이기도 했어. 상왕은 은퇴한 왕이기 때문에 권력을 내놓아야 정상이지? 그러나 상왕은 여전히 권력을 쥐고 왕을 흔들려 했단다.

이 싸움에 무사들이 끼어들기 시작했어. 잠시 이때 일본의 상

호겐의 난 · 이 사건으로 수백 년 동안 이어져 왔던 귀족 정치 중심의 헤이안시대가 막을 내리고 무력을 가진 사무라이 세력이 중심으로 등장한다.

황을 볼까? 8장에서 일본 지방호족들의 권력이 매우 강했다고 했던 거 기억하니? 11세기로 들어서면 중앙귀족들의 권력이 강해지기 시작했어. 지방호족들은 갖고 있던 모든 땅을 중앙귀족에게 주고 보호를 요청했어. 중앙귀족이 어떤 집단이었는지 짐작할 수 있겠니? 그래, 사무라이 집단이었어. 사무라이 집단이 중앙의 권력을 차지하고, 이어 지방에까지 힘을 뻗은 거야. 막대한 힘을 가진 중앙의 사무라이 집단을 이길 수 있는 지방호족은 없었단다. 이때부터 중앙에서 지방까지 상하 관계로 사무라이 집단이 연결됐어. 서양

의 봉건제와 유사한 봉건제
가 일본에서도 나타난 거야.

미나모토 요리토모

사무라이들은 왕과 상왕
의 싸움에 개입하면서 더욱
큰 조직이 됐어. 왕과 상왕
이 모두 사무라이 집단을 끌
어들였거든. 이 가운데 가장
두드러졌던 무사 집단이 미
나모토 가문과 다이라 가문
이었지.

마침내 왕과 상왕 사이에
전쟁이 터졌어. 이 사건을 호겐의 난이라 불러1156년. 이 전쟁의 승자
는 왕이었어. 왕이 고용한 사무라이는 다이라 가문이었지. 전쟁이
끝났으니 다이라 가문은 궁을 떠나야 해. 왕이 고용한 용병일 뿐이
잖아? 하지만 다이라 가문은 무력으로 정치권력을 장악해 버렸어.
셋칸 정치 기억나니? 다이라 가문은 바로 그 셋칸 정치를 부활시켜
직접 국가를 통치했단다.

사무라이에게 권력을 빼앗긴 왕은 억울했어. 마침 왕의 편에 섰
던 왕족이 반란을 일으키려 했지. 하지만 그 왕족은 반란을 시작하
기도 전에 발각돼 죽고 말았어. 비록 반란은 실패했지만, 이 사건이
또 다른 전쟁의 계기가 됐어. 호겐의 난 때 다이라 가문에 패해 권
력을 놓쳤던 미나모토 가문이 "왕족을 죽인 다이라 가문은 역적이

다!"라며 전쟁을 선포한 거야.

미나모토 가문의 우두머리는 미나모토 요리토모였어. 그는 호겐의 난 때 패한 다음에 지방으로 내려가 조용히 재기를 준비하고 있었어. 이때 그가 지방에 만든 조직이 바쿠후막부야. 바쿠후는 행정과 사법기구가 모두 있는, 완전한 형태의 정부조직이었지. 미나모토 요리토모는 새 정부를 미리부터 계획하고 있던 거야. 이때의 바쿠후를 가마쿠라 바쿠후라고 부른단다. 일본의 첫 바쿠후였지.

고려에 무신정권이 들어서고 15년이 지난 1185년, 미나모토 요리토모는 다이라 가문을 완전히 무너뜨리고 권력을 장악했어. 그는 왕으로부터 대장군이란 뜻의 쇼군 칭호를 받았고, 가마쿠라 바쿠후에서 정치를 했지. 일본은 바쿠후 정치 체제로 전환되고 쇼군은 최고 통치자의 신분이 됐단다. 이때부터 일본은 동아시아 국가로서는 드물게 군부정치가 시작됐어.

군사정권 시대 열다,
최충헌 vs 미나모토 요리토모

미나모토 요리토모는 그야말로 오뚝이 같은 인물이야. 그가 속한 미나모토 가문은 당시 대표적인 사무라이 가문이었어. 미나모토 가문은 왕과 상왕이 권력을 다투던 호겐의 난과 헤이지의 난 때 다이라 가문와 격돌했어. 다이라 가문이 승리했고, 미나모토 가문은 몰락했지. 다행히 미나모토 요리토모는 아직 어린아이라 목숨을 건질 수 있었어.

미나모토 요리토모는 와신상담하면서 재기를 노렸어. 경쟁자들을 하나씩 제거하면서 권력의 중심으로 다가갔어. 방해가 되면 혈족도 제거했지. 1185년, 그는 가장 강력한 경쟁자였던 다이라 가문을 멸족한 뒤 모든 권력을 장악했어. 사실상 일인자가 된 거야. 그는 남아 있는 정적들마저 모두 제거한 뒤 1192년, 쇼군에 올랐어. 이로써 일본도 군사정권시대로 돌입했지.

고려에서 무신의 난이 일어난 것은 1170년이야. 정중부란 인물이 지휘했지. 그러나 정중부는 경대승에게 죽었고, 경대승은 병으로 죽었으며 그 후 새로 권력을 잡은 이의민은 최충헌에게 피살됐어. 아주 혼란스럽지? 그러나 최충헌이 권력을 잡은 후로는 최씨 가문이 권력을 세습했단다.

최충헌은 정무를 감독하기 위한 기관으로 교정도감도 설치했어. 그래, 일본의 바쿠후와 비슷한 역할을 하는 기구야. 따라서 최충헌에 이르러 고려도 본격적인 군사정권 시대로 돌입했다고 해도 과언이 아니지.

일본과 고려 군사정권의 수명은 달랐어. 고려는 몽골의 침략 직후 무너졌지만, 일본은 그 후로도 약 700여 년을 더 버텼다는 거야. 훗날 일본이 군부국가로 제2차 세계대전을 일으켰지? 어쩌면 그들의 핏줄에 군인의 피가 흐르고 있는 게 아닐까 하는 생각이 들어.

아즈텍 제국과 가나 제국

평화롭게 여러 부족이 살고 있었던 북아메리카에도 11~12세기가 되자 혼란이 일어나기 시작했어. 수렵을 주로 하는 유목 민족이 11세기부터 농경 원주민을 공격한 거야. 유목 민족의 침략으로 터전을 빼앗긴 농경 부족은 고원으로 옮겨 다시 촌락을 만들었어. 그때의 흔적이 오늘날 미국 동부 지역에 남아 있지. 유적을 자세히 관찰해 보니 그때 원주민들은 유럽 석기시대 수준의 삶을 살았을 것 같대. 이즈음까지만 해도 북아메리카는 거의 발전이 이뤄지지 않고 있었던 거야.

테노치티틀란의 그림과 유물 · 아즈텍의 수도 테노치티틀란은 호수로 둘러싸인 섬에 건설됐으나 에스파냐 침입자들에게 완전히 파괴됐다. 오늘날 그 자리에 멕시코시티가 건설돼 지금은 과거의 흔적을 거의 찾아볼 수 없다.

중앙아메리카에서는 아즈텍 제국이 전성기를 맞이하고 있었어. 이때 아즈텍 제국의 인구만 500만 명이 넘었을 것으로 추정되고 있어. 정말 대단하지 않니? 아즈텍은 학이란 뜻이야. 그들이 늘 학의 깃털을 머리에 꽂고 다녔기 때문에 이런 이름이 붙었다는구나. 네 명의 추장이 평의회를 구성해 국가의 중요 정책을 결정한 것으로 보아 초보적인 형태의 중앙집권국가가 아닐까 추정돼.

아프리카에서도 이 무렵 강력한 제국이 등장했단다. 서아프리카에 있는 가나 제국이 바로 그 나라야. 가나 제국이 만들어진 것은 9세기였어. 당시만 해도 아프리카에는 철기를 사용하는 민족이 많지 않았나 봐. 가나 부족이 강력해진 것은 바로 그 철기의 도움이 컸어. 가나 부족은 지금의 사하라 주변에 나라를 세웠지. 가나 제국은 11세기에 전성기를 누리다가 12세기 무렵 멸망했어. 그리고 그 뒤를 이어 말리 제국을 비롯해 여러 나라가 세워졌단다.

제10장

인류의 탄생에서
중세까지

몽골,
세계
제패하다

1200~1400년 전후

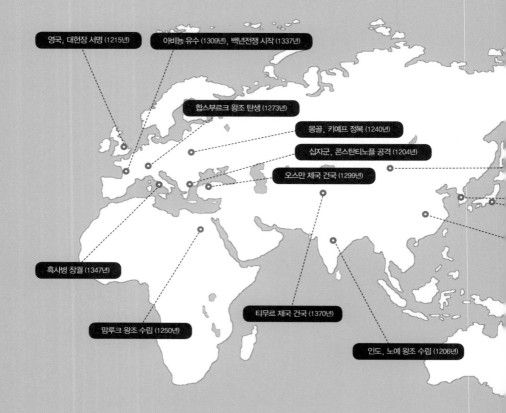

영국, 대헌장 서명 (1215년)

아비뇽 유수 (1309년), 백년전쟁 시작 (1337년)

합스부르크 왕조 탄생 (1273년)

몽골, 키예프 정복 (1240년)

십자군, 콘스탄티노플 공격 (1204년)

오스만 제국 건국 (1299년)

흑사병 창궐 (1347년)

티무르 제국 건국 (1370년)

맘루크 왕조 수립 (1250년)

인도, 노예 왕조 수립 (1206년)

기독교와 이슬람교의 십자군전쟁은 13세기에 접어든 후에도 지루하게 계속되고 있었어. 두 세계 모두 오랜 전쟁으로 발전이 멈춰 버렸어. 신성로마 제국에서는 황제를 배출하지 못하는 사태가 벌어졌고, 이슬람권에서는 아이유브 왕조가 무너지고 맘루크 왕조가 들어섰지. 바그다드는 몽골족이 점령해 버렸어. 13세기 후반에야 십자군전쟁은 끝이 났어. 그 사이에 몽골 제국은 세계를 휩쓸고 다녔지. 아프리카와 아메리카를 뺀 나머지 세계의 절반 이상을 몽골 제국이 정복해 버렸단다. 이 몽골의 역사는 커버스토리로 따로 다룰 거야.

십자군전쟁이 끝난 후 합스부르크 왕조가 신성로마 제국 황제 자리를 차지했어. 이

몽골 제국 건국 (1206년), 원으로 개명 (1271년)

조선 건국 (1392년)

무로마치 바쿠후 건설 (1336년)

명나라 건국 (1368년)

이슬람권에서는 오스만투르크족이 1인자가 됐어. 그들이 세운 오스만 제국은 20세기 초반까지 이슬람 세계의 중심 역할을 했단다. 프랑스와 영국은 100년간 전쟁을 벌였어. 이탈리아에서 흑사병이 발생해 전 유럽으로 퍼졌고, 유럽 인구의 30퍼센트가 이 병으로 죽었지. 이 와중에 오스만 제국은 유럽을 공략했고, 유럽의 연합군대는 맥을 못 추고 전쟁마다 패했어. 몽골족의 원나라는 100년을 넘기지 못하고 무너졌어. 명나라가 새로 들어섰고, 한반도에서는 조선이 건국됐지. 일본은 가마쿠라 바쿠후의 뒤를 이은 무로마치 바쿠후가 천하를 차지했어.
정말 많은 나라들이 생기고 사라진 시대였지?

십자군전쟁 시기 유럽이나 이슬람 세계, 그 누구도 세계의 절반인 동쪽에서 무슨 일이 일어나고 있는지 관심을 쏟지 않았어. 하긴 100년 넘게 전쟁을 치르느라 신경을 쓸 여유도 없었겠지. 13세기 초반 몽골 초원지대에서 세계를 뒤흔들 영웅이 등장했지만 두 세계는 그 사실을 전혀 몰랐어.

칭기즈칸. 이 인물이 세운 몽골 제국은 13~14세기 전 세계를 단숨에 장악했어. 몽골 군대는 이슬람 세계의 바그다드를 정복했을 뿐 아니라 동유럽을 초토화했단다. 전 세계가 몽골이란 이름만 들어도 숨기에 바빴어.

몽골 제국은 역사상 가장 넓은 영토를 정복한 나라였어. 알렉산드로스의 마케도니아나 로마 제국, 페르시아 제국도 대단했지만 몽골 제국만큼 거대하지는 않았어.

아직 유럽에 몽골 군대가 쳐들어가기 전이었어. 유럽의 몇몇 기독교 국가들 사이에는 아시아의 어느 곳엔가 기독교 천상국가가 세워졌다는 소문이 퍼졌어. 그 천상국가는 주변의 야만인들을 모두 정복하고 기독교를 전파하고 있다는 게 소문의 대략적인 내용이었지. 유럽 사람들은 그 나라가 몽골이란 사실을 몰랐어. 자기들이 기독교 천상국가라고 믿었던 나라가 곧 들이닥칠 거란 생각도 못 했던 거야.

13, 14세기에도 많은 역사적 사건들이 발생했어. 그러나 그 모든 역사적 사건들을 압도하고도 남는 게 바로 몽골의 활약이야. 칭기즈칸이 탄생한 역사부터 하나씩 살펴볼까?

몽골의 세계 정복

영웅 칭기즈칸!

13~14세기가 몽골족의 시대로 역사에 기록된 것은 천 년에 한 번 나올까 말까 한 영웅 칭기즈칸이 있었기 때문이야. 칭기즈칸과 그의 후예들은 최대 전성기 때 중국에서 동유럽까지 약 6500킬로미터에 이르는 영토를 지배했단다. 도대체 몽골족이 어떤 민족이기에 이처럼 위대한 업적을 이뤘을까?

몽골족은 원래 중국 서북쪽 초원지대에서 부족별로 흩어져 유목 생활을 하고 있었어. 모든 부족이 함께 쓰는 문자가 없을 정도로 문명과는 거리가 멀었지. 그러나 테무친이란 인물이 등장하면서 몽골족의 역사가 달라지기 시작했어. 1206년 테무친은 모든 부족장들을 제압한 다음 통일국가를 세웠어. 몽골 제국이 탄생한 거야. 몽골족은 왕을 칸이라 불렀는데, 테무친만큼은 칭기즈칸이라고 불렀

칭기즈칸 · 몽골 제국을 건설한 칸 중의 칸이다.

어. 이 말은 "칸 중에서도 가장 위대한 칸"이라는 뜻이란다.

칭기즈칸은 무서운 속도로 정복 전쟁을 벌였어. 오랜 세월 몽골족을 지배해 왔던 여진족의 금나라가 가장 먼저 타깃이 됐지. 칭기즈칸은 큰 힘을 들이지도 않고 1215년 금나라의 수도 베이징을 점령해 버렸단다.

칭기즈칸은 더 이상 중국 안쪽으로 진격하지 않았어. 중국보다 더 넓은 서방 세계로 눈을 돌렸기 때문이야. 이미 잘 정비된 중국 땅보다 개척해야 할 땅이 더 많은 서방 세계에 군침을 흘린 거지. 그에게는 유목민의 피가 흐르고 있었거든.

칭기즈칸은 금나라를 혼내 준 다음 바로 서쪽으로 군대를 진군시켰어. 그의 군대는 알타이 산맥을 넘어 남서쪽으로 행진했어. 거기서 이슬람 국가인 호라즘 왕국을 만났지. 두 나라는 치열한 전투를 벌였어. 물론 칭기즈칸의 승리였지.

호라즘 왕국을 정복한 칭기즈칸의 군대는 카프카스 산맥을 넘어 러시아 남부로 쳐들어갔어. 당연히 승리했지. 군대는 이윽고 크림 반도를 넘어 볼가 강 유역까지 쳐들어갔어. 나라를 세운 지 20년도 되지 않았는데, 몽골 제국은 벌써 동유럽까지 진출한 거야! 게다가

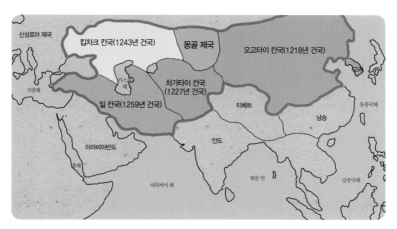

몽골 제국 · 칭기즈칸 이후 네 개의 칸국으로 나뉘었다. 오고타이 칸국은 훗날 남송을 정복하고 중국을 차지했다.

또 다른 몽골족의 군대는 이슬람 세계의 중심인 서아시아로 향했어. 정말 엄청난 속도전 아니니?

유럽 사람들을 겁준 다음 칭기즈칸은 몽골 본국으로 개선했어. 칭기즈칸은 또다시 정복 전쟁을 하려고 했을 거야. 그러나 그의 운명은 거기까지였나 봐. 1227년 위대한 정복자 칭기즈칸은 휴양지에서 쉬던 도중에 세상을 떠났어.

칭기즈칸은 죽었지만 그의 제국은 이미 중국 북부, 이란, 러시아 남부까지 이를 정도로 커져 있었어. 태평양에서 흑해까지, 다시 말하면 세계의 절반 가까이가 몽골의 영토였던 거야. 대단하지 않니?

칭기즈칸은 죽기 전에 자식들에게 땅을 나눠줬어. 큰아들은 일찍 죽었기 때문에 손자인 바투에게 러시아 남부 영토를 줬고, 둘째 아들 차가타이에게는 호라즘 왕국의 영토를, 셋째 아들 오고타이에게는 나이만 왕국의 영토를 줬어. 막내아들 툴루이에게는 몽골 본국을 물려주려고 했지. 몽골에서는 막내아들에게 모든 유산을 물려주는 풍습이 있었거든.

유럽과 이슬람 모두 삼키다

몽골 본국의 칸은 연방 국가 전체의 대 칸을 뜻해. 대 칸은 반드시 전체 부족회의쿠릴타이에서 인정받아야 했어. 막내아들이 가장 중요한 것을 상속받는 게 몽골족의 풍습이라고 했지? 이 풍습대로라면 막내아들 툴루이가 대 칸이 되는 게 당연해. 그러나 실제로 대 칸이 된 인물은 셋째 아들 오고타이였단다. 그가 권력투쟁에서 승리한 거지. 그는 1229년 열린 쿠릴타이에서 대 칸으로 선출됐어. 몽골 제국의 2대 황제가 된 거야.

오고타이 칸에게도 정복자 칭기즈칸의 피가 흐르고 있었어. 칭기즈칸이 여진족의 금나라를 가장 먼저 공격했던 것 기억하지? 오고타이도 아버지에 이어 금나라부터 정리하려고 했단다. 그는 아예 금나라를 없애 버리기로 했어. 철천지원수인 여진족이 버젓이 나라를 가지고 있는 게 기분 나빴나 봐. 몽골 군대는 다시 금나라를 공격했고, 이번엔 완전히 멸망시켜 버렸단다1234년.

주변 정리를 끝낸 오고타이 칸도 칭기즈칸처럼 유럽으로 눈을 돌렸어. 그의 조카이자 킵차크 칸국의 왕인 바투가 10만 대군을 이

끌고 키예프 공국으로 쳐들어
갔어. 몽골군은 불과 일주일
만에 모스크바를 폐허로 만들
었고 키예프 공국의 수도까지
초토화시켜 버렸지. 이때부터
러시아 지역은 몽골족의 지배
를 받기 시작했단다.

바투는 멈추지 않았어. 군대
를 둘로 나눠 한쪽은 폴란드,
또 다른 쪽은 헝가리로 진격
했어. 이때 유럽이 어떤 상태
였는지 아니? 그래, 십자군전
쟁이 계속되고 있었단다. 교

오고타이 칸 즉위식 · 몽골 제국의 제2대 황제가
됐다.

황과 황제는 서로 으르렁대고 있었지. 이런 마당에 어느 나라가 폴
란드를 지원할 수 있겠니? 1241년 몽골군은 폴란드를 돌파했고 신
성로마 제국의 남부 영방국가인 슐레지엔까지 진격했단다. 슐레지
엔의 왕 하인리히 2세가 신성로마 제국 연합군대를 이끌고 맞섰지
만 참패했어. 전투가 얼마나 치열했는지 하인리히 2세도 목숨을 잃
었다는구나.

헝가리와 폴란드를 휩쓴 몽골 군대는 헝가리의 부다페스트에
서 다시 모였어. 오스트리아로 진격하기 위해서였지. 이제 유럽 사
람들이 긴장하기 시작했어. 헝가리, 폴란드와 오스트리아는 차원이

몽골 군인의 모습 · 말을 탄 채 자유자재로 활을 쏠 수 있었기 때문에 전투력이 매우 강했다.

달랐어. 아직까지 헝가리, 폴란드는 정통 유럽으로 여겨지지 않았지만 오스트리아는 독일 프랑스와 같은 정통 유럽 국가로 여겨졌거든. 비로소 온 유럽이 공포에 휩싸였어.

그런데 하늘이 유럽을 도왔어. 한창 유럽을 공략하고 있는 바투에게 몽골 본국에서 뜻밖의 전갈이 날아온 거야. 오고타이 칸이 죽었다는 소식이었지. 바투도 대 칸이 되려는 욕심이 있었나 봐. 멀리 유럽에서 자신을 제쳐 놓고 누군가 새로운 칸에 오르는 것을 보고만 있을 수는 없었어. 바투는 결국 군대를 돌려 본국으로 향했어. 만약 이때 그가 오스트리아로 진격했더라면 분명히 유럽의 대부분이 몽골 제국의 수중에 떨어졌을 거야. 그렇다면 지금 세계 지도는 많이 변해 있겠지?

서아시아로 진격한 몽골 군대는 어떻게 됐을까? 이 군대를 이끈 인물은 칭기즈칸의 손자 훌라구였어. 그의 군대도 바투 군대 못지않게 용맹했단다. 1258년 훌라구의 군대가 바그다드를 점령했어. 셀주크 왕조, 아바스 왕조 할 것 없이 모두 훌라구에게 무릎을 꿇었지. 이즈음 유럽의 신성로마 제국에서는 황제도 선출하지 못하고 있었어. 아주 어수선했지. 유럽이 앞으로 나아가지 못하고 제자리에서 맴돌 때 몽골 제국은 이슬람 세계마저 정복한 거야.

아바스 왕조가 멸망하면서 칼리프 제도도 영원히 사라져 버렸어. 이때부터 이슬람 세계에서는 더 이상 종교 지도자 칼리프가 필요하지 않게 됐어. 훌라구는 서아시아에 일 칸국을 세워 통치하기 시작했어. 그러나 문화적인 면에서 일 칸국은 이슬람교에 패했어. 일 칸국의 몽골족이 이슬람교로 개종한 게 그 증거야. 몽골족은 14세기에 투르크족 계열의 오스만 왕조가 이슬람 세계의 중심이 될 때까지 150여 년간 이슬람의 중심 역할을 했단다.

13세기 중반 이후 몽골 제국은 여러 개의 칸국으로 분리됐어. 오늘날로 치면 연방제 형태로 바뀐 거야. 러시아 폴란드 헝가리 등 유럽 지역에는 킵차크 칸국이, 중앙아시아 지역에는 차가타이 칸국이, 페르시아 지역에는 일 칸국이 건설됐어. 몽골 제국의 큰형님은 카라코룸을 수도로 둔 본국이 맡았어. 오고타이 칸국이 바로 큰형님이었지.

원나라 건국

2대 황제 오고타이 칸이 죽은 다음 몽골 제국은 아주 혼란스러워졌어. 특히 지배층은 누가 황제가 될까를 놓고 심한 내분에 휩싸였어.

유럽 정복을 눈앞에 두고 바투가 군대를 돌린 것만 봐도 이때 몽골 제국의 모습이 짐작되지 않니?

이 시기 지배층이 피비린내 나는 권력투쟁을 벌였지만 몽골 제국은 약해지지 않았어. 워낙 강했기 때문이야. 다만 제국이 넓고 크다 보니 독립을 선포하는 지방의 나라들이 많아졌어. 일 칸국의 예를 들어 볼까?

일 칸국은 바그다드를 점령한 다음 페르시아인들과 투르크인들을 힘으로 다스렸어. 당연히 반발이 있었겠지? 이곳저곳에서 반란이 일어났어. 그 결과 14세기 중반이 되면 일 칸국은 여러 왕조들로 쪼개지고 말았단다. 이때 등장한 왕조 가운데 몽골 혈통의 티무르 왕조, 페르시아 혈통의 사파비 왕조, 투르크족 혈통의 오스만 왕조가 역사에 이름을 남겼지. 이들의 역사는 조금 이따 살펴보도록 할게.

중국 본토에도 큰 변화가 있었어. 앞에서 금나라의 수도 베이징을 몽골 제국이 점령했다고 했었지? 사실 그때부터 중국은 이미 몽골 제국의 영토였다고 할 수 있어. 그러다가 몽골 제국의 5대 칸 쿠빌라이는 중국에 정착하기로 했어. 몽골 제국이 스스로 중국이 되겠다고 결심한 거야.

고려가 몽골의 침략에 전면 항복했던 해, 유럽에서는 십자군전쟁이 공식적으로 끝났어. 그리고 1년이 더 흘렀어. 1271년 쿠빌라이 칸은 나라 이름을 원으로 바꿨어_{1271년}. 몽골식 표기를 버리고 중국식을 따른 거야. 스스로 중국화한 셈이지. 이 원나라는 1368년까지 100여 년간 지속됐단다.

원은 중국의 주인이라는 사실을 만천하에 선포하고 싶었나 봐. 중국 땅 안에 두 개의 왕조가 공존할 수는 없겠지? 원은 1279년 남쪽에 피신해 있는 남송 왕조를 공격해 멸망시켰어. 이제 몽골족은 중국에 하나밖에 없는 왕조가 됐지.

원나라 시절 중국은 그 어느 때보다 활발하게 서역 국가들과 교류를 했단다. 중앙아시아와 서아시아, 동유럽에까지 영역이 넓어졌기 때문에 가능한 일이겠지? 누가 이들을 방해하겠니? 생각해 봐. 그전까지는 전투력이 강한 유목민족들이 중앙아시아를 장악했어. 그래서 아시아나 유럽의 나라들이 활발하게 교류를 할 수 없었지. 중간에서 유목민족들이 방해했으니까 말이야. 그러나 지금은 상황이 달라. 중앙아시아 전체를 몽골족이 지배했기 때문에 마음대로 무역을 할 수 있었던 거야.

아랍 상인들도 중국 도시들을 자주 찾아왔어. 그들은 중국의 우수한 문화를 수입해 서양에 전파했어. 비단, 향료, 인쇄술, 화약 제조기술, 도자기 제조기술이 이때 서양에 전해

원나라 시기 동전과 지폐 ·
다양한 세력과 교류하며 상업을 활발히 발전시킨 원나라는 여러 종류의 화폐를 사용했다.

마르코 폴로 · 그가 지은 『동방견문록』
은 유럽에 '중국 열풍'을 불러일으켰다.

졌지. 서양 사람들도 중국에 관심이 많았어. 아마 『동방견문록』이란 여행기가 어느 정도 계기가 됐을 거야. 이 책은 이탈리아 상인 마르코 폴로가 중국에서 17년간 생활한 뒤 자신의 나라로 돌아가 쓴 거야.

유럽 사람들은 이 책의 내용을 처음에는 믿지 않았대. 마르코 폴로를 사기꾼이라며 비난하기도 했다는구나. 그러나 『동방견문록』에 적혀 있는 내용이 대부분 사실이라는 게 밝혀지자 유럽 사람들은 중국을 다시 보게 됐어. 그들은 중국을 일확천금을 얻을 수 있는 나라라고 생각했어. 훗날 유럽의 나라들이 너도나도 중국으로 몰려든 것도 그곳에서 큰돈을 벌 수 있다고 믿었기 때문이야.

원의 몰락, 명의 건국

몽골족은 세계를 제패한 나라였지만 장수한 나라는 아니었어. 알렉산드로스의 마케도니아도 그랬는데, 우연일까? 중국에 자리를 잡은 원나라도 100년을 채우지 못하고 무너졌단다. 왜 그랬을까?

몽골족은 원나라가 되면서 중국의 전통 제도를 많이 받아들였어. 한족이 대부분인 중국을 다스리려면 어쩔 수 없는 선택이었을 거야. 그러나 여전히 몽골족 고유의 문화도 남아 있었어.

몽골족의 문화와 한족의 문화가 별 차이가 없다면 상관없을 거야. 하지만 많이 다르다면 문제가 되겠지? 중국식 제도 가운데 원나라의 황실이 가장 골치를 썩인 게 바로 맏이에게 모든 것을 물려주는 장자 상속제도였단다. 원래 몽골족은 막내에게 가장 중요한 것을 물려주는 풍습이 있다고 했지? 서로 다른 풍습 때문에 세조 쿠빌라이가 사망한 다음 황실 내부의 권력투쟁이 심해졌어. 이때부터 원나라가 멸망할 때까지 74년간 열 명의 황제가 바뀌었단다. 한 명의 황제가 평균 7.4년밖에 통치하지 못한 거야. 얼마나 혼란이 심했는지 짐작할 수 있지?

몽골족인 지배층은 한족이 반란을 일으킬까 봐 걱정을 많이 했어. 이것도 원나라의 몰락을 부추겼지. 반란을 일으키지 못하도록 심하게 억누르는 바람에 여기저기에서 반

홍무제의 초상 · 명의 초대 황제가 된 주원장이다.

란이 더 많이 일어난 거야. 전국에서 한족 농민들의 반란이 잇달아 터졌지. 이 가운데 가장 덩치가 큰 조직이 종교적 성격을 띤 백련교였어. 백련교도들은 모두 붉은 수건을 머리에 두르고 있었기 때문에 홍건적이라고도 불렀지.

반란 지도자 가운데 특히 주목을 끌었던 인물이 주원장이었어. 유럽에 흑사병이 퍼지면서 많은 목숨을 앗아 가고 있던 14세기 중반이었지. 주원장은 원 왕조를 타도하고 난징에 도읍을 정한 다음 명나라를 세웠단다1368년. 명나라는 1644년 멸망할 때까지 280여 년간 지속됐어. 원나라 수명의 세 배는 되는 거야. 명이 건국되면서 몽골족의 화려한 시대는 끝이 나고 말았단다.

주원장은 명의 초대 황제인 홍무제가 됐지. 홍무제는 몽골족의 뿌리를 아예 없애 버리려고 했어. 몽골족이 다시 중국을 넘볼지 모르잖아? 명의 군대는 세력이 약해진 몽골 세력을 몰아내기 위해 북벌을 단행했어. 명의 군대에 쫓긴 몽골족은 자신들이 태어난 몽골 초원으로 돌아가야 했단다.

그러나 몽골족이 그대로 주저앉지는 않았어. 중앙아시아로 쫓겨난 뒤 티무르라는 강력한 통치자가 다시 제국을 세웠거든. 그러나 티무르가 1405년 명나라와의 전쟁에서 목숨을 잃으면서 몽골족은 다시는 중국 근처에도 얼씬거리지 못하게 된단다.

새 나라를 연 영웅 주원장 VS 이성계

주원장은 명나라를, 이성계는 조선을 세운 영웅이야. 두 영웅의 행적을 비교해 볼까? 주원장의 인생은 아주 파란만장해. 그는 왕족이나 귀족 출신이 아니었어. 가난한 농부의 아들로 태어났지. 17세에 고아가 됐고, 그 후에는 탁발승으로 이곳저곳을 전전했어. 마침 원나라가 몰락하고 있었고, 몽골족을 몰아내기 위한 홍건적의 반란이 일어났어. 주원장은 홍건적에 들어간 후 두각을 나타냈어. 곧 다른 반란 지도자들을 모두 제압한 뒤 마침내 명나라를 세웠지.

이성계는 어린 시절을 간도에서 보냈어. 그의 아버지 이자춘이 그곳에서 원나라의 지방 관리를 지냈지. 이성계의 가족은 원나라가 기울자 고려에 귀화했어. 이성계는 그 후 고려에서 관직을 얻었고, 무인으로 활약했어. 홍건적과 왜구의 침략을 격퇴하는 등 모든 전쟁에서 승리했다는구나. 이성계는 승진에 승진을 거듭했어. 주원장과 이성계 모두 몽골족이 몰락하면서 기회를 잡은 셈이지?

두 영웅은 왕이 된 후 강력한 군주를 꿈꿨어. 주원장은 독재자로 악명 높았단다. 함께 명나라를 세운 개국공신까지 모두 숙청했거든. 왜 그런지 아니? 혹시 아들과 손자가 황제가 된 후 개국공신들에게 위협당하지 않을까 하는 우려 때문이었단다. 무려 2만 명의 동지들을 비정하게 제거했다는구나. 그러나 26명이나 되는 그의 아들들은 황제 자리를 차지하려고 서로 죽고 죽이는 살육전을 벌였어. 개국공신이 문제가 아니라 아들들이 문제였던 거지.

이 점은 이성계도 비슷해. 이성계는 제1차, 제2차 왕자의 난을 겪었어. 그 역시 아들들이 서로 살육전을 벌이는 것을 지켜봐야 했지.

두 영웅의 말년은 그리 행복하지 않았어. 주원장은 모든 동지들을 제거한 탓에 늘 그막에 아주 쓸쓸하게 지내야 했어. 주변에 아무도 없었기 때문이야. 이성계도 아들들의 권력투쟁에 넌더리가 났는지 불교에 귀의해 말년을 보냈단다. 권력은 참으로 무상한 것 같아. 그렇지 않니?

몽골족의 역사가 13~14세기에 워낙 중요하기 때문에 커버스토리로 다뤘지만 이즈음에는 정말로 중요한 역사적 사건들이 많았어. 몽골족의 역사와 나머지 대륙의 역사를 한꺼번에 이해하는 게 가장 좋단다. 그래서 대륙별 역사를 살펴보면서도 중간중간에 몽골족의 역사를 잊지 않도록 커버스토리에서 했던 이야기를 반복할 수도 있을 거야. 몽골족의 활약은 서아시아와 유럽뿐 아니라 고려와 일본에도 막대한 영향을 미쳤단다. 고려는 몽골 군대와 싸우다 결국 항복해야 했고, 일본은 몽골 군대를 물리치기는 했지만 정권이 바뀌었지. 훌라구의 일 칸국이 세워진 서아시아는 이슬람 세력의 지도가 바뀌기도 했어.

유럽의 역사를 볼까? 13세기 초반 영국에서는 왕의 권력을 제한하는 첫 혁명이 일어났어. 바로 대헌장이 채택된 거야. 이 대헌장에 따라 영국에서는 최초의 의회가 만들어지기도 했지. 십자군전쟁도 13세기 후반에 끝났어. 더불어 교황의 힘도 약해졌지. 종교 전쟁이 종교시대를 끝냈다는 건 이미 이야기했지?

먼저 한반도와 일본부터 살펴볼 거야. 이어 몽골족의 침략에 따라 달라진 이슬람 세계를 보도록 하지. 십자군전쟁이 끝난 다음 유럽이 어떻게 됐는지도 챙겨야지. 영국과 프랑스가 백년전쟁을 왜 했는지 궁금하지 않니?

한반도와 일본의 왕조 교체

몽골족의 영향이 너무 큰 것일까? 이즈음 전 세계적으로 몽골 군대로부터 벗어날 수 있는 나라는 그리 많지 않았어. 특히 한반도와 일본은 지리적으로 가까워서 그랬는지, 바로 침략을 받았단다.

청기즈칸이 몽골 제국을 건설할 때 고려는 무신들이 정권을 잡고 있던 시대였어. 일본은 가마쿠라 바쿠후의 시대였지. 두 나라의 정권은 모두 몽골 제국의 침략을 받아 휘청거렸어. 그 결과 고려는 사실상 몽골족의 식민지 수준으로 전락했어. 일본은 살아남았지만 전쟁 후유증에 휩싸였어. 가마쿠라 바쿠후가 무너졌지.

몽골족은 멸망한 다음에도 한반도에 영향을 미쳤단다. 원나라를 몰아내고 등장한 명나라를 섬길 것이냐 말 것이냐를 놓고 고려의 국론이 분열했거든. 결국에는 명을 섬기는 조선이 들어섰지.

고려, 몽골에 무너지다

유럽의 나라들은 몽골족이 성장하고 있다는 사실을 전혀 몰랐다고 했지? 고려는 아예 관심도 없었어. 정권을 장악한 무신들은 배를 불리는 데 혈안이 돼 있었단다. 무신정권의 지배자들은 도방이니 교정도감이니 하는 비밀경찰 기구를 만들었어. 혹시나 위협이 될

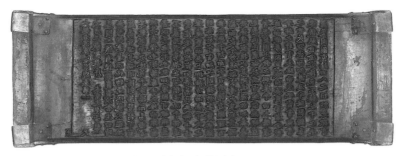

팔만대장경 · 몽골의 침입을 불력으로 이겨 내고자 만들었다.

만한 적들을 찾아 없애는 일을 했지. 몽골족의 무인 칭기즈칸은 세계로 뻗어 나가고 있는데, 고려의 무인들은 정말 한심했단다. 안타까운 일이 아닐 수 없어.

고려는 아무런 대비가 없었어. 몽골 제국은 곧바로 고려를 위협했어. 엄청난 양의 공물을 내놓으라는 거야. 힘이 없는 나라가 뭘 할 수 있겠니? 고려 조정은 공물을 줄 수밖에 없었지.

아직 칭기즈칸이 살아 있던 1225년 몽골 제국의 사신 저고여가 고려로부터 공물을 받고 돌아가다 변을 당했어. 그의 시체가 압록강에서 발견됐지. 몽골 제국은 이 사건을 구실로 고려를 침략했어 ¹²³¹년. 오고타이 칸이 금나라를 멸망시키기 3년 전의 일이었지. 모든 나라가 몽골 제국에 무릎을 꿇던 때였어. 고려도 별수 없었어. 고려는 몽골 제국을 상국으로 모시기로 했고, 막대한 공물도 보냈어.

무사의 자존심이 남아 있던 것일까? 최씨 무신정권은 몽골 제국과 싸우기로 하고 강화도로 수도를 옮겼어. 몽골 군대가 주로 초원지대에서 활약했기 때문에 바다에서의 싸움은 약할 거라고 판단한 거야. 몽골 제국은 이런 고려의 행동을 배신이라고 봤어. 몽골 제국이 두 번째로 고려를 침입했어.

이 2차 침입으로 한반도 전역이 초토화돼 버렸어. 최씨 정권은 이번에도 무능했어. 강화도에 궁궐과 저택을 짓고 매일 잔치나 흥청망청 벌였다는구나. 자신들은 그렇게 사치스러운 생활이나 하면서 민중에게는 불교의 힘을 빌려 몽골 군대를 몰아내자며 대장경을 만들도록 했지. 정말 너무하지 않니?

15년의 작업 끝에 1251년 팔만대장경이 완성됐어. 팔만대장경은 총 8만 1352개의 목판에 5272만 9000개의 글자가 새겨진 대작이란다. 팔만대장경은 세계 최초의 금속활자 인쇄본인 상정고금예문과 함께 전쟁의 폐허 속에 꽃 핀 대작으로 손꼽히지. 상정고금예문은 1234년 만들어진 것으로 추정돼. 안타깝게도 현존하지는 않는단다.

대장경이 적을 물리쳐 주지는 않았어. 고려 조정은 항복할 것이냐 계속 싸울 것이냐를 두고 연일 논쟁을 벌였지. 그 와중에 무신들 사이에 다시 내분이 터졌어. 결국 최씨 무신 정권은 더 이상 버티지 못하고 무너졌지. 훌라구가 바그다드를 점령해 일 칸국을 세우던 바로 그해, 최씨 정권의 마지막 인물 최의가 살해되면서 최씨 정권 시대는 막을 내렸단다^{1258년}. 그 후의 고려라고 해서 크게 좋아진 건 없어. 이슬람교와 기독교의 십자군전쟁이 끝난 바로 그해, 무신정권이 무너졌어. 고려 24대 왕 원종은 몽골 제국에 항복하고 수도 개경으로 돌아왔지^{1270년}. 몽골 제국은 이다음 해에 나라 이름을 원으로 바꿨단다.

이때부터 고려는 약 100년간 원나라의 간접 지배를 받았어. 고려의 왕은 원나라의 공주들과 결혼을 해야 했고 원나라에 충성한다는 뜻에서 왕의 이름 앞에 충자를 붙여야 했단다. 항복에 반대하는 세력도 있었어. 삼별초는 진도와 제주도로 진지를 옮기면서 4년간 항쟁을 계속했지. 그러나 결국 모두 진압되고 말았어. 삼별초가 최후까지 항쟁한 제주도에는 탐라총관부가 설치됐지.

일본은 버텼다

고려를 정복한 원나라의 다음 목표는 일본이었어. 동아시아의 섬나라 일본도 안전하지 않았던 거야. 몽골은 고려와 전쟁을 벌이고 있을 때 일본에 항복을 요구했어. 가마쿠라 바쿠후는 거부했지. 죽을지언정 전쟁을 택한 거야.

고려가 원나라의 간섭을 받기 시작한 후 본격적인 일본 정벌 준비가 시작됐어. 물론 원나라의 지시 아래, 고려가 주도적으로 했지. 힘이 없잖아?

1274년 원은 고려와 연합군을 구성해 함대를 출범시켰어. 이 함대는 곧 일본의 기타큐슈에 상륙했지. 이 전쟁에서 일본은 죽을 각오로 싸웠어. 그러나 원과 고려의 연합군이 훨씬 강했지. 머지않아 일본도 고려처럼 무릎을 꿇을 것 같았어. 그런데 갑자기 기적이 일어났어. 때마침 일본에 큰 태풍이 상륙해 연합군의 함대를 모두 부숴 버린 거야.

1차전은 몽골이 패했어. 하지만 정작 몽골은 큰 피해가 없었지. 왜? 모든 전쟁 준비를 고려가 했잖아! 그 후 원은 더 치밀하게 일본원정을 준비한답시고 고려에 정동행성이란 기관을 설치했어. 이어 1281년에 2차 일본원정을 벌였지만 이때도 태풍이 불어닥치는 바람에 패하고 말았어. 한 번도 아니고 두 번씩이나 태풍 때문에 전쟁에서 진 거야! 원나라는 아무래도 일본과는 인연이 없다고 생각했는

태풍에 휩쓸린 여몽연합군의 함대 · 일본 근대 화가 기쿠치 요사이가 그린 그림이다.

지 더 이상 원정을 하지 않았어. 결과를 보면 일본이 원나라를 이긴 거지. 고려가 원의 지배를 받게 된 것과 비교하면 아주 운이 좋지?

조선의 건국

한반도의 역사가 중국과 밀접한 관련이 있다는 것은 이미 여러 번 말했어. 중국과 한반도가 동시에 혼란기를 맞거나 중국의 왕조가

바뀔 때 한반도 왕조도 바뀔 때가 많아. 이즈음도 그랬어.

원 왕조를 위협했던 한족 반란군을 뭐라고 불렀지? 그래, 홍건적이야. 이 홍건적은 고려에도 큰 골칫거리였어. 그들은 중국 본토뿐 아니라 고려 북부 지역까지 침략해 폐허로 만들어 버렸어. 14세기 중반부터는 일본의 왜적들도 한반도 해안을 돌며 노략질을 일삼았어. 고려 백성들은 온통 혼란에 휩싸였지.

정몽주 · 공민왕이 개혁을 위해 키운 세력인 신진사대부 중 한 명으로, 정도전과 함께 고려의 개혁을 위해 힘썼다.

마침내 고려의 31대 임금 공민왕이 승려 신돈과 함께 개혁에 돌입했어. 성리학을 공부했으며 과거제도를 통해 관료가 된 신진사대부를 발탁했어. 부패한 기구들을 폐지하고 원나라와 가까운 귀족, 즉 권문세족들의 땅과 노비를 모두 빼앗으려고 했지. 이런 목적으로 만든 기구가 전민변정도감이야. 이 개혁이 성공했더라면 고려는 부활했을지도 몰라. 그러나 친원파 권문세족의 방해 공작 때문에 개혁은 실패했고, 공민왕과 신돈 모두 목숨을 잃었단다.

원 왕조를 몰아내고 중국 땅을 차지한 명 왕조는 고려 왕실에 철령 이북의 땅을 내놓으라고 했어. 그 땅이 원래 원나라의 영토였기 때문에 이제는 원에 이어 명이 차지해야 한다는 거야. 고려의 강경파는 화가 머리끝까지 났어. 최영은 "명은 이제 생겨난 나라에 불과하니 이참에 요동 지방을 공격하자!"라고 주장했어. 그러나 친명파는 반대했지. 이성계는 "지금은 전쟁하기에 좋은 때가 아니니 명과 화친해야 한다"라고 주장했어.

임금은 누구의 편이었을까? 우왕은 강경파 최영의 손을 들어 줬어. 요동을 정벌하라는 명령을 내린 거야! 요동정벌군의 사령관에 이성계가 임명됐어. 이성계는 명나라를 치는 것에 반대했다고 했지? 이성계는 자신의 주장을 굽히지 않았어. 명을 향해 진격하던 중 1388년 위화도에서 군대를 돌려 고려의 수도 개경을 공격한 거야. 이 사건을 위화도 회군이라고 부르지. 이성계는 최영을 제거하고 우왕을 끌어내렸어. 창왕을 올렸다가 공양왕으로 바꿔 버리기도 했어. 이제 왕은 허수아비가 된 거야.

모든 권력을 이성계가 장

태조 어진 · 조선을 개국한 태조 이성계의 초상이다.

악했어. 그러나 고려를 어떻게 개혁할 것인가에 대해서는 급진파와 온건파가 의견이 같지 않았어. 급진파는 새 나라를 세울 것을 주장했지만 온건파는 고려를 망하게 해서는 안 된다며 맞섰어. 또다시 갈등이 시작된 거야. 결과는 어떻게 됐을까? 온건파의 대표가 정몽주였어. 그러나 그는 선죽교에서 피살됐지. 온건파도 사라졌어.

이성계는 고려의 마지막 임금인 공양왕을 끌어내리고 왕에 올랐어. 이 나라가 바로 조선이야^{1392년}. 1910년 일제에 강제 병합되기 전까지 520년간 지속됐지.

새 나라를 세웠다고 해서 저절로 국가의 기틀이 만들어지는 것은 아니야. 누군가 이 작업을 해야 한단다. 조선의 경우 정도전이란 인물이 이 작업을 했어. 정도전은 법전인『조선경국전』을 만들었고, 수도를 한양으로 정했지. 정도전은 조선을 세울 때 많은 공을 세웠기 때문에 개국공신이었어. 그래서 왕을 정할 때도 꽤 입김이 있었나 봐.

이성계와 정도전 모두 이성계의 여덟 번째 아들 방석을 좋아했는지, 방석을 왕위를 물려받을 세자로 삼았어. 하지만 방석은 왕위를 노리던 셋째 아들 방원의 손에 죽고 말았지. 이때 정도전도 함께 죽었단다. 얼마 후 태조의 둘째 아들 방과가 2대 임금 정종에 올랐어. 그러나 정종은 오래가지 못했어. 1400년 그는 동생인 방원에게 순순히 왕위를 물려줬단다. 방원은 너무 무서운 동생이었거든. 이 왕이 바로 태종이야. 태종은 강력한 왕권을 확립한 왕으로 기록돼 있지.

일본도 무로마치 바쿠후 출범

중국이 원나라에서 명나라로, 한반도가 고려에서 조선으로 정권이 바뀔 즈음에 일본에서도 가마쿠라 바쿠후에서 무로마치 바쿠후로 정권이 넘어갔단다. 한중일 세 나라에서 거의 비슷한 때 정권이 바뀐 거야.

일본은 원과의 두 차례 전쟁에서 모두 승리했어. 그러나 가마쿠라 바쿠후는 승전의 기쁨도 제대로 누리지 못하고 쇠퇴하기 시작했단다. 전쟁을 치르느라 재정이 바닥나 버렸거든. 지방의 영주들 또한 가마쿠라 바쿠후를 비난했어. 그들은 원과의 전쟁 때 모든 재산을 털어 무사들과 군수 물자를 댔었어. 전쟁에서 이겼으니 당연히 보상이 돌아올 줄 알았을 거야. 그러나 가마쿠라 바쿠후는 보상해 줄 돈이 없었어. 보상을 못 받은 영주들의 불만이 클 수밖에 없겠지?

불만은 급기야 반란으로 이어졌어. 일부 지역에서는 거의 내란이라고 불러도 될 만큼 반란이 심했어. 가마쿠라 바쿠후는 아시카가 다카우지란 장군에게 반란을 진압하도록 명령했지. 그러나 그도 반란 대열에 가담해 버렸어. 1333년 결국 가마쿠라 바쿠후는 반란군의 공격을 받아 무너지고 말았단다.

일본이 혼란에 빠지자 그동안 쇼군에게 눌려 힘을 쓰지 못했던 왕이 재기를 시도했어. 왕은 바쿠후 제도를 폐지하고 다시 왕이 모든 권력을 갖는 체제로 바꾸려고 했지. 그러나 다카우지가 가만히 두지 않았어. 그는 교토를 점령하고 왕을 가둬 버렸어. 얼마 후에는 왕을 바꾸고, 자신이 쇼군에 올랐어. 이렇게 해서 무로마치 바쿠후의 시대가 시작됐단다[1336년]. 무로마치 바쿠후는 1573년까지 약 240년간 계속됐어.

다카우지는 자신이 내친 왕을 유배지로 보내 버렸어. 그러나 이 왕은 끈질겼어. 유배지에서 탈출해 나라 지역으로 도망갔고, 그곳에서 자신의 정부를 세웠단다. 일본에서도 교토의 무로마치 바쿠후와 나라에 있는 왕의 조정이 대립하는 남북조시대가 시작된 거야. 사실 이 시대는 그리 오래가지 않았어. 힘에서 밀린 남조의 왕이 1392년 무로마치 바쿠후에 순순히 항복했거든. 한반도에서 조선이 출범하던 바로 그해에 말이야.

아시카가 다카우지 · 무로마치 바쿠후를 열었다.

오스만제국 출범

이슬람 세계도 몽골 제국의 영향을 크게 받았어. 서아시아가 몽골족의 수중에 떨어졌거든. 다만 인도에는 아직까지 몽골 군대의 말발굽 소리가 들리지 않아. 훗날 몽골족의 후손이 인도에 제국을 세우기는 하지만 당장은 아니야.

커버스토리에서 살펴본 대로 1258년 훌라구가 바그다드를 점령해 아바스 왕조를 무너뜨렸기 때문에 이슬람 세계도 큰 변화를 겪었어. 이집트에서는 노예 출신 군인인 맘루크들이 아이유브 왕조를 무너뜨렸어. 몽골 군대를 피해 달아난 오스만투르크족은 소아시아에 작은 나라를 건설했지. 바로 이 나라가 유럽과 서아시아, 아프리카에 걸친 대제국으로 성장한단다.

아 참, 기억해야 할 사건이 하나 있어. 혹시 처음으로 세계 일주를 한 인물이 누군지 아니? 마젤란이라고? 틀렸어. 아프리카 북부 모로코 출신의 이븐 바투타라는 이슬람 사람이야. 처음 듣는다고? 아마 이슬람 역사를 별로 배우지 않아서일 거야. 그는 마젤란보다 무려 200년 앞서 세계 일주를 했단다. 1324년 아프리카를 출발해 중앙아시아와 인도를 넘어 중국까지 갔다가 24년이 지난 1349년 바그다드로 돌아왔어. 여행한 거리만 12만 킬로미터에 이른단다. 대단하지?

맘루크 왕조, 몽골 막다

몽골 군대가 바그다드를 점령하기 8년 전인 1250년, 이집트에 있던 이슬람 아이유브 왕조가 무너졌어. 십자군전쟁의 영웅 살라딘이 만들었고 파티마 왕조를 무너뜨린 바로 그 왕조가 멸망한 거야.

아이유브 왕조를 무너뜨린 세력은 노예 출신 군인인 맘루크였어. 그래서 이 왕조를 맘루크 왕조라고 부른단다1250년. 맘루크 왕조는 술탄을 세습하지 않았어. 가장 힘이 강한 맘루크가 술탄을 제거하고 그 자리를 차지하는 식이었어. 금방 왕조가 사라질 것 같지? 아니야, 맘루크 왕조는 1517년 오스만 제국에 의해 멸망할 때까지 260년 이상 지속됐단다.

이 왕조의 5대 술탄에 대해서만 살피고 넘어갈게. 그의 이름은 바이바르스 1세. 1248년 시작된 제7차 십자군전쟁에서 프랑스의 왕 루이 9세를 사로잡았던 인물이야. 왜 이 사람을 주목해야 하냐고?

커버스토리를 떠올려 봐. 이때 몽골 군대가 어디로 가고 있었지? 유럽과 서아시아로 진격하고 있었어. 훌라구가 바그다드를 점령해 일 칸국을 세웠다는 건 이미 알고 있는 대로야. 바그다드를 점령한 후에도 몽골 군대는 행군을 멈

바이바르스 1세의 동전 · 13세기 중반에 만들어진 동전으로 바이바르스의 상징인 사자가 그려져 있다.

추지 않았어. 목표는? 그래, 아프리카야.

1260년 팔레스타인 지역에서 맘루크 왕조의 군대와 몽골 군대가 만났어. 이제 생겨난 지 10년밖에 되지 않은 나라의 군대가 몽골 제국의 군대를 이길 수 있을까? 놀랍게도 맘루크 군대가 승리했어. 이 전투를 지휘한 인물이 바로 바이바르스 1세였단다. 그의 군대가 그 누구도 꺾지 못했던 몽골 군대를 격파한 거야.

바이바르스 1세는 프랑스의 루이 9세 왕을 사로잡은 데 이어 몽골 군대까지 물리쳤어. 그는 이슬람 세계의 수호자이자 영웅으로 떠올랐단다. 바이바르스 1세는 이 분위기를 그대로 이어 나가 4대 술탄을 제거하고 스스로 술탄의 자리에 올랐어.

바이바르스 1세는 술탄이 된 다음 유럽과 치열하게 싸웠어. 1263년 유럽의 십자군이 차지하고 있던 시리아를 공격한 후로 술탄의 자리에서 물러날 때까지 총 서른여덟 번이나 십자군과 전쟁을 치렀대. 이슬람 세계에서 바이바르스 1세를 최고의 영웅으로 추앙하는 것도 당연하지?

오스만 제국 탄생

일 칸국이 바이바르스 1세에게 패배했지만 서아시아는 여전히 그들의 차지였어. 투르크족이 서아시아에서 완전히 밀려난 것일까? 꼭 그렇지는 않아. 모든 투르크족이 망해 버린 건 아니었단다. 몽골

오스만 1세의 초상 · 오스만 제국을 창시했다.

을 피해 서쪽의 소아시아로 달아난 투르크족이 있었어. 바로 오스만투르크족이야.

13세기 막바지에 오스만투르크족은 지금의 터키 땅에 나라를 세웠어. 이 나라가 오스만 제국이야1299년. 이 제국은 1922년 터키공화국으로 바뀔 때까지 620년 이상 유럽과 아시아, 아프리카를 호령했어. 오스만 제국은 서아시아는 물론 유럽 발칸반도, 아프리카까지 장악하면서 이슬람 세계의 중심이 됐단다. 동로마 제국도 이들에게 멸망했어.

오스만 제국이 탄생할 때 세계 역사가 어땠는지 잠시 살펴볼까? 이 나라가 서아시아와 유럽에서 차지하는 역사적 의미가 크기 때문에 오스만 제국을 기준으로 세계사를 살펴보는 것도 필요해서 그래.

오스만 제국이 탄생하기 26년 전, 신성로마 제국의 합스부르크 왕조가 등장했어. 합스부르크 왕조가 탄생한 얼마 후에는 영국에서 귀족과 평민이 모두 참여하는 의회가 처음으로 열렸단다. 이 두 역사도 매우 중요해. 곧 다룰 유럽 역사에서 볼 수 있을 거야. 동아시아를 볼까? 오스만 제국이 탄생하기 28년 전에 원나라가 세워졌어. 원나라는 3년 후 일본원정을 시작했지.

　오스만 제국이 생겨난 시기는 중국의 명나라, 한반도의 조선, 일본의 무로마치 바쿠후보다 약간 빨라. 그러나 공통점이 있어. 모두 몽골 제국의 세력이 휩쓴 후에 생겨난 나라라는 거지.

　오스만 제국은 곧 소아시아 일대를 장악했어. 이어 유럽의 문을 두드렸어. 발칸반도로 진출한 거야. 오스만 제국의 3대 술탄 무라드 대왕^{무라드 1세}의 공이 컸어. 그는 오스만 제국의 기틀을 다진 인물이야. 술탄의 지시만 받는 친위부대 예니체리를 만든 사람도 무라드 대왕이었어. 이 군대는 훗날 동로마 제국을 멸망시키는 데 큰 공헌을 한단다.

　무라드 대왕은 유럽까지 영토를 넓힌 위대한 정복자였어. 1369년에는 동로마 제국의 아드리아노플을 정복했어. 얼마 후에는 세르비아의 코소보에서 유럽 연합군대를 물리쳤지. 이 전투를 1차 코소보 전투라고 불러^{1389년}. 이제 불가리아, 헝가리 등 발칸반도의 나라들은 모두 오스만 제국의 지배를 받게 됐어. 무라드 대왕은 동로마 제국 황제에게 공물을 내놓으라고 요구할 정도로 강했단다. 15세기가 되면 오스만 제국의 활약은 눈이 부실 정도였어. 이 내용은 11장에서 살펴볼 거야.

인도에도 이슬람 왕조 서다

인도는 몽골 군대에 짓밟히지 않았지만 이미 다른 민족의 지배를 받고 있었어. 그렇기 때문에 혼란스러운 점은 다른 대륙과 마찬가지였지.

13세기가 되면 인도에도 본격적으로 이슬람 왕조가 들어서기 시작했어. 원래 이슬람교를 인도로 들여온 민족은 투르크족이었지? 그들은 12세기에 인도 북부에 여러 왕조를 건설한 다음에 인도를 삼킬 생각만 하고 있었어.

칭기즈칸이 몽골족을 한데 모아 통일제국을 건설했던 1206년이었어. 바로 그해, 인도 북부의 구르 왕국에서 델리로 파견한 총독 아이바크가 쿠데타를 일으켜 새로운 이슬람 왕조를 건설했어. 아이바크는 원래 궁궐의 노예였대. 그래서 그가 만든 왕조를 노예 왕조라고 한단다 1206년. 노예 왕조 때부터 델리가 인도의 중심지가 됐어.

노예 왕조는 채 90년을 넘기지 못하고 1290년에 멸망했어. 이어 할지 → 투글루크 → 사이이드 → 로디 왕조로 이어졌어. 이 왕조들은 중국 5대10국시대의 왕조들처럼 모두 수명이 짧았어. 그나마 5개의 왕조 중 가장 강력했던 투글루크 왕국도 100년을 넘기지는 못했지. 할지 왕조는 30년, 투글루크 왕국을 무너뜨린 사이이드 왕조는 37년, 로디 왕조는 75년에 불과했지. 로디 왕조는 1526년 멸망했어. 로디 왕조 다음에는? 기다려. 12장에서 살펴볼 거야. 이 모든 왕조는 델리에 수도를 뒀어. 그래서 델리술탄시대라고도 불러.

티무르 제국 건설

커버스토리를 떠올려 봐. 명나라에 쫓겨난 몽골의 후손 티무르 이야기를 잠시 했었지? 그가 건설한 티무르 제국은 한때 오스만 제국을 무찌를 정도로 강력했단다. 잠시 티무르 제국 이야기를 하고 넘어갈게.

티무르 제국은 일 칸국의 후손이라고 볼 수 있어. 일 칸국은 한때 바그다드를 점령하기도 했지만 지배층의 내분으로 여러 작은 나라로 쪼개지고 말았어. 그 나라 중 하나가 바로 티무르 제국이었다고 생각하면 크게 틀리지 않아. 티무르가 중앙아시아 사마르칸트에 수도를 두고 자신의 이름을 딴 티무르 제국을 건설한 때는 1370년이야. 소아시아에서는 오스만 제국이, 인도에서는 투글루크 왕국이, 이집트에서는 맘루크 왕조가 번영하고 있었지.

티무르는 스스로를 칭기즈칸의 후예라고 선언했어. 곧바로 왕성한 정복 활동을 벌였어. 14세기 말에는 페르시아 일대와 메소포타미아 주변의 서아시아 일대까지 모두 정복해 버렸지. 1401년에는 바그다드까지 집어삼켰어. 정말 무서운 속도 아니니? 이때 소아시아에 오스만 제국이 있었어. 두 제국 모두 열심히 성장하고 있었어. 그런 두 나라가 만난다면 결과는 뻔하지. 그래, 두 나라가 충돌했어. 이 사건부터는 11장에서 다룰게.

이처럼 14세기 아시아는 동아시아의 중국, 한반도, 일본을 빼면 거의 모든 지역이 이슬람 세계로 편입됐어. 동남아시아도 마찬가지지. 동남아시아 국가들이 이웃 나라인 인도의 영향을 많이 받았다는 사실을 기억하고 있을 거야. 그래, 이슬람교도 인도로부터 동남아시아로 전파된 거지.

동남아시아에는 6세기 중반부터 버마, 자바, 수마트라 등에 작은 국가들이 여러 개 만들어졌어. 이들 국가는 평화롭게 살고 있었지. 그러나 13세기 들어 상황이 달라졌어. 인도로부터 몽골계의 이슬람 세력이 침략해 온 거야.

이 당시 동남아시아에서 가장 강력한 국가였던 크메르 제국도 무자비한 몽골 이슬람의 공격을 막을 수 없었어. 결국 크메르인들은 몽골 이슬람을 피해 남쪽 캄보디아로 도망쳤고, 그곳에서 현지인들과 결합해 새로운 국가를 만들었지. 그 나라가 바로 오늘날의 타이란다. 그 후 동남아시아의 나머지 국가들도 차례차례 이슬람교로 개종했지. 그 결과 15세기가 되면 동남아시아에 흩어져 있는 20여 개의 나라가 모두 이슬람 국가가 돼.

유럽이 떨었다
살라딘 vs 바이 바르스 1세

살라딘과 바이바르스 1세는 둘 다 이슬람 세계를 대표하는 영웅이야. 두 영웅은 십자군전쟁에서 두각을 나타냈고, 나란히 술탄이 됐지.

살라딘은 쿠르드족 출신으로, 파티마 왕조에서 재상을 지냈어. 쿠데타를 통해 권력을 장악한 뒤 아이유브 왕조를 세웠지. 그는 제3차 십자군전쟁에서 맹활약했어. 제1차 십자군전쟁에서 빼앗겼던 예루살렘과 팔레스타인 지역을 되찾았지. 영국 왕 리처드 1세와의 대결은 유명한 일화로 남아 있어. 살라딘은 아프리카 북부, 시리아, 메소포타미아에 이르는 광대한 제국을 건설했단다.

바이바르스 1세는 투르크족 노예 출신이었어. 그는 1260년 맘루크 왕조의 4대 술탄을 제거한 뒤 5대 술탄에 올랐어. 무려 38회나 해외 원정을 떠났고, 유럽 군대로부터 시리아의 많은 도시를 되찾았어. 프랑스 왕 루이 9세를 포로로 잡기도 했고, 한창 절정에 오른 몽골 군대를 격파하기도 했어. 이 때문에 중세시대, 이슬람 세계에서 가장 위대한 영웅으로 추앙받았단다.

두 이슬람 영웅이 비슷한 측면이 많지만 성격은 판이했던 것으로 알려져 있어. 살라딘은 온화하고 관대했으며 적에게도 자비를 베풀었어. 적이었던 리처드 1세가 위대한 왕으로 칭송한 것이나, 유럽의 예술가들이 살라딘을 소재로 많은 문학작품을 쓴 것만 봐도 이 점을 알 수 있지. 1193년 살라딘이 세상을 떠났을 때 그의 금고에는 남아 있는 돈이 거의 없었대. 모두 가난한 사람을 위해 썼던 거야.

반면 바이바르스 1세는 유럽 사람들에게 아주 냉혹했어. 그 때문에 유럽에서 좋은 평가를 받지 못했지. 바이바르스 1세는 1277년 세상을 떠났는데 공식적으로는 지병으로 인한 사망이었어. 그러나 독살당했을 것이란 추측도 많단다. 살라딘과는 너무나 다른 결말이지?

십자군전쟁 끝나다

유럽에서도 13~14세기에 많은 사건이 있었지. 워낙 몽골 제국의 역사가 세계사에서 큰 부분을 차지하기 때문에 유럽은 끄트머리에서 다루게 됐어. 몽골 군대가 동유럽을 공략하기는 했지만 유럽 중서부까지 몽골 제국의 영향이 미치지는 않았단다. 그래서인지 다른 대륙의 역사는 서로 많이 얽혀 있는데 유럽은 그렇지 않아.

십자군전쟁이 끝난 게 기억할 만한 일이야. 십자군전쟁이 끝나면서 유럽 사회가 크게 달라졌거든. 교황의 권위는 땅으로 추락했고, 심지어 교황이 프랑스 아비뇽에 갇혀 로마로 돌아가지 못하는 일도 생겼단다.

유럽의 정치 역사에도 꼭 기억해야 할 게 있어. 13세기 초반 영국에서 귀족들이 힘을 합쳐 왕이 함부로 권력을 쓰지 못하도록 하는 대헌장^{마그나카르타}을 발표했어. 귀족과 시민이 함께하는 의회가 출범하기도 했지. 프랑스와 영국은 왕의 자리를 놓고 다시 그들만의 백년전쟁을 치렀어. 합스부르크 가문이 등장해 신성로마 제국의 황제 자리를 차지한 것도 상당히 중요한 역사적 사건이야. 이제부터 하나씩 살펴볼까?

전쟁은 끝났지만…

9장에서 잠깐 살펴봤던 제4차 십자군전쟁은 모든 십자군전쟁 가운데 가장 탐욕스럽고 추악했어. 이 전쟁에 이슬람 군대는 등장하지도 않았어.

1202년 제4차 십자군은 이집트 아이유브 왕조를 공격하기로 했어. 그러나 콘스탄티노플에 황금이 쌓여 있다는 소문이 돌면서 목적지를 바꿨어. 십자군은 보물을 차지하기 위해 콘스탄티노플을 습격했단다. 닥치는 대로 사람을 죽이고 궁궐과 교회를 약탈했어. 같은 기독교도들끼리 전투를 벌인 거야. 콘스탄티노플은 폐허가 되고 말았고, 동로마 제국은 급격히 쇠퇴하기 시작했지.

1212년에는 십자군 역사에 또 하나의 해프닝이 기록됐어. 어린

제4차 십자군 · 콘스탄티노플을 공격하는 십자군의 모습을 묘사했다.

이들로만 구성된 소년 십자군이었지. 신의 계시를 받았다는 10대 어린이들이 십자군을 만들어 이슬람 세계로 향했어. 그러나 그 결과는 신의 계시와는 상관이 없는 것 같아. 많은 아이들이 바다에 빠져 죽었고 그나마 살아남은 아이들은 이슬람 군대에 잡혔어. 다행히 이슬람 군대의 지휘관이 관용을 베풀어 풀려났단다.

1218년 제5차 십자군이 조직됐어. 그들도 이집트를 노렸어. 별 성과를 거두지는 못했지. 이어 1228년 신성로마 제국의 프리드리히 2세 황제가 이끈 제6차 십자군은 한때 예루살렘을 회복했지만 곧 빼앗기고 말았어.

1248년 시작된 제7차 십자군은 기독교 국가들에는 치욕이나 다름없었어. 십자군을 지휘했던 프랑스의 루이 9세 왕이 이슬람 군대에 사로잡힌 거야. 이때 이슬람 군대를 지휘했던 인물이 바이바르스 1세였다는 것은 이미 말했지?

1270년 제8차 십자군도 루이 9세가 지휘했어. 아마 잃어버린 자존심을 되찾으려고 했나 봐. 그러나 루이 9세는 신앙심만 독실했지, 전투력은 별로였어. 제7차 전쟁에서 포로로 잡힌 것만 봐도 어느 정도는 짐작할 수 있겠지? 그는 맘루크 왕조를 공격했지만 아무런 성과를 거두지 못했단다. 이 전쟁을 마지막으로 십자군전쟁은 공식적으로는 끝이 났단다.

엄밀하게 말하면 이슬람교와 기독교의 전쟁이 끝난 건 아니야. 영국 왕 에드워드 1세가 이스라엘 북부 도시 아크레에서 이슬람교도들과 겨루고 있었거든. 그러나 공식적으로 십자군 원정이 끝나니까 유럽 사람들은 그들을 까맣게 잊어버리고 말았어. 1291년 맘루크 왕조의 군대가 그들을 공격했어. 맘루크 군대는 몽골 군대마저 격파할 만큼 강했다는 거 기억하지? 기독교 세력은 결국 최후의 거점을 내주고 물러날 수밖에 없었어. 200여 년간 계속된 동서양 종교 전쟁은 최종적으로 이슬람의 승리로 막을 내렸지.

십자군은 예루살렘을 되찾지 못했어. 그러나 이베리아반도에서는 이슬람교도들을 몰아내는 데 어느 정도 성공했단다. 제7차 십자군이 갖춰지기 전인 1238년, 오늘날 에스파냐 북부의 기독교 국가들은 이슬람의 후 우마이야 왕조가 약해진 틈을 타서 그들을 공격했어. 이슬람 세력은 남쪽으로 밀려 내려갔어. 그라나다라는 작은 지역에 갇히게 됐지. 유럽 땅에서 쫓겨난 거나 다름없는 셈이지.

교황, 추락하다

십자군전쟁에서 패배한 유럽은 큰 충격에 빠졌어. 특히 교황이 그랬지. 성전에서 졌기 때문에 교황의 권위는 당연히 추락했어. 반대로 왕의 권위는 올라갔지. 이때부터 왕의 권력이 점점 강해져 17세기경이면 절대왕정시대를 열게 된단다.

14세기가 되자 교황은 정말 초라한 신세가 됐어. 왕과 귀족들에게 질질 끌려다닌 거야. 대표적인 사건이 바로 아비뇽 유수란다 1309년. 유수란 잡아 가둔다는 뜻이야. 교황이 로마 교황청에 들어가지 못하고 프랑스 아비뇽에 설치된 교황청에 감금됐기 때문에 이런 이름이 붙었지. 프랑스 왕의 위협에 교황이 굴복한 셈이야.

이 사건은 프랑스의 필리프 4세가 프랑스 교회들에 세금을 부과하면서 시작됐어. 교황 보니파키우스 8세는 왕이 신성한 교회에 세금을 내라고 한다며 반발했어. 필리프 4세는 콧방귀를 뀌었어. 그는 1302년 성직자, 귀족, 평민 대표로 구성된 의회삼부회를 처음으로 소집했지. 삼부회는 왕을 지지했어. 왕은 교황이 머물고 있던 아나니의 별장을 습격했단다.

보니파키우스 8세는 결국 무릎을 꿇었어. 화병이었을까? 이 교황은 1년 후에 병에 걸려 세상을 떠났어. 프랑스 추기경이 교황 클레멘스 5세가 됐지. 클레멘스 5세는 프랑스 사람이었어. 당연히 그 전의 교황보다 프랑스 왕에게 순종했지. 이 때문에 로마가 아닌, 프랑스 아비뇽에 교황청을 두게 된 거야.

1377년 교황 그레고리우스 11세가 로마로 복귀하면서 아비뇽 유수는 70여 년 만에 끝났단다. 그러나 이번에는 교황이 한 명이 아닌, 두 명이 선출되는 사건이 터졌어. 중국에서는 명 왕조가 들어섰

프랑스 아비뇽 교황청 · 필리프 4세는 교황청을 아비뇽으로 옮겨 자신의 지배 하에 두었다.

고, 한반도와 일본에서는 조선과 무로마치 바쿠후가 등장하기 직전이었어. 동아시아에는 새로운 정권이 들어서고 있었지만 유럽은 혼탁한 종교 갈등이 절정에 달한 거야. 교황이 왜 두 명이 됐을까?

바로 다음 해 교황 그레고리우스 11세가 세상을 떠났어. 이어 교황 선출회의인 콘클라베를 통해 우르바노 6세가 교황에 선출됐지. 그러나 프랑스가 "우리는 동의할 수 없다"라고 말하며 프랑스인 클레멘스 7세를 따로 교황으로 선출했어. 교황이 2명이 된 거야¹³⁷⁸년. 이 공동교황시대는 1417년까지 약 30년간 계속됐어. 두 명의 교황이 로마와 프랑스에 각각 존재했지.

코미디를 보는 것 같지 않니? 이때 유럽 사람들도 그렇게 생각했나 봐. 1414년 콘스탄츠에서 종교회의가 열렸어. 4년간 계속된 이 회의에서는 로마 교황을 정통으로 인정했단다. 프랑스 교황이 폐위되고 다시 로마 교황청 시대가 열렸지. 로마 교황을 강력하게 비난했던 보헤미아의 종교개혁가 후스는 화형에 처해졌어. 그러나 이때의 희생은 훗날 유럽 종교개혁의 불씨가 됐지.

영국, 귀족이 왕을 무릎 꿇리다

유럽의 정치 역사를 따로 살펴볼 시간이야. 크게 네 가지를 추렸어. 첫째, 영국의 대헌장이야. 둘째는 합스부르크 왕조의 탄생이야. 셋째, 영국과 프랑스 사이에 터진 백년전쟁이야. 유럽 사람의 3분의 1을

대헌장에 서명하는 존 왕(위)과 대헌장(아래) · 대헌장은 영국 민주주의의 출발점이다.

죽게 한 흑사병에 대해서도 살펴볼 거야. 우선 대헌장부터 알아볼까?

제4차 십자군이 같은 기독교 도시인 콘스탄티노플을 공격한 것은 1202년이야. 유럽은 혼란스러웠지만 몽골 초원에서는 칭기즈칸이 1206년 통일제국을 건설했지. 그로부터 9년이 흘렀어. 영국 귀족들은 왕이 함부로 권력을 행사하지 못하게 제한했단다. 이게 바로 대헌장이야1215년.

이때 영국 왕은 존이라는 인물이었어. 그는 프랑스 왕 필리프 2세와의 전쟁에서 계속 지는 바람에 많은 땅을 잃었어. 사람들은 존 왕을 땅을 많이 잃었다는 뜻의 실지 왕이라고 불렀단다. 그러나 존 왕은 나라를 정비하려고 하지는 않고 십자군전쟁에만 전념했어.

원래부터 영국은 귀족들의 권력이 강했단다. 존 왕이 정치에 신경을 쓰지 않고 무능하기까지 하니 귀족들의 권력은 더욱 강해졌어. 존 왕은 눈치도 없었나 봐. 전쟁 자금을 마련하기 위해 귀족들에게 많은 세금을 내라고 한 거야. 귀족들이 가만히 있었겠니?

결국 귀족들이 군대를 앞세우고 런던을 쳤어. 존 왕은 귀족들에게 무릎을 꿇을 수밖에 없었지. 귀족들은 존 왕에게 왕의 권리를 제한하는 대헌장에 서명하도록 강요했어. 대헌장은 모두 60여 개의 항목으로 구성돼 있어. 이 가운데 특히 기억해야 할 항목이 "국민의 대표인 의회만이 세금을 부과할 수 있다"라는 거야.

이 대헌장에 따라 영국에서는 왕도 함부로 세금을 부과할 수 없게 됐으며 의회가 국민을 대표하게 됐어. 이 대헌장은 영국에서 의회민주주의가 발달하는 첫 역사적 사건으로 기록돼 있단다.

그 후 의회는 더욱 왕을 압박했고, 1295년에는 마침내 최초로 귀족과 평민이 모두 참석하는 의회가 출범했단다. 오늘날 영국의 민주주의가 발달했다고 하는 게 우연이 아니란 걸 알겠지? 800년 전부터 준비돼 있었던 거지. 영국에서 의회가 출범하고 4년이 지난 다음 소아시아에서는 오스만 제국이 출범했단다. 함께 알아 둬.

합스부르크 왕조 탄생

이번에는 신성로마 제국으로 가 볼까? 프랑스의 역사는 조금 이따 백년전쟁을 다루면서 함께 살펴볼게.

제6차 십자군전쟁을 지휘했던 신성로마 제국의 프리드리히 2세는 강력한 황제가 되기를 희망했어. 황제의 힘이 강해지려면 귀족들의 권력이 약해야 해. 그래서 프리드리히 2세는 귀족 세력을 철저히 눌렀어. 강력한 중앙집권국가를 추진한 거야. 왕이 귀족에 굴복해 대헌장에 서명한 영국과 너무 다르지 않니? 영국과 신성로마 제국의 이처럼 다른 정치 문화는 훗날까지 그대로 이어진단다. 앞으로 지켜보렴.

1254년 프리드리히 2세의 통치가 끝났어. 얼마 후에는 호엔슈타우펜 왕조의 대가 끊겨 버렸어. 그러자 신성로마 제국은 다시 혼란 속으로 빠져들었단다. 아예 황제를 선출하지도 못했어! 황제가 없는 대공위시대는 이때부터 1273년까지 20년간 계속됐어.

신성로마 제국은 군사적으로도 패배의 쓴맛을 봤어. 교황과 황제의 사이가 안 좋은 건 이미 다 알고 있지? 이즈음에도 양측은 충돌을 했단다. 교황은 프랑스의 샤를 왕자에게 도움을 요청했어. 샤를 왕자는 교황으로부터 시칠리아 왕국을 내주겠다는 약속을 받고 군대를 출동시켰지. 십자군전쟁이 끝나기 4년 전인 1266년이었어. 프랑스와 신성로마 제국 군대가 한판 붙었지. 이 전쟁에서 샤를 왕자가 승리했단다. 그는 교황과 약속한 대로 나폴리와 시칠리아를 점령하고 왕에 올랐지. 그를 카를로 1세라고 불러. 이때부터 이 땅은 훗날 이탈리아가 통일국가가 될 때까지 프랑스의 영토가 됐어.

아무래도 강력한 황제가 등장하지 않으면 신성로마 제국의 위엄은 다시 회복할 수 없을 것 같았어. 원나라가 일본원정에 나서기 1년 전, 신성로마 제국의 7선제후가 황제를 선출하기 위해 모였지. 이때 선출된 황제가 합스부르크 가문의 루돌프 백작이었지. 루돌프는 오스트리아의 빈에 거처를 두고 황제 집무를 시작했어. 이렇게 해서 탄생한 왕조가 바로 합스부르크 왕조란다^{1273년}. 이 합스부르크 왕조는 1918년까지 유럽을 대표하는 왕가로 이름을 날렸어.

합스부르크 왕조는 스위스 출신이었어. 독일과 오스트리아, 에스파냐가 포함하는 신성로마 제국의 황제를 독점했지. 신성로마 제국에 속한 나라들은 근대로 접어들기 전까지만 해도 영방 체제를 유지했어. 그 때문에 합스부르크 왕조는 독일과 오스트리아, 에스파냐의 역사에서 모두 찾아볼 수 있단다. 그러나 1804년 나폴레옹에게 신성로마 제국이 멸망한 다음에는 합스부르크 왕조를 오스트리아와 동일시하는 경향이 강해. 그래서 오늘날에는 합스부르크 왕조의 역사를 주로 오스트리아의 역사로 여긴단다.

흑사병, 유럽 삼키다

프랑스와 영국의 백년전쟁을 살펴보기 전에 14세기 중반 이후 유럽 전체를 공포에 떨게 한 흑사병에 대해 먼저 살펴볼게.

흑사병은 어쩌면 인류 역사상 기록이 남아 있는 최초의 대유행병^{전염병}이라고 할 수 있을 거야. 물론 그전에도 작은 국가를 없애 버린 전염병이 틀림없이 존재했을 거야. 그러나 기록들이 남아 있지 않으니 알 수 없지. 이때 흑사병이 발생한 이유를 추측해 볼까?

14세기 초반 유럽 인구는 급격하게 늘고 있었어. 아직 근대가 되

흑사병 · 피터 브뤼헐이 그린 「죽음의 승리」라는 그림으로 흑사병이 퍼진 중세 유럽의 모습을 묘사했다.

기 이전이었으니까 중세 봉건제의 대표적인 상징인 장원이 많았
어. 그러나 도시도 발전하고 있었어. 많은 사람들이 농촌을 떠나 도
시에 살면서 자유민이 됐어. 수공업도 발달했지. 이러다 보니까 인
구가 급격하게 증가한 거야. 그러나 도시는 매우 불결했대. 쥐들도
들끓었지. 이런 환경에서 많은 인구가 도시에 모여 살았으니 전염
병이 퍼지지 않겠어?

14세기 중반, 원인을 알 수 없는 괴질이 이탈리아에서 발생했어.
병에 걸리면 검은 반점이 나타난 다음 목숨을 잃는다고 해서 흑사
병이라고 불렀지. 이 병이 페스트라는 사실은 한참 뒤에야 알았단
다. 흑사병은 이탈리아를 초토화시킨 뒤 프랑스로 퍼졌어. 1년 뒤

에는 바다 건너 영국으로, 또다시 1년 뒤에는 북부 유럽으로, 그다음에는 러시아까지 퍼졌지. 아프리카 지역으로도 확산됐어. 흑사병은 1347~1350년에 유럽인의 30퍼센트를 죽였어. 그 후에도 간간이 발생했기 때문에 전체적으로는 유럽 인구의 절반 정도가 흑사병으로 죽었을 거라고 추측하는 학자들도 있단다.

흑사병이 유럽 전역에 확산될 때도 황제와 교황의 갈등은 심했어. 교회는 흑사병을 이용하기로 했어. 이단 세력이나 악마, 사탄이 흑사병을 퍼뜨렸다고 선전한 거야. 교회의 선전에 겁먹은 민중들은 아무 죄도 없는 사람을 악마라며 신고했어. 교회는 그들을 잡아다 불에 태워 죽였지. 특히 유대인이 집중 학살됐단다. 이슬람교도를 야만인이라고 부르던 기독교인들이었어. 누가 더 야만인인지 모르겠지?

영국-프랑스, 백 년을 싸우다

프랑스와 영국은 오늘날까지도 영원한 라이벌이란 타이틀이 따라다닐 만큼 앙숙 사이로 알려져 있어. 이런 관계는 최근 몇십 년 사이에 만들어진 게 아니야. 아주 오래전부터 내려온 거란다.

14세기까지만 해도 유럽 나라들은 왕실이 서로 친척인 경우가 많았어. 한 나라의 왕이 다른 나라의 왕을 겸하기도 했어. 아직 국가의 개념이 명확하게 서 있지 않기 때문이야. 그래도 나름대로 형님나라, 아우나라의 서열이 있었단다.

프랑스는 서프랑크 제국이 발전해 만들어진 나라야. 영국은 그다음에 생긴 제후국이었지. 당연히 프랑스가 형님나라였는데, 영국은 이 서열이 마음에 들지 않았어. 두 나라 사이에 영토 분쟁이 자주 일어난 것도 이런 갈등 때문이었지.

아비뇽 유수 시절인 1328년, 프랑스 카페 왕조의 샤를 4세 왕이 후계자 없이 세상을 떠났어. 카페 왕조의 맥이 끊긴 것도 문제였지만 그보다는 당장 다음 왕이 없는 게 더 큰 문제였어. 프랑스 왕실은 어쩔 수 없이 샤를 4세의 사촌 형제인 필리프 6세를 왕에 앉혔지. 필리프 6세가 발루아 가문이었기 때문에 이 왕조를 발루아 왕조라고 부른단다 1328년.

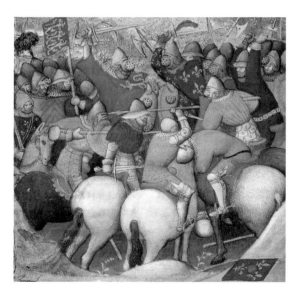

크레시 전투 · 백년전쟁 초기, 프랑스군이 영국군에 대패한 전투이다.

별 탈 없이 잘 마무리됐나 싶었는데 영국 왕실에서 발끈했어. 영국 왕 에드워드 3세는 "프랑스 왕 샤를 4세가 내 할아버지니까 내가 프랑스 왕이 돼야 한다"라고 주장했어. 왕의 사촌 형제보다 손자가 더 가까운 혈통이니까 왕의 자리도 손자인 자신이 물려받아야 한다는 거야.

프랑스 왕 필리프 6세는 에드워드 3세의 요구를 묵살했어. 오히려 자신에게 충성 서약을 하라고 강요했지. 자존심이 센 에드워드 3세가 이를 받아들이겠어? 천만에. 일본에서 무로마치 바쿠후가 만들어지고 1년이 지난 후, 에드워드 3세는 프랑스에 선전포고를 했단다. 이렇게 해서 영국과 프랑스 사이에 터진 전쟁이 백년전쟁이야1337년. 이 전쟁은 1453년까지 116년간이나 계속됐어. 그래서 백년전쟁이란 이름이 붙은 거지.

흑사병이 온 유럽을 휩쓰는 데도 전쟁은 계속됐어. 처음에는 영국이 우세했는데, 이때 활약한 인물이 에드워드 3세의 아들인 흑태자 에드워드였어. 그는 필리프 6세의 다음 왕이 된 장 2세를 푸아티에 전투에서 사로잡기도 했어. 프랑스는 막대한 보상금과 영토를 떼어 주기로 하고 왕을 되찾았단다.

프랑스도 가만히 있지 않았어. 장 2세의 다음 왕인 샤를 5세는 1364년 영국에게 빼앗긴 영토에 살고 있는 프랑스의 귀족들을 선동해 전쟁을 일으켰어. 이번에는 프랑스가 영토를 되찾은 뒤 협정을 맺었지.

양국은 승패를 반복하며 지겹도록 전쟁을 벌였어. 그사이에 프랑스와 영국의 왕도 여러 명 바뀌었지. 프랑스는 샤를 5세에 이어 샤를 6세가 왕이 됐지만 정신이상 증세를 보여 왕의 노릇을 제대로 하지 못했어. 영국은 에드워드 3세가 죽자 리처드 2세가 왕위를 물려받았지만 1399년 헨리 4세에 의해 쫓겨났지.

헨리 4세가 왕에 오르면서 영국에서는 플랜태저넷 왕조의 맥이 끊기고 랭커스터 왕조가 시작됐단다. 백년전쟁의 후반전은 2권에서 마저 살펴보도록 할게.

뿡 박사의 역사 읽기

교류가 없다면 전염병도 없다

흑사병은 크림반도 남부 해안 지방에서 시작했어. 흑사병 균은 이윽고 베네치아 상인들에 의해 이탈리아반도에 상륙했지. 1347년 이탈리아에서 시작한 대 유행병은 유럽 전역으로 퍼져 전체 인구의 30퍼센트를 죽음에 이르게 했대.

만약 베네치아가 활발하게 무역을 하지 않았다면? 단언컨대 흑사병은 유럽 전역에 확산되지 않았을 거야. 전염병은 활발한 무역 활동을 바탕으로 퍼져나가거든. 무역과 문화 교류를 통해 세계가 가까워지는 것은 좋지만 전 세계가 질병까지 공유하는 것은 씁쓸한 일이라고 할 수 있지.

20세기 후반, 원인을 알 수 없어 괴질이라 불렸던 질병이 있었어. 이 병은 나중에야 바이러스 질환이며 아프리카에서 비롯됐다는 사실이 밝혀졌지. 이것은 바로 에이즈AIDS, 후천성면역결핍증이야. 2004년, 전 세계는 또다시 원인을 알 수 없는 '괴질'의 공포에 휩싸였어. 특히 중국과 동남아시아 국가에서 환자들이 죽어 나갔지. 이 병은 이후 사스SAS, 급성 중증호흡기증후군라고 불리기 시작했어.

조류독감의 인체 감염 우려도 커지고 있어. 20세기 초반 에스파냐 내전 당시 2500만 명이 괴질로 죽었는데, 그 원인이 독감바이러스였다는 사실도 밝혀졌다고 해.

교류의 증대는 도시의 성장과 생활 수준의 향상으로 이어져 세계가 발전하는 결과를 낳았어. 물론 전쟁이 터지기도 했지. 전쟁은 정치적 흥정을 통해 예방할 수도 있어. 그렇지만 교류의 부산물인 치명적인 전염병은 어떻게 막아야 할까? 정말 오싹한 일이야.

사진 자료 제공처 및 출처

외우지 않고 통째로 이해하는

통 세계사 1

초판 1쇄 발행 2009년 06월 26일
초판 10쇄 발행 2015년 05월 11일

개정판 1쇄 발행 2015년 09월 10일
개정판 10쇄 발행 2022년 02월 14일
개정 2판 1쇄 발행 2023년 09월 21일
개정 2판 3쇄 발행 2024년 07월 15일

지은이 김상훈
펴낸이 김선식

경영총괄이사 김은영
콘텐츠사업본부장 임보윤
콘텐츠사업8팀장 전두현
콘텐츠사업8팀 김상영, 김민경, 장종철, 임지원
마케팅본부장 권장규 **마케팅2팀** 이고은, 배한진, 양지환 **채널 2팀** 권오권
미디어홍보본부장 정명찬
브랜드관리팀 안지혜, 오수미, 김은지, 이소영
뉴미디어팀 김민정, 이지은, 홍수경, 서가을
크리에이티브팀 임유나, 박지수, 변승주, 김화정, 장세진, 박장미, 박주현
지식교양팀 이수인, 염아라, 석찬미, 김혜원, 백지은
편집관리팀 조세현, 백설희, 김호주 **저작권팀** 한승빈, 이슬, 윤제희
재무관리팀 하미선, 윤이경, 김재경, 이보람, 임혜정
인사총무팀 강미숙, 김혜진, 지석배, 황종원
제작관리팀 이소현, 김소영, 김진경, 최완규, 이지우, 박예찬
물류관리팀 김형기, 김선민, 주정훈, 김선진, 한유현, 전태연, 양문현, 이민운
외부스태프 디자인 어나더페이퍼

펴낸곳 다산북스 **출판등록** 2005년 12월 23일 제313-2005-00277호
주소 경기도 파주시 회동길 490 다산북스 파주사옥 3층
대표전화 02-704-1724 **팩스** 02-703-2219 **이메일** dasanbooks@dasanbooks.com
홈페이지 www.dasanbooks.com **블로그** blog.naver.com/dasan_books
종이 아이피피 **인쇄** 북토리 **제본** 다온바인텍 **후가공** 제이오엘엔피

ISBN 979-11-306-4629-9 (04900)
　　　979-11-306-4626-8 (세트)

다산북스(DASANBOOKS)는 독자 여러분의 책에 관한 아이디어와 원고 투고를 기
쁜 마음으로 기다리고 있습니다. 책 출간을 원하는 아이디어가 있으신 분은 다산북스
홈페이지 '투고원고'란으로 간단한 개요와 취지, 연락처 등을 보내주세요. 머뭇거리지
말고 문을 두드리세요.